Sociologia Para Leigos

Folha de Cola

A sociologia é o estudo científico da sociedade — de pessoas interagindo em grupos, desde os pequenos círculos sociais até a sociedade global. Os sociólogos coletam informações sobre o mundo social e as analisam sistematicamente a fim de compreender o fenômeno social e a mudança histórica. Muitos sociólogos são acadêmicos — tentando entender a sociedade apenas para entendê-la —, mas muitos trabalham em corporações, organizações governamentais e organizações sem fins lucrativos tentando entender (e ajudando a resolver) problemas sociais específicos.

O Grande Trio da Sociologia

Karl Marx, Émile Durkheim e Max Weber são as três mais importantes figuras na sociologia. As ideias defendidas por eles sobre a sociedade ainda são discutidas hoje e você está apto a ouvir esses três nomes em todas as ramificações da sociologia. É importante saber o que eles pensavam e diziam.

- **Karl Marx** (1818-1883), filósofo alemão, acreditava que os bens materiais estão na raiz do mundo social. De acordo com Marx, a vida social é fundamentalmente sobre conflitos em relação a alimentos, terras, dinheiro e outros bens materiais. Marx acreditava que o governo ideal seria um Estado comunista onde os recursos fossem divididos com igualdade.
- **Émile Durkheim** (1858-1917), sociólogo francês, ajudou a estabelecer a sociologia ao argumentar que a sociedade precisava ser estudada em seus próprios termos — que entender a psicologia individual era insuficiente. Durkheim acreditava que as sociedades se mantinham por valores compartilhados, que mudam ao longo do tempo conforme as sociedades se tornam maiores e mais complexas.
- **Max Weber** (1864-1920), sociólogo alemão, concordava com Marx que as pessoas frequentemente brigam para proteger seus próprios interesses, mas concordava também com Durkheim sobre o fato de as pessoas considerarem seus próprios interesses ser resultado determinado pela socialização e pelos valores compartilhados. Ele acreditava que a sociedade se torna mais racionalizada e burocrática com o tempo.

Tipos de Análise Sociológica

Não há uma maneira correta de se olhar para a sociedade; a fim de entender como ela funciona, os sociólogos usam uma série de técnicas e abordagens diferentes. Estas são as cinco abordagens mais comuns, e geralmente são usadas em combinação umas com as outras.

- **Análise quantitativa** é o estudo da sociedade usando números e estatísticas; por exemplo, considerando a renda das pessoas (um número em dólares, digamos) em relação à sua educação (um diploma, ou em números de anos).
- **Análise qualitativa** é o estudo da sociedade por meio do qual se conhecem em detalhes as pessoas e as situações; em seguida, estas são descritas por palavras: por exemplo, entrevistando pessoas sobre suas experiências no trabalho e no mercado de trabalho.
- **Análise macrossociológica** é olhar o "panorama total" que inclui a mudança histórica ao longo de dezenas ou centenas de anos, a ascensão e a queda dos sistemas políticos ou da hierarquia de classes.
- **Análise microssociológica** envolve olhar as interações de pessoa para pessoa, entre indivíduos: por exemplo, como as pessoas negociam situações sociais como as entrevistas de empregos ou os confrontos pessoais.
- **Análise de rede** significa examinar os padrões dos laços sociais entre as pessoas em um grupo e o que eles significam para o grupo como um todo.

Para Leigos®: A série de livros para iniciantes que mais vende no mundo.

Sociologia Para Leigos

Folha de Cola

Meios de Desigualdade Social

"Todos os animais são iguais, mas uns são mais iguais do que outros", dizem os porcos em *A Revolução dos Bichos*, de George Orwell. Um dos assuntos centrais estudados pelos sociólogos é a desigualdade social, pensado por eles com muito cuidado em relação às várias maneiras pelas quais as pessoas são divididas nas sociedades. Estes são os meios mais importantes da desigualdade social e todos eles interagem uns com os outros pra determinar o lugar de cada indivíduo na sociedade.

- **Renda e patrimônio:** Algumas pessoas possuem mais dinheiro do que outras.
- **Ocupação:** As pessoas trabalham em empregos diferentes.
- **Habilidade inata:** As pessoas nascem com diferenças inatas, desde a aparência até a capacidade mental.
- **Motivação:** Por várias razões, algumas pessoas se esforçam mais em certas tarefas do que outras.
- **Conexões:** As pessoas têm círculos sociais diferentes — e de tamanhos diferentes.
- **Credenciais:** As credencias oficiais, como diplomas acadêmicos e certificações profissionais, são possuídos por algumas pessoas e não por outras.
- **Conhecimento especializado:** Cada indivíduo apresenta um conjunto particular de habilidades e experiências que os diferem dos outros.
- **Discriminação de raça/sexo/casta:** Em todas as sociedades, existem grandes discriminações contra certos grupos de pessoas baseadas em suas características físicas ou na família em que nasceram.
- **Discriminação etária:** Em todas as sociedades, as pessoas são, até certo ponto, tratadas de maneira diferente em função da idade delas.

Três Aspectos da Organização Social

O sociólogo Richard B. Scott, especialista no estudo das organizações sociais, descreveu uma maneira útil de se entender como as organizações sociais funcionam. Toda organização social se comporta, até certo ponto, de cada uma destas três maneiras.

- Como um **sistema racional**: tal qual uma máquina desenvolvida para realizar uma tarefa específica.
- Como um **sistema natural**: conforme um grupo formado por seres humanos que se relacionam entre si de maneiras complexas.
- Como um **sistema aberto**: interagindo com seu ambiente, de onde retira tanto os recursos quanto as normas sociais.

Equívocos Comuns sobre a Sociologia

Muitas pessoas estão absolutamente convencidas da verdade de alguns fatores sobre a sociedade, os quais não são verdadeiros por completo. Aqui estão alguns dos equívocos mais comuns sobre a sociedade, provados como falsos pela sociologia.

- **A desigualdade social é merecida.** Apesar de ser verdade que algumas pessoas com muitos recursos na sociedade (poupança, bons empregos, famílias felizes) trabalharam bastante para ganhá-los, não é necessariamente verdade o fato de que, se outras pessoas não os possuem, isso é de alguma forma culpa delas.
- **As desvantagens sociais em geral são acumulativas**, significando que, quando você está em uma posição de desvantagem na sociedade — por qualquer motivo —, é muito mais difícil sair dessa posição do que pensam as pessoas que estão em posições vantajosas.
- **A raça e o gênero não importam mais.** As características físicas sempre afetaram — e quase sempre afetarão — a maneira pela qual as pessoas se enxergam na sociedade. Apesar de muitas sociedades terem visto uma redução nas formas destrutivas de racismo e sexismo, é absolutamente falso dizer que as características físicas — cor da pele, sexo, altura, peso, seja o que for — não importam mais.
- **A sociedade nos impede de sermos "nós mesmos".** De uma perspectiva sociológica, os humanos são fundamentalmente seres sociais. Desde o momento em que você nasceu, as pessoas à sua volta têm sido o centro de sua vida e de sua ideia sobre quem você é. Essa é uma das razões mais importantes para se estudar a sociologia: se você não entende a sua sociedade, não poderá verdadeiramente se entender.

Para Leigos®: A série de livros para iniciantes que mais vende no mundo

Sociologia para LEIGOS

por Jay Gabler

por Jay Gabler

ALTA BOOKS
EDITORA
Rio de Janeiro, 2015

Sociologia Para Leigos
Copyright © 2015 da Starlin Alta Editora e Consultoria Eireli.

Translated from original Sociology For Dummies © 2010 by John Wiley & Sons, Inc. ISBN 978-0-470-57236-8. This translation is published and sold by permission of John Wiley & Sons, Inc., the owner of all rights to publish and sell the same. PORTUGUESE language edition published by Starlin Alta Editora e Consultoria Eireli, Copyright © 2015 by Starlin Alta Editora e Consultoria Eireli.

Todos os direitos reservados e protegidos por Lei. Nenhuma parte deste livro, sem autorização prévia por escrito da editora, poderá ser reproduzida ou transmitida.

Erratas: No site da editora relatamos, com a devida correção, qualquer erro encontrado em nossos livros bem como disponibilizamos arquivos de apoio se aplicável ao livro. Acesse o site www.altabooks.com.br e procure pelo título do livro desejado para ter acesso as erratas e/ou arquivos de apoio.

Marcas Registradas: Todos os termos mencionados e reconhecidos como Marca Registrada e/ou Comercial são de responsabilidade de seus proprietários. A Editora informa não estar associada a nenhum produto e/ou fornecedor apresentado no livro.

Impresso no Brasil — 1ª Edição, 2015

Vedada, nos termos da lei, a reprodução total ou parcial deste livro.

Produção Editorial Editora Alta Books	**Gerência Editorial** Anderson Vieira	**Design Editorial** Aurélio Corrêa	**Captação e Contratação de Obras Nacionais** J. A. Rugeri Marco Pace autoria@altabooks.com.br **Ouvidoria** ouvidoria@altabooks.com.br	**Marketing e Promoção** Hannah Carriello marketing@altabooks.com.br
Produtor Responsável Marcelo Vieira	**Supervisão Editorial** Angel Cabeza Sergio Luiz de Souza			**Vendas Atacado e Varejo** comercial@altabooks.com.br
Equipe Editorial	Claudia Braga Juliana de Oliveira Letícia Vitoria	Mayara Coelho Milena Lepsch Milena Souza	Rômulo Lentini Thiê Alves Silas Amaro	
Tradução Sofia Ventura Braga	**Copidesque** Tássia Fernanda Alvarenga de Carvalho	**Revisão Técnica** Diego Pinheiro *Graduado em História e Professor*	**Revisão Gramatical** Mariana Marcon Benicá	**Diagramação** Lucia Quaresma

Dados Internacionais de Catalogação na Publicação (CIP)

> G115s   Gabler, Jay.
> Sociologia para leigos / Jay Gabler. – Rio de Janeiro, RJ : Alta Books, 2015.
> 432 p. : il. ; 24 cm. – (Para leigos)
>
> Inclui índice.
> Tradução de: Sociology for dummies.
> ISBN 978-85-7608-851-6
>
> 1. Sociologia. 2. Sociedade. 3. Estratificação social. 4. Estrutura social. 5. Mudança social. I. Título. II. Série.
>
> CDU 316
> CDD 301

Índice para catálogo sistemático:
1. Sociologia   316

(Bibliotecária responsável: Sabrina Leal Araujo – CRB 10/1507)

Rua Viúva Claudio, 291 – Bairro Industrial do Jacaré
CEP: 20970-031 – Rio de Janeiro – Tels.: (21) 3278-8069/8419
www.altabooks.com.br – e-mail: altabooks@altabooks.com.br
www.facebook.com/altabooks – www.twitter.com/alta_books

Sobre o Autor

Jay Gabler é escritor, editor e professor universitário, atualmente morando em Minneapolis. Ele possui bacharelado pela Universidade de Boston e pós-graduações, incluindo PhD em sociologia, pela Universidade de Harvard. Junto com colegas, já publicou múltiplos estudos e pesquisas sociológicas, incluindo o livro *Reconstructing the University* (com David John Frank, Stanford University Press, 2006). Atualmente, leciona Sociologia, Psicologia e Educação no Rasmussen College. Ele também é o editor associado do *Twin Cities Daily Planet*, para onde escreve regularmente sobre as artes, e autor da mais recente edição do *Insiders' Guide to the Twin Cities* (Globe Pequot Press, 2010).

Dedicatória

Para David John Frank e Jason Kaufman, meus mentores em sociologia.

Agradecimentos

Eu devo gratidão a Susan Hobbs e a Erin Calligan Mooney, minhas editoras da Wiley, por tudo o que fizeram para tornar este livro realidade. Jennifer Connoly também contribuiu significativamente nos primeiros capítulos desta obra, com edições e sugestões úteis.

Meu treinamento profissional em sociologia ocorreu durante uma década na Universidade de Harvard; cada página deste livro se beneficia indiretamente das ideias e dos conhecimentos dos meus então colegas no Departamento de Sociologia. Meu colega de classe de Harvard, Felix Elwert, teve papel importante ao sugerir que eu escrevesse este livro e em me conectar com a editora. Os meus atuais colegas no Rasmussen College também me apoiaram bastante, assim como os colegas de trabalho no *Twin Cities Daily Planet*. Muito desta produção foi escrito na biblioteca do Macalester College e, por isso, sou grato a ela por ter compartilhado os seus recursos.

Este livro é informado por diversas fontes, três das quais foram particularmente úteis. O *Sociological Insight* de Randall Collins, como menciono frequentemente no livro, foi a minha introdução pessoal à sociologia, e continua a base da minha perspectiva sobre a disciplina. Recomendo o Capítulo 17 do livro. Um livro que eu não recomendaria para um iniciante, mas sim aos leitores interessados em realmente mergulhar na teoria sociológica é o *One World — Many Worlds: Contemporary Sociological Theory*, de Peter Knapp, que informou particularmente o Capítulo 3 deste livro. O *Essentials of Sociology*, de David B Brinkerhoff, Lynn K. White, Suzanne T. Ortega e Rose Weitz, é o texto que uso para ensinar em Rasmussen e também me foi útil ao escrever a presente obra.

Durante minha vida, contei com o apoio entusiasmado de uma família carinhosa, tanto imediata quanto a estendida. Em particular, meus pais, Jim e Jean Gabler, apoiaram-me de todas as formas durante as minhas conquistas e aventuras acadêmicas. Enquanto escrevia este livro, muitos amigos — em particular, Anna Meyer — me apoiaram com carinhos e incentivos todos os dias. Isso significou bastante para mim.

Sumário Resumido

Introdução 1

Parte I: O Básico do Básico 9

Capítulo 1: Sociologia: Começando a Compreender 11
Capítulo 2: O que é a Sociologia e Por que Eu Deveria me Importar? 23
Capítulo 3: Inventando e Seguindo em Frente: A História da Sociologia 41
Capítulo 4: Métodos de Pesquisa: Não se Pode Colocar a Sociedade
em um Tubo de Ensaio 65

Parte II: Enxergando a Sociedade como um Sociólogo.... 89

Capítulo 5: Socialização: O que é a "Cultura" e onde Posso
Arranjar Alguma? 91
Capítulo 6: Microssociologia: Se a Vida é um Jogo, Quais São as Regras? 115
Capítulo 7: Preso na Teia: O Poder das Redes 135

Parte III: Igualdade e Desigualdade em Nosso
Mundo Diverso 157

Capítulo 8: Estratificação Social: Somos Todos Iguais, Porém Alguns São
Mais Iguais do que Outros 159
Capítulo 9: Gênero e Etnia: Eu sei de Onde Vim, Mas Para Onde Vou? 179
Capítulo 10: Compreendendo a Religião: A Fé no Mundo Moderno 201
Capítulo 11: Crime e Comportamento Desviante: Eu lutei com a Lei...
E Venci! 221

Parte IV: Todos Juntos Agora: Os Pormenores da
Organização Social 243

Capítulo 12: A Cultura Corporativa: O Estudo das Organizações
(e Desorganizações) 245
Capítulo 13: As Regras do Jogo: Os Movimentos Sociais e a
Sociologia Política 269
Capítulo 14: Sociologia Urbana e a Demográfica: (Não Há) Amor no
Coração da Cidade 291

Parte V: A Sociologia e a Sua Vida 311

Capítulo 15: Nasça, Arrume um Emprego, Faça um Filho, Saia daqui:
A Família e a Trajetória de Vida 313
Capítulo 16: O Futuro Passado: Compreendendo a Mudança Social 337

Parte VI: A Parte dos Dez 361

Capítulo 17: Dez Livros de Sociologia que Não Parecem Dever de Casa............ 363
Capítulo 18: Dez Maneiras de Usar a Perspectiva Sociológica no Dia a Dia....... 371
Capítulo 19: Dez Mitos Sobre a Sociedade Quebrados pela Sociologia.............. 381

Índice 391

Sumário

Introdução *1*
Sobre Este Livro 2
Convenções Usadas Neste Livro 3
A Sociologia é Controversa: Prepare-se! 4
Como Este Livro Está Organizado 5
    Parte I: O Básico do Básico 5
    Parte II: Enxergando a Sociedade como um Sociólogo 5
    Parte III: Divididos — ou, Unidos — Nós Estamos: Igualdade e Desigualdade em Nosso Diversificado Mundo 5
    Parte IV: Todos Juntos Agora: Os Pormenores da Organização Social 6
    Parte V: A Sociologia e A Sua Vida 6
    Parte VI: A Parte dos Dez 6
Ícones Usados Neste Livro 7
Para Onde Ir Daqui 7

Parte I: O Básico do Básico *9*

Capítulo 1: Sociologia: Começando a Compreender 11
Compreendendo a Sociologia 12
    Definindo a sociologia 12
    A história da sociologia 13
    Fazendo sociologia 14
Observando o Mundo Como um Sociólogo 14
    Compreendendo a cultura 14
    Microssociologia 15
    A sociologia das redes sociais 16
Compreendendo as Diferenças Entre Pessoas e Grupos 16
    Estratificação social 16
    Raça e sexo 17
    Religião 18
    Crime e comportamento divergente 18
Organização Social 19
    Cultura corporativa 19
    Movimentos sociais e sociologia política 19
    Sociologia urbana 20

Sociologia e Sua Vida 20
    O curso de vida 20
    Mudança social 21
Sociologia para Leigos, para Leigos 21

Capítulo 2: O que é a Sociologia e Por que Eu Deveria me Importar? 23

Descobrindo o que é a Sociologia 24
    Definindo a sociologia 24
    Estudando a sociedade cientificamente 25
    Perguntando e respondendo a questões sociológicas 26
Descobrindo Onde A Sociologia É "Feita" 29
    Faculdades e Universidades 29
    Think tanks e institutos de pesquisa 30
    Organizações sem fins lucrativos 31
    O governo 31
    Jornalismo e reportagem 32
    Empresas e consultoria 33
    Cotidiano 34
Reconhecendo Como a Sociologia Afeta a sua Vida e o seu Mundo 34
    Pensando o mundo social de maneira objetiva e
        livre de valores 35
    Visualizando as conexões entre tempos e espaços 36
    Desvendando o que realmente importa... e o que não 37
    Informando as políticas sociais 39
    Mantendo uma perspectiva singular sobre os
        problemas cotidianos 40

Capítulo 3: Inventando e Seguindo em Frente: A História da Sociologia 41

Bom... Quem Liga para a História? 42
Pensando na Sociedade Antes da Existência da Sociologia 43
    As pessoas são iguais em qualquer lugar... exceto quando
        não são 43
    Pré-sociólogos: Pessoas com ideias sobre a sociedade 44
    A revolução política e industrial: Prontos ou não, aqui
        vêm elas 45
O Desenvolvimento da "Sociologia" 47
    Entendendo a vida com o positivismo 47
    Temas comuns entre os primeiros sociólogos 48
    Sociologia: A mais ambiciosa das ciências 50
O Poderoso Trio da Sociologia 50
    Karl Marx 51
    Émile Durkheim 53
    Max Weber 57

A Sociologia no Século XX 58
    Levando para as ruas: A Escola de Chicago 58
    A sociedade em massa: Somos ou não somos ovelhas? 59
    A Elite do Poder: a vingança de Marx 60
A Sociologia Atual 63

Capítulo 4: Métodos de Pesquisa: Não se Pode Colocar a Sociedade em um Tubo de Ensaio 65

Os Passos da Pesquisa Sociológica 66
    Faça a sua pergunta 66
    Consulte a literatura 67
    Operacionalize a sua pergunta e encontre seus dados 69
    Analise seus dados 71
    Interprete os seus resultados 71
Escolhendo um Método 73
    Quantitativa Versus Qualitativa 73
    Transversal versus longitudinal 75
    Métodos híbridos 76
Analisando as Ferramentas Analíticas 77
    Estatísticas 77
    Dados qualitativos 80
Preparando-se Para as Possíveis Armadilhas 81
    Incompatibilidade de dados/teoria 81
    Ser excessivamente zeloso 82
    Os elos perdidos 84
    A confusão estatística 85
    Erros... simplesmente ops! 86

Parte II: Enxergando a Sociedade como um Sociólogo 89

Capítulo 5: Socialização: O que é a "Cultura" e onde Posso Arranjar Alguma? 91

Compreendendo o que é a Cultura — e o que não é 92
    Definindo a "cultura" 93
    Compreendendo a estrutura 94
    Examinando o continuum cultura-estrutura 96
Estudando a Cultura: Fazendo e Recebendo 98
    Outros ângulos sobre a cultura 99
    A produção cultural 100
    A recepção da cultura 101
Surfando na cultura "dominante" 102
    Subcultura 103
    Microculturas 105

Socialização: Onde Você se Conecta na Cultura 106
    A natureza inata versus adquirida: A psicologia social............... 107
    Você é o que outras pessoas pensam que você é........................ 108
O Paradoxo Cultural: Nos Unindo e Nos Afastando............................ 111
    Unindo por meio da cultura.. 111
    Separando devido à cultura.. 112

Capítulo 6: Microssociologia: Se a Vida é um Jogo, Quais São as Regras? 115

Dentro e Fora de Você: O Paradoxo da Sociedade............................. 116
    Fatos sociais: A soma de nossas partes 116
    Use uma ferramenta (do seu repertório social) — não seja uma 119
Escolhas Racionais — e Irracionais 121
    Fazendo escolhas racionais — ou, pelo menos, tentando........... 121
    Ops! Fazendo más escolhas... 125
Interacionismo Simbólico: A Vida é um Palco 130
    Jogando bola! As regras do jogo 131
    Pare de fingir: Mudando de papel, mudando de molde............. 133

Capítulo 7: Preso na Teia: O Poder das Redes 135

A Aldeia Global: Enxergando a Sociedade como uma Rede 136
    É tudo sobre você: Redes egocêntricas 136
    Uma teia de relações... 139
A Força dos Laços Fracos 141
    Por que os seus conhecidos são mais valiosos do que seus melhores amigos 141
    Encontre um buraco estrutural e se jogue!................................... 144
Ideias da Análise de Rede 147
    A diferença entre a "sua sociedade" e a sua sociedade 147
    Abrindo os canais de comunicação.. 150
    Redes sociais online: Tornando o invisível visível........................ 152

Parte III: Igualdade e Desigualdade em Nosso Mundo Diverso 157

Capítulo 8: Estratificação Social: Somos Todos Iguais, Porém Alguns São Mais Iguais do que Outros 159

Escavando As Camadas Sociais... 160
    Compreendendo a desigualdade social 160
    O eterno debate: A desigualdade é necessária? 162
As Muitas Formas de Desigualdade.. 166
    Renda e patrimônio... 166
    Ocupação 167

  Habilidade inata 168
  Motivação 169
  Conexões 170
  Credenciais 171
  Educação 172
  Conhecimento especializado 173
  Discriminação de raça/sexo/casta 174
  A discriminação etária 175
  Comparando a desigualdade internacionalmente 176

Capítulo 9: Gênero e Etnia: Eu sei de Onde Vim, Mas Para Onde Vou? 179

  O Viés e a Discriminação: Os dois lados da moeda 180
  Raça e Etnia 182
    Você pode escolher a sua etnia, mas não pode escolher
     a sua raça 182
    A discriminação racial: Consciente e inconsciente 185
    O mito do "modelo de minoria" 189
    Imigração e "assimilação" (ou não) 191
  Sexo e Gênero 193
    "Você já foi bem longe, baby"? O movimento feminino
     e suas insatisfações 193
    Direitos LGBTS e a desconstrução de gênero 197
  Raça, Etnia, Sexo e Gênero: Por Que Eles Ainda Importam 199

Capítulo 10: Compreendendo a Religião: A Fé no Mundo Moderno 201

  Compreendendo a Religião na História 202
    Marx: O ópio do povo 202
    Émile Durkheim: Uma metáfora para a sociedade 203
    Weber: Um manobreiro nos trilhos 206
  A Religião na Teoria... e na Prática 208
    Ideias, ideologia e valores religiosos 208
    Abra a igreja: As organizações religiosas 210
  A Fé e a Liberdade no Mundo Atual 213
    Comprando para Deus 213
    Crença, ação e tudo entre eles 216

Capítulo 11: Crime e Comportamento Desviante: Eu lutei com a Lei... E Venci! 221

  Todo Crime é um Comportamento Desviante, mas nem todo
    Comportamento Desviante é um Crime 222
  Os Criminosos na Sociedade 224
    Alguns criminosos são simplesmente pessoas ruins (mas...) 224
    Alguns criminosos são "conduzidos a ele" (mas...) 225

Algum crime é simplesmente normal 226
A Construção Social do Crime 228
   Nos tribunais.. 228
   Nas ruas... 230
Tornando-se Desviante 233
Combatendo o Crime.. 235
   O que funciona e o que não.. 235
   O alto índice de encarceramento nos Estados Unidos 239

Parte IV: Todos Juntos Agora: Os Pormenores da Organização Social 243

Capítulo 12: A Cultura Corporativa: O Estudo das Organizações (e Desorganizações) 245

O Dilema Corporativo: Lucrar não é tão Fácil — ou tão Simples — quanto Parece... 246
A Grande Ideia de Weber sobre as Organizações 248
Sistemas Racionais: A Burocracia em sua Forma Mais Pura................. 250
   Medindo as pás: Eficiência! Eficiência!.. 251
   Os limites da razão.. 253
Sistemas Naturais: Somos Apenas Humanos.................................... 255
   Fazendo as pessoas se sentirem especiais: Os Estudos de Hawthorne e O Movimento das Relações Humanas................ 256
   A cultura corporativa: construindo a confiança e o café gratuito.. 258
Sistemas Abertos: O Mundo Inteiro do Trabalho............................... 261
   Deixando as complicações de lado: Estabelecendo limites organizacionais... 261
   As organizações como redes, as redes nas organizações............ 263
   Isomorfismo institucional: Se aquela empresa pulasse da ponte, a sua empresa também pularia?..................................... 263
   Desvio de missão: Buscando um propósito................................. 266

Capítulo 13: As Regras do Jogo: Os Movimentos Sociais e a Sociologia Política..269

Governo: Governando e Sendo Governado 270
   Estrutura social e o Estado... 270
   A grande tomada: Causas da revolução política 272
Compartilhando (ou não) o Poder na Sociedade............................... 275
   Modelos de conflito: Cada homem, mulher e criança por si 275
   Modelos pluralistas: O justo é justo... 278

Movimentos Sociais: Trabalhando para a Mudança 281
    Saindo do papel 282
    Reunindo a galera 285
    O que significa para um movimento social ser
    bem-sucedido? 288

Capítulo 14: Sociologia Urbana e a Demográfica: (Não Há) Amor no Coração da Cidade 291

Sociologia na Cidade 292
    A solidão de uma multidão 292
    Sociedade de esquina 294
Mudando os Bairros 297
    São 10 da noite. Você sabe quem são seus vizinhos? 297
    Bairros e os pontos críticos 299
    A ascensão e a queda dos subúrbios 301
A Vida na Cidade: Perigos e Promessas 304
    A classe alta, a classe baixa e a subclasse 304
    Gentrificação e a nova classe criativa 306
    Ordem e desordem nas ruas 307

Parte V: A Sociologia e a Sua Vida *311*

Capítulo 15: Nasça, Arrume um Emprego, Faça um Filho, Saia daqui: A Família e a Trajetória de Vida 313

A Construção Social da Idade 314
    A "invenção" da infância 314
    18 de novo: Os novos idosos 317
Seguindo a Trajetória de Vida 319
    Demografia e as transições da vida 319
    Formas diferentes do ciclo da vida 321
Cuidando: A Saúde e a Sociedade 323
    Decidindo o que conta como "saudável" 323
    Organizando e distribuindo a assistência de saúde 326
As Famílias Passadas e Presentes 328
    Como nunca fomos 329
    A família hoje 332

Capítulo 16: O Futuro Passado: Compreendendo a Mudança Social 337

Por Que As Sociedades Mudam 338
    Marx: Se não for uma revolução, será outra 338
    Durkheim: Aumentando a diversidade 340
    Weber: Dentro da jaula de ferro 343

O que Vem Depois? 344
    Globalização 345
    Aumentando — e diminuindo — a diversidade 348
    A marcha tecnológica 350
    O crescimento da classe média 351
    Uma lição do passado: Trabalhe para a mudança, mas
        não entre em pânico 354
A Sociologia no Futuro 356
    A Sociologia continuará existindo? 356
    O paradoxo: Mais dados, menos informação 358

Parte VI: A Parte dos Dez 361

Capítulo 17: Dez Livros de Sociologia que Não Parecem Dever de Casa 363

    Randall Collins: Sociological Insight 364
    William Foote Whyte: Sociedade de Esquina 364
    William H. Whyte: The Organization Man 365
    Erving Goffman: A Representação do Eu na Vida Cotidiana 366
    Elijah Anderson: Streetwise 366
    Arlie Hochschild: The Second Shift 367
    Viviana Zelizer: Pricing the Priceless Child 367
    Michael Schwalbe: Unlocking the Iron Cage 368
    Richard Peterson: Creating Country Music 368
    Katherine Newman: No Shame in My Game 369

Capítulo 18: Dez Maneiras de Usar a Perspectiva Sociológica no Dia a Dia 371

    Pense Criticamente Sobre Afirmações de que a "Pesquisa Prova"
        uma coisa ou outra 372
    Cuidado com as Afirmações Improváveis Sobre a Sociedade 373
    Entender as Barreiras da Comunicação Efetiva 374
    Saiba a Diferença Entre a Identidade que Escolhe e a Identidade
        que Outros Escolhem para Você 374
    Compreendendo a Arte: Se Parece Confuso, é Exatamente Esse
        o Intuito 375
    Seja Esperto nas Relações 376
    Mudando a Sociedade: Seja Otimista, Mas Mantenha Suas
        Expectativas Realistas 377
    Aprender Como Mobilizar um Movimento Social 378
    Conduzir sua Empresa Efetivamente 378
    Entender Como Podemos Ser tão Diferentes e Ainda Assim
        tão Iguais 379

Capítulo 19: Dez Mitos Sobre a Sociedade Quebrados pela Sociologia 381

Por meio do Trabalho Árduo e da Determinação, Qualquer um Pode Conseguir o que Merece 382
Nossas Ações Refletem Nossos Valores 383
Estamos Sofrendo Lavagem Cerebral pela Mídia 384
Compreender a Sociedade é uma Questão de "Senso Comum" 385
A Raça Não Importa Mais 386
Com o Tempo, as Famílias Imigrantes Irão se Assimilar e Adotar uma Nova Cultura 386
A Burocracia é Desumana 387
As Pessoas que Fazem Más Escolhas Estão Apenas Captando a Mensagem Errada 388
A Sociedade Nos Impede de Sermos "Nós Mesmos" 389
Existe Algo como uma Sociedade Perfeita 389

Índice *391*

Introdução

Seja bem-vindo à sociologia! Escrevi este livro para lhe apresentar a uma das maiores e mais fascinantes disciplinas de toda a ciência. Sim, você leu corretamente: a sociologia é uma ciência. Os sociólogos não usam béqueres e tubos de ensaios, mas, assim como os cientistas naturais, buscam aprender sobre o mundo criando teorias e testando-as com observações sistemáticas.

O que torna a sociologia tão interessante e desafiadora é o seu foco de estudo: o mundo social. A sociedade é imensa e bastante complexa: existem respostas para perguntas sociológicas, mas geralmente não existem respostas *fáceis*. Além do desafio de responder a questões sociológicas, existe também o desafio de fazê-las — isto é, pensar na sociedade como um tópico de estudo científico e objetivo. O seu avô, o seu pastor e aquele cara que trabalha no refeitório provavelmente não têm opinião sobre como os átomos devem ou não se ligar uns aos outros, mas certamente possuem opiniões sobre como a sociedade deve ser organizada. Estudar a sociedade de modo científico significa deixar de lado — temporariamente — os pensamentos sobre como a sociedade *deveria* funcionar.

Após fazer isso, você poderá aprender informações fascinantes sobre o mundo. As conquistas dos sociólogos estão entre as maiores da raça humana, pois, na sociologia, pessoas, de todos os tipos se juntam para entender a sociedade objetivamente — para que, a longo prazo, ela seja moldada a fim de funcionar melhor para todos. Seja lá como você chegou até a sociologia, espero que este livro lhe confira maior respeito não só pelos sociólogos de jalecos (sim, alguns deles de fato os usam), mas por toda a sua espécie, a primeira espécie na Terra capaz da autoanálise consciente. O que os sociólogos veem ao olharem a sociedade nem sempre é bonito, porém é esse fato que torna a sociologia ainda mais importante: assim como você precisa saber como um carro funciona antes de consertá-lo, deve entender como a sociedade funciona antes de poder mudá-la.

Sobre Este Livro

Escrevi este livro para lhe introduzir à sociologia como um conjunto de conhecimentos sobre a sociedade, porém, ainda mais importante do que isto, viso introduzi-lo à sociologia como uma *maneira de se pensar o mundo*.

Com um assunto tão vasto e constantemente em mutação como a sociedade humana, seria insensato tentar escrever um "manual de usuário" — ele seria obsoleto antes mesmo de a tinta secar. Se este livro lhe desperta a curiosidade sobre um aspecto específico da sociedade — digamos, o mercado de trabalho nos Estados Unidos ou o sistema de classes em constante mudança —, isso é ótimo. A sua biblioteca local e a internet estão cheias de estudos específicos sobre esses assuntos, escritos por sociólogos e outros acadêmicos. Assim, espero que esta obra torne essa informação mais acessível a você.

O meu intuito neste livro é apresentá-lo à sociologia como uma disciplina para que você tenha as ferramentas e o entendimento de que necessita para ser bem-sucedido em uma aula de sociologia ou ao aplicar conceitos sociológicos na sua vida pessoal e na profissional. O livro é organizado para levá-los das perguntas mais genéricas (o que é sociologia? de onde ela veio? quem faz, e como?) aos tópicos mais específicos (como os sociólogos estudam a cultura e a socialização? como os sociólogos definem "classe" e "raça"?) e a implementação dessas ideias (como você pode usar a sociologia no seu dia a dia?).

Os sociólogos estudam muitas coisas — na verdade, estudam praticamente tudo que se relaciona com a interação entre pessoas —, o que significa que muitas coisas estudadas por sociólogos também são estudadas por outras pessoas que não se consideram sociólogos. O que é especial na sociologia é precisamente o fato de ela envolver o estudo de *todas* essas coisas juntas, não apenas algumas isoladas. O fato de os sociólogos considerarem todos os aspectos do mundo social ao mesmo tempo significa que podem ver as conexões que as pessoas que estudam apenas uma parte do mundo social não conseguem. Durante o livro, enfatizo o que é único em relação à visão sociológica do mundo.

Convenções Usadas Neste Livro

Obviamente, não tenho como conhecer cada uma das pessoas que leem este livro, mas posso adivinhar razoavelmente que você está vivendo no século XXI, que possui algum motivo para ter curiosidade sobre a sociologia, e que você provavelmente — mas não necessariamente — mora em um país de língua inglesa. Eu não escrevi este livro sob mais nenhuma suposição sobre quem você seja ou sobre o porquê de você o estar lendo.

Eu usei exemplos e ilustrações de uma grande variedade de situações sociais, porém você notará que existem exemplos especialmente frequentes dos Estados Unidos contemporâneo. Em parte, isso ocorre por ser o lugar onde eu moro, portanto é isso o que sei melhor. Eu escrevi o livro na primeira pessoa e frequentemente me refiro à minha própria vida e à minha história pessoal. A sociologia é uma ciência objetiva, mas qualquer sociólogo é um ser particular com conjuntos únicos de interesses e experiências; espero que, ao ler este livro e ver como os conceitos sociológicos se relacionam à minha vida, você pense em como eles também se relacionam à sua vida.

Eu explico os termos ao longo do livro, e assim permito que você mergulhe direto, sem tomar muito espaço entrando em detalhes na introdução, porém existem algumas distinções que talvez seja útil mencionar agora no começo.

Primeiro, existe a distinção entre *sociedade* e *sociologia*. Elas não são a mesma coisa. *A sociedade é o que os sociólogos estudam*; a sociologia é o estudo da sociedade. O termo "social" refere-se à sociedade, pessoas interagindo em grupos; já o termo "sociológico" refere-se à sociologia, o *estudo* das pessoas interagindo em grupos. Se isso lhe parece confuso, você não está sozinho: até mesmo no *New York Times*, escritores muitas vezes cometem o erro de usar o termo "sociológico" quando, na verdade, deveriam usar o termo "social." Se há um aumento na criminalidade em sua comunidade, isso é um problema *social*, não sociológico. Se você está tentando estudar o aumento da criminalidade, mas está com problemas de falta de dados, *então* tem um problema genuinamente sociológico.

E mais — para me adiantar um pouco e mostrar algo que explicarei melhor no Capítulo 2 —, você deve saber que a sociologia não é apenas algo que acontece em universidades, ela é uma maneira de se enxergar o mundo social e uma ferramenta para se usar no entendimento da sociedade; porém é também uma disciplina acadêmica, e a maioria das pessoas que se diz "sociólogo" trabalha em universidades e institutos de pesquisas. As chances são grandes de você estar lendo este livro por estar fazendo — ou pensando em fazer — uma aula de sociologia na escola ou faculdade; porém se não for por isso, não pare de ler! Este livro também é para você, pois encontrará todos os tipos de informações que podem ajudá-lo a entender o seu lugar nos negócios, o seu bairro, a cidade e até mesmo alguns de seus familiares!

A Sociologia é Controversa: Prepare-se!

Como mencionei, a sociologia é o estudo do mundo social inteiro. Isso significa que, entre os tópicos estudados pelos sociólogos, existem alguns assuntos bastante controversos. Se eles evitassem os assuntos controversos, isso acabaria com todo o propósito da disciplina; e o mesmo vale para este livro.

Faz parte do trabalho do sociólogo lidar com assuntos polêmicos e, inclusive, alguns deles já realizaram alguns argumentos altamente controversos. Ao se aprofundar na sociologia, você precisa estar preparado para encontrar algumas ideias das quais você pode discordar — e discordar *completamente*. Entre as ideias que você encontrará neste livro, estão:

- A religião é uma maneira de fazer as pessoas lhe darem dinheiro, e não serve a nenhum outro propósito construtivo.
- O tipo mais eficiente de governo é a ditadura, no qual o mais esperto manda.
- A sociedade funciona melhor quando as mulheres ficam em casa cozinhando e limpando e os homens saem para trabalhar.

Você não precisa concordar com todos esses argumentos — *eu* certamente não concordo — para estudar sociologia, mas deve estar disposto a *considerar* argumentos com os quais não concorda. Se você não concorda com um ou mais desses argumentos, por que não? Cada uma das afirmações acima faz argumentos *empíricos,* o que significa que elas podem ser testadas com fatos objetivos. Como você pode testá-las? Quais dados você coletaria? Como os analisaria? Se você acredita que a verdade não se reflete nessas afirmações, como pode provar isso? Essa vontade de pensar no mundo social como um cientista — ou seja, objetivamente — é a base fundamental da sociologia.

Eu estou 100% certo de que neste livro você encontrará ideias e argumentos com os quais não concordará. Quando deparar com algo com o qual não concorde, pense no *porquê* você não concorda com aquilo e o que diria em um debate com pessoas que impulsionaram essa ideia. É assim que se pensa como um sociólogo.

Como Este Livro Está Organizado

Este livro é dividido em seis partes. Nesta seção, explico quais conteúdos você encontrará em cada parte.

Parte I: O Básico do Básico

Esta parte lhe mostra o que/quem/como: o que é a sociologia (o estudo científico da sociedade), de onde veio (o tumultuado século XIX), quem faz (sociólogos na academia assim como pessoas fora da academia que podem se beneficiar de suas ideias e percepções) e como é feita (com uma variedade de métodos complementares, sabendo que nenhum deles é perfeito, mas que todos têm o seu valor). Ler esta parte o ajudará a entender de fato o que é essa coisa chamada "sociologia".

Parte II: Enxergando a Sociedade como um Sociólogo

Não importa qual aspecto da vida social lhe interesse, existem algumas ideias sociológicas que o ajudarão ao longo do caminho. Nesta parte, explico como os sociólogos entendem a cultura (o que é, e o que não é), o link entre micro e macro (qual a relação da "sociedade" com indivíduos interagindo cara a cara) e a importância das redes sociais (qual é a diferença entre a "sociedade" e as pessoas que você realmente conhece e com as quais interage?). Essas ideias fundamentais são de valor em todo o campo da sociologia.

Parte III: Divididos — ou, Unidos — Nós Estamos: Igualdade e Desigualdade em Nosso Diversificado Mundo

Basicamente todo mundo que estuda a sociedade está de uma maneira ou outra preocupado com a desigualdade social. Ela não precisa significar estratificação — ou seja, só porque duas pessoas são diferentes não quer dizer que uma esteja em uma posição melhor e mais poderosa do que a outra — mas, muitas vezes, significa sim. Esta parte é dedicada a este tópico em todas as suas várias formas. Inicio explicando a ideia geral da estratificação social (quem está em cima? quem está embaixo?) e, em seguida, discorro sobre algumas das linhas específicas que dividem os grupos sociais: raça, etnia, sexo, gênero, religião e a lei (no sentido de estar do "lado contrário" ou "do lado certo" da lei).

Parte IV: Todos Juntos Agora: Os Pormenores da Organização Social

As pessoas estão sempre interagindo, o tempo todo — mas, como qualquer pai de crianças pequenas sabe, "interagir" não é necessariamente o mesmo que "ser produtivo". Corporações, organizações sem fins lucrativos, governos, movimentos sociais e outras organizações sociais representam as tentativas deliberadas das pessoas de se unirem para realizar tarefas; assim, nesta parte, explico o que os sociólogos sabem sobre quando essas tentativas funcionam e quando não. As cidades são uma forma de organização social um pouco diferente, mas as pessoas que moram juntas em uma cidade se encontram juntas em uma organização social quer queiram ou não; na conclusão desta parte, falo sobre a vida urbana (assim como a vida suburbana).

Parte V: A Sociologia e A Sua Vida

A sua vida está intrinsecamente ligada à sua sociedade — a vida que você viveu, a que vive e a que viverá. Entender a sociedade pode ajudá-lo a entender a sua própria vida. Nesta parte, primeiro explico como os sociólogos pensam sobre os caminhos de vidas de indivíduos (incluindo a infância, a velhice, a saúde e a vida familiar) e, então, abordo o que a sociologia pode nos dizer sobre a vida no futuro.

Parte VI: A Parte dos Dez

Esta parte final contém três capítulos bastante específicos: quais outros livros de sociologia interessantes e de fácil leitura existem por aí além deste? Como você pode usar a sociologia no seu dia a dia? O livro conclui com o meu capítulo favorito: "Os Dez Mitos Sobre a Sociedade Quebrados pela Sociologia". Pule para ele a fim de ver como a perspectiva sociológica mudará a sua maneira de pensar o mundo social à sua volta.

Ícones Usados Neste Livro

À medida que lê, você notará alguns símbolos pipocando nas margens, os quais lhe fornecem dicas sobre como compreender o que você está lendo.

Este ícone destaca informações nas quais você deve prestar atenção *especial*. Faça questão de lembrar as informações nos parágrafos marcados por este ícone.

Este ícone sinaliza que a informação ao lado dele é de interesse dos mais curiosos e aprofunda um pouco mais um tópico específico que esteja em discussão.

Quando encontrar este símbolo, você verá informações sobre uma armadilha para se evitar — algum risco de se enganar ou se confundir.

Quando deparar com este símbolo, tenha certeza de estar lendo uma informação significativa que pode ser útil nas aulas ou no dia a dia.

O ícone importante indica uma informação significante que você não deve perder.

Para Onde Ir Daqui

Como todos os livros *Para Leigos*, este livro foi escrito para ser *modular* — cada parte pode ser lida independentemente. Portanto, se você olhar no índice e encontrar algo em particular que lhe desperta a curiosidade, sinta-se livre para pular direto para aquela seção. Dito isso, organizei o livro para guiá-lo pela sociologia desde os conceitos iniciais até os tópicos mais específicos. Desse modo, se você tem certeza de que consultará o livro todo, é melhor que comece do início e siga adiante.

Eu também recomendo que você dê uma olhada em algumas das caixas de texto, pois elas fornecem exemplos concretos do material discutido no corpo principal do texto. Assim, se sentir que as coisas estão ficando muito teóricas ou abstratas, olhe nessas caixas para ilustrações mais realistas do que está sendo discutido. Divirta-se!

Parte I
O Básico do Básico

A 5ª Onda   Por Rich Tennant

"Como assim eu não me encaixo no seu modelo desejado de população no momento?"

Nesta Parte...

O que é a *sociologia*? Esse não é um termo que geralmente surge na mesa de jantar, e, além disso, a maioria das pessoas possui apenas uma vaga ideia do que se trata. Ao final desta parte, você saberá o que é a sociologia, de onde ela veio, o que os sociólogos fazem, por que e como o fazem.

Capítulo 1

Sociologia: Começando a Compreender

Neste Capítulo

▶ Compreendendo a sociologia
▶ Vendo o mundo como um sociólogo
▶ Compreendendo as diferenças entre as pessoas e grupos
▶ Observando a organização social
▶ Valorizando as suas próprias ideias sociológicas

Talvez você esteja segurando este livro pois se matriculou em um curso de sociologia na faculdade ou na escola, ou porque está pensando em estudar sociologia. Você deve estar se perguntando se ela pode ajudá-lo em seu trabalho; pode apenas estar curioso sobre diferentes maneiras de se olhar a sociedade; ou talvez esteja pensando em sociologia por uma razão diferente. Seja qual for a razão, você está lendo este livro, pois quer saber mais sobre esta coisa chamada "sociologia".

Neste livro, explico o básico da sociologia: o que é, como é feita e para que serve. Durante o trajeto, de fato menciono muitas descobertas específicas feitas por sociólogos, porém meu objetivo principal é discorrer sobre a *sociologia*, e não sobre a *sociedade*. Após compreender o básico dessa ciência, você poderá arregaçar as mangas e ir para a internet ou a uma biblioteca a fim de ver o que os sociólogos já aprenderam sobre um lugar ou tempo específicos.

Este capítulo fornece um mapa para todo o resto do livro. Aqui, resumo a presente obra e explico as ideias básicas que ela abordará. Assim, organizei este livro para prosseguir desde os conceitos mais básicos até os tópicos mais específicos, porém os capítulos foram desenvolvidos para serem independentes, portanto, é possível não começar do início.

Seja qual for o caminho que escolher pelo livro — e pela sociologia em geral —, espero que você aproveite e passe a achar a sociologia um tópico fascinante assim como eu.

Compreendendo a Sociologia

Na Parte I de *Sociologia Para Leigos*, explico os fundamentos da sociologia: o que é, como surgiu e como é feita.

Definindo a sociologia

Em suma, a sociologia é o estudo científico da sociedade. Os sociólogos utilizam ferramentas e métodos das ciências para compreender como e por que os humanos se comportam de tal maneira quando interagem em grupos. Apesar de grupos sociais — ou sociedades — serem formados por indivíduos, a sociologia é o estudo do *grupo* em vez do *indivíduo*. No que se trata da compreensão de como a mente do indivíduo humano funciona, os sociólogos geralmente deixam isso para os psicólogos.

A maioria das pessoas que se denomina sociólogo trabalha em faculdades e universidades, onde leciona sociologia e conduz pesquisas sociológicas. Elas realizam uma variedade de perguntas sobre a sociedade, às vezes buscando respostas apenas para satisfazer a curiosidade; entretanto, muitas vezes, utilizam suas descobertas para informar decisões de políticos, executivos e outros indivíduos. Muitas pessoas que estudam sociologia conduzem pesquisas sociológicas fora da academia, trabalhando para agências governamentais, *think tanks* (veja mais sobre *think tanks* no capítulo 2) ou corporações privadas. O estudo apurado e sistemático da sociedade é de uma forma ou de outra útil para praticamente todo mundo.

Estudar sociologia, independente de você se considerar um "sociólogo", significa adotar uma maneira particular de ver o mundo: uma visão que o sociólogo C. Wright Mills chamava de "a imaginação sociológica". Você deve estar disposto a deixar de lado suas ideias sobre como o mundo social *deveria* funcionar a fim de que veja como *de fato* ele funciona. Isso não significa que os sociólogos não têm valores e opiniões pessoais sobre o mundo social; eles acreditam que, para mudar o mundo, é necessário entendê-lo primeiro.

A história da sociologia

A sociologia é considerada uma das ciências sociais — junto com economia, psicologia, antropologia, geografia e ciência política (dentre outras). As ciências sociais surgiram nos séculos XVIII e XIX, à medida que as pessoas começaram a aplicar métodos científicos em relação à vida e ao comportamento humano. O mundo mudava dramática e rapidamente conforme a produção industrial substituía a agricultura, enquanto as repúblicas democráticas substituíam as monarquias, e a vida urbana, a rural. Percebendo quantas ótimas ideias a ciência havia fornecido em relação ao mundo natural, as pessoas decidiram tentar usar o mesmo método para entender o mundo social.

Dentre as ciências sociais, a sociologia sempre foi única em sua ambição de compreender o mundo social *inteiro* — considerando todos os seus aspectos combinados, e não isolados. É uma tarefa assustadora com a qual os sociólogos têm dificuldades até hoje.

Os primeiros e mais importantes sociólogos possuíam uma ideia clara sobre como estudar e compreender a sociedade, a qual ainda forma a base de muitas investigações e discussões sociológicas hoje em dia. Karl Marx enfatizava a importância de recursos físicos e o mundo material; ele acreditava que conflitos em função de recursos estão no centro da vida social. Émile Durkheim enfatizava a cooperação em vez do conflito: ele se interessava nas normas e nos valores compartilhados que tornam possível uma vida social cooperativa. Max Weber pegou as ideias de ambos e argumentava que o conflito *e* a cooperação, tanto recursos materiais *quanto* valores culturais, são essenciais para a vida social (veja o Capítulo 3 para mais sobre Marx, Durkheim e Weber).

Durante o último século, os sociólogos permaneceram debatendo as ideias dos primeiros sociólogos e aplicando-as a sociedades específicas por todo o mundo. Graças em grande parte à influência dos sociólogos da "Escola de Chicago" no começo do século XX (veja o Capítulo 3 para mais informações sobre eles), os sociólogos hoje prestam bastante atenção aos pequenos grupos e às interações pessoa-pessoa, assim como ao grande trajeto geral da história social. Hoje em dia, os sociólogos entendem o fato de que as grandes e pequenas questões no que se refere à sociedade estão interligadas e que não é possível compreender o macro (o grande) sem compreender o micro (o pequeno).

Fazendo sociologia

De uma perspectiva científica, a sociedade é um assunto muito difícil de estudar por ser enorme, complexa e estar em constante mudança. Um desafio eterno para os sociólogos é desenvolver maneiras de se observar apuradamente a sociedade e testar hipóteses sobre o modo como ela funciona.

Fundamentalmente, a pesquisa sociológica prossegue nas mesmas linhas das pesquisas científicas de qualquer outra disciplina: você decide no que está interessado, olha o que outros pesquisadores já aprenderam sobre o assunto, faz uma pergunta específica e coleta dados para responder a ela; então, analisa esses dados e interpreta os resultados. O próximo pesquisador a se interessar sobre o tópico leva em consideração os seus resultados ao conduzir seus próprios estudos.

Os sociólogos usam métodos de pesquisas *quantitativos* e *qualitativos* (veja o Capítulo 4 para mais sobre esses métodos). A pesquisa quantitativa envolve questões feitas e respondidas em termos de números; a qualitativa envolve uma observação próxima e descrições detalhadas, geralmente por escrito. Os estudos quantitativos em geral utilizam métodos estatísticos — às vezes muito sofisticados — para determinar se uma tendência observada em um conjunto de dados representa ou não a população geral. Ao usar estatísticas ou outro método de pesquisa, os sociólogos devem tomar muito cuidado para evitar qualquer uma das várias armadilhas potenciais que podem levar a interpretações incorretas ou enganosas dos dados que observam.

Observando o Mundo Como um Sociólogo

Para ajudar a criar algum sentido do bastante complexo mundo social, os sociólogos desenvolveram algumas perspectivas úteis — maneiras de se pensar no mundo social que tanto ajudam a compreendê-lo quanto a fazer questionamentos sobre ele. A menos que você entenda essas perspectivas, a sociologia pode ser bastante confusa. Na Parte II deste livro, explico algumas das mais importantes perspectivas sociológicas.

Compreendendo a cultura

Os sociólogos diferenciam cultura (ideias e valores) e estrutura (a organização básica da sociedade). Alguns sociólogos tendem a focar na cultura, enquanto outros focam na estrutura; o que é seguro dizer é que tanto a cultura quanto a estrutura podem ter papéis importantes na moldagem do mundo social (veja o Capítulo 5 para mais sobre cultura e estrutura).

Compreender a cultura significa entender que ideias e valores — incluindo aqueles representados na arte e na mídia — nem sempre refletem perfeitamente o modo como as pessoas se comportam. Os sociólogos da cultura estudam a produção (como surge) e a recepção dela (o efeito da cultura nas ações e convicções das pessoas) separadamente (veja o Capítulo 5 para mais sobre isso). Eles também estudam tipos e níveis diferentes de cultura, desde a dominante (aquela amplamente compartilhada) até as subculturas (as que existem em oposição à cultura dominante) e as microculturas (autocontidas dentro de um conjunto mais amplo de culturas).

A cultura pode influenciar tanto o modo de as pessoas pensarem sobre si mesmas como a maneira em que pensam sobre outras pessoas: ela pode unir, assim como separar.

Microssociologia

Entender como a sociedade funciona no nível micro — isto é, no nível de pessoa para pessoa — é especialmente complicado, pois envolve entendimentos sobre como as normas e influências sociais acontecem dentro da cabeça de cada pessoa.

Os sociólogos, economistas e outros cientistas sociais estão bastante preocupados com o entendimento de como as pessoas tomam decisões em suas vidas. Às vezes, essas escolhas fazem perfeito sentido (aceitar um trabalho porque você precisa de dinheiro a fim de comprar comida para viver), e às vezes elas parecem não fazer sentido algum (apostar aquele dinheiro em um jogo de cassino que você quase certamente perderá, ou doar para alguém que mora do outro lado do mundo).

Um assunto pertinente na microssociologia é entender como e por que as pessoas tomam decisões de momento em momento, levando em consideração tanto suas necessidades individuais quanto suas circunstâncias sociais.

Os sociólogos também estudam como as pessoas usam papéis sociais e as normas para interagir com outras pessoas. O sociólogo Erving Goffman apontou que toda pessoa é de certa maneira um ator em um palco: A sua identidade social é o papel que você interpreta e o cenário onde interage com os outros é como um palco onde você está atuando. Todos entendem isso até certo ponto e às vezes tiram vantagem desse fato para conseguir o que desejam na vida (veja o Capítulo 6 para mais sobre a microssociologia).

A sociologia das redes sociais

Não é apenas o seu conselheiro profissional que fala sobre a importância das redes pessoais: Nas décadas recentes, os sociólogos compreendem cada vez mais o fato de que quem você conhece (e como os conhece) é de extrema importância para determinar tudo desde os seus valores até o seu poder político e econômico. Uma sociedade não é apenas uma grande nuvem de pessoas que respiram o mesmo ar, é uma rede altamente complexa em que cada pessoa está ligada a outras por relacionamentos que variam de intensidade e natureza (mais sobre a sociologia das redes sociais no Capítulo 7).

Você está conectado — diretamente ou por meio de amigos de amigos de amigos — a quase todo mundo em sua sociedade, porém os seus laços com algumas pessoas são mais fortes do que com outras. Aquelas mais próximas de você são grandes fontes de apoio, porém as pessoas das quais você está apenas conectado a distância podem ser ainda mais valiosas em relação a obter informações que os seus amigos ou colegas de trabalho não podem (ou não querem) lhe dizer. A sua posição na rede social determina quais opções você tem ao procurar um emprego, fazer amigos ou espalhar a sua influência.

Alguns sociólogos se devotam especificamente à sociologia das redes sociais, mas quase todo sociólogo usa essas ideias e esses métodos na análise de rede de alguma forma. No Capítulo 7, menciono algumas das ideias sociais específicas que vieram da análise de redes.

Compreendendo as Diferenças Entre Pessoas e Grupos

Um assunto de extrema importância para os sociólogos é compreender as diferenças e desigualdades entre diferentes grupos sociais. Na Parte III deste livro, olho algumas das principais linhas que dividem a sociedade: entre classes, entre raças, entre religiões e entre pessoas "divergentes" e "não divergentes".

Estratificação social

A palavra "estratificação" refere-se aos diferentes níveis um acima do outro e pode ser usada para a sociedade assim como para rochas. Algumas pessoas em qualquer sociedade possuem mais poder e liberdade do que outras — os sociólogos se referem a essas diferenças como diferenças de *classe social*. Parece existir desigualdade de classe em todas as sociedades, porém ela é muito maior em umas do que em outras, e os sociólogos sempre debateram se a desigualdade significante de classes é ou não necessária ao funcionamento da sociedade (veja o Capítulo 8 para mais sobre a estratificação social).

Quando se ouve que alguém é de uma "classe mais alta" do que outra pessoa, o dinheiro é provavelmente o seu primeiro pensamento, e de fato, ele é sem dúvida importante. No entanto, os sociólogos enfatizam que existem muitos meios de desigualdade social: não apenas dinheiro, mas ocupação, habilidade, motivação, conexões sociais, credenciais, conhecimento especializado e discriminação por raça, sexo, casta ou idade.

Os sistemas de classes mudam com o tempo, e as posições das pessoas nesses sistemas de classe mudam com frequência ainda maior. A mobilidade social é algo que os sociólogos estudam a fundo.

Raça e sexo

Os sociólogos distinguem entre *raça* (um rótulo que outros lhe atribuem) e *etnia* (a herança cultural do grupo com o qual você se identifica). Eles também distinguem entre *sexo* (o seu status biológico: macho ou fêmea) e *gênero* (a maneira pela qual você identifica o seu próprio status). Todas essas são umas das principais distinções em cada sociedade. Raça, etnia, sexo e gênero frequentemente servem como justificativa para discriminação e criação de estereótipos, porém também podem servir como um terreno comum para pessoas se unirem umas às outras (veja o Capítulo 9 para mais sobre raça e etnia).

As questões de raça e etnia são particularmente importantes hoje em dia, já que a imigração é comum, e as sociedades estão cada vez mais diversas; há entretanto diferentes raças e etnias em *toda* sociedade, portanto, seja para o melhor e para o pior, os assuntos relacionados a raça e etnia são atemporais.

A discriminação institucionalizada (isto é, oficial) contra membros de uma raça ou sexo em particular felizmente tem diminuído nas décadas mais recentes, porém distinção entre raça, etnia, sexo e gênero permanecem profundamente importantes em moldar como as pessoas se enxergam e como são vistas por outras pessoas.

Religião

A religião pode parecer um assunto um tanto incomum de se estudar cientificamente — mas os sociólogos visam entender o mundo social por inteiro, e as crenças e instituições religiosas estão bem no centro desse mundo. Não é trabalho do sociólogo determinar o que há além deste mundo, mas eles podem observar e observam como a religião afeta a vida das pessoas no aqui e agora.

Os sociólogos estudam tanto os valores religiosos — no que as pessoas acreditam sobre o mundo espiritual, especificamente por isso afetar suas ações neste mundo — e organizações religiosas. Como todas as organizações sociais, as religiosas mudaram ao longo do tempo. O que continuou igual é o fato de, para muitas pessoas em todas as sociedades, os grupos religiosos estarem entre os mais importantes em suas vidas (mais sobre religião no Capítulo 10).

Crime e comportamento divergente

Para os sociólogos, o *crime* é um tipo de atividade que cai sob a categoria geral de *comportamento divergente,* que é definido como um tipo de atividade que desvia das normas de um grupo social; o crime é um comportamento divergente formalmente punido com sanções que variam desde pequenas multas até a morte.

Por que as pessoas cometem crimes? Os sociólogos possuem teorias diferentes sobre isso, mas Durkheim notoriamente observou que alguma forma de crime está presente em todas as sociedades já conhecidas — nesse sentido, o crime pode ou não ser bom, mas de fato parece ser "normal". O que se considera crime em uma sociedade em particular depende das leis específicas da sociedade e das interações sociais em torno do crime.

É possível acabar com o crime ou pelo menos limitá-lo? Mesmo que não exista uma sociedade perfeitamente livre do crime, a pesquisa sociológica fornece muitas pistas sobre como é possível reduzir os piores crimes. No Capítulo 11, apresento vários exemplos.

Organização Social

Os sociólogos são de fato curiosos sobre as linhas que dividem as pessoas na sociedade, porém são igualmente curiosos em relação a como as pessoas conseguem trabalhar juntas. Na Parte IV deste livro, discorro sobre três grandes tipos de organização social de grande interesse tanto para os sociólogos quanto para as pessoas normais que desejam trabalhar e morar juntas pacífica e produtivamente.

Cultura corporativa

Seja você um aluno do Ensino Médio ou um trabalhador aposentado, com certeza já teve bastante experiência (talvez mais do que gostaria) com o que os sociólogos chamam de *organizações formais*: corporações, organizações sem fins lucrativos e outras organizações de pessoas que trabalham juntas para alcançar um objetivo. Bom, pelo menos é isso que eles *dizem* fazer.

O sociólogo Richard Scott apontou que as organizações sociais se comportam como sistemas *racionais*, *naturais* e *abertos*. Elas são *racionais*, pois fazem tipicamente um trabalho de maneira mecânica para atingir algum objetivo, mas também são *naturais*, pois os humanos não são máquinas e trazem consigo as próprias falhas e idiossincrasias para o ambiente de trabalho. Além disso, elas são *abertas* à medida que seus comportamentos são influenciados pelo comportamento de outras organizações à sua volta. Explico isso com mais detalhes no Capítulo 12.

Movimentos sociais e sociologia política

Como as organizações fundadas com um propósito bem claro são capazes de provocar uma mudança social? Elas funcionam mesmo? Sim, mas nem sempre. Muitos sociólogos estudaram as circunstâncias sob as quais os movimentos sociais são bem-sucedidos: em geral, parece ser uma questão de estar no lugar certo, na hora certa e com os recursos necessários para que sua voz seja ouvida.

Entender como e por que os movimentos sociais funcionam (ou não) se relaciona com o tópico geral da sociologia política: o estudo do governo, ou do "Estado" em linguagem sociológica. O seu governo parece ser grande e invulnerável, mas, em geral, os governos são bastante frágeis (veja o Capítulo 13 para mais sobre a sociologia dos governos).

Manter um governo funcionando em operação é um ato notável de cooperação social, e, quando ele não funciona, é possível que a revolução resultante tenha consequências desastrosas para milhões de pessoas.

Sociologia urbana

A sociologia nasceu nas cidades; especificamente nas cidades de rápido crescimento da Revolução Industrial. Lá, pessoas com bagagem cultural tão distinta encontravam-se umas com as outras, no que às vezes se parecia um caótico ensopado humano. Houve violência, doença e pobreza, e uma elétrica mistura de linguagens, valores e ideias.

E duzentos anos depois o mundo é mais urbano do que nunca. Como, e por que, as pessoas continuam vivendo nas cidades? A vida da supermetrópole permanece superpopulosa e intensa, mas não em toda área urbana. Passadas várias décadas, milhões de pessoas ao redor do mundo se mudaram para comunidades suburbanas. Assim como o tempo passou nesses subúrbios, alguns habitantes se mudaram de volta para as supermetrópoles, e outros para locais ainda mais distantes, para os recém-construídos "ex-urbanos". Sempre acompanhando, os sociólogos estiveram lá para estudar as mudanças urbanas (suburbanas e ex-urbanas). Você pode ler mais a respeito no capítulo 14.

Sociologia e Sua Vida

Chegando ao ponto principal, qual é a relevância da sociologia na sua vida? Na Parte V, explico como ela pode mudar a maneira pela qual você entende o seu passado e o seu futuro.

O curso de vida

O seu curso de vida, é claro, é somente seu: você decide se e quando vai para a faculdade, se vai casar, ter filhos e se aposentar. Ainda assim, em cada estágio, é afetado por instituições e normas sociais relacionadas ao curso de vida. O que você "deveria" fazer? O que acontece se não fizer? O tempo e a natureza das transições de cursos de vida variam imensamente entre sociedades, e os sociólogos têm estudado o porquê disso.

À medida que vive sua vida, você será profundamente influenciado pelas famílias às quais pertence; sociólogos e historiadores já destruíram muitos mitos sobre a família e, no Capítulo 15, explico como a sociologia pode ajudá-lo a entender a sua própria família. Abordo também o assunto sempre em voga da saúde, que influencia não só quanto tempo você viverá, mas também a qualidade de vida que possui.

Mudança social

Uma constante na vida social é a mudança: mudanças de normas, de classes, mudança de *tudo*. Existe alguma maneira de tanta mudança fazer algum sentido?

Os sociólogos acreditam que sim, mesmo que às vezes discordem sobre como exatamente. Marx acreditava que a mudança social era direcionada pelo conflito sobre recursos materiais. Durkheim pensava que ela era inevitável, com normas e valores mudando conforme as sociedades cresciam e se tornavam mais diversas. Weber julgava que tanto os conflitos materiais quanto as mudanças de normas influenciavam a mudança social.

Desde o início, os sociólogos esperavam prever o futuro para assim conseguirem influenciá-lo. A sociologia está, e provavelmente continuará, bem distante de ver o futuro com mais clareza do que qualquer meteorologista seria capaz — mas, assim como os meteorologistas, os sociólogos têm uma boa ideia de quando uma tempestade está se formando. Eles devem estar mais curiosos sobre o futuro da sociologia em si. A sociologia sobreviverá? Como a sociedade se parecerá no futuro? Veja o Capítulo 16 para meus melhores palpites sobre essas questões.

Sociologia para Leigos, para Leigos

Ainda não está certo sobre tudo isso? Tente pular para a Parte VI, "A Parte dos Dez". Nos capítulos 17 e 18, menciono dez maneiras de usar as ideias sociológicas no seu dia a dia; além disso, mostro uma lista de dez livros de sociologia de fácil leitura, os quais você pode usar se este livro lhe despertar o interesse. No Capítulo 19, listo dez mitos sobre a sociedade, os quais já foram quebrados pela sociologia — dez coisas que você *pensava* que sabia sobre o mundo social à sua volta.

Para encerrar, este é o meu melhor argumento sobre por que você deve ler este livro: para aprender mais sobre o mundo social ao seu redor. Claro, você aprenderá algo sobre a sociologia em si — sobre o desentendimento público entre Talcott Parson e C. Wright Mills, sobre as conversas de Arlie

Hochschild com mães frustradas que trabalham, sobre os sociólogos que foram para Paducah, Kentucky a fim de falar com famílias afetadas por um trágico tiroteio em uma escola[1]. Mas, ainda mais importante, ao aprender sobre as tentativas dos sociólogos de compreender o mundo social em constante mudança, você aprenderá sobre esse mundo em si, o mundo que dá sentido à sua vida.

Sociologia: Para que serve?

Espero que você esteja animado para começar a ler este livro, mas não encho a minha bola julgando que isso seja o mais importante na sua vida agora. O que *é* a coisa mais importante da sua vida agora? Você está começando um relacionamento romântico — ou terminando um? Há algo importante acontecendo no trabalho? Você está preocupado com uma situação difícil envolvendo alguém querido, ou está animado para as férias ou formatura que estão chegando?

Todos esses fatores são bastante pessoais, mas também muito sociais. Você vive momentos assim individualmente, mas a sua experiência também envolve as pessoas à sua volta — e as pessoas em volta delas. Mesmo que sua vida seja somente sua, ela é fundamental e profundamente influenciada — e de certa maneira, *definida* — pela sociedade na qual você vive.

Se você já viajou, ou leu livros ou viu filmes sobre outras culturas, percebe o quanto as normas, os valores e as práticas variam de uma sociedade para outra. As escolhas que você faz são somente suas, mas aquelas que lhe são dadas vêm da sociedade em que você vive, assim como muito da maneira pela qual você considera essas escolhas. Se você não entende como a sociedade funciona e como ela moldou a sua vida, está no escuro em relação a importantes partes de você mesmo. Apenas ao entender a sua sociedade — o que a sociologia pode ajudá-lo a fazer — você poderá verdadeiramente se entender.

N.E.[1]: Um estudante de 14 anos abriu fogo em um grupo de oração, no interior de um colégio matando 3 pessoas e ferindo outras 5. O fato ocorreu em 2/12/97.

Capítulo 2

O que é a Sociologia e Por que Eu Deveria me Importar?

Neste Capítulo
- Definindo a sociologia
- Compreendendo onde a sociologia é usada
- Identificando como a sociologia afeta a sua vida

Apesar de você já ter ouvido a palavra *sociologia*, pode não saber o que de fato ela significa. Talvez você pense que a sociologia é o mesmo que trabalho social, ou pode confundi-la com a psicologia ou a antropologia. Talvez tenha notado que os sociólogos tendem a aparecer nos noticiários para discutir problemas sociais como o racismo ou a violência. É possível que tenha uma ideia de que os sociólogos estudam problemas sociais, mas você não sabe realmente como eles conduzem os estudos. Como a maioria das pessoas, você provavelmente visualiza alguns caras com jaquetas de tweed sentados em escritórios pregando o porquê de todo mundo ser tão perturbado.

Neste capítulo, explico em termos claros o que exatamente é a sociologia, o que é uma questão sociológica e como, de maneira geral, um sociólogo conseguiria encontrar uma resposta. Listo alguns dos mais importantes cenários nos quais a sociologia funciona — ou onde ela é feita, até mesmo por pessoas que não se consideram sociólogos. Finalmente, explico como a sociologia afeta a sua vida hoje e como aprender mais sobre essa ciência o ajudará no futuro.

Ao final deste capítulo, você saberá o suficiente para se juntar aos caras de jaqueta e pregar por conta própria. Mas, mesmo que seus amigos não morram de curiosidade sobre a sociologia, após você entender um pouquinho sobre o que ela é, ficará viciado.

Descobrindo o que é a Sociologia

Um guia de curso universitário escrito de brincadeira por um estudante definiu a sociologia como o estudo de "tudo em toda a face da terra". Essa definição não é necessariamente falsa; os sociólogos estudam quase tudo o que as pessoas fazem. E *como* eles estudam tudo que as pessoas fazem é o que define a sociologia.

Definindo a sociologia

A definição de sociologia, após você aprendê-la, é fácil de lembrar pois está logo ali no nome: *socio* significa "sociedade" e *logia*, "o estudo de". Assim, a sociologia é o estudo da sociedade.

As ciências sociais tomam uma abordagem sistemática na análise das vidas e interações humanas. E a sociologia, considerada uma ciência social, é geralmente agrupada em uma das seguintes áreas de estudos:

- Psicologia
- Antropologia
- Economia
- Ciência Política
- Estudos étnicos (por exemplo, estudos afro-americanos ou estudos latinos)
- Estudos de área (por exemplo, estudos da Ásia ou estudos da Europa)
- Estudos de gênero (por exemplo, estudos femininos)
- Estudos culturais

LEMBRE-SE

A sociologia compartilha uma abordagem geral com todos esses campos, e os sociólogos muitas vezes leem os trabalhos ou colaboram com especialistas dessas disciplinas. Os sociólogos, entretanto, insistem em manter o direito de estudar qualquer um desses tópicos. Política, economia, cultura, raça, gênero... eles acreditam que todas elas interagem umas com as outras e, se você tentar estudar apenas uma dessas áreas isoladamente, corre o risco de perder informações importantes sobre como um grupo ou situação social funciona. Assim, pode estudar praticamente tudo o que tenha relação com a vida social dos humanos e chamar de sociologia — mas apenas se estudar de maneira científica e sistemática.

Capítulo 2: O que é a Sociologia e Por que Eu Deveria me Importar?

Estudando a sociedade cientificamente

Se você já participou de uma feira de ciências, sabe como funciona o método científico. Você:

1. Faz uma pergunta.

2. Monta um experimento ou um estudo que pode fornecer uma resposta para aquela pergunta.

3. Faz observações bastante cuidadosas.

4. Analisa as suas observações para verificar qual resposta elas podem oferecer.

Os cientistas acreditam que o método científico é a melhor maneira de estudar o mundo natural, assim como os cientistas sociais acreditam ser essa também a melhor maneira de se estudar o mundo social. No entanto, uma das coisas mais difíceis de se entender sobre a sociologia é também uma das mais importantes: Os sociólogos fizeram muitas perguntas sobre a sociedade, mas a mais importante contribuição da sociologia não são as respostas para essas questões, mas o fato de elas terem sido feitas em primeiro lugar.

O que torna o estudo da sociedade de maneira científica tão difícil, mas principalmente tão recompensador, é você precisar, para fazer isso, deixar de lado suas próprias tendências e os preconceitos sobre como a sociedade "deveria" funcionar. Se for estudar normas sociais de maneira objetiva, você deve entender que as suas próprias normas e valores não são os únicos a existirem, e você terá de deixar de lado qualquer questão sobre suas normas e valores serem "melhores" ou não.

Émile Durkheim, um dos fundadores da sociologia (mais sobre ele no Capítulo 3), usava o que tem sido chamado de "metáfora orgânica" para a sociedade. Nem todo mundo concorda que o modelo dele seja o modo correto de entender como a sociedade *funciona*, mas é uma boa maneira de começar a entender o que *é* a sociedade.

Durkheim dizia que a sociedade é como o corpo humano — uma grande coisa feita de várias pequenas coisas. O seu corpo é composto de muitos sistemas diferentes (sistema nervoso, sistema respiratório, sistema digestivo) formados por órgãos (cérebro, pulmões, estômago), e os órgãos são feitos de bilhões de células de todos os tipos diferentes. Dessa forma, você é as suas células, pois não há nada no seu corpo que não seja feito delas; entretanto, as suas células não são *você*. Apenas quando elas trabalham juntas é que compõem quem você é. Não existe uma célula que seja "você" — você é *todas* as suas células, trabalhando juntas em órgãos e sistemas a fim de formar a pessoa que está aí sentada, respirando, pensando e segurando este livro.

A sociedade é assim — mas muito maior e ainda mais complicada. Ela é composta de muitas pessoas agindo juntas em grupos e sistemas (mesmo que elas nem sempre cooperem, pelo menos afetam umas às outras). O seu país é uma sociedade, mas nenhuma pessoa — nem mesmo o presidente ou o primeiro-ministro — *é* a sociedade. A sociedade são todas as pessoas do seu país interagindo juntas. Assim como um corpo é, de certa forma, o que acontece quando várias células diferentes interagem juntas, uma sociedade é o que acontece quando várias pessoas interagem juntas.

Assim como você precisa olhar o corpo inteiro para entender como ele funciona, os sociólogos acreditam que você precisa olhar para uma sociedade inteira a fim de entender como ela funciona. Você não pode entender como um fígado funciona sem entender o lugar dele no corpo, e sociólogos acreditam que você não pode entender como uma parte da sociedade (uma empresa, um grupo étnico, uma pequena cidade) funciona sem entender o seu lugar na sociedade.

Perguntando e respondendo a questões sociológicas

Estudar a sociedade cientificamente significa fazer perguntas científicas sobre ela. Uma questão sociológica científica é uma questão sobre como a sociedade funciona — não sobre como ela *deveria* funcionar, mas sobre como ela *de fato* funciona. É claro, fazer tais questões e respondê-las exige uma certa desenvoltura. Portanto, as duas seções seguintes oferecem informações mais detalhadas sobre como as questões sociológicas científicas devem ser elaboradas e respondidas.

Juntando questões empíricas

Questões sociológicas estão na categoria geral daquelas conhecidas como *questões empíricas*, ou seja, uma questão que pode ser respondida coletando dados. A fim de entender melhor como se constrói uma questão dessa para um estudo sociológico, você pode achar útil considerar as diferenças entre os seguintes tipos de questões:

Capítulo 2: O que é a Sociologia e Por que Eu Deveria me Importar?

- **Questão teórica:** Uma questão sobre ideias, que pode ser respondida com outras ideias. Se eu pergunto "O que é o racismo?", eu estou fazendo uma pergunta teórica — estou buscando uma definição geral do que é chamado de "racismo".

- **Questão moral:** Uma pergunta sobre como as coisas "devem" ou "não devem" ser. Se eu pergunto "O racismo deveria existir?", estou fazendo uma pergunta moral — estou pedindo a você que faça um julgamento de valor sobre se é ou não correto julgar alguém pela cor da sua pele.

- **Questão empírica:** Uma pergunta que pode ser respondida coletando fatos. Se eu pergunto "O racismo existe nesta sociedade?", estou fazendo uma pergunta empírica — estou buscando informações sobre o mundo, as quais podem ser determinadas por meio de observações.

Nesse caso, se eu quiser lutar contra o racismo, posso fazê-lo de modo mais eficiente se tiver informações apuradas sobre como, onde e por que as pessoas agem de maneira racista. Os sociólogos acreditam bastante no valor de se enxergar a sociedade como ela de fato é, não como gostariam que fosse.

Como me tornei um sociólogo

A história de como me tornei um sociólogo pode ajudá-lo não apenas a entender o que é tão único sobre a perspectiva sociológica, mas também a pensar sobre como a sociologia pode fazer com que você pense diferente em relação ao seu trabalho e a sua vida.

Quando estava no Ensino Médio e à procura de um emprego, rapidamente decidi que ser babá era muito mais divertido do que ser um *caddie* de golfe. Assim, acabei sendo babá de muitas famílias diferentes. Por meio desse trabalho, tomei o lugar de muitos pais diferentes e com visões distintas em relação à criação dos filhos: TV ou não? Horário de dormir estrito ou só quando as crianças estiverem cansadas? Atividades organizadas ou brincadeira livre? Nem precisa dizer que cada pai pensava que a sua maneira era o jeito "correto" de se criar os filhos. Eles podem olhar alguns livros sobre crianças na biblioteca, mas geralmente acabarão por escolher aquele que os manda fazer aquilo que já estão fazendo.

Eu segui estudando educação na faculdade, mas o meu curso favorito era sobre a história da educação, no qual aprendemos sobre as muitas mudanças na visão das pessoas em relação às crianças e como elas aprendem. Novamente, eu me espantei sobre como em todo lugar e tempo as pessoas se convenciam de que tinham entendido tudo. O que nos dava tanta certeza de que finalmente tínhamos "acertado"?

Por fim, percebi que não estava interessado na educação das crianças, mas sim na sociologia da infância — o estudo das diferen-

(Continua)

(Continuação)

tes ideias sobre o que as crianças deveriam fazer e a relação dessas mudanças de ideia com as mudanças em outras áreas da sociedade. Para minha tese de doutorado em sociologia, estudei a história dos livros e da mídia infantil: como as mudanças na tecnologia e na criação das crianças afetaram o que nós valorizamos em relação aos materiais de leitura de nossas crianças. Eu reuni, sistematicamente, artigos sobre livros e mídias infantis e analisei-os a fim de testar minha hipótese de que, em função de nossa preocupação de que as crianças não leem o suficiente, nós nos tornamos muito mais cabeça aberta sobre o que consideramos um "bom" material de leitura infantil. Eu chamei a dissertação de *Dos Capitães Coragem ao Capitão Cueca*.

Tornar-me um sociólogo me permitiu buscar perguntas que eu julgava dever ser respondidas: Como decidimos o que é certo e o que é errado no que se trata de livros infantis ou qualquer outra coisa? Como as normas e os valores da nossa sociedade vieram a existir? Por que as pessoas em um bairro têm ideias completamente diferentes sobre a criação de filhos da do bairro seguinte? Essas são perguntas fundamentalmente sociológicas.

Generalizando respostas

As perguntas sociológicas são perguntas sobre a sociedade — mas, é claro, você não pode apenas olhar para a "sociedade". É necessário olhar para *uma* sociedade, para pessoas específicas em um lugar específico e em um tempo específico. Ainda assim, os sociólogos querem entender como a sociedade humana funciona em geral — portanto, tentam perguntar e responder de maneira que generalizem o máximo possível para atingir outros tempos e lugares. Aqui estão alguns exemplos de perguntas sociológicas e os estudos que podem ajudar a fornecer respostas.

- **A extensão da discriminação varia de acordo com o tamanho do grupo minoritário?** Um sociólogo pode olhar o machismo em empresas com proporções diferentes de gêneros — o machismo é mais ou menos severo quando há mais mulheres na força de trabalho?

- **A quantidade de laços sociais afeta a qualidade dos laços sociais?** Um sociólogo pode conduzir entrevistas para verificar se pessoas com mais conhecidos no total possuem muitos — ou poucos — amigos próximos comparado a pessoas que têm menos conhecidos no total.

- **A desigualdade é herdada?** Um sociólogo pode conduzir uma pesquisa para ver se as pessoas criadas na pobreza conseguem empregos diferentes daquelas criadas na riqueza.

Capítulo 2: O que é a Sociologia e Por que Eu Deveria me Importar?

Essas são questões grandes e complicadas, mas são perguntas que possuem respostas! O truque é descobrir quais são essas respostas quando você realiza perguntas sobre algo tão colossal quanto a sociedade. Não é fácil, mas os sociólogos estão prontos para o desafio. (No Capítulo 4, entro em mais detalhes sobre como, especificamente, os estudos sociológicos são conduzidos.)

Olhando as perguntas acima, você provavelmente tem alguns palpites sobre quais serão as respostas. Os seus palpites podem estar certos, mas lembre-se de que são palpites — essas são perguntas empíricas com respostas corretas e incorretas, e a única maneira de se ter certeza é coletando dados. Ao longo deste livro, você deparará com muitos exemplos de descobertas sociológicas que podem surpreendê-lo, portanto, precisa ter cuidado para não supor que o seu palpite sobre como a sociedade funciona esteja correto.

Descobrindo Onde A Sociologia É "Feita"

Afinal, quem estuda sociologia? Onde se escondem todos esses sociólogos? O que acontece é que eles estão escondidos à plena vista; pessoas em muitos cenários e organizações diferentes usam a sociologia para entender a sociedade e ajudar a resolver os problemas sociais. Algumas dessas pessoas se consideram sociólogos e algumas não (dependendo de seus trabalhos, elas podem se considerar "pesquisadores", "oficiais de programas" ou "repórteres"), mas todas utilizam as descobertas e as ideias sociológicas.

Faculdades e Universidades

Os maiores e mais famosos sociólogos estão em instituições de ensino superior, onde ensinam sociologia explicitamente para mentes jovens e (mais ou menos) entusiasmadas. Muitas universidades oferecem cursos de graduação ou pós-graduação em sociologia, e trabalhos sobre essa ciência são muitas vezes um requisito para estudantes de graduação em ciências sociais (por exemplo, economia, psicologia e ciência política) ou em campos onde trabalharão com pessoas (por exemplo, educação, assistência social e oficiais de ordem pública). Cursos eletivos em sociologia também podem ser bastante populares, especialmente quando lidam com assuntos interessantes como sexo e gênero, mídia e cultura ou raça e imigração.

Muitas pesquisas sociológicas ocorrem também em faculdades e universidades, principalmente em centros universitários de pesquisa onde se requer que os membros do corpo docente possuam agendas ativas de pesquisa. Um professor de sociologia em um centro universitário pode se ocupar coordenando um time de assistentes de pesquisa trabalhando em um grande estudo, treinando candidatos de doutorados que se tornarão professores, e ensinando cursos de graduação em sociologia. Os professores com especialidades podem ter convênio duplo com outras escolas (uma escola de medicina ou de direito) ou departamentos (um departamento de estudos afro-americanos ou um de antropologia) na mesma universidade. Os membros do corpo docente, estudantes de pós-graduação e até mesmo estudantes de graduação avançados frequentemente viajam para conferências de sociologia onde apresentam trabalhos concluídos ou em andamento para colegas de outras instituições.

Além disso, também se ensina a sociologia em muitas escolas do Ensino Médio, às vezes sob o nome de "estudos sociais". É relativamente incomum alguém ser professor de sociologia em tempo integral em uma escola — mas existem alguns sortudos!

Think tanks e institutos de pesquisa

Institutos de pesquisa, às vezes chamados de *think tanks*, são organizações focadas em pesquisa em uma área específica. Muitas vezes, eles são mais movidos a agendas do que as universidades e frequentemente recebem fundos de pessoas que apoiam uma certa causa como:

- Um partido político
- Desenvolvimento e bem-estar infantil
- Direitos das mulheres
- Acesso à saúde
- Uma posição sobre o aborto
- Comércio livre

As pessoas ligadas em assuntos sociais como esses possuem interesse em coletar fatos que os ajudarão a realizar suas missões com mais eficiência ou a aumentar o apoio àquela causa. Os sociólogos treinados familiarizados com resultados de pesquisas e habilitados a conduzir estudos geralmente trabalham nessas organizações ao lado de psicólogos, cientistas políticos, jornalistas experientes e outros especialistas.

Tais organizações publicam com frequência relatórios de pesquisas que podem afetar políticas e reunir o público em torno de uma causa. Quando você ouve um noticiário sobre um atual estudo cujos resultados parecem chocantes — por exemplo, um grande número de crianças pequenas possui TVs em seus quartos —, eles geralmente vêm de uma organização como essa.

Organizações sem fins lucrativos

Toda organização sem fins lucrativos, desde o Greenpeace e os Escoteiros até o Boston Ballet, possui uma missão que busca realizar, e os sociólogos geralmente trabalham com essas organizações para ajudá-las a fazer isso de maneira mais efetiva e eficiente.

Uma organização tipo a Big Brothers/Big Sisters[1], por exemplo, pode querer saber se é melhor parear as crianças com adultos que venham de contextos de vida parecidos, ou se é mais eficiente apresentar as crianças para mentores com outras experiências de vida, os quais sejam capazes de apresentá-las para novas pessoas e lugares. Um sociólogo pode ajudar a tomar essa decisão baseado no que outros sociólogos já descobriram, ou talvez conduzir um estudo para verificar o que tem funcionando melhor em diferentes contextos.

As pessoas que fazem esse trabalho podem ou não se chamar de sociólogos, mas, ao coletar e analisar sistematicamente informações sobre o mundo social, estão "fazendo" sociologia.

O governo

Os governos são as maiores organizações sem fins lucrativos e enfrentam os mesmos desafios em uma escala muito maior. Em todos os níveis e unidades do governo, os sociólogos podem ajudar a moldar políticas e alocar fundos para que muitos objetivos do governo — desde educar as crianças até manter a paz — sejam atingidos com o maior sucesso possível.

N.E.[1]: Organização americana onde voluntários agem como mentores de jovens em diversas comunidades

- **Legisladores** recorrem aos sociólogos para conselhos sobre quais programas e políticas podem ser mais eficientes. O que o governo pode fazer para reduzir o desemprego, amparar os idosos, apoiar os pais solteiros? Quais iniciativas de política externa podem ser bem--sucedidas? Se um país vizinho se torna instável e perigoso, o que deve ser feito para prevenir uma guerra civil catastrófica?
- **Oficiais da ordem pública** precisam usar seus recursos limitados para prevenir que o crime aconteça e, quando acontece, minimizar o dano e prender os criminosos. Existe alguma maneira de se prever como e quando o crime acontecerá? É possível reabilitar os criminosos, e como eles podem ser apoiados ao saírem da prisão para não retornarem ao crime?
- **Assistentes sociais** nas agências governamentais ajudam as pessoas cujas vidas se tornaram difíceis devido a situações sociais problemáticas — da pobreza até os conflitos familiares e problemas de saúde. Quais são as melhores estratégias para auxiliar as pessoas nessas situações? O governo deve prover apoio financeiro, assistência alimentícia, treinamento técnico ou outros recursos? Quanto, por quanto tempo e para quem?
- **Professores e administradores educativos** já acham um desafio ensinar a leitura, a escrita e a aritmética, mas também enfrentam uma série de outros problemas sociais. Como pode se prevenir o bullying? Por que os estudantes abandonam a escola, e como ela pode trazê-los de volta? As escolas deveriam patrocinar atividades extracurriculares — e, se sim, quais?

Essas são apenas algumas das perguntas sociais difíceis e importantes que as agências governamentais enfrentam. Os sociólogos — às vezes trabalhando diretamente para essas agências, às vezes atuando como consultores — podem ajudá-las a tomar decisões bem informadas.

Jornalismo e reportagem

Além de lecionar sociologia, trabalho também como jornalista, portanto já vivenciei em primeira mão como uma base em sociologia pode ajudar a informar a reportagem de notícias.

Existem diferenças importantes entre o jornalismo e a sociologia. Os jornalistas precisam publicar notícias com muito mais frequência e rapidez do que os sociólogos, por isso não têm tempo para conduzir o tipo de estudo sistemático que um sociólogo prefere. Entretanto, os jornalistas compartilham do interesse dos sociólogos em entender o que faz a sociedade funcionar, sendo eles que se encontram nas linhas de frente reportando a mudança social.

Quando a violência aumenta em um bairro em particular, os sociólogos podem trazer uma perspectiva e, mais tarde, conduzir um estudo do conflito, mas os jornalistas têm de estar lá imediatamente. E um jornalista treinado em sociologia ou que sabe o que os sociólogos descobriram sobre a violência e a vida urbana está em posição de entender o que está acontecendo mesmo em seu desenrolar.

E mais, é por meio dos jornalistas que o público fica sabendo sobre as descobertas da sociologia e de outras disciplinas científicas, portanto eles precisam pensar criticamente sobre esses estudos ou correm o risco de desinformar os seus leitores.

Ao ler uma notícia, pergunte-se quais suposições o repórter está fazendo. A história parece sugerir que as coisas "deveriam" ser de certa forma? Se sim, isso é uma opinião ou um julgamento de valor em vez de uma declaração de um fato. No caso de uma reportagem policial, por exemplo, é possível existir uma razão lógica empiricamente para aquele crime — independente de você achar que ele "deva" ou não ter acontecido. (Veja o Capítulo 11 para mais sobre a sociologia do crime.)

Empresas e consultoria

Muitos sociólogos nas universidades focam em entender como as empresas e a economia funcionam, mas os executivos não estão dispostos a deixar esse trabalho inteiramente nas mãos dos professores! Esse tipo de análise social feita pelos sociólogos é essencial para o sucesso nos negócios, onde os riscos são altos e os erros podem ser caros. Se os sociólogos estão curiosos em relação ao fluir da informação entre diferentes tipos de redes sociais, você pode apostar que os profissionais de marketing e os comerciantes também querem saber. Os sociólogos precisam deixar de lado suas tendências pessoais e estudar a situação social objetivamente; executivos bem-sucedidos entendem isso também. Você pensar que algo é uma grande ideia não significa que isso vai cair bem com seus clientes.

Os consultores de gestão são parecidos com os sociólogos — aliás, muitas vezes eles *são* sociólogos com diplomas no assunto. O trabalho de um consultor de gestão não é ser especialista em uma dada indústria, mas olhar para uma empresa e ver como é possível os problemas com essa organização manter a performance mais eficiente e efetiva possível. O sucesso dos consultores de gestão é prova do princípio sociológico fundamental de que o que você aprende sobre uma situação social pode ser generalizada para outra. Seja você o dono de uma grande empresa ou de um pequeno restaurante, enfrentará certos desafios universais, como a motivação dos funcionários, o gerenciamento da cadeia de fornecimento, publicidade e propagandas.

Cotidiano

Vamos encarar, não é fácil ser você — ou eu, ou *qualquer* pessoa na sociedade global atual tão grande, complicada e diversa. Você é apresentado a uma quantidade absurda de escolhas a cada minuto de cada dia da sua vida e, seja escolhendo um marido ou uma marca de pasta de dente, pode ser bem difícil saber quais escolhas fazer. Às vezes, você segue a sua intuição, às vezes, age baseado em seu conhecimento detalhado de uma situação ou pessoa em particular, e às vezes apenas escolhe de modo aleatório — mas, muitas vezes, você está pensando sociologicamente mesmo sem perceber. Considere as seguintes situações:

- Você está indo a uma entrevista de emprego ou a uma festa importante e quer saber o que vestir.
- Você começou a namorar um colega de trabalho e está tentando saber como reconciliar os papéis profissionais e pessoais.
- Você está comprando uma casa e quer saber como diferentes bairros estarão daqui a dez anos.

Em cada uma dessas situações, você está pensando sociologicamente — está tentando descobrir como a sociedade funciona para que faça com que ela trabalhe a seu favor. A sociologia afeta a sua vida todos os dias (para exemplos específicos sobre como você pode usar a sociologia em sua vida, veja o Capítulo 18).

Reconhecendo Como a Sociologia Afeta a sua Vida e o seu Mundo

Ok, a sociologia está em todos os lugares. E daí? O que eu tenho a ver com isso? O que aprender sociologia pode fazer por mim além de me ajudar a passar na matéria ou a conversar em festas refinadas?

O sociólogo Randall Collins usa a frase *percepção sociológica* para descrever a maneira pela qual aprender a pensar sociologicamente pode mudar a sua perspectiva do mundo por completo. No seu livro de mesmo nome, Collins mostra muitos exemplos, incluindo a percepção sociológica de que o crime é normal (veja o Capítulo 11 deste livro) e de que estar em um relacionamento é como possuir uma propriedade (veja o Capítulo 6).

Compreender essas percepções não significa que você não mais acusará criminosos ou começará a tratar o seu cônjuge como um capacho, mas de fato coloca o comportamento das pessoas sob uma nova e interessante luz.

A percepção sociológica pode ser uma das maiores contribuições da sociologia para o mundo e é possível que faça diferença na sua vida também. Nesta seção, menciono várias maneiras pelas quais pensar sociologicamente pode fazer diferença na sua vida.

Pensando o mundo social de maneira objetiva e livre de valores

Quando comecei a ensinar sociologia em uma escola técnica, o reitor deixou claro que o meu trabalho principal era ajudar os alunos a examinar criticamente suas próprias convicções sobre o mundo social. Os estudantes naquela escola seguiam para se tornar policiais, enfermeiras, professores e terapeutas — todas as profissões onde encontrarão pessoas de diversos tipos de contextos sociais. Entrar em qualquer uma dessas carreiras usando valores culturais pode levar a mal-entendidos infelizes e até mesmo perigosos. Considere estas situações hipotéticas:

- ✔ Como um oficial de ordem pública, você é chamado para um campus universitário onde vizinhos reportam que um grupo de meninos está andando de skate em alguns bancos de concreto, danificando-os e fazendo barulho. Você cresceu ouvindo que deveria ficar longe dos "marginais do skate" que "provavelmente estão usando todos os tipos de drogas", além de não terem "nenhum respeito pela autoridade". Ao chegar à cena, você vê os garotos — rindo, fumando, incentivando uns aos outros enquanto fazem truques complicados.

- ✔ Como enfermeiro, você vê uma paciente que parece estar com um desconforto severo na região abdominal — mas ela não pode falar sobre isso diretamente, pois não fala inglês. O marido dela traduz em inglês imperfeito e eles se recusam a deixar um dos tradutores da clínica ajudar. "Apenas eu posso falar pela minha esposa", diz o marido.

- ✔ Como professor, você tem uma aluna que falta às aulas com frequência e está ficando para trás na matéria. Ao chamar sua mãe para uma reunião, ela explica que é mãe solteira de três crianças e que trabalha em dois empregos para sustentar a família. Às vezes, precisa pedir à filha que falte à aula para cuidar das crianças menores. Ela não vê nada de errado nisso. "A família vem primeiro", diz a mãe.

Todas essas situações são difíceis e não é óbvio qual seria a melhor maneira de lidar com qualquer uma delas. O que não ajudará, no entanto, em nenhum dos casos, é confiar que seus valores e suas normas culturais são os "corretos" e que qualquer um que discorde disso está errado. Alguns diriam que os skatistas são marginais, que o marido está abusando da esposa e que a mãe está explorando a filha. Talvez tudo isso seja verdade, mas é importante entender que as pessoas com quem está lidando em todas essas situações podem ter definições bem diferentes sobre o que constitui a marginalização, o abuso e a exploração.

Dizer que a sociologia pode ajudá-lo a abordar essas situações de maneira "livre de valores" não significa que você deve deixar seus valores na porta, mas sim que a sociologia pode ajudá-lo a entender a diferença entre os seus próprios valores e os valores dos outros. Nenhum sociólogo diria que todos os criminosos são mal compreendidos, ou que não existe tal coisa como abuso doméstico ou exploração infantil. Em vez disso, um sociólogo enfatizaria que tudo isso precisa ser cuidadosa e objetivamente definido para que seja possível lidar com as pessoas de maneira justa e compreensiva. Aplicar termos como "marginalização" ou "exploração" não deveria ser um caso de "eu reconheço quando vejo". Aprender a se distanciar, quando necessário, de suas próprias preconcepções é útil em qualquer campo ou empreitada.

Visualizando as conexões entre tempos e espaços

Recentemente, os sociólogos têm estudado todos estes tópicos:

- Esforços coordenados de vizinhos para defender Paris quando estava sitiada em 1871. (Roger V. Gould)
- A organização do festival Burning Man no Black Rock Desert em Nevada. (Katherine K. Chen)
- A mobilização das mulheres no Exército Guerrilheiro de El Salvador. (Jocelyn Viterna)
- As discussões das pessoas sobre a ordem moral na Europa durante a Reforma Protestante e o Iluminismo. (Robert Wuthnow)
- Famílias passando pelas casas mágicas nos parques de diversões. (Jack Katz)

Essa é apenas uma pequena amostra da incrível variedade de assuntos que os sociólogos estudam. Os estudos são sobre diferentes eventos, lugares, tempos, mas todos apareceram nas principais publicações ou livros sociológicos, criados para serem lidos por todos os sociólogos.

Capítulo 2: O que é a Sociologia e Por que Eu Deveria me Importar? 37

A razão pela qual os sociólogos prestam atenção aos estudos sobre assuntos diversos é o fato de acreditarem que existem elementos comuns importantes em toda a experiência humana. Eles acreditam que a organização do festival Burning Man pode, se estudado cuidadosamente, ter algo a nos ensinar sobre a organização social em geral; e que a mobilização das mulheres no Exército Guerrilheiro de El Salvador pode nos ensinar algo sobre a mobilização de mulheres (e homens) em partidos políticos ou movimentos de protestos em qualquer lugar do mundo. Revelar as conexões e similaridades que unem lugares, tempos e cenários tão distintos é uma das tarefas mais poderosas e importantes que a sociologia pode fazer.

Desvendando o que realmente importa... e o que não

O mundo social é incrivelmente complicado, e nem os sociólogos, nem ninguém conseguiu entender por completo como ele funciona. Os sociólogos são muitas vezes criticados por simplificarem demais o mundo social, mas, acredite, eles têm uma boa noção de quão complicado é o mundo social! Quando você passa anos da sua vida tentando desenvolver estudos que iluminarão mesmo que só um pouquinho a questão — como o que faz as pessoas cometerem crimes —, começa a perceber quantos fatores diferentes afetam a vida das pessoas e o quão difícil pode ser falar algo que em geral é verdadeiro sobre um grande número de pessoas.

Dito isso, os sociólogos desenvolveram ferramentas poderosas para ajudar a entender como a sociedade funciona e como a sociologia pode ajudar não apenas a quebrar toda a confusão, mas também a focar no que realmente importa. Muitos estudos sociológicos mostraram que o que as pessoas supunham mais importante, na realidade, não era nada demais. Por exemplo:

- Frank Dobbin, Alexandra Kalev e Erin Kelly estudaram empresas que tentaram tornar suas forças de trabalho mais diversas racialmente. Eles descobriram que empresas com programas de diversidade grandes e pomposos se tornaram, em geral, não mais diversas do que antes desses programas. As empresas que designaram uma pessoa para ficar de olho nas contratações mostraram resultados muito melhores.

- Jason Kaufman e eu estudamos a exposição de alunos do Ensino Médio às artes, tentando verificar o que, mais provavelmente, faz com que os jovens entrem em universidades competitivas. Nós descobrimos que os jovens cujos pais visitavam museus de arte tinham probabilidades maiores de entrar em universidades de elite — e que não fazia diferença alguma se os jovens acompanhavam ou não os seus pais!

✓ A teoria de policiamento das "janelas quebradas", conhecidamente defendida pelo prefeito de Nova York, Rudy Giuliani, nos anos 1990, diz que os bairros com sinais de desordem são cenários mais prováveis para o crime — que se um criminoso vir uma janela quebrada em um prédio, ele parte do princípio de que não há problema em quebrar outra janela. Os sociólogos Robert J. Sampson e Stephen Raudenbush, no entanto, descobriram que, apesar de ser verdade o fato de a percepção das pessoas sobre a "desordem" de um bairro fazer diferença nos índices de crime naquela localidade, as pessoas veem evidência de "desordem" não tanto por janelas estarem quebradas mas, infelizmente, pela mera presença de minorias raciais, como os negros e os latinos.

Esses estudos são exemplos de como os sociólogos, em vez de simplificarem o mundo, demonstraram exatamente o quão complicado ele é. É mais óbvio como as pessoas devem mudar as suas ações baseadas no estudo de treinamento em diversidade, do que o que devem fazer após aprenderem sobre os estudos de presença na universidade, ou da desordem do bairro — os pais provavelmente não começarão a visitar museus de arte para que os filhos tenham mais probabilidade de entrar em Yale, e a polícia com certeza não dirá aos afro-americanos e latinos que sumam de vista — mas agora você sabe que não vale a pena arrastar seus filhos para museus para torná-los candidatos mais atraentes para as universidades ou, então, gastar muito dinheiro consertando janelas quebradas na esperança de manter o índice de crime baixo. A sociologia pode ajudar a revelar o que importa e o que realmente não importa.

Está tudo em família... ou não?

Um dos argumentos sociológicos mais controversos sobre a política social foi um relatório publicado em 1965 por Daniel Patrick Moynihan, um cientista social que era, então, assistente da Secretaria do Trabalho nos EUA. O relatório, um memorando privado para o Presidente Lyndon Johnson, o qual rapidamente vazou para a imprensa, era chamado *A Família Negra: O Caso Para A Ação Nacional*. O documento, que ficou conhecido como o "Relatório Moynihan" era uma tentativa de Moynihan de convencer o Presidente Johnson a promover o casamento e a vida familiar estável entre os afro-americanos.

Moynihan via os negros como ainda em recuperação dos efeitos devastadores da escravidão, que arruinou famílias inteiras. A alta taxa de instabilidade entre os afro-americanos, dizia Moynihan, fazia um grande número de crianças negras crescerem em circunstâncias conturbadas, além de não irem bem na escola e na busca por empregos, voltando-se, assim, para o crime.

Os críticos do Relatório Moynihan disseram que ele (que era branco e crescera em uma família pobre, com apenas um dos pais) estava "culpando a vítima" e isentando os brancos da culpa pelo racismo e pela discriminação, que causavam muito mais problemas

Capítulo 2: O que é a Sociologia e Por que Eu Deveria me Importar?

> do que qualquer assunto familiar privado que tratava de manter os negros longe do sucesso nos Estados Unidos. Outros — incluindo Martin Luther King Jr. — disseram que o Moynihan estava certíssimo e que o governo deveria fazer mais para promover a estabilidade familiar.
>
> Até hoje, os sociólogos e legisladores debatem o Relatório Moynihan. Considerando o fato de o governo possuir recursos limitados e não poder fazer tudo, ele deveria focar em acabar com a discriminação ou em apoiar as famílias? E o que significa "apoiar as famílias" mesmo? Existe algo que as agências do governo possam fazer para desencorajar o divórcio ou os nascimentos fora do matrimônio? Esse é o trabalho do governo, ou o Estado deve se manter longe da vida íntima das pessoas? As respostas não eram óbvias lá e não são agora — mas o Relatório Moynihan tem ajudado a inspirar décadas de pesquisas sociológicas que podem auxiliar os legisladores a tomarem decisões bem informadas.

Informando as políticas sociais

Se você vive em uma democracia, é um formulador de políticas — o seu voto ajuda a determinar quais políticos serão eleitos e quais leis serão aprovadas. Pensar sociologicamente pode ajudá-lo a escolher de modo mais sábio.

Toda política social é um argumento sociológico, independente de as pessoas que criaram a política pensarem dessa maneira ou não. Uma política social é uma ação do governo desenvolvida para modificar a sociedade de alguma forma. Saber *qual* ação tomar para atingir certo objetivo pode ser difícil, e, conforme políticos e especialistas discutem sobre os méritos de vários fragmentos da legislação, eles geralmente estão tendo debates sociológicos sobre como a sociedade funciona, o que (se é que tem... mas sempre tem) há de errado nela e como o problema pode ser solucionado.

É quase como olhar embaixo do capô de um carro e tentar descobrir o que está fazendo aquele barulho, ou por que um farol parou de funcionar misteriosamente. Se você não sabe como um carro funciona, terá muita dificuldade em consertá-lo — e o mesmo princípio se aplica à sociedade. Sem o benefício da sociologia e das outras ciências sociais, os legisladores estão apenas adivinhando quais políticas funcionarão no que se trata de reduzir o crime ou ajudar pequenas empresas (aliás, essa foi uma das razões pelas quais a sociologia fora inventada — mais sobre isto no Capítulo 3).

Mantendo uma perspectiva singular sobre os problemas cotidianos

A sociologia é sobre a sociedade, em vez de sobre o indivíduo, mas seria um erro achar que ela não possui qualquer influência na sua vida individual. A sociologia pode ser tremendamente libertadora quando aplicada à sociedade (ou sociedades) na qual você vive e trabalha todos os dias.

Você vive em um labirinto de regras implícitas e explícitas que lhe dizem o que vestir, como agir, com quem passar o tempo, com quem se envolver, onde fazer a faculdade, onde trabalhar e como gastar o dinheiro que você ganha, qual carro dirigir, onde ir nas férias e até mesmo quando e onde assoar o nariz. Você não precisa obedecer a essas regras, mas, se não o fizer, corre o risco de desaprovação social ou até mesmo — se quebrar uma regra que esteja escrita em lei — detenção. As consequências de vestir uma roupa fora de moda para uma festa são tão reais quanto as consequências de dar de cara com uma parede.

Diferentemente das leis da física, entretanto, as regras da sociedade podem mudar. Se há algo sobre a sociedade de que você não gosta, é possível trabalhar para tornar essa sociedade diferente. A sociologia pode não apenas ajudá-lo a enxergar as diferentes possibilidades, como também ensiná-lo estratégias eficientes para trazer essa mudança à tona. A perspectiva sociológica é estimulante: ela reconhece que as coisas são por uma razão, que a organização da sociedade não é nenhum acidente — mas que as coisas podem mudar e, se você entende como a sociedade funciona, está em uma posição muito melhor para fazer essa mudança acontecer.

Capítulo 3

Inventando e Seguindo em Frente: A História da Sociologia

Neste Capítulo
- Desenvolvendo a sociologia
- Compreendendo os três grandes nomes da sociologia
- Definindo a sociologia no século XX
- Explorando a sociologia hoje em dia

Sim, este é o requisitado capítulo de história — a seção do flashback, digamos assim. Ela está aqui não por "precisar estar", mas porque realmente *precisa estar*: entender como a sociologia foi desenvolvida o ajudará a entender como os sociólogos trabalham hoje em dia.

Inicio este capítulo cobrindo a gênese da sociologia; por que as pessoas precisavam de uma nova maneira de enxergar o mundo social. Falo brevemente sobre a vida dos três mais famosos e influentes sociólogos — Karl Marx, Émile Durkheim e Max Weber — e conto a história de como a sociologia atravessou o Atlântico, tornando-se, assim, mais "pé no chão". Finalmente, discorro sobre a ascensão e a queda de Talcott Parsons (o sociólogo que *quase* entendeu tudo) e o levo até os dias atuais.

Bom... Quem Liga para a História?

Eu estou ouvindo você reclamar. Não é suficiente entender o que os sociólogos fazem *hoje*? Por que perder tempo aprendendo o que as pessoas pensavam sobre a sociedade? Bom, a lista a seguir lhe fornecerá algumas boas razões para aprender pelo menos um pouco sobre a história da sociologia:

- **Entender o porquê de os sociólogos pensarem da maneira que pensam e fazerem as perguntas que fazem:** Mesmo que os sociólogos hoje saibam muito mais do que seus antecessores, eles ainda apresentam as mesmas preocupações essenciais sobre a sociedade e a organização social. A nova abordagem de se visualizar o mundo social — uma abordagem científica e sistemática — desenvolvida pelos primeiros sociólogos, continua a servir de base para toda a sociologia. A nova ciência da sociologia ajudou os pensadores em 1830 a deixar de lado as tendências pessoais e a pensar em novas soluções para os problemas sociais; ela realiza o mesmo atualmente.

- **Compreender os "velhos" argumentos e ideias que ainda são úteis hoje em dia:** Ao longo da história da sociologia, houveram algumas pessoas muito inteligentes que desenvolveram ideias e argumentos bastante úteis até hoje. Apesar de Karl Marx, por exemplo, ter morrido há mais de cem anos, o seu trabalho ainda inspira os sociólogos — e ativistas sociais — a serem conscientes do conflito e da exploração capazes de ocorrer nas sociedades capitalistas. O argumento de Émile Durkheim de que os valores culturais mudam à medida que a sociedade cresce e que os papéis se diferenciam, ganhou ainda mais importância conforme as sociedades por todo o mundo se tornaram maiores e mais diversas. A discussão de Max Weber sobre a "jaula de ferro" da vida moderna pode parecer assustadoramente apropriada quando você faz seu imposto de renda ou espera na fila de uma agência do governo. Os conceitos desenvolvidos por Marx, Durkheim e Weber são vocabulários comuns que os sociólogos usam para discutir a sociedade atual.

- **Entender quais ideias importantes *não* funcionaram tão bem:** Se você precisasse reinventar a roda, seria melhor reinventar a redonda do que a quadrada! Embora o trabalho de Talcott Parsons ainda seja bastante lido, o nome dele é quase um palavrão entre os sociólogos hoje em dia. O trabalho desenvolvido por Parsons é uma articulação brilhante de uma ideia sobre a sociedade — a de que tudo existe por uma razão, o que era uma ideia bastante convincente estudada por muitos dos maiores sociólogos do mundo durante anos. Por fim, percebeu-se que não era a maneira mais apurada de se pensar a sociedade, assim, aprender o porquê disso pode ajudá-lo a evitar os erros de Parsons.

Pensando na Sociedade Antes da Existência da Sociologia

A sociologia tal como conhecemos foi desenvolvida no século XIX, mas isso não significa que demorou todos esses séculos para que as pessoas percebessem que existia algo como a sociedade! Por toda a história humana, as pessoas falam sobre a sociedade e debatem a sua organização. A sociologia foi inventada como uma ferramenta poderosa para se realizarem as perguntas que as pessoas já se faziam há tempos.

Nesta seção, explico como as pessoas inicialmente começaram a pensar sobre a sociedade e a descrever as mudanças sociais sísmicas que inspiraram o desenvolvimento da sociologia no século XIX.

As pessoas são iguais em qualquer lugar... exceto quando não são

Quando digo que as pessoas já possuíam consciência sobre a sociedade há muito tempo, não quero dizer apenas que havia pessoas juntas em grandes grupos, mas sim que, há muito tempo, as pessoas perceberam que parecia haver uma *organização* na sociedade. Seja você um membro de uma tribo na savana africana, um cidadão da antiga Atenas, ou um servo na França medieval, pode ter olhado à sua volta e percebido que o seu grupo e o grupo seguinte e os próximos grupos todos conseguiram se colocar em um algum tipo de ordem. É possível perceber certas constantes entre todos os grupos: os ricos e os pobres, a família, a religião e a espiritualidade e a produção e trocas organizadas de alimentos e ferramentas.

Mas o fato de essas constantes estarem sempre presentes na sociedade não significa que elas são iguais em todos os lugares — existem grandes variações entre os grupos sociais. Aqui vai o que quero dizer:

- Existem aqueles que "têm" e os que "não têm" em todas as sociedades, mas enquanto em algumas há grandes discrepâncias entre os ricos ao extremo e os miseravelmente pobres, em outras, as diferenças não são nem de perto tão grandes.

- Toda sociedade tem famílias de algum tipo, mas em algumas essas famílias são pequenas e, em outras, grandes e multigeracionais. Algumas sociedades são patriarcais (a linhagem masculina é a mais importante) e algumas são matriarcais (a linhagem feminina é a mais importante).

- Toda sociedade tem alguma forma de religião. Em alguns casos, isso significa leis estritas impostas por clérigos poderosos ao passo que, em outros casos, significa uma livre sensação de espiritualidade, na qual os líderes religiosos servem apenas como guias.

- Os alimentos e as ferramentas são produzidos e comercializados em todas as sociedades, mas pense na diferença entre as culturas Americanas Nativas (muitas das quais possuíam pouco o conceito de "propriedade" no sentido moderno da palavra) e a sociedade capitalista com seu elaborado sistema financeiro.

Além dessa variação nas sociedades estáveis, às vezes ocorre um total colapso social — com líderes derrubados e guerras civis que se alastram por anos ou décadas. As pessoas sempre foram curiosas sobre a organização social: Por que a sociedade é organizada da maneira que é? É apenas aleatório ou existe algum método por trás dessa maluquice? Se as pessoas pudessem entender como funciona a sociedade, pensaram eles, talvez sejam capazes de resolver problemas sociais como a guerra e a pobreza.

Pré-sociólogos: Pessoas com ideias sobre a sociedade

Por muitos séculos, as pessoas tendiam a focar nas semelhanças em vez de nas diferenças na organização social. Se as sociedades eram diferentes umas das outras, as pessoas pensavam que isso ocorria por algumas estarem "certas" e outras "erradas". Mas quem decidiria o que é certo e o que é errado? A lista a seguir mostra as pessoas que já tentaram:

- **Teólogos:** Eles argumentavam que Deus (ou os deuses) tinha um plano para o mundo e que as escrituras sagradas poderiam revelar esse plano como Deus (ou, novamente, os deuses) pretendia que fosse manifestado. A sociedade feudal na Europa e em outros lugares era comandada em conjunto entre a igreja e os líderes de estado que acreditavam estar fazendo as coisas da maneira que Deus gostaria.

- **Filósofos:** Muitos filósofos acreditavam que a chave para o sucesso da organização social estava numa compreensão apurada sobre a natureza humana. Se eles descobrissem, usando a reflexão, a observação e a discussão, qual era a essência da natureza humana, poderiam criar a sociedade perfeita. *A República*, de Platão, um dos maiores trabalhos da filosofia clássica, define a visão desse filósofo sobre a sociedade ideal.

✔ **Historiadores:** Os historiadores olhavam para o passado a fim de compreender o presente. Muitos historiadores eram quase sociológicos em suas comparações entre as sociedades antigas e as atuais — aliás, os primeiros sociólogos eram muito interessados na mudança histórica —, enquanto outros buscavam no passado para que os ideais fossem imitados no presente. Por exemplo, muitos historiadores se convenciam de que, em relação a um sistema legal eficiente, os antigos romanos tinham entendido tudo e que qualquer sistema legal bem-sucedido teria de ser baseado nas leis romanas.

Essas abordagens teológicas, filosóficas e históricas eram interessantes e, em alguns casos, bastante úteis — porém, ao fim dos anos 1700, ficou claro que uma nova maneira de entender a sociedade seria necessária, pois ela mudava cada vez mais rápido e as pessoas se convenciam cada vez menos de que as respostas para os problemas da sociedade poderiam ser encontradas em um livro das escrituras, de filosofia ou de uma lei de mais de 2 mil anos de idade.

A revolução política e industrial: Prontos ou não, aqui vêm elas

Não existe falta de conflitos trágicos, revoltas sociais chocantes e transformações tecnológicas incríveis no século XXI — mas, mesmo assim, é difícil para as pessoas hoje entender o quão profundas e desorientadoras foram as mudanças que sacudiram a sociedade ocidental nos séculos XVIII e XIX. Essas mudanças foram tão chocantes que fizeram as pessoas começarem a questionar suposições de longa data sobre a natureza humana e a organização social, e a se perguntar se o método científico — que fora tão útil para entender o mundo natural — também não poderia ser útil na compreensão do novo mundo social assustador e excitante no qual viviam.

Este é um tópico que está com frequência nos noticiários: É possível desenvolver um sistema político estável, ou alguns países ou situações sociais são naturalmente instáveis? Vá para o Capítulo 13 a fim de mais informações sobre os governos e as revoluções políticas, assim como sobre os movimentos sociais.

Revoluções políticas

A revolução americana de 1776 foi certamente um alerta para os enraizados poderes europeus, mas não foi nada se comparada à Revolução Francesa e a seus conflitos relacionados, que arrasaram a

Europa de 1789 até 1814. O mais chocante sobre a Revolução Francesa foi a ideia por trás dela: a de que a sociedade precisava ser fundamentalmente reorganizada, com a monarquia hereditária arrancada de seus poderes em favor de um governo democraticamente eleito.

E os franceses e os americanos não estavam sozinhos. Em um país atrás do outro, formas tradicionais de governos e organização social foram violentamente desafiadas. Cada vez mais as pessoas acreditavam — e agiam de acordo com suas convicções — que tudo deveria ser *diferente*, que só pelo fato de os reis, duques e bispos estarem no poder durante séculos, não significava que teria de ser daquela forma para sempre. Os revolucionários acreditavam que o fato de a liderança ser algo no qual você nasce, em vez de ser escolhido para, não era certo nem justo.

É claro, a parte complicada de se derrubar um sistema de organização social é você ter de substituí-lo com outra coisa — e isso não é uma tarefa fácil. Tomar a Bastilha e enfiar grama na boca dos aristocratas era muito libertador, mas qual, exatamente, seria o próximo passo? Quem deveria ser colocado no comando, e com quais poderes, e por quanto tempo? Passaram décadas até que se criassem as instituições democráticas relativamente estáveis que conhecemos hoje, e, no percurso, as coisas ficaram bem bagunçadas. Para complicar ainda mais o processo todo havia o fato de a tecnologia também mudar rapidamente.

A Revolução Industrial

Do fim do século XVIII até o século XIX, a tecnologia que se desenvolvia com rapidez revolucionou (daí o nome) a vida na Europa e em suas colônias. Anteriormente, a vida para a maioria das pessoas era bastante simples: você nascia em uma família específica em um lugar específico e era mais ou menos destinado a fazer um trabalho específico — provavelmente um não muito interessante, algo na linha da plantação e da colheita. Talvez, se você tivesse nascido em uma cidade, poderia ter uma carreira no dinâmico campo dos ferreiros ou trabalhar como um servo dos membros da realeza local, os quais foram, por suas vezes, nascidos em suas posições. Você talvez faria algum tipo de comércio, mas provavelmente construiria a sua própria casa e plantaria a maioria de seus alimentos. Você estava fundamentalmente atrelado ao seu lugar, à sua família e a seu trabalho. Eles definiam quem você era.

Com a chegada da produção industrial, tudo acelerou, e muito menos poderia ser dado como certo. A produção fazendeira se tornou mais eficiente, então eram necessários poucos agricultores — eles foram para os crescentes centros urbanos, onde os empregos em locais como fábricas e matadouros cresciam. Os trabalhadores eram pagos em dinheiro, que deveriam, então, usar para comprar tudo de que precisavam, desde suas casas até alimentos e diversões. Eles se esbarravam entre outras pessoas de outras áreas, entrando em contato repentino com outras línguas e tradições culturais.

Além disso, os desenvolvimentos nas tecnologias de transportes e comunicações tornavam o mundo um lugar menor. As pessoas e as informações viajavam com mais rapidez e com mais frequência, portanto, muitas pessoas cujos avós teriam vivido em um mundo muito pequeno agora viviam em um mundo muito grande e diverso. Tudo se tornava maior, mais rápido e mais potente — e a revolução estava no ar, com os arranjos sociais que haviam durado séculos sendo jogados ao vento.

Parecia que nada mais poderia ser dado como certo. O que era certo? O que era errado? Havia alguma maneira de fazer algum sentido do caos? Os teólogos, filósofos e historiadores faziam o máximo para tentar entender os fatos, mas estava claro que chegara a hora de uma nova maneira de se compreender o mundo.

O Desenvolvimento da "Sociologia"

A primeira pessoa a usar a palavra "sociologia" foi Auguste Comte, pensador francês que cunhou a palavra no início dos anos 1800 para se referir ao estudo sistemático da sociedade. Ainda assim, levou mais de um século para a sociologia se estabelecer como um campo legítimo de estudo.

Entendendo a vida com o positivismo

Comte era um entre um grupo de filósofos e historiadores que acreditavam na ideia de *positivismo*, segundo a qual os métodos das ciências naturais podiam ser usados produtivamente no estudo do mundo social. O positivismo no sentido filosófico não é o mesmo que "pensamento positivo", mas o positivismo é "positivo" no sentido de que ele representa uma convicção otimista na habilidade dos humanos de entender e melhorar as suas circunstâncias.

No início dos anos 1800, até mesmo a ciência natural ainda era de certa forma revolucionária — não havia passado tanto tempo desde que os cientistas naturais como Galileu enfrentavam penas de morte por ousarem sugerir que os telescópios e microscópios poderiam ser usados para complementar, ou até mesmo desafiar, os ensinamentos da Igreja sobre o mundo natural. Se os poderes estabelecidos não gostavam da sugestão de a terra girar em torno do sol, você pode imaginar como eles se sentiam em relação à ideia de que os arranjos sociais também deveriam ser sujeitos à análise científica!

Essa ideia, compartilhada pelos antigos sociólogos, continua inspirando sociólogos hoje em dia — e ainda pode parecer revolucionário. No Capítulo 2, avisei a você que se preparasse para as surpresas que a sociologia talvez tenha guardadas para você, as quais podem causar o mesmo choque que as ideias dos antigos sociólogos causavam em seus leitores. Comte e os primeiros sociólogos argumentavam que a sociedade seria melhor organizada em torno de princípios bastante diferentes daqueles nos quais haviam sido organizadas durante séculos, e muitas pessoas tiveram dificuldades em aceitar essa ideia. Quando os sociólogos de hoje fornecem informações às pessoas, as quais desafiam as convicções de longa data delas, eles encontram uma resistência parecida.

Temas comuns entre os primeiros sociólogos

Comte e outros sociólogos antigos — muitos dos quais teriam se chamado de filósofos, historiadores e/ou economistas, em vez de sociólogos — tinham uma variedade de ideias sobre o mundo social, mas seus argumentos apresentavam temas comuns entre eles. Eles questionavam se as ferramentas tradicionais de seus ofícios eram realmente suficientes para a tarefa de compreender a sociedade constantemente em mudança na qual viviam.

Os filósofos começaram a pensar se era hora de se realizarem observações sistemáticas do mundo em vez de especular sobre a natureza humana baseados inteiramente em suas próprias experiências. Os historiadores viam padrões na progressão dos arranjos sociais ao longo do tempo e se perguntaram se as teorias científicas poderiam ajudar a explicar a história humana da forma que, digamos, a geologia ajudou a explicar a história da terra. Os economistas viram o poder do método científico quando aplicado ao comércio, e se perguntaram se não seria igualmente produtivo se aplicado a outras áreas da atividade humana — como a política e a religião.

Ao longo do tempo, os pensadores positivistas de todos esses campos começaram a compartilhar certas ideias sobre o mundo social, como as seguintes, que se tornaram a sustentação para a nova ciência da sociologia.

- Nenhum rei, padre ou filósofo poderia simplesmente declarar quais arranjos sociais eram melhores; estes deveriam ser determinados por meio de um estudo empírico e de análise sistemática.
- A sociedade progredia de maneira não aleatória. A mudança social, para o melhor e para o pior, fazia algum sentido, e havia algum tipo de ordem ou significado nela.

> ✔ Apesar de alguma quantia de desigualdade ser inevitável, aquela baseada em classe social, local de nascimento ou família não só era imoral como também ineficiente.

As aventuras na sociologia

A Era Revolucionária foi uma época estimulante de se viver na Europa e, mesmo que fosse perigoso sair por aí com novas ideias ousadas sobre a sociedade, também era um tempo em que essas ideias tinham um grande peso e real urgência. Alguns dos primeiros sociólogos possuíam vidas excitantes e cheias de aventuras do tipo que um sociólogo hoje só poderia sonhar (ou ter pesadelos).

Marie-Jean-Antoine-Nícolas de Caritat, Marquês de Condorcet, um dos fundadores da sociologia (apesar de, antes de Comte, ele não se chamar um "sociólogo"), fez jus a seu elegante nome ao ser pioneiro da ideia de um pensador social como um homem conhecido, culto e sofisticado. Sua esposa, diziam, era uma das mulheres mais bonitas da França. O Condorcet era o que chamamos hoje de "liberal da limusine": um aristocrata que mesmo assim apoiava a derrubada da aristocracia. Ele acreditava que a história humana seria marcada pela destruição da desigualdade social e, desse modo, envolveu-se pessoalmente na Revolução Francesa — aliás, foi ele quem escreveu a declaração justificando a suspensão do rei. Quando as coisas ficaram feias, ele se escondeu. No fim, foi achado junto com o seu manuscrito herege, *Esboço de um Quadro Histórico dos Progressos do Espírito Humano*, e pagou um preço alto por suas ousadas visões protossociológicas: ele morreu na prisão, possivelmente envenenado.

Claude Henri de Rouvroy, Conde de Saint--Simon (chamado de Saint-Simon, para não ser confundido com o seu aluno Auguste Comte), foi outro homem de ação. Ele estava entre as tropas que a França enviara para ajudar o Exército Colonial durante a Revolução Americana e era capitão de artilharia em Yorktown. Além disso, foi prisioneiro durante a Revolução Francesa, o que ironicamente o tornou um homem rico ao ser libertado, pois, estando na prisão, não teve meios de converter as suas posses para a moeda Revolucionária que fora desvalorizada severamente. O que, então, ele fez com a sua riqueza? Apenas curtiu até ficar duro e decidiu que era melhor arregaçar as mangas e começar a escrever.

Saint-Simon argumentava convincentemente que apenas os cientistas seriam capazes de consertar a Europa após as destrutivas revoluções políticas que vivera, e se tornou um impulsionador bastante influente das ciências sociais. Ele também acreditava que os cientistas sociais deveriam se tornar um tipo de sacerdócio secular, determinando a forma da sociedade com o benefício de suas ideias extraordinárias.

Após a morte de Saint-Simon, em 1825, seus discípulos mais árduos formaram uma espécie de culto, vivendo em uma comunidade e defendendo ideias sociais progressivas desde a liberação feminina e a posse coletiva de propriedade até o amor livre. O experimento terminou mal, com os líderes na cadeia. Os sociólogos, assim parecia, não estavam prontos para comandar o mundo.

Sociologia: A mais ambiciosa das ciências

Comte acreditava que o desenvolvimento da sociologia era o resultado lógico — ou melhor, o ápice — do desenvolvimento da ciência em geral.

Comte apontava que, se uma vila está situada nas margens de um rio que às vezes transborda, ela será frequentemente devastada — a não ser que, por meio da observação científica, os habitantes aprendessem a prever as enchentes. Por que, perguntava ele, não aconteceria o mesmo com as guerras e outros conflitos sociais? Se as pessoas conseguissem aprender a prever esses conflitos, eles poderiam ser evitados — ou pelo menos minimizados.

As ciências, pensava Comte, se desenvolveram em uma hierarquia desde aqueles que estudavam assuntos fundamentais (matemática, física) passando pelos que estudavam assuntos mais complexos (química, biologia), até aqueles que estudavam os maiores e mais complexos assuntos. Nada é maior ou mais complexo do que a sociedade, portanto a sociologia (que Comte inicialmente chamava de "física social") se encontrava no topo dessa hierarquia como a mais ambiciosa e importante ciência.

"Não pode haver um estudo científico da sociedade", escreveu Comte, "seja em suas condições ou movimentos, se ela for separada em porções e suas divisões forem estudadas separadamente." Em outras palavras, você não pode *apenas* olhar para a economia, ou *somente* olhar para o governo e esperar entender de fato como a sociedade funciona. Você deve olhar o todo. O argumento de Comte ainda é a justificativa da sociologia como sua própria ciência — e permanece controverso.

Em relação às ciências sociais, a sociologia não era a única na jogada até mesmo quando Comte escrevia. A economia já fora estabelecida como o estudo científico da economia, e a psicologia se desenvolvia como um estudo científico da mente humana. Comte sabia disso e, explicitamente, defendia a sociologia como uma disciplina separada capaz de oferecer ideias que não poderiam ser alcançadas por meio dessas outras disciplinas.

O Poderoso Trio da Sociologia

De meados do século XIX até o início do século XX, justamente quando a sociologia começava a amadurecer como uma disciplina acadêmica e como uma maneira de se enxergar o mundo, três homens — trabalhando separadamente, porém os mais novos sendo familiarizados com os trabalhos dos mais velhos — criaram uma série de ideias que influenciaram profundamente a sociologia. Os nomes Marx, Durkheim e Weber ainda são comumente encontrados em todos os níveis da sociologia, desde as aulas introdutórias no colegial até seminários sobre pesquisas inovadoras. Uma empresa inclusive vendia um guia de estudo, composto por um cartão laminado resumindo o que Marx, Durkheim e Weber diriam sobre tópicos desde a educação até o crime.

Entender o lugar desses homens na história da sociologia pode ser um pouco confuso, pois a "sociologia" como disciplina acadêmica autônoma demorou bastante para sair do papel. Karl Marx viveu após Comte e apresentava ideias sociológicas extremamente importantes, mas, até o dia de sua morte, nunca se chamou de sociólogo. Émile Durkheim, trabalhando por volta da virada do século XX, orgulhosamente se considerava um sociólogo, mas passou o restante da vida tentando convencer o resto do mundo de que a sociologia era uma disciplina legítima. Em 1919, três anos após a morte de Durkheim e quase um século após Comte ter cunhado o termo, o departamento de sociologia fundado por Max Weber continuava o primeiro na Alemanha (enquanto isso, lá nos EUA, nesse período, departamentos de sociologia surgiam por todos os lados). O fato é que esses três pensadores foram tremendamente importantes para o desenvolvimento da sociologia tal qual a conhecemos hoje, independente de a sociologia de hoje quase não ter existido durante a vida deles.

Gaste um tempo para entender o básico do que cada um desses três homens pensavam. Todos se tornaram marcos do pensamento sociológico e aparecerão muitas vezes ao longo deste livro (por exemplo, suas visões sobre a cultura no Capítulo 5, suas ideias sobre a religião no Capítulo 10 e suas teorias de mudança social no Capítulo 16), portanto, por ora, eu apenas lhe contarei os básicos sobre quem eram eles e o que pensavam.

Karl Marx

Karl Marx, nascido em 1818 no que é hoje a Alemanha, foi o primeiro desses três grandes pensadores a surgir. Ele nunca se autodenominou sociólogo — essa palavra era então muito nova para significar alguma coisa para a maioria das pessoas —, mas era basicamente um pouco de tudo. Marx começou estudando direito, envolveu-se na filosofia e na história e, mais tarde, trabalhou como jornalista e ativista político.

A vida e obra dele foram inspiradas pelo seu desgosto com o sistema econômico capitalista, especialmente a maneira pela qual este mantinha milhões de pessoas trabalhando pesadamente em fábricas sujas e campos ressecados com muito pouco para mostrar pelos seus trabalhos no fim do dia. Marx estava convencido de que poderia haver uma maneira melhor e, desse modo, trabalhou para apoiar o Partido Comunista, um grupo dedicado a criar uma sociedade onde todos compartilhavam igualmente. Essa militância fez Marx ser expulso da Alemanha, da França e da Bélgica e ele finalmente aportou na Inglaterra, morrendo em Londres, em 1883.

Marx, trabalhando junto com seu grande amigo e colega Friedrich Engels, escreveu muita coisa. Alguns de seus trabalhos, como o incendiário *Manifesto Comunista*, foram amplamente lidos durante a vida de Marx, mas a maioria levou décadas para ser organizada, publicada e traduzida. Apenas em 1930 as pessoas realmente entenderam tudo o que Marx tentava dizer (muita gente ainda não entende).

Os sociólogos consideram Marx importante por duas grandes razões: a sua teoria geral sobre a história e suas ideias específicas sobre o poder e a exploração.

Marx sobre a história

A teoria de Marx sobre a história é frequentemente chamada de *materialismo* (ou, pelo ainda mais refinado nome, *materialismo dialético*). Você deve pensar em um "materialista" como uma pessoa que se importa apenas com dinheiro e coisas materiais — e, apesar de Marx em sua vida pessoal ser o oposto de uma pessoa gananciosa, ele pensava que os bens materiais faziam o mundo girar.

Para Marx, as forças mais importantes na história não eram as ideias, mas, basicamente, as forças econômicas. Cada estágio da história, de acordo com Marx, era distinguido pelo seu próprio *modo de produção*, uma maneira de organizar a produção e a distribuição dos bens materiais. Cada modo de produção (sociedades antigas escravocratas, feudalismo medieval e assim por diante) possui seus próprios conflitos enraizados entre as classes diferentes, os quais inevitavelmente levavam ao fracasso de um modo de produção e ao começo de outro.

Essa foi uma nova maneira importante de se olhar a história, pois os primeiros pensadores, como o filósofo Hegel, viam frequentemente as mudanças como sendo sobre ideias e culturas. Marx dispensou as ideias imateriais como relativamente não importantes. A mudança histórica, ele dizia, é relacionada aos conflitos de classe acima de coisas concretas.

Marx sobre o capitalismo

Marx estava particularmente preocupado com o modo de produção que dominava o seu tempo (e ele se decepcionaria se soubesse que ainda domina o nosso): o capitalismo industrial.

Marx escreveu sobre uma série de grupos de classe diferentes que julgava como tendo papel ativo no capitalismo, mas os dois mais importantes eram:

- Os **burgueses:** as pessoas ricas e poderosas, donas de fábricas, fazendas e praticamente todo o resto.
- Os **proletários:** as pessoas que não possuíam muita coisa e eram forçadas a trabalhar para os burgueses a fim de alimentar suas famílias.

Marx achava que o capitalismo era ruim para todo mundo, mas especialmente para o proletário.

Os proletários, Marx dizia, eram especialmente prejudicados pelo capitalismo por serem bastante explorados pelos burgueses. Não importava o valor do lucro de um dono de fábrica em um dia; se seus trabalhadores não têm outro lugar para trabalhar, tudo o que ele precisaria pagar era o suficiente para mantê-los vivos — o burguês dono da fábrica ficaria com todos os lucros extras, ganhos à custa do suor do proletário.

Em um sentido mais amplo, no entanto, Marx argumentava que *todos* eram prejudicados pelo capitalismo, pois ele é um sistema que troca coisas reais (trabalho, alimentos, moradia) por algo imaginário: o dinheiro. Eu trabalho o dia inteiro em uma fábrica montando coisas que serão usadas por outra pessoa e recebo dinheiro que uso para comprar alimentos plantados por outra pessoa e para alugar uma casa construída por outra pessoa. O valor do meu trabalho não é mensurado pelo bem que faço a mim mesmo ou à minha sociedade, mas sim pelo quanto (ou quão pouco) dinheiro eu ganho.

Marx achava que o sistema capitalista, fundamentalmente, não era saudável e que um dia ele seria substituído por uma utopia global comunista, na qual todos contribuiriam com o que fosse possível e retirariam o que necessitassem. Talvez um dia isso aconteça, mas é melhor esperar sentado.

Émile Durkheim

Já pela metade deste capítulo, que é supostamente sobre a história da sociologia, você deve estar se perguntando quando alguém resolverá se chamar de sociólogo. E... *voilà*! O acadêmico Émile Durkheim passou a vida não só praticando a sociologia, mas tentando — com bastante sucesso — convencer o mundo da importância dela.

Durkheim nasceu na França em 1858, estudou filosofia e teoria social e finalmente fundou o primeiro departamento de sociologia europeu. A sua vida era menos animada do que a de Marx, mas ele era cheio de novas e provocantes ideias sobre a sociedade.

A visão de Durkheim sobre a sociedade

Comparado a Marx, Durkheim apresentava uma visão fundamentalmente diferente — e muito mais positiva — da sociedade. Ao ler Marx, você quase tem a impressão de que ele pensava que todos nós seríamos melhores sozinhos, vivendo do trabalho de nossas próprias mãos. Marx apreciava o fato de que trabalhar juntos, de maneira organizada, permitia produzir coisas magníficas (como, digamos, o encanamento interno) que, como indivíduos, não conseguiríamos criar. Entretanto, em geral, Marx pensava que as pessoas eram aptas a traírem umas às outras se a oportunidade surgisse, sendo, por isso, bastante suspeito em relação à sociedade.

Para Durkheim, os humanos eram fundamentalmente sociais. Aliás, pensava Durkheim, nossa vida social — em casa, no trabalho, nas brincadeiras e na adoração religiosa — é o que nos define, o que nos dá sentido e propósito. É o que nos torna realmente humanos e é esse fato que torna a sociologia — o estudo da sociedade — tão importante.

Em seu livro, *As Regras do Método Sociológico*, Durkheim estabeleceu a sua visão sobre o que é a sociologia e como ela deve ser realizada. Especificamente, ele dizia que o trabalho de um sociólogo é estudar *fatos sociais*: fatos que são verdadeiros sobre *grupos* de pessoas em vez de indivíduos. Aqui estão alguns exemplos de fatos sociais:

- A Austrália é uma democracia.
- 34% dos homens têm barbas.
- A renda média de um dono de Porsche é de $104 mil.

Esses são fatos sobre grupos de pessoas e, mesmo que eles não lhe digam nada sobre um indivíduo qualquer — por exemplo, se um homem qualquer terá barba, ou a renda de um proprietário de um Porsche em particular —, eles lhe dizem algo específico sobre um grupo de pessoas, que pode então ser comparado com outros grupos (por exemplo, proprietários de um Toyota Camry). Esses são os fatos que Durkheim pensava que os sociólogos deveriam ter como suas áreas de interesse especiais.

Durkheim concordava com Marx sobre a sociedade estar mudando, mas, em vez de um crescente abismo entre os pobres e os ricos, Durkheim achava que nós estávamos nos diferenciando uns dos outros em todos os sentidos.

Nos primórdios da história, quando a sociedade era relativamente simples, existiam apenas alguns trabalhos diferentes feitos pelas pessoas: caçadores, coletores, fazendeiros, padres. Agora, existem milhares de trabalhos diferentes que precisam ser realizados e eles são bem diferentes uns dos outros: engenheiro de software, professor de pré-escola, operador de empilhadeira, roteirista. Essa diferenciação funcional, pensava Durkheim, era necessária e — em termos gerais — benéfica. Nossos valores sociais compartilhados nos ajudam a trabalhar juntos de modo produtivo e, em grande parte, pacífico.

Sociologia para morrer

Para provar a utilidade da sociologia como uma disciplina, Durkheim escolheu estudar um tópico que pareceria profundamente pessoal, muito mais no domínio de psicólogos e filósofos do que de sociólogo: o suicídio. Ao demonstrar que a sociologia era capaz de nos ajudar a entender algo tão intensamente privado e individual, Durkheim mostrou o poder de seu método sociológico recentemente inventado.

Em seu livro, *O Suicídio*, Durkheim apontava que, mesmo que a decisão de uma pessoa de cometer suicídio fosse, é claro, pessoal — a razão de uma pessoa tirar a própria vida pode ser completamente desconhecida —, de maneira geral, o suicídio parece ter causas sociais comuns. Durkheim observou que previsivelmente, ano após ano, alguns países possuem taxas mais altas de suicídio do que outros. Seja qual for a combinação de fatores que levam as pessoas a cometer suicídio, eles pareciam ser maiores na Suécia do que na Espanha; e mais, eles eram maiores entre pessoas solteiras e entre homens. Deixando de lado a questão da motivação individual, Durkheim dizia que o índice de suicídio de um grupo era um fato social que deveria ser explicado por meio de outros fatos sociais.

Com o uso de estatísticas sociais pioneiras, Durkheim coletou muitos números resumindo os índices de suicídios e outras características de muitos grupos e os alinhou em tabelas para verificar quais fatos sociais se relacionavam (veja o Capítulo 4 para mais sobre o uso de estatísticas na sociologia atual). Por fim, Durkheim concluiu que, na verdade, havia tipos diferentes de suicídio que tendiam a acontecer por razões distintas. Por exemplo, *suicídios egoístas* eram mais frequentes em grupos com laços sociais fracos (como países com valores religiosos que enfatizam o individualismo) e *suicídios altruístas* eram mais frequentes em grupos com laços sociais extremamente fortes (por exemplo, as forças armadas).

Os detalhes do estudo de Durkheim são menos importantes do que a maneira com a qual ele o conduziu: definindo e explicando os fatos sociais sobre os grupos. Explicar o comportamento de um indivíduo, de acordo com Durkheim, é diferente de explicar o comportamento de um grupo. Mesmo que as conclusões de Durkheim sobre o suicídio estejam ou não certas, ele acertou ao apontar que entender por que um espanhol cometeu suicídio (um assunto da psicologia), não nos diz nada sobre o motivo de os espanhóis em geral cometerem suicídio em índices mais baixos do que os suecos; e entender as causas do índice de suicídio da Espanha (um assunto da sociologia) não nos diz nada sobre o porquê de um espanhol cometer suicídio.

A grande sociologia de um casamento conturbado

O livro mais conhecido de Max Weber se chama *A Ética Protestante e o Espírito do Capitalismo*. Ele contém o argumento de Weber de que os valores espalhados pelos teólogos Protestantes como João Calvino foram muito influentes na transição europeia da sociedade tradicional para o capitalismo moderno. Essencialmente, Calvino e outros teólogos protestantes argumentavam a favor do trabalho duro, da disciplina e das economias. A crença que o tempo é dinheiro e que o dinheiro é bom (pois em abundância sugere que Deus particularmente lhe favoreceu) é fundamental na economia capitalista.

É um argumento sociológico fantástico, e sua ideia central — a conexão entre uma rigorosa visão de mundo religiosa e o sistema econômico capitalista — pode ter sido parcialmente inspirada pelo casamento conturbado dos pais de Weber. A mãe dele era devotamente religiosa, uma grande adepta dos valores morais do autossacrifício, da disciplina rígida e do trabalho duro. O pai de Weber, por outro lado, era um homem rico e viajado que aproveitava, sem remorsos, os luxos que o dinheiro podia comprar.

O trabalho de Weber abordava este paradoxo: a vida moderna possui alguma autodisciplina ascética de um monge — você tem de estar em sua mesa das 9h às 17h, cumprindo uma lista precisa de deveres — e mesmo assim nos proporcionou luxos e liberdades inimagináveis para as pessoas que viviam na era pré-moderna. Pode ser desumanizador trabalhar em troca de dinheiro em vez de trabalhar para plantar a comida da sua família, mas agora você possui dinheiro para gastar no que quiser: talvez comida, talvez uma viagem, talvez uma galinha de plástico. O que for!

Em *A Ética Protestante*, Weber conta a história de um proprietário de terras que contrata alguns fazendeiros para trabalhar sua terra. A fim de motivá-los a trabalhar mais pesado, o proprietário aumenta a quantia que paga por hectare trabalhado; no entanto, descobre, para sua espantosa frustração, que os trabalhadores passaram a trabalhar menos pesado, pois só queriam ganhar o suficiente para sobreviver e, após o "aumento", era necessário menos trabalho para conseguir isso. Se todos nós nos comportássemos dessa maneira, o capitalismo jamais funcionaria. Nós somos os "bons" trabalhadores que trabalham mais pesado para mais recompensa financeira — mas para qual fim? Até mesmo Calvino acreditava que você não pode levá-lo embora com você.

Max Weber

Marx e Durkheim são fáceis de comparar e contrastar, pois suas visões sobre o que realmente importa na sociedade eram bastante diferentes. Marx achava que era sobre conflito; Durkheim pensava que era a cooperação. Marx se preocupava com o mundo material; Durkheim, com o mundo das ideias e valores. Max Weber (pronunciado *VÊ-ber* se quiser falar do jeito dele) é muito mais difícil de classificar, pois para ele não era tanto uma questão ou outra. Se fosse necessário escolher qual dos três grandes pensadores sociológicos estava mais "certo", a maioria dos sociólogos hoje em dia diria Weber por ele considerar que a vida social é marcada tanto pelo conflito quanto pela coesão. Às vezes lutamos, às vezes nos entendemos; o difícil é entender *por que* e *quando*.

Max Weber era outro alemão e, diferente de Marx, ficou por lá em grande parte, lecionando em Freiburg e Heidelberg; em 1919, fundou o primeiro departamento de sociologia alemão. Apesar de sérios problemas de saúde mental (ele sofria do que na época era chamado "colapsos nervosos") e de uma vida pessoal conturbada (ele casou com sua prima de segundo grau, e apesar de serem primos que se beijaram, eles provavelmente não faziam mais que isso), ele possuía uma ética de trabalho incrível. Até o momento de sua morte em 1920, havia escrito muitos livros e artigos importantes que, assim como Marx, levaram décadas até serem traduzidos e publicados para o beneficio do público global.

Marx e Durkheim tinham visões grandiosas sobre a história; os dois apresentavam a marcha da história como mais ou menos inevitável. Para Marx, os conflitos de classe haviam levado, inevitavelmente, ao capitalismo e levariam, também inevitavelmente, ao comunismo. Para Durkheim, as crescentes inovações e populações fatalmente levaram à diferenciação funcional. Para Weber, a história era mais como um jogo de Detetive: Nós sabemos como a sociedade mudou, mas é um trabalho investigativo entender *quem* a fez ficar desse jeito, e *quando* e *como*. Nenhuma dessas respostas pode ser dada como certa.

Então, como a sociedade mudou? De acordo com Weber, a sociedade moderna é marcada pela *racionalização*: A maioria das coisas é organizada de acordo com regras e sistemas básicos que devem se aplicar a todos e à sociedade, que deveria rodar como uma máquina bem lubrificada. No seu trabalho, por exemplo, você não tem as responsabilidades que tem e recebe a quantia que recebe por ser você — essas coisas fazem parte do trabalho, e, se você sair, a próxima pessoa a entrar no seu lugar fará as mesmas tarefas e receberá o mesmo valor.

Esse é exatamente o sistema capitalista que deixava Marx tão irritado, e, apesar de Weber não necessariamente compartilhar da vontade de Marx de derrubar todo o sistema, ele se inquietava um pouco com tal sistema. Ele se referia à sociedade moderna como uma "jaula de ferro" onde, para melhor ou pior, nós estávamos presos a papéis bem definidos.

E como chegamos até aqui? O desenvolvimento do capitalismo industrial racionalizado não era inevitável, dizia Weber, apontando que a Europa seguiu esse caminho enquanto outras sociedades que existiam há ainda mais tempo — por exemplo, a China — não seguiram. O desenvolvimento de um conjunto de valores religiosos (especificamente, os valores Protestantes Calvinistas) que promoviam o trabalho duro e a poupança financeira funcionaram como, dizia Weber, um "manobreiro ferroviário nos trilhos" para garantir que a sociedade europeia seguiria nessa direção — e, quando o trem pegou esse caminho, não havia mais volta.

A Sociologia no Século XX

Nos primeiros anos do século XX, Durkheim ainda tentava argumentar sobre o motivo de uma disciplina chamada "sociologia" precisar existir; hoje, a sociologia é um dos maiores e mais estudados assuntos em faculdades e universidades no mundo inteiro. Como expliquei no Capítulo 2, os sociólogos realizam trabalhos importantes em vários tipos de ofícios.

A sociologia nasceu na Europa, mas a maior parte do seu crescimento explosivo no século XX aconteceu nos Estados Unidos. Nesta seção, destaco os eventos mais importantes que impulsionaram esse crescimento.

Levando para as ruas: A Escola de Chicago

O primeiro departamento de sociologia nos Estados Unidos foi fundado na Universidade de Chicago em 1892. Esse departamento reuniu vários dos mais importantes sociólogos do início do século XX, cujos argumentos e estudos são conhecidos coletivamente como a *Escola de sociologia de Chicago* ("Escola" sendo usada no sentido de "escola de pensamento").

As preocupações da Escola de Chicago eram fortemente influenciadas pelo fato de a Universidade de Chicago ser um inconfundível campus urbano, localizado perto dos bairros do sul de Chicago, os quais eram — e ainda são — densos e diversos, com pessoas de todos os tipos interagindo a curta distância. Não é a seção mais rica da cidade e esses bairros também têm suas parcelas de responsabilidade em relação aos conflitos e crimes.

Se você se pegou pensando que os sociólogos como Marx e Weber, com seus grandes argumentos sobre as forças avassaladoras da história, estavam saindo um pouco da realidade da vida cotidiana, não está sozinho! Os membros da Escola de Chicago induziam seus alunos a fechar os livros, sair da sala e se jogar na placa de Petri na qual estavam sentados bem no meio. Eles enfatizavam a importância dos métodos de pesquisas de campo como a *etnografia* e a *observação participante* (veja o Capítulo 4 para mais sobre esses métodos). Apesar de Durkheim considerar os indivíduos como seres fora da área de estudo da sociologia, os sociólogos da Escola de Chicago — e nos Estados Unidos em geral — preferiam estudar a sociedade de baixo para cima, da perspectiva do indivíduo na sociedade.

Chicago, como o resto dos Estados Unidos, encontrava-se no meio de uma grande onda de imigração, e os sociólogos dessa cidade observaram pessoas de contextos sociais completamente diferentes aprendendo a interagir juntas. Além de colocarem raça, etnia e imigração entre os principais assuntos de interesse dos sociólogos americanos (como você deve ter notado, estes assuntos não estavam no topo das agendas de pesquisa da maioria dos sociólogos europeus), os sociólogos da Escola de Chicago popularizaram o estudo do *interacionismo simbólico* — o estudo da maneira pela qual os indivíduos interagem por meio de uma compreensão (mais ou menos) comum de palavras, gestos e outros símbolos (veja o Capítulo 6 para mais sobre o interacionismo simbólico).

A sociedade em massa: Somos ou não somos ovelhas?

Em 1954, pela primeira vez na história (e, até agora, a *única*), um sociólogo saiu na capa da revista Time: David Riesman, autor de *A Multidão Solitária*. Apesar de Riesman ter lecionado na Universidade de Chicago, ele não era membro da Escola de Chicago. O foco dele estava no panorama geral.

Em *A Multidão Solitária*, Riesman argumentava que os americanos haviam perdido suas bússolas internas e se tornado "guiados por outra" — em outras palavras, em vez de seguirem seus próprios valores morais, eles apenas faziam o que todo mundo estava fazendo. Essa ainda é uma preocupação falada com frequência nos Estados Unidos (e em outros países) hoje em dia, e ressoa particularmente na era de *The Adventures of*

Ozzie and Harriet[1], quando parecia que todos iam em direção aos novos subúrbios para comprar uma casa igual à de todos no quarteirão e ter os mesmos 2.2 filhos como todas as famílias do quarteirão.

O fascinante livro de Riesman introduziu a sociologia para um público popular inédito — ele permanece o livro de sociologia mais vendido até hoje. Entre os acadêmicos, entretanto, a influência de Riesman não era tão grande quanto a de um homem chamado Talcott Parsons, que compartilhava do interesse de Riesman na sociedade em massa, mas ao contrário dele, pensava que esta era de modo geral uma boa coisa.

Parsons acreditava bastante na visão de Durkheim sobre a sociedade, e mantinha uma visão dela conhecida como *funcionalismo*. No funcionalismo, os fenômenos sociais são explicados por meio de referências ao propósito que servem: se um certo fenômeno, como a educação ou religião, for observado em muitas sociedades diferentes, ele deve estar ali por algum motivo. Ele deve *fazer* algo pela sociedade, senão, não existiria (se isso soa muito como a evolução biológica, não é coincidência. Veja o Capítulo 2 para uma descrição de Durkheim sobre a "metáfora orgânica").

Parsons foi um dos sociólogos mais ambiciosos de todos os tempos. Ele acreditava que as ciências sociais deveriam ser unidas e não separadas e, junto com colegas da antropologia e da psicologia que pensavam como ele, cofundou um Departamento de Relações Sociais em Harvard para unir as disciplinas. O seu livro *Toward a General Theory of Action*, de 1951, foi o seu manifesto, uma tentativa de Explicar Tudo em 500 páginas.

A teoria de Parsons era extremamente elaborada e por vários anos muitos sociólogos nos Estados Unidos e no exterior se ocuparam tentando explicar tudo desde negócios até política e entretenimento popular nos termos de Parsons. Por um tempo, parecia até que ele realizava o sonho de Comte de criar um tipo de manual de usuário para a sociedade.

A Elite do Poder: a vingança de Marx

Se a Escola de Chicago havia trazido a sociologia de volta para o chão, Parsons a levou de volta para a estratosfera teórica, com tudo explicado de cima do pedestal do sociólogo. Aliás, Harvard construiu literalmente uma torre de marfim para Parsons — William James Hall, que está de pé até hoje — a fim de sediar o seu Departamento de Relações Sociais

---

N.E.[1]: Série de televisão americana exibida entre 1952 e 1966.

multidisciplinar. A busca de Parsons por uma grande e unificada teoria da sociedade, no entanto, começou a vir abaixo, à medida que um número crescente de sociólogos criticava a sua teoria.

Apesar de o funcionalismo ainda ser uma maneira atraente de se pensar a sociedade, a maioria dos sociólogos hoje acha que Parsons estava equivocado em tentar explicar as características sociais por meio de suas funções. Apesar de as instituições sociais, como o governo e a educação, serem necessárias devido às tarefas que realizam, os sociólogos hoje reconhecem que elas são criadas por pessoas, e não por funções — e, apesar de as pessoas terem o interesse da sociedade em mente, elas também possuem suas motivações pessoais. Além disso, mesmo quando as pessoas de fato agem "para o bem da sociedade", elas frequentemente estão enganadas nas escolhas que fazem.

Em função de sua crença na evolução social — em outras palavras, a lei das sociedades mais ajustadas —, Parsons se tornou um defensor do status quo. Não havia país mais avançado e poderoso do que os Estados Unidos; aliás, dizia Parsons, os Estados Unidos estavam perto do ideal de organização social.

Um sociólogo, C. Wright Mills, achava que isso era completamente errado. Relembrando seus leitores e alunos de que a razão pela qual a sociologia fora fundada era mudar a sociedade, Mills apontava que esta ainda se encontrava tomada por problemas sociais como a pobreza, o crime e o racismo, e dizer que isso era "necessário" ou até mesmo "normal" constituía um absurdo. Em seu livro, *A Elite do Poder* (outro sucesso de vendas da sociologia), Mills argumentava que a sociedade era comandada por um pequeno grupo de indivíduos ricos e poderosos que basicamente organizavam tudo em benefício próprio.

Parece familiar? Se Parsons era um Durkheimiano, Mills era um Marxista ferrenho. O debate entre os dois — que infelizmente terminou com a morte prematura de Mills em 1962 — era caloroso e fascinante. Ambos eram pensadores brilhantes, mas representavam abordagens completamente diferentes em relação a compreender a sociedade.

Mills ridicularizou Parsons de cara, dizendo que não só as ideias dele estavam erradas, como eram descritas em uma linguagem ridiculamente complexa, quase incompreensível para qualquer pessoa que não fosse profundamente familiarizada com a complexa teoria de Parsons. Este, por sua vez, atacou de volta dizendo que o próprio Mills estava empiricamente enganado, pois não existia algo como uma "elite de poder" unificada que de alguma forma conspirava comandar o mundo secretamente. *Alguém* tinha de estar no comando, dizia Parsons, e ele apontava que os líderes políticos, econômicos e culturais possuíam agendas que, com frequência, entravam em conflito umas com as outras.

A Guerra Fria e o "buraco sociológico"

Poucos pensadores sociais causaram tanto impacto no mundo real quanto Karl Marx. As ideias de Marx sobre os males do capitalismo e a redistribuição de riqueza inspiraram revolucionários políticos, incluindo Vladimir Lenin, Mao Tsé-Tung e Fidel Castro, assim moldando as vidas de bilhões de pessoas nas sociedades comunistas que fundaram.

De 1922 a 1991, várias repúblicas asiáticas foram incorporadas formando a União Soviética, nação comunista que se tornou uma poderosa rival dos Estados Unidos e aliados. Nas décadas seguintes à Segunda Guerra Mundial, os Estados Unidos e a União das Repúblicas Socialistas Soviéticas (U.R.S.S) travaram a "Guerra Fria", na qual lutavam pelo domínio econômico e militar. O filme clássico de Stanley Kubrick, *Dr. Fantástico*, satirizava o pânico que caracterizou essa era, com os personagens levando a preocu- pação real de um "buraco de mísseis" (um país com significativamente mais armas do que o outro) a níveis absurdos, preocupando-se com o "buraco das minas" (um buraco na capacidade de proteger seus cidadãos subterrâneos) e um "buraco apocalíptico" (um país ter uma máquina apocalíptica, e o outro, não).

Não é uma coincidência que a era da Guerra Fria viu uma explosão no interesse popular na sociologia.

Apesar de a União Soviética ser conhecida como um regime repressivo que limitava severamente as liberdades de seus cidadãos, a URSS era um país enorme e poderoso organizado por meio de princípios fundamentalmente diferentes das democracias ocidentais. Apesar de a maioria dos americanos se opor firmemente à adoção de quaisquer políticas socialistas — aliás, cidadãos que participaram somente de reuniões do Partido Comunista eram perseguidos e taxados de "não americanos" — muitos se tornaram apreensivos com o modo de vida americano.

Os russos eram conhecidos (de maneira correta ou não) por aderir à ética de trabalho rigorosa e colocar o país na frente de si mesmos; os americanos tornaram-se preguiçosos e complacentes nos prósperos anos 1950? Os americanos haviam perdido a vontade, o vigor e a iniciativa individual que tornara o país tão grande? Foram essas preocupações que ajudaram a aguçar o interesse do americano em livros como o de David Riesman, *A Multidão Solitária*, e de William H. Whyte, *Organization Man;* ambos argumentavam que a sociedade americana fora marcada pela conformidade irracional. As duas obras — especialmente a de Riesman — ainda são bastante lidas atualmente.

Nem Parsons nem Mills "ganhou" o debate — a maioria dos sociólogos hoje não se considera funcionalista e nem Marxista —, mas Mills reinjetou na sociologia algum senso de propósito e populismo que haviam marcado a sua fundação.

Ao ler livros e artigos sociológicos, fique de olho nos sociólogos que usam uma linguagem complexa. C. Wright Mills criticava Talcott Parsons por escrever frases do tipo "Coordenado com a importância da ordem como formulada no controle hierárquico e no lugar da cultura normativa nos sistemas de ação, está o padrão de ordem *temporal* imposto pelas exigências funcionais dos sistemas". Só porque um conceito é complicado não significa que ele deva ser escrito de uma maneira que não faça sentido algum para você. Um livro didático, um dicionário ou uma enciclopédia de sociologia, ou ainda um bom professor, podem ajudá-lo a decifrar as passagens complexas nos livros e artigos sociológicos.

A Sociologia Atual

Nenhum indivíduo ou instituição domina hoje a sociologia tão completamente quanto a Escola de Chicago no início do século XX ou como Talcott Parsons em meados do século XX. Hoje, a maioria dos sociólogos se inspira em vários pensadores diferentes, além de estar mais preocupada em responder a perguntas empíricas específicas do que em formular ou testar grandes teorias sobre a sociedade.

Robert K. Merton, foi um sociólogo que apreciava as ideias de Parsons — Parsons fora um dos supervisores de Merton na faculdade —, achava que os sociólogos se sairiam melhor se focassem em problemas menores e solucionáveis, em vez de tentar explicar tudo de uma só vez. Merton argumentava que os sociólogos deveriam focar em "teorias de médio alcance" — ou seja, que era necessário realizarem perguntas às quais poderiam de fato responder. Então, em vez de perguntar "Por que a educação existe?", um sociólogo poderia perguntar "Como a educação neste país específico serve para tornar as pessoas mais iguais — ou menos iguais — em relação à riqueza?". Essa continua sendo uma grande questão, mas é mais fácil responder a ela do que a uma grande questão abstrata sobre a natureza da sociedade. Ainda existem sociólogos que buscam as grandes teorias, mas esse tende a ser um exercício para os mais experientes e estabelecidos, e com tempo disponível para escrever livros grandes.

Apesar de o sonho de Parsons da união das ciências sociais não ter sido atingido — os sociólogos ainda falam em maior parte com sociólogos, psicólogos com psicólogos e assim por diante —, os sociólogos, em décadas mais recentes, têm colaborado cada vez mais com acadêmicos de outras disciplinas a fim de compartilhar conhecimento e teoria. Eles trabalham com médicos visando estudar a propagação de doenças, com executivos e economistas para estudar a organização corporativa, com psicólogos a fim de estudar a interação entre pequenos grupos e com antropólogos para estudar a mudança cultural.

Além de aproveitarem o conhecimento acumulado de todos os sociólogos já mencionados aqui e muitos outros, os sociólogos atuais também possuem o benefício do acesso a dados e ferramentas analíticas que estão anos-luz à frente do que havia disponível para os sociólogos há apenas algumas décadas. Grandes quantidades de dados de pesquisas estão publicamente disponíveis, e, com o software certo, qualquer computador pessoal tem a capacidade de realizar análises estatísticas altamente sofisticadas. No Capítulo 16, tenho mais a dizer sobre o futuro da sociologia. Por ora, é suficiente dizer que, apesar de o fato de responder às questões sociológicas ter se tornado muito mais fácil desde os tempos de Comte, realizar as perguntas certas continua tão complicado quanto sempre foi.

Capítulo 4

Métodos de Pesquisa: Não se Pode Colocar a Sociedade em um Tubo de Ensaio

Neste Capítulo
- Examinando os passos da pesquisa sociológica
- Escolhendo um método de pesquisa
- Usando as ferramentas analíticas
- Observando as possíveis armadilhas

*E*ntão, o que acontece quando a borracha encontra a estrada? Como os sociólogos realmente concebem e conduzem estudos de pesquisas? É importante você saber como se cria o conhecimento sociológico mesmo que não tenha a menor intenção de conduzir o seu próprio estudo. O processo científico de conduzir, avaliar e construir baseado em pesquisas empíricas está no centro da sociologia. Sem a pesquisa empírica, a sociologia seria apenas um monte de teorias que podem ou não ser verdade.

De alguma forma, como mencionei no Capítulo 2, o processo de pesquisa sociológica é parecido com o de pesquisa de qualquer outra disciplina científica (quando era aluno de sociologia na faculdade, a Professora Barbara Reskin usava um jaleco branco só para mostrar que os sociólogos são também cientistas "de verdade"). Por outro lado, ela também é bastante diferente. A sociedade é muito complexa e está em constante mudança, portanto realizar declarações generalizadas sobre a maneira como a sociedade funciona é um assunto complicado que requer pensamento preciso e métodos de pesquisa cuidadosos.

Neste capítulo, explico os passos básicos da pesquisa sociológica e as escolhas metodológicas que os sociólogos precisam encarar ao tentar descobrir como responderão às suas questões sociológicas. Também resumo as ferramentas analíticas disponíveis para os sociólogos e destaco algumas das muitas coisas possíveis de dar errado no complexo processo de coleta e interpretação de dados sociológicos.

Os Passos da Pesquisa Sociológica

Nesta seção, discorro sobre os pontos essenciais referentes a conduzir uma pesquisa sociológica. Como você transforma uma pergunta geral sobre a sociedade em dados que podem ser interessantes e úteis para outras pessoas — na sociologia e além? Apesar de existir um grande número de métodos e abordagens diferentes usadas na pesquisa sociológica, o processo básico que resumo nas seguintes seções é quase universal.

Não é possível colocar a sociedade em um tubo de ensaio — você normalmente não pode conduzir experimentos na sociologia como pode na química, na física e até na psicologia. Os estudos sociológicos quase sempre consistem da observação de pessoas no "mundo real" em vez de no laboratório.

Faça a sua pergunta

Os sociólogos às vezes invejam os cientistas que trabalham em disciplinas — como, digamos, astrofísica — nas quais o fenômeno estudado está tão distante da vida cotidiana que os leigos apresentam grandes dificuldades em entender o que eles fazem. Esse não é um problema para os sociólogos que estudam fenômenos sobre os quais muitas pessoas pensam: desigualdade social, redes sociais, a organização de grupos sociais como corporações ou clubes. Quando um sociólogo fala sobre o seu trabalho, às vezes parece que *todo mundo* possui uma opinião.

Por mais frustrante que seja às vezes, é isso que torna a sociologia tão estimulante. Os estudos sociológicos começam com um palpite sobre o mundo social, a ideia de um sociólogo sobre como um certo processo funciona, ou uma pergunta sobre o porquê de as pessoas se comportarem de certa maneira. Aqui estão algumas questões que levaram a estudos sociológicos reais:

- Por que o esporte críquete, que os colonizadores britânicos ensinaram aos nativos de suas colônias, é mais popular em lugares como a Índia e a África, onde a era colonial relativamente recente fora caracterizada por conflitos violentos? As pessoas desses países deveriam não ter o *mínimo* interesse em jogar um esporte essencialmente britânico, não é? (Jason Kaufman e Orlando Patterson)

- Por que as empresas pagam tanto dinheiro consistentemente para contratar diretores executivos carismáticos que parecem fazer nada ou quase nada para levantar os seus lucros? (Rakesh Khurana)

- Quando as pessoas param na rua para falar umas com as outras, por que elas ficam no meio da calçada, onde atrapalham o caminho de todos? (William H. Whyte)

- Por que as pessoas em bairros mais ricos são mais prováveis de pendurar arte abstrata em suas salas do que as pessoas de bairros mais pobres? Elas se importam se a obra combina com o sofá? (David Halle)

Para as pessoas comuns, essas questões podem surgir perto do bebedouro no trabalho ou até mesmo na cerca do quintal, conversas que podem terminar com uma leve dada de ombros. Mas, para os sociólogos, elas são questões empíricas que realmente podem ser respondidas.

Da próxima vez em que estiver curioso sobre algo no mundo social, pense: existe uma pergunta empírica aqui? Eu só estou tentando decidir como me sinto em relação a algo — ou estou de fato curioso sobre como algo funciona? Existe alguma informação possível de ser coletada para responder a minha pergunta? As questões sociológicas são questões sobre como o mundo funciona. Um sociólogo pode não concordar com os valores ou as decisões das pessoas que estudam, mas estão curiosos sobre esses valores e o porquê de as pessoas tomarem as decisões que tomam.

Após você ter sua pergunta em mente, provavelmente possui uma *hipótese*: um palpite sobre o qual será a resposta. Essa hipótese, quer você perceba ou não, baseia-se em uma *teoria* sobre como o mundo funciona. Se a sua teoria será sustentada ou não depende de sua hipótese provar estar ou não correta.

Consulte a literatura

Quando sociólogos têm uma pergunta interessante que vale ser investigada, eles vão para as prateleiras (ou, mais frequentemente, para a internet) a fim de verificar o que já foi publicado na "literatura" que talvez seja relevante às suas questões. Quando sociólogos e outros cientistas falam sobre "a literatura", eles não se referem a *Moby Dick* e os *Irmãos Karazamov*. Se referem à literatura científica, avaliada por pares de sua disciplina.

Para um estudo científico ser *avaliado por pares* significa que ele já foi avaliado por outros acadêmicos especialistas na área estudada.

Em sociologia, as publicações avaliadas por pares incluem:

- **Periódicos de sociologia em geral:** Periódicos como o *American Sociological Review* e o *American Journal of Sociology* contêm estudos tão importantes que merecem a atenção de todos os sociólogos.
- **Periódicos de áreas específicas:** Na sociologia, existem centenas de periódicos como o *New Media and Society* ou *Sociology of Education* voltados primeiramente para acadêmicos estudando esses assuntos específicos.
- **Livros:** Os sociólogos às vezes publicam livros, que são avaliados por semelhantes se vierem de uma editora acadêmica.

Analisar a literatura permite a você aprender sobre o trabalho de outros sociólogos e evitar repetir o que alguém já fez.

Mas quais livros e artigos de periódicos você deve ler? Existem milhares e milhares de livros e artigos — e, às vezes, trabalhos que não foram avaliados por semelhantes ou rotulados como "sociologia" também podem ser importantes para a sua pesquisa. Os sociólogos em geral buscam na literatura todos estes tipos de materiais:

- Estudos sociológicos especificamente sobre o tópico que você tem interesse em pesquisar (por exemplo, se está interessado em estudar os partidos políticos no Quênia, procure por outros estudos sociológicos de partidos políticos no Quênia).
- Estudos sociológicos sobre assuntos parecidos (neste exemplo, olhe estudos sociológicos de partidos políticos em outras nações africanas, ou até mesmo partido políticos em outros países do mundo).
- Estudos sociológicos que usam métodos ou abordagens que sejam úteis (por exemplo, se você quiser usar um tipo específico de técnica estatística ou estratégia de entrevista, leia outros estudos que usaram o mesmo método).
- Artigos ou livros que não sejam da literatura sociológica mas que, ainda assim, são informativos sobre o tópico escolhido (neste exemplo, verifique reportagens jornalísticas sobre a política no Quênia, um livro sobre a história política do Quênia, ou artigos relevantes sobre ciência política ou estudos africanos).

LEMBRE-SE

Há sempre a possibilidade de que outra pessoa tenha "ultrapassado" você, isto é, conduzido o estudo que você está interessado em conduzir. Com muito mais frequência, no entanto, é possível descobrir que outros acadêmicos estudaram o seu tópico, mas que ainda existem muita questões sobre o tópico, as quais não foram respondidas. Você então tem de decidir se possui a informação e/ou os recursos para responder a elas.

Operacionalize a sua pergunta e encontre seus dados

A palavra "operacionalizar" soa como algo sem sentido que você diria para impressionar o seu chefe em uma reunião — mas, se ele for um sociólogo, você realmente *irá* impressioná-lo, pois a palavra descreve um dos aspectos mais difíceis e importantes da pesquisa sociológica.

Como explico no Capítulo 2, o que distingue uma questão sociológica empírica de uma teórica ou moral é o fato de você poder realmente achar uma resposta para ela — mas isso não significa que achar uma resposta seja fácil! Operacionalizar uma pergunta significa transformá-la de uma pergunta generalizada (por exemplo, os torcedores apoiam ou criticam seus times, nos esportes masculinos e femininos?) em uma questão específica para a qual você de fato consiga encontrar uma resposta (por exemplo, quantas críticas podem ser ouvidas por torcedor em cada um dos 20 jogos de basquete masculino, e quantas em cada 20 jogos femininos?).

A palavra *dados* refere-se a pedaços de informação (um *dado*; múltiplos *dados*). Em um mundo perfeito, você operacionalizaria a sua pergunta e, então, sairia logo coletando os dados de que precisa para responder a sua pergunta. Mas nós não vivemos em mundo perfeito, e o que acontece com mais frequência é você encontrar os melhores dados disponíveis e então operacionalizar a sua pergunta de modo tão preciso quanto os dados permitirem.

Aqui está um exemplo da vida real da minha própria pesquisa. Um colega e eu estávamos curiosos sobre quais assuntos se tornaram mais frequentemente estudados nas universidades por todo o mundo durante o último século. Quais dados, entretanto, estavam disponíveis? Nós não conseguimos encontrar muitas informações nos orçamentos das universidades, portanto não sabíamos o quanto era gasto, digamos, no estudo do direito em dado ano. As Nações Unidas tinham coletado alguns dados sobre as matrículas de estudantes, mas não cobriam muitos anos passados — e, de qualquer forma, alguns outros pesquisadores já olhavam esses dados. O que nós de fato tínhamos eram listas de membros de corpos docentes em universidades por todo o mundo, desde o começo do século XX!

Então nossa pergunta geral era:

> Quais assuntos foram estudados com mais frequência nas universidades pelo mundo desde 1900?

Os nossos dados eram listas de membros dos corpos docentes das universidades pelo mundo, de modo que pudemos operacionalizar a nossa questão assim:

> Quais assuntos tiveram o maior crescimento no número de membros do corpo docente que os estudavam desde 1900?

Após encontrarmos dados úteis e operacionalizarmos nossa pergunta, tornou-se fácil encontrar uma resposta: Nós apenas começamos a contar!

Encontrar dados parece a parte mais chata da pesquisa sociológica, mas ela pode ser uma das mais criativas. Existem várias grandes pesquisas disponíveis para o público (o censo dos EUA, a General Social Survey, o National Education Longitudinal Study); esses são dados de alta qualidade, mas exatamente por esse motivo são muito usados em estudos sociológicos, e pode ser difícil arrancar informações novas deles.

Coletar dados originais leva tempo e pode ser caro, mas ele torna o seu estudo automaticamente interessante, até mesmo para os leitores que não concordam com a sua análise de seus dados. Aqui estão apenas algumas fontes originais de dados:

- **Dados reunidos para outros propósitos e ainda não usados para análise sociológica:** Você pode usar registros corporativos, registros públicos do governo e registros históricos, por exemplo.
- **Jornais e revistas:** Você pode procurar por artigos que documentem algum tipo de atividade ou que mostrem as perspectivas das pessoas sobre o mundo social.
- **Pesquisas originais:** Você pode conduzir sua própria pesquisa, tentando capturar o máximo de entrevistados possível para algumas perguntas-chave.
- **Entrevista original e etnografia:** Você pode coletar dados qualitativos ao conversar ou observar as pessoas.

(Mais adiante, neste capítulo, forneço mais informações sobre os tipos específicos de dados e análises). Após operacionalizar a sua pergunta e coletar os dados, você estará pronto para começar a sua análise!

Ao operacionalizar a sua pergunta, você deve se certificar de que o fez de maneira *válida*. Em outras palavras, os seus dados precisam ser realmente relevantes à pergunta original realizada por você. Se não tomar cuidado com isso, pode acabar com uma incompatibilidade de dados/teoria (mais sobre isso no último capítulo dessa seção).

Analise seus dados

Algumas questões empíricas requerem dados para serem respondidas, mas não precisam de análises profundas. Imagine que você quer saber se lembrou de deixar o cachorro entrar. Esta é uma questão empírica: se o cachorro ou está dentro ou está fora. Para dados, você abre a porta e olha no quintal. Ou você vê o cachorro, ou não. Aí está a resposta dessa questão empírica em particular.

As questões sociológicas, no entanto, em geral não são tão fáceis de responder — mesmo depois de você encontrar os dados e operacionalizar a sua questão. O que você geralmente possui são centenas de páginas de entrevistas ou uma planilha imensa de dados de pesquisa. Seria bom se pudesse apenas abrir uma planilha, olhar os números nas milhares e milhares de células, e dizer: "A-ha! Eu vejo que a discriminação de gênero continua severa nas posições que pagam mais ao passo que diminui um pouco nas posições que pagam menos!". Infelizmente, não funciona dessa forma.

As seções mais à frente neste capítulo cobrem métodos analíticos específicos em mais detalhe; por ora, só direi que, em quase todos os casos, será necessário analisar os seus dados a fim de encontrar a resposta para a sua pergunta. Se encontrou dados úteis e operacionalizou a sua pergunta de maneira válida, então a resposta está ali... você só precisa chegar até ela. Esse passo, além de essencial, é um passo em que você precisa ser especialmente consciente e responsável, pois será muito mais fácil para as pessoas que leem o seu relatório de pesquisa encontrar um erro na sua interpretação do que na sua análise.

Interprete os seus resultados

Ok, você encontrou seus dados, operacionalizou sua pergunta e conduziu a sua análise. Você tem os seus resultados: uma tendência no gráfico ou um tema repetido nas entrevistas, ou um número resultante de algum processo estatístico. Mas o que ele significa? Interpretar os resultados é o último passo da pesquisa sociológica. Significa pensar sobre o que você aprendeu e como isso se relaciona à literatura sociológica. O truque é ser honesto com você mesmo — e com seus leitores, se espera publicar o seu estudo — sobre exatamente o que os resultados dizem (ou não) sobre o tópico.

Você provavelmente começou o seu processo de pesquisa com uma *hipótese*: um palpite sobre quais serão os resultados do seu estudo. Se ele estiver correto, isso sustenta a sua teoria sobre por que as coisas seriam desse jeito. Dependendo da sua pergunta e de seus dados, provavelmente haverá espaço para dúvidas, mas, agora, pelo menos você possui uma nova informação importante sobre o assunto. Antes de apresentar os resultados para os colegas sociólogos, você deve estar preparado com o seu argumento sobre que nova luz os seus resultados trazem para o tópico que você pesquisa.

Digamos que você acredite que a desigualdade salarial entre os homens e mulheres americanos tem diminuído desde 1950; isto é, os homens e as mulheres nos Estados Unidos hoje ganham salários que são mais parecidos do que os salários dos homens e das mulheres em 1950. Você encontra dados sobre os salários de funcionários de três grandes empresas em Nova York, e a sua análise mostra que, com certeza, em 1950, as mulheres ganhavam em média dois terços do que os homens ganhavam e, hoje em dia, tanto mulheres quanto homens ganham quase a mesma quantia de dinheiro. Esse resultado não apenas sustenta a sua hipótese, como também fornece aos sociólogos novas informações importantes sobre os salários dos homens e das mulheres.

Todo estudo precisa de alguma interpretação, mas ela é particularmente importante nos casos em que os resultados são ambíguos. E se você descobrir que os salários das mulheres ficaram mais perto do dos homens nos últimos 40 anos, mas nos últimos 20 anos a diferença voltou a crescer? Isso sustenta a sua hipótese? Sim e não. Se esse é o seu resultado, você precisa modificar a sua teoria. O que aconteceu para causar tal mudança? É necessário sugerir uma possível explicação.

Se você está confiante na validade de seus dados e análises, agora sabe algo que não sabia antes. Mas espere! Como você sabe que isso aconteceu em todos o país e não somente em Nova York? Você não sabe — e mais, você não tem ideia do que aconteceu em outros países. Para responder a essas perguntas, você deve — isso mesmo — coletar mais dados. Quando apresenta a sua pesquisa, precisa reconhecer essa necessidade de mais dados — mas isso não significa que está voltando à estaca zero! Você pode se orgulhar por ter encontrado novas informações importantes que ajudam a informar a compreensão dos sociólogos sobre gênero e salários nos Estados Unidos.

Quase todos os estudos sociológicos terminam com uma chamada para mais pesquisas. É assim que funciona: o mundo é grande e os sociólogos nunca saberão *tudo* o que tem para se saber sobre ele. Apontar a necessidade de mais pesquisas é apropriadamente modesto — você admite que o seu estudo não encerra por completo o assunto do seu tópico —, mas também destaca a sua conquista. Nos exemplos anteriores, os sociólogos precisavam saber o *que* aconteceu (se a desigualdade salarial diminuiu ou não) antes de perguntarem *como* isso aconteceu.

Escolhendo um Método

Conseguir uma imagem apurada do mundo social é um negócio complicado, especialmente por que é um alvo móvel! A sociedade muda todos os dias — geralmente não tão rápido. Dependendo da natureza da sua questão e dos recursos disponíveis a você, será necessário tomar algumas decisões fundamentais sobre qual estratégia metodológica usar. Nesta seção, explico quais são essas escolhas.

Quantitativa Versus Qualitativa

A decisão mais fundamental que você tem a fazer é decidir se o seu estudo será quantitativo ou qualitativo. Essas palavras são parecidas, mas significam coisas completamente diferentes. Um estudo *quantitativo* é um estudo no qual os dados são coletados como, ou traduzidos em, números. Um estudo *qualitativo* é um estudo em que os dados são coletados como palavras, narrativas e impressões que perderiam o seu sentido ou valor se fossem de alguma forma transformadas em números.

Quando os dados sociológicos são velhos demais?

Quando um colega e eu estudamos a participação nas universidades, tivemos sorte de ter uma série de dados de pesquisas coletados pelo Departamento de Educação americano de 1988 a 1994. Um dia, em 2007, recebemos a ligação de uma repórter do *New York Times* que estava escrevendo um artigo sobre a participação universitária. Ela se interessou muito por nosso estudo — até descobrir que nossos dados se referiam a estudantes que ingressaram na faculdade em 1993. Ela pensou que havia ocorrido várias mudanças desde então para que o nosso estudo fosse de qualquer interesse para os seus leitores.

No entanto, nosso estudo foi publicado em um bom periódico de sociologia. Os sociólogos estão menos interessados do que os jornalistas em serem apurados e atualizados?

Nem um pouco! Existem pelo menos duas razões pelas quais os sociólogos acharam os nossos dados de 14 anos interessantes enquanto uma jornalista não. Primeiro, um jornalista pode escrever um artigo baseado em bem menos dados do que você normalmente precisa para um estudo sociológico. Se eu quiser publicar um artigo de jornal sobre a participação universitária, posso apenas resumir os resultados de um ou dois estudos recentes, entrevistar alguns jovens que estão ingressando na faculdade e pronto. Mas, se eu quiser publicar um estudo sociológico sobre a participação universitária, terei de pesquisar muito mais. Não era possível simplesmente telefonar para 14 mil jovens que ingressavam na faculdade em 2007, como o governo fez no início dos anos 1990. Nós certamente gostaríamos de ter feito isso, mas

(Continua)

(Continuação)

> uma pesquisa desse tamanho custa dezenas de milhares de dólares — até mesmo centenas de milhares de dólares.
>
> Além disso, como aponto no Capítulo 2, os sociólogos estão interessados nos padrões fundamentais de interação social. Mesmo em situações diferentes, eles acreditam que padrões de interação humana são bastante constantes. É por isso que um sociólogo histórico pode estudar algo que aconteceu nos anos 1800, ou até mesmo 1200, e descobrir que um grande número de colegas está interessado se o estudo for bem feito. Catorze anos? Isso não é nada.

Análise quantitativa

Em um estudo quantitativo, os dados podem ser coletados como números. Algumas informações sobre a sociedade inclusive já existem em números. Por exemplo:

- Renda anual, em dólares
- Nota de provas
- Índices de desemprego

Outras informações podem ser facilmente traduzidas em números. Por exemplo:

- Sexo (1 = feminino, 0 = masculino... ou vice-versa)
- Raça ou etnia (1 = latino, 0 = não latino)
- Estado civil (1 = solteiro, 0 = casado)

Ainda assim, algumas informações são mais complicadas de se traduzir em números, mas é possível pelo menos tentar. Por exemplo:

- Autoestima (O quão feliz você é consigo? 2 = muito feliz, 1 = feliz, 0 = infeliz)
- Preferências culturais (Você foi a um show de jazz no último ano? 1 = sim, 0 = não)
- Redes sociais (Aqui está uma lista das pessoas na sua empresa; responda 1 para cada pessoa que você considera um amigo, e 0 para cada pessoa que não considera amigo)

O benefício da pesquisa quantitativa é permitir que você considere muitos casos (pessoas ou países ou o que você estiver estudando) porque não precisa "conhecer" cada caso — os fatos importantes sobre cada caso estão aqui em números. Com a análise estatística, é possível analisar uma grande quantidade de informações com facilidade (mais sobre isso na próxima seção).

Análise qualitativa

Em um estudo qualitativo, os dados são coletados como declarações, experiências, ou impressões, sendo geralmente registrados como palavras. Exemplos de estudos qualitativos incluem:

- Um estudo de entrevistas, no qual você conduz entrevistas de uma hora com 50 pessoas e grava os comentários.
- Uma etnografia, em que você passa semanas, meses e até mesmo anos em um contexto social específico e escreve sobre suas experiências.
- Observação participante, na qual você se junta a um grupo de pessoas e realiza observações sociológicas mesmo enquanto veste a camisa do seu objeto de análise.
- Um estudo histórico, em que você lê e pesquisa extensamente sobre um lugar ou tempo específico com um olhar em particular para as características do meio social.

O benefício da pesquisa qualitativa é permitir um entendimento muito mais profundo sobre uma situação. Devido ao intenso trabalho envolvido, você não pode estudar tantos casos quanto poderia com um estudo quantitativo — mas é muito menos provável que deixe passar alguma coisa importante sobre determinado caso.

Transversal versus longitudinal

A maioria dos estudos sociológicos envolve questões de causalidade. Em outras palavras, um sociólogo pergunta se uma coisa causa ou não outra. Entretanto, quando você não leva as pessoas para um laboratório e conduz experimentos nelas, pode ser bem difícil entender o que causa o quê. Alguns métodos de pesquisas podem tornar isso mais fácil — mas com um preço. Nesta seção, explico a diferença entre o estudo *transversal* (no qual os dados são coletados em um determinado período) e o *longitudinal* (em que se coletam os dados em vários períodos de tempo). Os dados longitudinais permitem aos sociólogos fazer declarações com mais confiança sobre a causalidade, mas podem ser difíceis de coletar.

Digamos que você esteja estudando os efeitos da televisão na violência. Os psicólogos têm o benefício de usar um contexto de laboratório: Se você pegar dois grupos de pessoas selecionadas aleatoriamente e colocar um grupo para jogar videogame com jogos violentos, e o outro com jogos pacíficos, e o primeiro grupo se tornar mais violento que o segundo, você terá uma boa ideia de que os jogos causaram a violência. Mas, quando estudando as pessoas no mundo real, os sociólogos não podem apenas lançar sistemas de videogames em algumas casas e em outras não. Se as pessoas mais violentas também são mais prováveis de jogar jogos violentos, como sabemos que foram os jogos que as tornaram violentas — em vez de sua escolha por jogos violentos ter vindo da natureza violenta com as quais nasceram? Não temos como saber.

Um estudo *transversal* é a forma mais comum de estudo sociológico. Nesse estudo, os dados são coletados a partir de múltiplos grupos em um certo período de tempo. Por exemplo, você pode visitar mil famílias de diferentes contextos socioeconômicos, ver quais mídias elas possuem em casa (videogames, TVs, computadores, aparelhos de som e assim por diante), e perguntar sobre ou observar o comportamento das crianças. A partir dessa informação, você faz o possível para deduzir qual seria a relação entre o uso das mídias e o comportamento infantil. Se as famílias que possuem jogos violentos tendem a ter crianças mais violentas, independentemente de outros fatores (renda familiar, qualidade escolar, bairro), isso parece incriminar o uso dos jogos.

Melhor ainda seria conduzir um estudo *longitudinal*, no qual você segue um grupo de casos ao longo do tempo. Por exemplo, se revisitar aquelas mil famílias após cinco anos, muitos aspectos de suas vidas terão mudado. Algumas das famílias que não possuíam jogos violentos há cinco anos os terão comprado durante esse tempo, e você poderá observar se isso causou algum efeito no comportamento daquelas crianças. Se sim, essa é uma descoberta muito mais convincente do que a descoberta por meio de dados transversais.

Então por que *todos* os estudos sociológicos não são estudos longitudinais? Em grande parte, por motivos de tempo, dinheiro e acesso. São necessários muitos recursos para se conduzir um estudo sociológico; além disso, conduzir um estudo longitudinal leva pelo menos o dobro de recursos — e ainda, é claro, você precisa esperar enquanto as pessoas vivem suas vidas (elas podem desaparecer no meio-tempo — veja a seção final neste capítulo para uma discussão sobre dados em falta).

Métodos híbridos

Cada vez mais os sociólogos apreciam o ideal de se usar ambos os métodos de estudos qualitativos e quantitativos, e longitudinais e transversais para responder a uma pergunta. Como nenhum método de pesquisa é perfeito, você pode cobrir todas as bases ao usar múltiplos métodos.

Por exemplo, utilizei todos esses métodos no meu estudo de mídia infantil, que apresentava duas partes principais:

Primeiro, localizei artigos de jornais e revistas sobre crianças e a mídia ao longo do tempo, alocando códigos numéricos aos artigos para indicar quais temas eles abordavam. Esse foi um estudo *quantitativo, longitudinal*: Eu "acompanhei" retrospectivamente uma série de publicações ao longo do tempo, e traduzi seus conteúdos em números em uma planilha.

Então, sentei-me com professores e pais em duas escolas — uma urbana e uma suburbana — para entrevistá-los sobre suas visões em relação às crianças e à mídia. Esse foi um estudo *qualitativo, transversal*: falei com pessoas de dois grupos sociais diferentes e escrevi sobre o que disseram sem transformá-los em números.

Essa abordagem foi útil, mas, no final, decidi que os assuntos eram muito complexos para serem destilados em números e apresentei uma análise qualitativa em vez de uma quantitativa dos artigos de jornais e revistas.

Conduzir um estudo sociológico se assemelha a consertar um carro: É melhor você trazer toda a sua caixa de ferramentas, pois não sabe com antecedência qual ferramenta (metodológica) será melhor para o serviço.

Analisando as Ferramentas Analíticas

Sejam os seus dados quantitativos ou qualitativos, transversais ou longitudinais, você terá uma imensa tarefa adiante quando se sentar para analisá-los. Felizmente, os cientistas sociais — com ajuda dos cientistas naturais, matemáticos e programadores de computador — desenvolveram algumas ferramentas poderosas. Quando usadas de modo correto, essas ferramentas analíticas podem levar a percepções surpreendentes.

Estatísticas

Você provavelmente já ouviu a frase "Eu não quero ser somente mais uma estatística". Ela geralmente significa que alguém não quer que aconteça algo ruim que a colocaria em um registro de fatalidades na estrada, de viciados em drogas ou de outras pessoas em circunstâncias indesejadas. Na sociologia quantitativa, no entanto, todos são estatísticas. As estatísticas não são apenas sobre registros de desastres; elas representam uma gama completa de circunstâncias observadas e servem para ajudar a perceber tendências e padrões.

As técnicas estatísticas usadas com mais frequência pelos sociólogos (e outros cientistas) abordam um problema central: Você quer saber se um dado padrão ou tendência está presente em uma grande população, mas não pode observar cada membro daquela população. É possível observar muitos deles e verificar se um padrão ou uma tendência está presente no grupo que está observando... mas quanta certeza você pode ter de que o seu grupo é representativo, que você não está apenas olhando um grupo que, por acaso, seja peculiar? Esse é sempre um risco. Se você possui uma bolsa com um número igual de bolinhas de gude pretas e brancas, pode enfiar a mão e pegar um monte de bolinhas que, por acaso, sejam todas brancas. Isso é bastante improvável, mas não impossível. As estatísticas podem ajudá-lo a dizer o quão improvável pode ser que os padrões que você observa em sua amostra sejam representativos dos padrões da população total.

Uma pesquisa de perguntas de um grupo do qual você seja membro não é automaticamente inválida apenas por você não estar entre aqueles que receberam as perguntas! Realizar uma pesquisa com apenas alguns milhares de membros de uma população renderá resultados bem próximos daqueles da população inteira, desde que as pessoas pesquisadas sejam representativas da população — isto é, que elas sejam selecionadas igualmente e que não haja uma parte mais representada ou menos representada.

Digamos que você esteja curioso para saber se, em seu país, os meninos largam o Ensino Médio com mais frequência do que as meninas. Você está questionando sobre *todos os alunos do Ensino Médio do país*, mas obviamente não pode coletar dados de todos os estudantes do Ensino Médio no seu país. Desse modo, terá de trabalhar com uma *amostra* de estudantes do Ensino Médio.

Talvez você saiba que havia 15 meninos e 15 meninas na sala de aula dos calouros, e que, no último ano do Ensino Médio, dois meninos e uma menina haviam largado a escola. Você, então, deveria concluir que, em seu país, os meninos largam a escola duas vezes mais do que as meninas? É claro que não! Essa amostra é pequena demais. Portanto, imagine que você encontrou dados sobre a sua escola inteira, e verificou que, de 354 meninos e 373 meninas que iniciaram o Ensino Médio com você, 32 meninos e 20 meninas abandonaram a escola. Agora você pode ter mais confiança em dizer que os meninos largam a escola com mais frequência do que as meninas... mas com *quanta* confiança? Talvez você consiga dados sobre todo o distrito escolar, e nota que, de 4.909 meninos e 5.012 meninas que iniciaram o primeiro ano, 489 meninos e 318 meninas não conseguiram se formar. Agora você pode ter ainda mais confiança de que, se estivesse observando todos os alunos do Ensino Médio em seu país, encontraria consistentemente meninos abandonando a escola em maior proporção do que as meninas.

Mas onde você para de coletar dados? Quando você pode se sentir confiante o *suficiente*? É aqui que entram as estatísticas. Um teste estatístico lhe diria que, se a sua amostra do distrito inteiro é representativa, nós podemos ter 99,99% de confiança de que, de fato, na população geral dos estudantes do Ensino Médio, os meninos abandonam a escola com mais frequência do que as meninas. Isso mostra bastante confiança.

Esse é apenas um teste estatístico muito simples; programas que podem rodar em computadores pessoais normais são capazes de realizar análises muito mais complexas em conjuntos enormes de dados. O princípio geral, no entanto, permanece: análises estatísticas lhe dizem o quão confiante você pode ficar em relação ao padrão que observa nas amostras da população em geral. Você nunca pode ter 100% de certeza, mas, com alguns milhares de casos, é possível em geral ter 90%, ou até mesmo 99%, de certeza.

Para serem válidos, os testes estatísticos dependem de um número de suposições — e, quanto mais complexo fica o teste, mais dependente ele será das suposições. Uma suposição crucial é que você está testando uma amostra representativa da população. No exemplo anterior, e caso haja algo incomum em relação ao seu distrito escolar? E se ele for atipicamente rico ou pobre? Se esse for o caso (e provavelmente é), o seu distrito não é de fato representativo das escolas de Ensino Médio do seu país. Você precisaria colher uma amostra mais ampla, de uma gama diferente de distritos escolares, para conseguir uma amostra representativa. O que se deve lembrar — sobre esse exemplo e sobre outros estudos sociológicos em geral — é que, se você não possui uma amostra representativa, *o seu programa de estatísticas não sabe disso*. Ele continuará sorrindo e aplicando os testes e reportando os resultados, confiando que você interprete-os da maneira apropriada. Veja a próxima seção para saber mais sobre esse problema e outros aspectos que podem dar errado nos estudos sociológicos.

As tendências e o corpo

Pesquisadores de todos os campos, nas ciências sociais em particular, devem estar cientes do perigo de que suas crenças e expectativas tornem seus resultados tendenciosos. Quando você *acredita* que algo é verdade, é mais provável que preste atenção às informações que sustentem a sua crença do que às informações que a contradizem.

(Continua)

N.E.[1]: Revista feminina americana.

(Continuação)

Não existe um modo infalível de evitar os resultados tendenciosos, mas trabalhar em uma equipe pode ajudar a garantir que nenhuma tendência individual de um pesquisador afete dramaticamente os resultados. Foi isso que aconselhei a minha aluna Kim a fazer quando ela propôs um estudo sobre o corpo das mulheres e como ele aparecia em propagandas ao longo de várias décadas. Kim acreditava que um ideal de corpo "sarado" e musculoso veio substituir o ideal violão, tipo Barbie dos anos 1950, e ela esperava que a mudança fosse refletida nos corpos femininos como são vistos em propagandas de revistas.

O problema, no entanto, era decidir o quão musculoso um determinado corpo era. A Kim não podia testar a massa muscular de uma modelo em uma propaganda da *Cosmopolitan*[1] — ela teria de fazer isso de olho. É claro que a Kim faria o seu melhor para especificar apuradamente o quão musculosa (em uma escala de 1 a 5) cada modelo era, mas eu me preocupava que, caso a Kim tentasse publicar a sua pesquisa, os críticos dissessem que ela tinha "visto" convenientemente mais músculos nas modelos das propagandas mais recentes a fim de sustentar sua hipótese.

O que fazer? Eu aconselhei Kim a selecionar uma colega de classe para servir de backup: cada propaganda foi avaliada pela "musculatura" por duas pessoas cujas notas seriam então comparadas, sendo realizada uma média. Kim deu à sua colega fotos de exemplos de estilos de corpos ao longo da escala, para que ambas pudessem ver o que contaria como "2" em musculatura e o que contaria como "5". Descobriu-se que Kim e sua colega de classe estavam geralmente em concordância em relação ao quão musculosa uma dada modelo era, portanto Kim pode apresentar seus resultados com confiança (você deve estar se perguntando se a hipótese dela foi sustentada. A resposta é: sim!).

Dados qualitativos

O lado bom dos dados qualitativos é apresentarem uma imagem rica do mundo social. Em um estudo quantitativo, você pode perguntar a alguém uma série de dez perguntas de múltipla escolha sobre suas vidas; em um estudo qualitativo, é possível se sentar com elas e fazer algumas perguntas em aberto, às quais elas levam uma hora ou mais para responder. Obviamente, no estudo qualitativo, você conhece os seus sujeitos muito melhor — o lado ruim, entretanto, é que você acaba ficando com dezenas, centenas e até mesmo milhares de páginas de transcrições de entrevistas ou anotações de campo que você não pode simplesmente inserir em um programa de estatísticas para análise.

Não existe um atalho real ao se analisarem dados qualitativos: é necessário ler as suas anotações com calma, múltiplas vezes e anotar as tendências e os padrões que você, então, apresenta aos leitores ou ouvintes, geralmente com frases representativas de suas entrevistas ou anotações. Os leitores ou ouvintes que duvidam de sua análise podem pedir para olhar os seus dados originais e tirarem suas próprias conclusões (na verdade, eles raramente o fazem).

Alguns programas de computador estão disponíveis na atualidade para ajudar os pesquisadores a analisar os dados qualitativos. Esses programas ajudam a catalogar usos de palavras-chave ou frases e permitem que os pesquisadores destaquem e marquem temas para tornar mais fácil a visualização de onde e de quando elas aparecem nos dados. Eles não são capazes de conduzir a sua análise para você, mas podem ajudá-lo não apenas a trabalhar mais rápido e mais eficientemente, mas também a colaborar com colegas que talvez estejam olhando os mesmos dados.

Preparando-se Para as Possíveis Armadilhas

É animador quando você olha os seus dados e percebe um padrão que não esperava, ou que tem uma descoberta reveladora para compartilhar. Todavia, alerto novamente que você precisa ter cuidado para não cair em uma destas armadilhas.

Incompatibilidade de dados/teoria

Como mencionei anteriormente neste capítulo, em um mundo ideal, você sairia e coletaria precisamente os dados de que precisa para responder à sua pergunta. Mas, no mundo imperfeito no qual realmente habitamos, você em geral deve se contentar com os melhores dados disponíveis. Isso cria a perigosa possibilidade de usar dados inapropriados: aqueles que não respondem de fato à sua pergunta. Os seus *dados* (a informação que você coleta) precisam se igualar à sua *teoria* (a pergunta que está fazendo e a sua hipótese sobre ela).

Por exemplo, quando eu e meu colega estudamos os efeitos das atividades dos jovens do Ensino Médio na participação universitária, como nosso resultado, medimos se os jovens se *matriculavam* na faculdade ou não. E se, em vez disso, nós tivéssemos medido se eles se *formavam* na faculdade? Isso seria uma incompatibilidade de dados/teoria, pois teria deixado de fora todos os jovens que se matricularam na faculdade e depois a abandonaram. Nossa pergunta era se os jovens haviam se matriculado ou não na faculdade, e nós precisávamos ter certeza de que nossos dados realmente atendiam a essa questão. O que torna os estudantes mais ou menos propensos a se formar na faculdade após se matricularem é uma questão interessante — mas diferente da que estávamos perguntando.

Ser excessivamente zeloso

Por meio da análise estatística, é possível lhe dizer o quão confiante você pode estar de que um padrão observado na sua amostra é típico da população em geral — mas isso se aplica somente à população em geral de pessoas como aquelas com as quais você realizou a amostra, não necessariamente a população inteira do mundo inteiro. Pode ser tentador sugerir que suas descobertas são relevantes para uma variedade maior de situações do que você de fato observou — e, frequentemente, na verdade, elas são! Ainda assim, é necessário ter cuidado em relação a dizer ao mundo o que você descobriu e o que isso significa, pois você não deve generalizar demais.

Outro perigo é simplificar demais: apresentar as suas descobertas como mais simples do que realmente são. Com frequência, o resultado mais interessante de um estudo será um núcleo de dados que pulam de uma das várias análises de regressão; você tem a responsabilidade de explicar aos seus leitores e ouvintes que o efeito descoberto pode variar dependendo de qual análise você conduzir ou da presença de certas situações. Se a formulação da pergunta da pesquisa pode ter influenciado a resposta dos entrevistados, é necessário explicar isso. O mundo é um lugar complicado, e não há problema em reconhecer isso ao apresentar os resultados do seu estudo.

Esta é uma valiosa lição que você pode tirar do estudo da sociologia: se parar um pouco para olhar de perto as descobertas de pesquisas sociológicas, verá que o processo de pesquisa que leva a uma descoberta é longo e complexo. Apesar de isso não invalidar a descoberta — na verdade, se um pesquisador prestar a devida atenção aos detalhes e às análises, isso torna a descoberta *especialmente* válida — significa que qualquer resumo rápido das descobertas, como os que você encontra na mídia, corre o risco de deixar detalhes importantes de fora.

Por exemplo, digamos que você conduza um estudo qualitativo dos pais em uma escola de Ensino Fundamental e vários dos seus entrevistados mencionem que se sentem intimidados pelos funcionários da escola e hesitantes em chamar os professores de seus filhos para discutir as suas preocupações. Você repara que as crianças desses pais, em média, tiram notas baixas incomuns pela padronização das notas de provas da escola. Você também repara que, dos vários entrevistados que mencionaram isso, a maioria não é branca. No seu trabalho, você escreve:

> Essas descobertas sugerem que os pais que defendem seus filhos vocalmente podem colher mais recompensas em termos de notas mais altas dadas a essas crianças. As descobertas ainda sugerem que

esse efeito pode colocar em desvantagem crianças de minorias em particular. Mais pesquisas devem focar no conteúdo das conversas pai-professor e no contexto em que elas ocorrem.

O periódico no qual você publica essa pesquisa está animado com a sua descoberta e envia um comunicado à imprensa resumindo o seu trabalho. A pesquisa é, então, reportada em uma nota de jornal de dois parágrafos com a manchete sociológica: pais de minorias prejudicam seus filhos ao não os incentivarem a tirar boas notas. Essa manchete não está exatamente equivocada, mas ela simplifica demais as suas descobertas. Esse tipo de coisa acontece com frequência nas coberturas da mídia sobre descobertas científicas, e os cientistas às vezes jogam com isso ao apresentar seus trabalhos de maneira que as descobertas soem especialmente "sexy" — isto é, intrigante e importante de modo que um leigo entenda. Os sociólogos responsáveis tentam evitar isso.

Escorregando na hora de juntar

Uma incompatibilidade dados/teoria pode soar como um erro elementar facilmente evitável, mas existem exemplos de incompatibilidade dados/teoria que passaram despercebidos por anos, e até mesmo em grandes estudos que recebem bastante atenção.

O sociólogo Felix Elwert estava curioso sobre os efeitos da coabitação — viver juntos como parceiros românticos — no casamento e no divórcio. Ele não foi o primeiro: muitos sociólogos estudaram o tópico, e várias pesquisas, feitas por diferentes sociólogos, descobriram que o casal que morava junto antes do casamento era mais propenso a se divorciar do que os que não moravam juntos antes da união. A conclusão? A coabitação torna o divórcio mais provável. Os leitores interpretaram esses estudos para sugerir que, se a sociedade não tornasse aceitável as pessoas se "juntarem" sem se casarem, a taxa de divórcio poderia cair.

Mas Elwert apontou que havia uma séria incompatibilidade dados/teoria nessa conclusão. Os estudos, apontava ele, consideravam apenas casais que de fato *se casaram*. E todos aqueles que foram morar juntos e mais tarde decidiram terminar, sem nunca terem oficializado a união? Se não fosse permitido a eles morarem juntos sem se casarem, alguns com certeza teriam se casado, e provavelmente se divorciado. Portanto, na verdade, "permitir" que os casais coabitem talvez tornasse a taxa de divórcio mais baixa do que o contrário!

Além disso, Elwert e outros perceberam que muitos dos estudos apresentavam suposições equivocadas sobre a causalidade. Os dados não provavam que a coabitação *causava* o divórcio. Como os sociólogos que conduziram os estudos sabiam que não era outro fator — talvez uma disposição a correr risco — que tornava mais provável a união estável ou o divórcio? Sem dados mais completos, eles não saberiam a resposta dessa pergunta.

Os elos perdidos

Ao se sentar para analisar um grande conjunto de dados, talvez pareça que você possui mais dados do que sabedoria sobre o que fazer com eles. Você pode ter uma pesquisa administrada com 10 mil entrevistados, cada um respondendo a 100 perguntas — fornecendo-lhe um milhão de pequenos dados para organizar e analisar! É muito dado. Mesmo assim, há muito mais que você *não* sabe do que *realmente* sabe. Não tem problema, mas, se estiver sentindo falta de uma informação particularmente relevante, as conclusões que tira de suas análises podem estar erradas. As duas grandes categorias de informações perdidas são os *dados perdidos* e as *variáveis perdidas*.

Dados perdidos

As análises estatísticas dependem de você ter uma amostra aleatória e representativa da população que está estudando; mas isso é mais difícil de se alcançar do que parece. Se os seus dados representam mais de um grupo particular, então eles não lhe informam realmente sobre a totalidade da população.

Tradicionalmente, as pesquisas são conduzidas por telefone. Os sociólogos ligam para um monte de números escolhidos na lista telefônica e gravam todas as respostas que recebem. Esse nunca foi um método perfeito, pois com frequência as pessoas não estão em casa ou, se atendem o telefone, recusam-se a participar. Desde que isso aconteça apenas aleatoriamente, tudo bem — mas e se não for? E se as pessoas que não estão em casa ou que se recusam a participar tenderem a ser relativamente pobres? Isso significa que os dados darão mais representatividade às pessoas mais ricas em uma sociedade. Hoje, esse problema é agravado pelo fato de que mais e mais pessoas trocam os telefones fixos por celulares, que não aparecem nas listas telefônicas — portanto, uma amostra de pessoas que está em casa, tem um telefone, atende a ligação *e* concorda em participar de uma pesquisa se parece cada vez menos com uma amostra da população em geral.

E então existe o problema de falta de dados em variáveis particulares. E se alguém participa da pesquisa de 100 perguntas e se recusa ou se esquece de responder a 5 questões que fazem parte da sua análise? Você joga fora as respostas daquela pessoa? Você tenta adivinhar o que elas teriam respondido, baseado no que outras pessoas como ela responderam? Não existe uma resposta óbvia em relação à maneira certa de lidar com essa situação, mas, em muitas pesquisas, uma enorme fração — e até mesmo a *maioria* — dos respondentes possui dados incompletos em algumas variáveis, portanto esse é potencialmente um grande problema.

Variáveis perdidas

Esse é um problema ainda mais complicado. E se houver questões importantes que você apenas esqueceu de perguntar às pessoas? Em geral, você simplesmente não sabe. Isso pode levá-lo a crer que algo que você *de fato* sabe, é mais importante do que realmente é.

Por exemplo, digamos que você foi chamado para realizar uma consultoria para uma empresa que deseja melhorar a fidelidade de seus funcionários. Ela lhe fornece um enorme conjunto de dados sobre seus funcionários: as responsabilidades profissionais, os salários, as idades, os índices de performance e com que frequência um funcionário falta ao trabalho. Você conduz uma série de análises de regressão múltiplas nesses dados e descobre que a variável mais significativa é a idade: quanto mais novo o funcionário, com mais frequência ele ou ela faltava ao trabalho. Você reporta isso à empresa, que supõe que os funcionários mais jovens estão apenas curtindo e saindo demais e instrui o departamento de recursos humanos para selecionar com mais cuidado os candidatos mais sérios.

Mas o que você *não* sabe sobre esses funcionários? Desconhece onde moram ou como chegam ao trabalho. E se os funcionários mais jovens têm menos probabilidade de ter carros e mais probabilidade de depender do transporte público, que pode ser instável? Como você sabe que não é *esse* o problema? Você não sabe, pois as informações sobre o transporte apenas não constam na sua análise. Novamente, não há uma maneira óbvia de evitar esse problema — você deve ser consciente sobre a possibilidade de haver informações importantes que você não possui, o que pode fazer sua análise sugerir que algumas variáveis são mais importantes do que de fato são.

A confusão estatística

Felizmente, especialistas em estatísticas desenvolveram uma série de técnicas matemáticas sofisticadas para abordar esses e outros problemas. Programas de análise estatística vêm cheios de funções e ferramentas que podem até parecer mágica. Dados faltando? Sem problemas! Apenas use esta nova técnica de imputação. Variáveis faltando? Não se preocupe! Nós temos uma análise de segurança que você pode utilizar a fim de certificar que seus leitores não tenham problemas significantes.

Essas técnicas são realmente poderosas e, nas mãos de um estatístico experiente, podem ajudar a solucionar problemas bem complicados. O risco acontece para os muitos sociólogos (e outros cientistas) que não são tão especialistas no uso de estatísticas. Cada uma dessas técnicas depende de uma certa suposição ser verdade e resultam em informações que precisam ser cuidadosamente interpretadas, e um sociólogo que não tenha perfeita compreensão de estatística pode fazer mal uso ou má interpretação dela. Se você utiliza uma técnica estatística de modo errado, as suas conclusões não terão fundamento... e você ainda nem sabe o que elas são!

Como isso se torna um problema? Digamos que você seja um especialista em sociologia da educação, com conhecimento instrumental — mas não especialista — em estatísticas. Você possui um ótimo conjunto de dados que deseja muito usar, mas sabe que os estudantes de escolas particulares estão mal representados naquele conjunto de dados. Você menciona isso para um colega, que diz: "Ah, você testou a técnica Blahdeblah para resolver este problema?". Isso soa bom para você, portanto você conduz os seus dados por meio da análise Blahdeblah no seu programa de estatística e ele cospe uns resultados intrigantes. Você, então, escreve um trabalho sobre eles e o envia para um periódico sobre sociologia da educação. O editor o envia para dois sociólogos especialistas em educação, mas não em estatísticas; eles gostam do seu trabalho e confiam que você usou a técnica Blahdeblah corretamente. Assim, recomendam que seu artigo seja publicado, e aí está: um artigo publicado em um periódico avaliado por especialistas, baseado inteiramente em uma técnica que ninguém envolvido entende de fato. E se você usou a técnica incorretamente ou mal interpretou os resultados? Ninguém exceto um especialista em estatística saberia, e eles estão todos ocupados lendo periódicos de estatísticas — e não periódicos sobre educação.

Esse problema é realmente grande na sociologia? Alguns especialistas em estatísticas acham que a maioria dos artigos quantitativos publicados em periódicos de sociologia contém erros significativos devido ao mal uso das estatísticas. É um problema sério.

Erros... simplesmente ops!

E então há aqueles equívocos que são apenas erros. Se eles acontecem "nos bastidores" de uma análise, podem passar completamente despercebidos a não ser que alguém decida checar e conduzir a análise por conta própria.

Um exemplo notável disso aconteceu com um livro de 1994, T*he Bell Curve (A Curva do Sino, em tradução livre)*, escrito por Richard J. Herrnstein e Charles Murray. De modo bastante controverso, Herrnstein e Murray argumentavam que diferenças de inteligências geneticamente herdadas colocavam em significante desvantagem membros de grupos raciais minoritários. Essa conclusão fora tão extremamente contraintuitiva que os cientistas sociais observaram com bastante cuidado as análises de Herrnstein e Murray. Seria isso *mesmo* que os dados mostravam? As análises de *A Curva do Sino* foram sujeitas a um nível de observação crítica que poucos estudos já receberam.

No fim, muitas das análises e conclusões de Herrnstein e Murray foram demonstradas como seriamente equivocadas. O próprio Murray, reexaminando as análises, descobriu que várias pessoas cujos anos de educação eram desconhecidos (dados perdidos) foram acidentalmente incorporadas na análise como tendo cinco anos negativos de educação! (O que, é claro, é impossível. Você não pode de fato ter menos de zero anos de educação; mas um programa de análise estatística não saberia disto.) Hum... ops! Nem é preciso dizer que erros como esse deram a Herrnstein e Murray resultados altamente duvidosos. Entretanto, talvez eles nunca fossem descobertos se as conclusões de seus livros não fossem tão implausíveis.

Portanto, erros realmente acontecem com frequência. O processo de pesquisa é complicado e há vários aspectos que podem dar errado — mas isso não significa que você deve sair por aí duvidando de tudo que um sociólogo diz! Significa apenas que você deve ficar atento ao fato de que, porque uma conclusão parece ser sustentada por estatísticas sofisticadas ou porque vem de um sociólogo de uma universidade de prestígio, o estudo não é necessariamente perfeito ou infalível. Na sociologia, como em todo o resto, há sempre margem para melhorias.

Parte II
Enxergando a Sociedade como um Sociólogo

A 5ª Onda Por Rich Tennant

"E acreditem ou não crianças, alguns de seus ancestrais poderiam ser parente deste cara aqui."

Nesta Parte...

Uma das grandes descobertas da sociologia é que existem processos comuns e desafios parecidos em todos os fenômenos sociais. Não importa o que você estude na sociedade, é necessário saber o que é a cultura (e o que não é), como conectar grandes estruturas sociais com interações pessoa-pessoa no cotidiano e como dar significado às redes sociais. Esta parte é inteiramente sobre isso.

Capítulo 5

Socialização: O que é a "Cultura" e Onde Posso Arranjar Alguma?

Neste Capítulo
- Definindo a cultura
- Separando os compradores dos vendedores
- Compreendendo a socialização
- Identificando a cultura e o conflito

Quando digo que as pessoas estão em uma sociedade juntas, isso em geral quer dizer que elas interagem de alguma maneira, seja diretamente uns com os outros ou ao interagirem com as mesmas instituições sociais (o governo, por exemplo). Isso também significa que elas compartilham uma *cultura* comum.

Neste capítulo, eu lhe digo o que é a cultura e como os sociólogos a estudam. Explico como eles desenvolveram estratégias para estudar tudo, desde a música hip-hop, a moda, os nomes até os nossos valores mais profundos e nossas suposições incontestáveis sobre o mundo. Além disso, explico como a cultura é difundida e como aprendemos sobre ela desde o primeiro momento em que abrimos os olhos e os ouvidos para o mundo.

Entender como esse processo funciona significa entender que você não nasceu em uma cultura única, mas, na verdade, em muitas: a microcultura da sua família; as diferentes culturas do seu bairro, de sua igreja e de sua escola; as culturas mais amplas da sua cidade, de sua região e de seu país; e até mesmo a cultura global compartilhada, em partes, por quase todas as pessoas no mundo.

A socialização é o processo pelo qual você aprende essa cultura. Um pouco de socialização acontece por meio da mídia e das pessoas que você encontra no trabalho e na escola, mas a maneira mais importante de se aprender a cultura — e o seu lugar na cultura — é em casa. Explico o conceito de *grupo primário* do modo utilizado pelos sociólogos e como você pode usá-lo para entender a sua própria socialização.

Compreendendo o que é a Cultura — e o que não é

Normas são expectativas comumente aceitas em relação ao comportamento em uma sociedade; *valores* são ideias em geral compartilhadas sobre o que é importante. Quando se pensa no termo cultura, você provavelmente visualiza ideias, normas e valores compartilhados, todos considerados por sociólogos como o sentido amplo de cultura. No entanto, quando sociólogos estudam as ideias, as normas e os valores compartilhados, eles geralmente distinguem entre as seguintes duas categorias:

- **Cultura:** Ideias, normas e valores que podem variar extensamente em uma sociedade.
- **Estrutura:** A organização fundamental da sociedade em suas instituições, grupos, status e papéis. Membros de uma sociedade tendem a concordar sobre a natureza da estrutura dessa sociedade.

Apesar da ideia de que um sentido mais amplo de "cultura" possui uma subcategoria chamada "cultura" ser confusa, diferentes sociólogos lidam com esta definição mais ampla de cultura de maneiras diferentes. Portanto, dividir a cultura em dois subconjuntos — cultura e estrutura — o ajuda a entender a ideia básica sobre como a cultura é estudada. Para auxiliá-lo a entender isso melhor, nas próximas seções explico o que significam a cultura e a estrutura, assim como a maneira como elas podem se sobrepor.

A cultura e a estrutura — e o sentido mais amplo ainda de cultura — não possuem definições concretas. Entender como elas se correlacionam umas com as outras e como os outros podem defini-las é essencial na compreensão de argumentos sociológicos.

Definindo a "cultura"

Em contraste à estrutura (para mais sobre estrutura, dê uma olhada na próxima seção, "Compreendendo a estrutura"), os sociólogos definem a cultura como ideias e valores que mudam relativamente rápido e que podem variar bastante dentro de uma única sociedade, bairro ou até mesmo uma família. As pessoas são até mesmo encorajadas a manter em si mesmas, essas ideias e valores, os quais, entretanto, podem mudar ao longo de suas vidas.

É possível que você defina a cultura apenas como uma *compreensão compartilhada*. Tudo na sua cabeça que você compartilha de alguma maneira com outras pessoas — você falando ou não sobre isso — pode ser considerado cultura. Por exemplo:

- **Preferências de música, filmes, livros e artes:** Você prefere música clássica ou rock? Quem é o seu ator favorito? Quem é o seu autor favorito? (Discos, filmes, livros e quadros em si são referidos como "produtos culturais".)

- **Visão religiosa:** Você é Católico? Protestante? Muçulmano? Hindu? Judeu? Acredita que existe um texto sagrado que deva ser lido e seguido?

- **Visão política:** Qual o seu partido político ou você não tem nenhum? Acha que devemos aumentar os impostos ou diminuí-los?

- **Valores morais:** É certo ou errado comer animais? Quais são as responsabilidades morais das pessoas umas com as outras?

Apesar de as pessoas comuns em geral não mudarem de visão política ou gosto musical todos os dias, elas podem e de fato mudam essas visões sem que suas vidas cotidianas sejam necessariamente muito afetadas.

É claro, se é possível mudar esses elementos da cultura com tanta facilidade e variar tanto, você deve estar se perguntando se eles de fato importam. Alguns sociólogos dizem que *sim*, sem dúvidas, eles fazem uma enorme diferença; outros dizem que *não*, que na verdade, são apenas enfeites da vitrine. Até mesmo os valores morais, profundamente importantes para cada indivíduo, não afetam diretamente a organização geral da sociedade. O que todo mundo concorda é com a importância da estrutura. Para mais sobre esse debate, veja o Capítulo 3.

Adicionado à confusão em potencial na compreensão da cultura está o fato de os sociólogos distinguirem entre a "cultura real" e a "cultura ideal". Quando esses termos são usados, a *cultura ideal* refere-se aos valores que uma sociedade declara — por exemplo, que os estudantes não deveriam beber álcool — e a *cultura real* refere-se aos valores com os quais uma sociedade realmente age — nesse exemplo, que a bebida é em geral entendida como uma parte normal da vida do estudante. Os valores culturais não são sempre consistentes, inclusive na mesma sociedade.

Compreendendo a estrutura

Na sociologia, a palavra "estrutura" (ou "estrutura social") refere-se à organização fundamental da sociedade. A estrutura geral da sua sociedade determina quais status estão disponíveis e o quão fácil (ou difícil) é mover-se de um status para outro. O seu *status* na estrutura social determina quais direitos e responsabilidades você tem.

Atualização de "status"

O status não é apenas algo que você atualiza no Facebook, ele é um conceito muito importante na sociologia. Um status é um lugar na estrutura social. Como a sociedade atual é muito complexa, cada pessoa possui muitos status, todos podendo apresentar implicações diferentes em situações distintas. Aqui estão alguns dos meus próprios status:

- Homem
- Branco
- Teuto-americano
- Professor universitário
- Funcionário
- Filho
- Irmão
- Tio
- Namorado
- Amigo (na vida real)
- Amigo (no Facebook)
- Nascido em Minnesota
- Motorista
- 33 anos
- Formado na escola St. Agnes High School
- Membro do Fã Clube da Dairy Queen Blizzard[1]

Cada um desses status vem com seus próprios direitos e responsabilidades e, às vezes, é difícil mantê-los direitinho! No Capítulo 6, explico mais sobre o que acontece quando os status entram em conflito.

Ao contrário da "cultura", o que é referido como "estrutura" são coisas com as quais as pessoas na mesma sociedade tendem a concordar, pois formam a organização fundamental da sociedade. Membros de

---

N.E.[1]: Sorveteria americana.

uma sociedade compartilham compreensões básicas sobre a estrutura desta, que não pode ser alterada com facilidade sem afetar seriamente a sociedade inteira.

As fundações da estrutura social incluem:

- **Tecnologia:** Uma mudança tecnológica — por exemplo, a invenção do automóvel — é capaz de impulsionar mudanças tremendas no estilo de vida e na cultura que compartilhamos. Tais mudanças podem começar pequenas, mas por fim afetam a todos nós. Mesmo que você não dirija um carro, os veículos afetam a sua vida cotidiana. Eles causam problemas (poluição, acidentes) e nos ajudam a realizar tarefas, mas, aconteça o que acontecer no futuro, eles não podem ser "desinventados".

- **A economia:** Quando a economia está crescendo, existem muitos trabalhos e recursos a serem compartilhados; quando ela encolhe, o desemprego é alto e todos precisam se virar com menos. Você pode debater qual é a melhor estratégia para a recuperação econômica, mas não pode argumentar sobre o fato de o desemprego estar aumentando. Mesmo o líder de um país não pode estalar os dedos e mudar uma economia nacional — a economia está nas profundezas de nossa estrutura social e é difícil de ser mudada.

- **O governo:** As democracias são organizadas de uma certa maneira; os governos comunistas de outro modo; e as ditaduras militares ainda de outra forma. A organização de um governo afeta as vidas de todos os seus cidadãos. Os status disponíveis para as pessoas na União Soviética eram bem diferentes daqueles disponíveis para as pessoas na atual Rússia. Comparado a quando viviam em uma sociedade comunista, os russos hoje possuem muito mais liberdade para ganhar quantias significativas de dinheiro — mas também correm um risco maior de se tornarem pobres e desempregados.

- **As forças armadas:** Aqueles que têm acesso a armas e ao comando sobre exércitos podem muitas vezes forçar suas vontades nos outros. É possível disparar uma arma por razões que se relacionem com a cultura, entretanto, seja qual for a cultura à qual você pertença, uma bala é uma bala. Um grupo ou um indivíduo com poder militar suficiente é capaz de derrubar um governo e trazer uma nova forma de vida (para melhor ou pior) a milhões de pessoas.

Numa sociedade de traços bem definidos com os quais concordamos, não é nada fácil lidar com mudanças — às vezes originárias de nossas próprias mãos, outras vezes através de coisas que estão além do nosso controle. Revoluções tecnológicas, oscilações econômicas e estratagemas militares podem transformar a organização social de maneiras que podem ou não ser bem-vindas, mas certamente são difíceis de controlar ou predizer.

Examinando o continuum cultura-estrutura

Dizer que a estrutura é mais estável do que a cultura não significa que ela nunca muda ou nunca varia. É útil fazer a distinção entre a cultura e estrutura, mas mantenha em mente que a palavra "cultura" pode ser usada para descrever até mesmo as compreensões básicas que mudam devagar e variam relativamente pouco.

Como exemplo, olhe o nosso sistema econômico. As notas que somam mil dólares na minha carteira são reais, mas seus valores são uma construção social — elas possuem valor somente porque as pessoas na minha sociedade concordam que elas têm valor. Se eu visitasse a Inglaterra, teria de trocar os meus dólares por libras antes de comprar qualquer coisa — e, se eu visitasse uma sociedade completamente diferente, como uma tribo isolada na floresta amazônica na América do Sul, os meus dólares não teriam qualquer valor. O nosso sistema econômico é um componente básico da nossa estrutura social, mas, mesmo assim, de alguma forma ele se comporta como aquilo que chamamos de "cultura".

Como a linha entre a "cultura" e "estrutura" pode ser desenhada em lugares diferentes — e é, de fato, desenhada em lugares diferentes por sociólogos diferentes (confuso, eu sei!) —, torna-se útil pensar na distinção entre "cultura" e "estrutura" como um continuum em vez de uma divisão entre duas categorias fixas (veja a Figura 5-1). Alguns sociólogos consideram a "cultura" como relativa a coisas até certo ponto fúteis, como moda e estilo; outros sociólogos consideram a "cultura" como incluindo *tudo que está na sua cabeça*. Você pode defini-la tão amplamente quanto quiser, mas, quanto mais ampla for a sua definição, maior será o panorama que você terá de olhar se quiser ver mudanças e variações significativas.

Os sociólogos que estudam as mudanças nos valores econômicos ou nas maneiras fundamentais de vida precisam olhar centenas de anos de história e comparar nações inteiras umas com as outras; aqueles que estudam mudanças nos estilos de roupas ou nos gêneros musicais conseguem ver muito mais mudanças em um período menor de tempo. Você já viu muitas tendências de penteados surgirem e terminarem durante sua vida e também pode ter se convertido de uma religião para outra — mas, a não ser que você tenha andado muito pelo mundo, sob quantos sistemas econômicos ou tipos de governos diferentes você já viveu? Aqui vai outro exemplo: durante o último século, os Estados Unidos receberam milhões de imigrantes que trouxeram visões religiosas e estilos de vida diversos para o país, mudando significativamente a cultura — mas a nossa estrutura social permanece, fundamentalmente, como uma democracia capitalista. A *estrutura* é mais resistente às mudanças do que a *cultura*.

Capítulo 5: Socialização **97**

CUIDADO! A linguagem e os símbolos (como vermelho para "parar") são *cultura* ou *estrutura*? É confuso, pois eles são ao mesmo tempo amplamente compartilhados e resistentes à mudança, como a estrutura, mas também são um pouco arbitrários — a língua que você fala não importa, desde que você consiga se fazer entender. Como eles são tão fundamentais para a sociedade, e tão universais dentro dela (todo mundo deve saber o que significa uma placa de Pare), de uma perspectiva sociológica, eles estão mais próximos da "estrutura" do que da "cultura".

Cultural — mais variáveis, mais sujeitas à mudança e debate

Arte (pinturas, música, livros, filmes)

Religião (crenças sobre o mundo espiritual)

Política (liderança política, debates de políticas)

Lei (sistemas de governo, princípios legais básicos)

Economia (organização econômica, moeda, padrões comerciais)

Linguagem (bases fundamentais de comunicação, símbolos amplamente compreendidos)

Figura 5-1:
O continuum estrutura--cultura

Tecnologia (nível de conhecimento e desenvolvimento científico)

Estrutural — menos variáveis, menos sujeitos à mudança e debate

A cultura e o fim da escravidão

A escravidão nos Estados Unidos acabou oficialmente com a Proclamação de Emancipação de 1863 — uma mudança na lei da terra. O fim da escravidão, no entanto, foi uma mudança social arrasadora associada a alterações em todo o continuum estrutura/cultura, as quais foram importantes para pôr fim à escravidão; repare, entretanto, como a mudança veio mais rápido (porém menos decisivamente) na parte *cultural* do continuum.

✔ **Arte:** Cartunistas e escritores editoriais, como Harriet Beecher Stowe, criaram obras de arte que criticavam a escravidão

(Continua)

(Continuação)

> e ajudaram a convencer os americanos de que uma mudança era necessária.
>
> - **Religião:** Muitos líderes espirituais tomaram a emancipação como um assunto religioso, argumentando que manter seres humanos como propriedade era moralmente errado e desagradável para Deus.
>
> - **Política:** A escravidão era um assunto central na política americana do século XIX, calorosamente debatido entre os candidatos aos cargos políticos. Abraham Lincoln foi eleito presidente sem o apoio de um estado sulista sequer.
>
> - **Lei:** Mesmo uma ordem executiva do Presidente Lincoln não poderia tornar a escravidão incondicionalmente ilegal nos Estados Unidos; isso requeria a Décima Terceira Emenda À Constituição Americana, ratificada em 1865.
>
> - **Economia:** A escravidão era fundamental na economia dos estados sulistas e foram necessárias décadas até esses estados se ajustarem à emancipação. Arranjos econômicos como as parcerias rurais, que se tornaram difundidas após a Guerra Civil, de certa forma não eram tão diferentes da escravidão.
>
> - **Linguagem:** Uma barreira significante à mobilidade de ascensão dos antigos escravos era o fato de muitos escravos não terem aprendido a ler ou a escrever, e possuírem relativamente pouca experiência com o vocabulário e os padrões de fala das pessoas influentes. Debates sobre raça e educação permanecem conosco até hoje e ainda há uma maneira distinta nos estilos de fala dos afro-americanos.
>
> - **Tecnologia:** Até os anos 1860, o corrente desenvolvimento de tecnologias agrícolas, tornando o trabalho não qualificado menos valioso para os fazendeiros, sem dúvida não foi prejudicial na hora de convencer o norte e o sul igualmente a aceitar a ideia de um mundo sem a escravidão.

Estudando a Cultura: Fazendo e Recebendo

Já é complicado o suficiente tentar entender o que *é* a cultura, mas isso não é um empecilho para os sociólogos — a razão principal de se definir a cultura é entender como ela funciona e como (ou até mesmo se) é importante.

Os sociólogos culturais argumentam que é crucial separar a *produção da cultura* da *recepção da cultura*. Saber como ou por que um produto cultural é produzido não significa necessariamente ter conhecimento do que acontece quando alguém se senta e o olha, lê, assiste ou joga.

Ambas abordagens já foram usadas para estudar aspectos da cultura além das pinturas, dos livros, filmes e programas de TV — mas a maioria dos estudos tem focado em produtos culturais como esses.

Outros ângulos sobre a cultura

Os sociólogos não possuem monopólio no estudo da cultura, mas existem diferenças importantes entre o estudo sociológico da cultura e a maneira em que outros escritores e pensadores abordam o assunto. É importante ter alguma ideia sobre essas diferenças, pois, da mesma forma que a palavra "cultura" é amplamente usada na sociologia, ela é ainda mais usada em outras disciplinas. Entender como outras disciplinas estudam a cultura também o ajudará a entender o que é distinto na abordagem sociológica em geral.

Os sociólogos podem errar (e como!), mas eles visam fazer seus argumentos sobre a cultura com dados sólidos — quanto mais dados, melhor — e análises razoavelmente precisas. Em vez de se tornarem profundamente familiares com uma só cultura excluindo as outras, os sociólogos querem ver as semelhanças e diferenças entre uma variedade delas. Isso significa que é muito mais provável você encontrar números e estatísticas em um estudo sociológico sobre cultura do que em um antropológico, mas o que define a abordagem sociológica da cultura é um interesse em fazer observações científicas a fim de encontrar padrões que sejam comuns em uma grande variedade de sociedades diferentes.

Olhar como outras disciplinas acadêmicas, na lista a seguir, estudam a cultura ajuda a entender como os sociólogos a estudam:

Antropologia

A Antropologia é uma disciplina inteira sobre a compreensão da cultura. Os antropólogos são profundamente interessados pela cultura — buscam enfatizar o âmago de determinada cultura. Eles entendem que os valores e as perspectivas sociais podem variar significativamente de uma sociedade para outra e, quando saem para estudar qualquer sociedade, desde uma vila rural chinesa até um agitado bairro no centro de Berlim, tomam o cuidado de questionar suas preconcepções sobre o que é "certo" e o que é "errado".

Os antropólogos não só documentam as práticas cotidianas (por exemplo, métodos de preparo de alimentos) mas também os valores secundários. A ênfase da maioria dos antropólogos está precisamente na observação e em de fato, conhecer os grupos que estão estudando. Eles também comparam a cultura em relação ao tempo e local, mas a comparação intercultural é menos importante para os antropólogos do que para os sociólogos. Ambos compartilham o desejo de não dar tudo como certo, mas a maioria dos sociólogos preferiria buscar padrões em relação a várias culturas — ou durante um longo período de tempo — em vez de focar tão detalhadamente em uma cultura e um tempo particular.

Estudos culturais

No campo dos "estudos culturais", os acadêmicos também são minuciosos e analíticos ao examinarem práticas e produtos culturais. O que o filme *Vampiros de Almas* diz sobre a sociedade americana nos anos 1950, quando foi produzido? Que relação a representação dos corpos das mulheres nos clipes de música dos anos 1980 tem com a maneira como as mulheres eram vistas naquela época? Um acadêmico de estudos culturais provavelmente estaria interessado nessas questões. Elas são parecidas com o tipo de perguntas que um sociólogo faria, mas, assim como na antropologia, a ênfase é mais sobre alcançar um entendimento profundo de um lugar e de um tempo em particular do que em fazer comparações entre tempos e lugares. Em vez de escreverem um artigo ou livro inteiro sobre *Vampiros de Almas*, os sociólogos seriam mais propensos a tentar estudar uma grande variedade de filmes produzidos nos anos 1950 e compará-los a uma quantidade similar de outros filmes que estrearam em outras épocas.

Artes liberais

É claro, não há ninguém mais interessado em cultura do que aqueles que produzem produtos culturais como livros, filmes e música. Livros como o de F. Scott Fitzgerald, *O Grande Gatsby,* e músicas como 'The Message' do Grandmaster Flash têm muito a dizer sobre a cultura e a sociedade — mas escritores de histórias fictícias e letras de música não são cientistas, e nem querem ser! O objetivo de um artista é dizer algo que cause um impacto emocional e de grande ressonância, e não provar alguma coisa usando observações e análises sistemáticas. É difícil provar que um livro ou uma música estão errados, mas os sociólogos sustentam seus argumentos com dados sólidos, sistematicamente analisados. Assim como todo estudo científico, é possível sustentar ou contestar um estudo sociológico quando novas evidências vierem à tona.

A produção cultural

Os sociólogos que estudam a produção da cultura concentram-se em como e por que os produtos culturais são feitos. Os sociólogos que trabalham nesse campo tem mostrado que as mudanças *estruturais* nos bastidores podem causar um enorme impacto na cultura que vemos. No mundo moderno, isso significa olhar para as pessoas, organizações e tecnologias importantes na produção de, por exemplo:

- Filmes
- Música
- Livros
- Arte

Um estudo clássico sobre a produção da cultura foi conduzido pelo casal Harrison e Cynthia White, que estudaram a ascensão do Impressionismo na arte francesa. Não há dúvidas de que Claude Monet e Vincent van Gogh eram gênios artísticos, mas o estudo histórico dos Whites mostrou que a grande transformação da arte de cenas históricas pintadas para lírios lindamente embaçados só poderia ter acontecido após mudanças nas organizações (o mercado de arte francês se espalhou para além de um mercado único e central para um sistema de negociantes independentes), na economia (a crescente afluência significava que mais pessoas podiam comprar arte), e na tecnologia (a tinta se tornou mais barata e mais fácil de usar). Se Monet tivesse aparecido 100 anos antes, ele não teria tanta sorte.

Esse estudo é um exemplo de como a *cultura* (arte e música) é afetada pela *estrutura* (organizações, economia, tecnologia). À medida que a tecnologia de comunicação se desenvolve, permitindo que a cultura criada por um pequeno grupo de pessoas atinja com rapidez um grande grupo de pessoas, a compreensão da produção da cultura se torna cada vez mais importante. Ainda assim, os sociólogos demonstraram que o mesmo produto cultural (digamos, um programa de TV) pode ter efeitos bastante diversos em grupos diferentes de pessoas.

A recepção da cultura

Estudar a recepção da cultura significa olhar como as pessoas usam e interpretam a cultura — especialmente os produtos culturais como livros e programas de TV. Os sociólogos que trabalham nessa área provaram que as pessoas trazem suas próprias visões e valores para a cultura que encontram; livros, programas de TV, filmes e música podem afetar todo mundo, mas afetam pessoas de maneiras diferentes. As pessoas os buscam por diversas razões e fazem suas próprias interpretações do que veem, escutam e leem.

Em um estudo fascinante, Neil Vidmar e Milton Rokeach mostraram episódios da comédia *Tudo em Família* para telespectadores com visões diferentes sobre raça. O programa é centrado em um personagem chamado Archie Bunker, um preconceituoso e intolerante que, com frequência se mete em brigas com seus membros familiares mais progressistas. Vidmar e Rokeach descobriram que os telespectadores que não compartilhavam da visão de Archie Bunker acharam o programa muito engraçado na maneira em que fazia graça do racismo absurdo do protagonista — aliás, essa era a intenção do produtor. Por outro lado, no entanto, os telespectadores preconceituosos acharam que este personagem era o herói do programa e que os produtores queriam é zombar da sua família maluca!

Isto demonstra o porquê de ser um erro supor que um certo produto cultural terá o mesmo efeito em todo mundo. Isso não significa que os produtos culturais não tenham efeito — outros estudos demonstraram, por exemplo, que os programas de TV que retratam os perigos de dirigir embriagado podem realmente fazer com que as pessoas sejam menos propensas a beber e dirigir —, mas significa que a interação entre a cultura e as ações das pessoas é um pouco mais complicada do que parece.

Surfando na cultura "dominante"

Existem maneiras diferentes de se estudar a cultura, de produzi-la e interpretá-la — não há *nada* com o qual todos podemos concordar?

Em uma palavra, não. Mas existem algumas coisas que chegam perto! Há algumas normas culturais amplamente compartilhadas e alguns produtos culturais muito populares: coisas de que quase todo mundo gosta — ou, pelo menos, conhece. Estas podem ser chamadas de *cultura dominante*. Nesta seção, explico como é possível a cultura dominante ser um ponto de referência comum, até mesmo para as pessoas que discordam dela e tentam derrubá-la. Também trarei o argumento de que a cultura dominante está desaparecendo, à medida que todo mundo se junta em pequenos grupos culturais e ignora outros grupos.

Mesmo que as pessoas em uma dada sociedade tenham interpretações diferentes de, digamos, um livro ou programa de TV populares, certos produtos culturais, ideias e valores são tão difundidos na sociedade que formam a *cultura dominante*: a cultura que tem relativamente uma concordância e consciência em uma sociedade. As partes dessa cultura incluem:

✔ **Produtos dominantes:**

- Filmes blockbusters e músicas populares
- Bandeiras e outros símbolos populares
- Textos sagrados

✔ **Ideias e valores dominantes:**

- Crença religiosa difundida
- Ideias sobre que tipo de pessoas são mais importantes (homem ou mulher? branco ou negro?)
- Ideias sobre qual tipo de governo é o melhor (democracia? comunismo?)

✔ **Práticas dominantes:**

- Feriados nacionais
- Rituais como a reza ou um apelo nacional, assistir a um esporte popular ou votar
- Namoros e práticas matrimoniais

Você não surpreenderá ou ofenderá muitas pessoas ao soltar fogos no Dia da Independência, ou ao comprar o último sucesso de bilheteria em DVD, ou, ainda, ao vestir um jeans da última moda. Essas coisas podem, na verdade, parecer muito chatas, mas a cultura dominante inclui algumas das tradições e dos valores compartilhados mais especiais de uma sociedade. Mesmo as sociedades que possuam muitas tradições, produtos, ideais, valores e práticas culturais diferentes na cultura dominante, podem prover marcos comuns que ajudam todos a se entenderem — e ter algo para conversar durante no trabalho ou até na cerca do quintal!

Qual é a diferença entre a *cultura dominante* e a *estrutura*? Afinal, eu disse que a *estrutura* também é algo que todos compartilham em uma sociedade. A diferença é que a cultura dominante ainda é *cultura* — não necessariamente fundamental na maneira em que uma sociedade é organizada e, como toda cultura (no sentido sociológico), às vezes muda com rapidez. Pense na moda: parece que *todo mundo* usa a mesma marca de sapatos em um ano e *todo mundo* usa outra marca logo no ano seguinte. Seria muito mais fácil ter a sua própria moda (cultura) do que ter a sua própria moeda (estrutura) — mas, mesmo assim, a maioria das pessoas tende a seguir a moda popular. Mesmo que não sigam, elas geralmente sabem quais são as modas populares. Esse é o poder da cultura dominante.

Subcultura

A palavra subcultura refere-se à cultura que é fortemente, e muitas vezes deliberadamente, diferente da cultura dominante. Os valores e as práticas associadas a uma subcultura muitas vezes parecem estranhos para as pessoas que não estão envolvidas nessa subcultura, podendo, inclusive, causar revolta. As subculturas especialmente críticas da cultura dominante são muitas vezes referidas como contraculturas.

Um bom exemplo de uma subcultura que causou indignação pode ser encontrado na subcultura punk dos anos 1970 na Inglaterra. Como o sociólogo Dick Hebdige apontou em um famoso estudo sobre os punks, os membros dessa subcultura adotaram estilos de vestimentas feitos para chocar os britânicos dominantes. Os punks furavam os lábios com alfinetes, arrepiavam e pintavam os cabelos e — de maneira mais ofensiva — usavam a bandeira britânica de maneiras subversivas e desrespeitosas. Ao alfinetarem as Union Jacks[2] às suas jaquetas de couro e cantarem ao som de músicas como a sarcástica "God Save the Queen"[3], os punks zombavam dos símbolos da cultura dominante britânica.

Nem todas as subculturas são tão abertamente políticas, mas todas se afastam da cultura dominante de certas maneiras. As subculturas também são coerentes: As pessoas em uma subcultura são diferentes da cultura dominante, mas todas se diferem da mesma maneira, uma maneira que todos compartilham.

O que torna uma subcultura, subcultura (em vez de uma cultura inteiramente diferente) é o fato de seus membros não serem ignorantes em relação à cultura dominante — eles sabem exatamente o que é a cultura dominante e deliberadamente a rejeitam. Às vezes, na verdade, as pessoas em uma subcultura são *muito mais* conscientes da cultura dominante do que as pessoas inseridas nela. Por exemplo, alguns grupos religiosos que desaprovam os filmes dominantes publicam guias de filmes extremamente abrangentes para que membros da subcultura se conscientizem sobre quais filmes dominantes são considerados aceitáveis para aquela subcultura e quais não são. Alguém que não está naquela subcultura, por outro lado, pode apenas entrar em qualquer cinema e comprar um ingresso para o que parecer ser bom.

As subculturas podem até mesmo ter subculturas próprias — grupos de pessoas que obedecem a algumas normas e práticas da subcultura, mas que rejeitam deliberadamente outras. Um exemplo disso é o movimento "straight edge" no punk rock: um grupo de punks que se vestem como punks e agem como punks, mas que compartilham um compromisso de não usar álcool e drogas como os punks fazem. Isso torna os punks "straight edge" — está pronto para isso? — uma *sub-subcultura*.

N.E.[2]: Nome da bandeira britânica.

N.E.[3]: "God Save the Queen" é o nome do hino Britânico. Na década de 1970, a banda punk Sex Pistols gravou uma música homônima ironizando o Reino Unido.

Quando as subculturas atingem um certo nível de popularidade, elas podem ser absorvidas na cultura dominante, deixando, assim, de ser diferente e chocante. Hoje você pode entrar em qualquer loja de souvenires em Londres e comprar um par de calcinhas fio dental com a bandeira britânica estampada bem no meio e provavelmente ninguém pensará que você é um rebelde por agir assim.

Microculturas

As subculturas rejeitam a cultura dominante, mas não pode haver algo como uma subcultura se não houver uma cultura dominante a rejeitar!

Os desenvolvimentos da tecnologia de comunicação — o surgimento de jornais e revistas e, mais tarde, do rádio e da televisão — foram responsáveis pela propagação da cultura dominante, e outros desenvolvimentos tecnológicos talvez ajudem a trazê-la ao fim. A internet torna fácil para até mesmo pequenos grupos se conectarem em qualquer parte do mundo, tornando, assim, mais fácil passar mais e mais tempo associando-se a pessoas de sua subcultura preferida. Quando havia apenas algumas estações de rádio, quase todo mundo ouvia a mesma música; agora, o rádio na internet te permite escutar milhares e milhares de estações de rádio diferentes. Você pode seguir times esportivos jogando em qualquer lugar do mundo e encomendar ou baixar livros publicados em qualquer país.

Dadas essas mudanças dramáticas, o sociólogo Jason Kaufman tem argumentado que faz cada vez menos sentido se pensar na existência de algo como a "cultura dominante". Quando você possui um estilo de vida completamente diferente da mulher que mora na casa à sua frente ou do cara sentado ao seu lado no trabalho, onde está a dominante? Pode não necessariamente haver uma. Kaufman diz que estamos cada vez mais vivendo em um mundo de *microculturas*, no qual as pessoas podem buscar pequenos grupos de pessoas com pensamento parecido e passar quase todo o seu tempo interagindo com elas — em vez de compartilharem das normas, dos valores e das práticas das pessoas ao seu redor. Pássaros iguais sempre voaram juntos, mas agora a tecnologia permite a muitos grupos menores de pássaros dos cantos mais distantes do mundo voarem juntos.

> ### Indo ver *O Mágico*
>
> Quando o filme *O Mágico de Oz* foi exibido na televisão comercial uma vez por ano nos anos 1960, diziam que a pressão da água nas grandes cidades despencava repentinamente durante os comerciais, pois as privadas davam descarga em quase todas as casas da cidade. Se isso era verdade, não se sabe, mas parecia plausível, pois quase *todo mundo* estaria assistindo ao mesmo filme. A que mais assistiriam? Só havia alguns canais aos quais poderiam assistir. Agora que a maioria das residências possui TV a cabo com dezenas de canais — sem contar o acesso aos milhares de vídeos na internet —, cada pessoa em cada casa no quarteirão pode estar assistindo a algo diferente.
>
> A vida era melhor nos tempos em que todo mundo assistia aos mesmos programas e ouvia as mesmas músicas? O sociólogo Robert Putnam acredita que a sociedade possuía mais "capital social" — mais conexões e entendimentos compartilhados — ao passo que hoje em dia as pessoas passam muito tempo em seus mundos privados sem se importar muito com o que o resto das pessoas fazem. Por outro lado, a tecnologia de hoje permite às pessoas criarem novos tipos de conexões sociais: se você não está assistindo à TV com a sua mãe na sala, pode estar na internet conectando-se com amigos em todo o país. Os vídeos na internet podem ser vistos por dezenas de milhões de pessoas em todo o mundo; isso ainda é uma cultura compartilhada, mesmo que eles não estejam todos coordenando suas idas ao banheiro.

Se é verdade que estamos indo em direção a um mundo de microculturas, isso terá grandes consequências na vida de todos. Mesmo que a cultura dominante às vezes pareça sem graça, ela de fato fornece às pessoas na sociedade uma maneira de se conectar, algo para dividir, apesar de todas as suas outras diferenças.

Socialização: Onde Você se Conecta na Cultura

Apesar de todas as perspectivas diferentes sobre a cultura, há algo com o qual todos concordam: a cultura não é uma coisa com a qual você nasce, e sim que você aprende. A *socialização* se refere ao processo pelo qual as pessoas aprendem as normas e os valores de sua sociedade à medida que crescem. Assim como todo aprendizado, a socialização acontece especialmente rápida quando as pessoas são jovens, mas é um processo que continua durante a vida. Enquanto você estiver vivo e interagindo com outras pessoas, está se socializando (e ajudando a socializar outros).

Algumas socializações são bastante deliberadas; por exemplo, quando as empresas realizam sessões de treinamento em diversidade voltados para ensinar os funcionários a valorizar o fato de seus colegas de trabalho virem de contextos sociais diferentes. A socialização, entretanto, em grande parte acontece por pura osmose. Sem ao menos perceber, você passa a compartilhar os valores e as normas das pessoas à sua volta (veja o início deste capítulo para as definições de "valores" e "normas"). Conforme cresce, você aprende todo um estilo de vida — muitas vezes sem ao menos perceber — que pode ser bem diferente do que outras pessoas em outras situações estão aprendendo.

A natureza inata versus adquirida: A psicologia social

A maneira pela qual as pessoas aprendem a cultura é interagindo com aqueles à sua volta. Normalmente, os sociólogos estão interessados em grandes grupos de pessoas (isto é, como a sociedade humana funciona) enquanto os psicólogos se interessam nas pessoas como indivíduos (isto é, como a mente humana funciona). Mas as duas disciplinas se encontram em um campo chamado psicologia social, estudado tanto por psicólogos quanto por sociólogos. A psicologia social é o estudo de como as pessoas enquanto indivíduos aprendem e interagem com as pessoas à sua volta.

Uma questão permanente na psicologia social é a questão da natureza inata *versus* a adquirida. A *natureza inata*, nessa formulação, refere-se à nossa herança genética, a "programação" com a qual nascemos. A natureza adquirida se refere a tudo o que acontece com a gente quando crescemos e aprendemos por meio da interação com outras pessoas. A nossa herança genética definitivamente influencia muitas das nossas características físicas e pode ter uma influência profunda nos traços de personalidade, disposição e sexualidade. Mesmo gêmeos idênticos, que possuem exatamente o mesmo DNA, desenvolvem personalidades e interesses diferentes.

Quebrando as normas

Quando eu estava no jardim de infância e na primeira série, frequentava uma escola onde, assim que qualquer criança acabasse de comer, ele ou ela poderia se levantar e correr para o parquinho para o recreio. Depois, fui transferido para outra escola e, no primeiro dia da segunda série, acabei de comer e me levantei, apenas para reparar que *ninguém mais estava de pé*. Uma das freiras que dava aula na escola veio e me explicou: "Nesta escola, nós todos saímos juntos para o recreio". Eu corei e me sentei.

(Continua)

(Continuação)

> Sem ao menos perceber o que fazia, eu havia quebrado uma norma social: apenas quando fiz algo diferente do que todos foi que percebi que eu havia sido socializado em um conjunto diferente de normas do que as crianças à minha volta. Um sociólogo chamado Harold Garfinkel fez o seu nome nos anos 1970 ao instruir a seus alunos que saíssem e violassem deliberadamente as normas, apenas para verificar como as pessoas reagiriam. (Por exemplo, um estudante poderia entrar em um ônibus e tentar negociar com o motorista o preço da passagem.) Os "experimentos de ruptura" deliberados de Garfinkel, assim como o meu experimento acidental, demonstraram que nós todos vivemos sob regras aprendidas sem ao menos perceber que as estávamos aprendendo.

Não existe uma única resposta certa para a questão da natureza inata versus a adquirida: na realidade, as pessoas se desenvolvem por meio da interação de suas programações genéticas com o meio às suas voltas. Apesar de ser não ser uma lista inclusiva, a Tabela 5-1 lhe fornece alguns exemplos de como você cresce e aprende por intermédio da natureza inata, da adquirida e da interação entre as duas.

Tabela 5-1   Natureza Inata, Adquirida e Todo o Resto

Definitivamente inata	*Definitivamente Adquirida*	*Interação entre inata e adquirida*
Cor dos olhos	Língua falada	Personalidade e disposição
Sexo (masculino ou feminino)	Normas sociais	Risco de doenças e distúrbios psicológicos
Pigmentação da pele	Conhecimento específico sobre pessoas, lugares e assim por diante	Habilidades e interesses

Você é o que outras pessoas pensam que você é

Por meio da socialização interpessoal (veja a caixa "agentes não tão secretos"), as pessoas aprendem os valores e as normas do grupo no qual nascem, mas também aprendem sobre quem são como indivíduos. Isso ajuda a explicar como até mesmo as crianças nascidas na mesma família podem desenvolver personalidades bem diferentes.

Em *An Inconvenient Squirrel*, uma peça infantil de Joseph Scrimshaw, o esquilo do título é "inconveniente", pois se recusa a aceitar um nome como "Esquilo Muito Importante" ou "Mestre Ator Esquilo", um nome que defina a sua identidade. Em certo momento, o Esquilo Gênio do Mal explica ao Esquilo Inconveniente por que ter uma identidade pública é tão importante: "Você é", diz ele espertamente, "o que outras pessoas pensam que você é".

O Esquilo Gênio do Mal não foi o primeiro a descobrir isso. Um sociólogo chamado Charles Cooley (membro da Escola de Chicago, descrita no Capítulo 3) cunhou o termo "looking-glass self"[4] para descrever a maneira pela qual cada pessoa desenvolve uma ideia de si mesma ao reparar como as pessoas agem com ele ou ela.

Cooley enfatizava a importância do "grupo primário" de cada pessoa — o grupo de pessoas com que você mais interage. Os seus membros familiares, seus melhores amigos, seus colegas de trabalho mais próximos: esses são todos membros do seu grupo primário. Você implicitamente aprende normas e valores dos membros do seu grupo primário, mas também repara como é diferente deles. Se você é visto como o "quietinho" na sua família, isso se torna uma parte importante de sua identidade, mesmo que os seus familiares sejam em geral um bando de tagarelas comparados com a família na casa ao lado.

É claro, algumas pessoas quebram o espelho, digamos assim, e rejeitam a maneira pela qual são definidas por suas famílias. Elas podem fugir, se rebelar ou se comportar de maneira completamente contrária da qual foram criadas. É difícil entender por que as pessoas mudam de identidade e personalidade durante a vida, e fico aliviado em dizer que nós sociólogos temos o luxo de nem *tentar* entender o comportamento de um indivíduo! É com boa razão que as pessoas que precisam de aconselhamento pessoal procuram um psicólogo, e não um sociólogo.

Agentes não tão secretos

Os sociólogos usam o termo *agentes de socialização* para se referir às várias pessoas e aos grupos que socializam um indivíduo em sua(s) cultura(s). Aqui estão alguns agentes de socialização diferentes. Pense em como eles afetaram a maneira sobre a qual você pensa em relação a si mesmo e o mundo à sua volta.

✔ A sua *família* é o grupo primário responsável pela sua socialização inicial e mais

(Continua)

N.E.[4]: Uma espécie de espelho do *self* (o eu pessoal).

(Continuação)

> importante. Ela provavelmente moldou tudo, desde os seus hábitos, os seus valores morais até o seu senso de humor e — mais fundamental — o seu senso de si mesmo. Quem *é* você? Quais são as melhores e piores coisas sobre você? Os seus pais e outros parentes próximos têm suas próprias respostas para essas questões e você dificilmente escapou de ser muito afetado pelas visões deles no assunto.
>
> ✔ Uma *igreja* (ou local sagrado em geral) é um lugar aonde as pessoas vão para se conectarem com o mundo espiritual, mas também — em geral bastante deliberadamente — para serem socializadas. Líderes religiosos e textos sagrados muitas vezes fazem prescrições fortes sobre tudo, desde quando o assassinato é aceitável até se é aceitável usar batom. Os serviços religiosos com frequência incluem rituais solenes e possuem trajes que os marcam como especialmente importantes. As pessoas às vezes mudam de religião, mas permanecem para sempre afetadas pela socialização que receberam nas comunidades de fé.
>
> ✔ A *escola* é outro grande agente de socialização. Os professores e administradores em geral não escondem o fato de que seu trabalho socialmente desenvolvido é não só transmitir o conhecimento, mas também a cultura. As escolas do governo em muitas sociedades são limitadas a transmitir a cultura cívica em vez da cultura religiosa ou étnica, mas, mesmo assim, as escolas despejam uma grande dose de socialização em cada estudante todos os dias — desde os ideais de fundamento de uma nação até em qual lado do corredor você deve andar. A escola é também um lugar central de socialização por *semelhantes*.
>
> ✔ O poder socializante da mídia é uma questão de eterno debate. Como já expliquei neste capítulo, as pessoas são espectadores, ouvintes e leitores ativos que assistem, escutam e leem a mídia por muitas razões diferentes, aprendendo coisas diferentes das mesmas músicas, programas e livros. Dito isso, as pessoas certamente aprendem muitas lições culturais da mídia, às vezes algo tão profundo como o valor da diversidade, às vezes algo mundano como uma dança que é a última sensação.

O que os sociólogos buscam entender é como os grupos humanos se comportam em geral, e o que é verdadeiro *geralmente* é que as identidades individuais da maioria das pessoas são fortemente moldadas por seus grupos primários. Existe uma grande diferença entre a maneira pela qual a maioria das pessoas se relaciona com suas famílias e amigos mais próximos (uma conexão pessoal e emocional) e a maneira como elas se relacionam com seus colegas de classe ou de trabalho (uma conexão amigável, porém mais formal e menos íntima).

O Paradoxo Cultural: Nos Unindo e Nos Afastando

Quando as pessoas pensam em si mesmas em seus grupos sociais, elas tendem a notar as *diferenças* culturais em vez das semelhanças culturais. Portanto, uma das grandes contribuições da sociologia é chamar a atenção para os muitos valores e normas culturais que as pessoas *compartilham*, os quais permitem que a sociedade funcione tão bem quanto funciona. Quando os alunos de Garfinkel tentaram negociar a tarifa do ônibus, eles tornaram claro que, apesar das muitas diferenças culturais entre as pessoas que andam de ônibus, elas pelo menos compartilham uma norma poderosa: a norma da igualdade, ou seja, cada pessoa deve pagar a mesma quantia pela mesma viagem de ônibus.

LEMBRE-SE

Compreender a cultura é mais do que apenas entender como o artista mais famoso vendeu todos aqueles milhões de discos. Você deve entender a cultura se quiser entender a sociedade e você precisa entender a cultura se quiser se entender. Você nasceu como um indivíduo único em função de seu DNA biológico, mas também pelo seu DNA social. Pense em todos os grupos sociais dos quais você faz parte: a sua família, o seu bairro, o seu grupo de semelhantes, o seu time de esporte, os seus clubes. Você não é o único membro de nenhum deles, mas é o único que é membro de *todos* eles. Portanto, socialmente, assim como biologicamente, você é único!

Unindo por meio da cultura

É devido à nossa cultura compartilhada que as pessoas conseguem se dar tão bem quanto se dão. No Capítulo 3, explico como Émile Durkheim via a sociedade como semelhante a um animal, com diferentes "órgãos" sociais trabalhando juntos, mas realizando tarefas diferentes. Nessa visão, a cultura é como o sistema nervoso — ela conecta tudo e garante que cada parte do organismo funcione junto com outra. Durkheim era fascinado por essa coordenação, pela maneira como as pessoas em sociedades grandes e diversas conseguiam seguir suas vidas com relativamente poucos argumentos sobre qualquer coisa de maior consequência.

Sim, existe tensão na sociedade — das guerras internacionais aos embates interpessoais —, mas a maioria das pessoas, na maioria do tempo, na verdade se dão muito bem. Elas não brigam sobre a tarifa do ônibus, sobre se é necessário parar no sinal vermelho ou se deveria ser permitido às pessoas terem propriedades privadas. As pessoas nas sociedades democráticas podem discutir sobre qual candidato deveria ser eleito como líder, mas, exceto nas sociedades onde há grandes conflitos, elas não discutem se deveria ou não haver eleições ou se os votos de algumas pessoas deveriam contar mais do que o de outras.

É graças a todos esses valores compartilhados que as pessoas são capazes de construir e manter grandes cidades, de trabalhar juntas para encontrar a cura para doenças e de fazer e distribuir filmes e músicas amados por milhões de pessoas. Pense no quão mais difícil seria realizar essas coisas se as pessoas não compartilhassem valores e rituais culturais.

Imagine ter uma reunião de negócios na qual não houvesse nenhuma conversa descontraída, onde você não sentisse identificação alguma com as pessoas com as quais se reunia. Seria extremamente incômodo, talvez até a ponto de ser difícil realizar qualquer coisa — e o que, exatamente, você estaria tentando realizar? A cultura amplamente compartilhada lubrifica as rodas, estabelece a agenda e define limites úteis sobre o que é e o que não é aceitável. Isso é praticamente o mais importante que nós humanos fazemos com nosso cérebro relativamente grande e pode até ser nossa coroa de conquista como espécie.

Separando devido à cultura

Ainda assim, existem muitos conflitos na sociedade, e as diferenças culturais estão no centro de muitos deles. As guerras surgiram devido às diferenças de religião e tradição; em alguns bairros, você pode levar um tiro por se vestir de certa maneira ou falar uma certa língua.

Émile Durkheim comparou a sociedade a um organismo, mas Karl Marx — apresentado no Capítulo 3 — teria pensando que isso era otimista demais. Ele diria que é legal pensar que as pessoas estão todas trabalhando juntas para o bem coletivo, mas, na verdade, a maioria das pessoas trabalha para o benefício de alguns sortudos que controlam o que é feito e o que não é. Ele chamava a religião (uma importante parte da cultura) de "o ópio do povo", pois acreditava que ela apenas ajudava a acalmar as pessoas e colocá-las em um estado meio sonolento, fazendo com que se sentissem amparadas e amadas enquanto as desencorajavam a questionar o status quo. Por essa lógica, toda cultura dominante poderia ser considerada um "ópio".

Outros sociólogos apontaram que as diferenças culturais são capazes de reforçar e até fortalecer as diferenças estruturais. Pierre Bourdieu apontava que as pessoas com privilégios estruturais — mais riqueza, melhores empregos — poderiam usar a cultura como uma forma de evitar que os menos afortunados reivindiquem qualquer um desses privilégios. Não importa o quão qualificado você seja, você estará em desvantagem ao se candidatar para posições de trabalho com um alto salário se aparecer falando com um certo sotaque ou usando a marca errada de terno ou, ainda, admitindo que você não sabe nada sobre as belas artes (veja o Capítulo 8 para mais sobre como o *capital cultural* pode contribuir para a estratificação social).

Mas as divisões culturais não são sempre divisões de classes. Às vezes, as diferenças culturais dividem as pessoas independente do fato de elas estarem em situações estruturais bastante parecidas. Em alguns bairros, grupos étnicos diferentes não se misturam: eles mantêm grupos sociais separados e são suspeitos uns dos outros mesmo quando vivem entre si, possuem trabalhos parecidos e enfrentam desafios semelhantes nos quais poderiam trabalhar juntos para resolvê-los se não fossem separados pelas diferenças culturais.

Portanto, a cultura, de certa forma, nos une e de outras formas nos separa — o que interessa é que ela é *importante*.

Capítulo 6

Microssociologia: Se a Vida é um Jogo, Quais São as Regras?

Neste Capítulo
- Examinando o paradoxo da sociedade
- Fazendo escolhas racionais e irracionais
- Subindo no palco da vida: interacionismo simbólico

Os sociólogos estudam grandes tendências e conflitos históricos entre grandes grupos, mas muitos também são fascinados pela maneira como os indivíduos interagem na sociedade. Isso é chamado de microssociologia, pois é o estudo da sociedade em sua parte "menor" — tão pequena quanto duas pessoas interagindo.

A sociedade em que você vive confere forma e propósito para sua vida, mas ela também impõe limites. Como lidar com as regras sociais que o guiam e como você as usa em sua vantagem? O que faz quando encontra alguém que joga com regras diferentes das suas?

Assim como entender a sociedade ajuda a entender as escolhas que os indivíduos enfrentam, os sociólogos também precisam ter alguma noção da psicologia individual a fim de entender como a sociedade funciona. Se as escolhas e ações das pessoas não forem previsíveis até certo ponto, então *nada* na sociedade é previsível. Em geral, os sociólogos acham que as pessoas são razoavelmente previsíveis em média — mas isso não significa que as suas escolhas sempre "façam sentido". Como você deve ter percebido na sua própria vida, às vezes, as pessoas são previsivelmente confusas.

Neste capítulo, explico como os sociólogos pensam em relação à pessoa individual na sociedade — como e por que uma pessoa faz a escolha que faz e qual efeito isso causa na sociedade. De início, apresento o problema fundamental: Como a sociedade pode estar tanto fora quanto dentro de você? Sigo discutindo o problema da imprevisibilidade das pessoas e concluo com uma explicação sobre o modo pelo qual elas "atuam" na sociedade como atores em um palco.

Dentro e Fora de Você: O Paradoxo da Sociedade

Pensar sobre o indivíduo na sociedade força os sociólogos a pensarem em uma questão muito básica: O que *é* a sociedade? Você é a "sociedade"? Eu sou a "sociedade"? Se nós dois vivemos na mesma sociedade, vivemos sob muitas das mesmas regras e entendimentos — mas quem as criou e quem é responsável por mudá-las? Se não somos nós, então quem é? Da perspectiva de um indivíduo qualquer, a sociedade é de muitas maneiras um paradoxo: ela está dentro de você (as normas, regras e suposições que você dá como certas; veja o Capítulo 5 para mais sobre as normas e os valores) e fora de você (foram ensinadas por outros, que continuam impondo-as quer você goste ou não). Nesta seção, primeiro explico como os "fatos sociais" são a soma das ações individuais e, então, discuto como o conhecimento social pode servir como uma caixa de ferramenta para ajudá-lo a ser bem-sucedido em diferentes contextos.

Fatos sociais: A soma de nossas partes

No Capítulo 3, explico que Émile Durkheim insistia que os sociólogos deveriam focar nos *fatos sociais*: fatos sobre a sociedade em geral, não sobre qualquer pessoa individual dentro daquela sociedade. Por definição, um fato social é verdadeiro sobre a sua sociedade, mas não diz nada sobre *você*... ou diz? Você é parte da sua sociedade, e suas ações e crenças são parte do que define essa sociedade. As suas ações ajudam a formar os fatos agregados sobre a sua sociedade, e suas crenças tanto influenciam as normas e os valores da sua sociedade como são influenciadas por eles.

Fatos agregados: Você não precisa ser igual a todo mundo... mas assim é muito mais fácil.

Um fato *agregado* é um fato resumido sobre um número de coisas menores. Quando usado no contexto da sociologia, esse termo geralmente se refere a uma descrição geral do que um grande número de pessoas está fazendo. Uma tendência agregada descreve como um fato agregado está mudando ao longo do tempo.

Os seguintes fatos agregados são verdadeiros em muitas sociedades no mundo de hoje e podem ser verdadeiros em relação à sua:

- **Casamentos:** Quase a metade de todos casamentos acaba em divórcio.
- **Trabalho:** As pessoas geralmente possuem empregos diferentes ao longo de suas vidas profissionais.
- **Gosto Musical:** A maioria das pessoas não escuta música clássica.

Conhecer esses fatos sobre a sua sociedade, no entanto, não me diz nada sobre você como um indivíduo. Eles não me informam sua história pessoal ou as escolhas pessoais que você fez na vida. Esses fatos sociais não descrevem a sua vida — mas eles de fato a afetam! Para melhor ou pior, os fatos agregados sobre a sua sociedade afetam profundamente a sua própria vida e a tornam diferente do que se você vivesse em uma sociedade diferente.

Para entender como os fatos sobre a sociedade podem afetar a sua vida pessoal, pense sobre estas questões:

- **Casamento:** Ao decidir se casar ou não com uma pessoa, você o faz com a compreensão de que, independente de como você se sinta pessoalmente em relação ao casamento, em sua sociedade o casamento em geral é muito inconstante. Isso não significa que ele seja levado na brincadeira, mas sim que, se as coisas ficarem difíceis e você ou seu parceiro resolver pular fora, você estará na companhia de um grande número de amigos e colegas que também vivenciaram o divórcio. Consciente ou inconscientemente, o fato de o divórcio ser socialmente aceito pode influenciá-lo a tomar decisões mais arriscadas no casamento do que se você estivesse em uma sociedade em que o divórcio não fosse considerado aceitável.
- **Trabalho:** De forma parecida, quando você aceita uma oferta de emprego, você não pode — e nem deve — esperar que ele seja permanente; pode até ser, mas essa não seria a norma. Você pode esperar ter outras oportunidades de emprego no futuro, o que seria bastante incomum se você nunca as buscasse. Isso significa que você provavelmente não buscará um emprego que dure uma vida inteira, mas sim um que lhe sirva bem nos próximos anos.

- **Música:** Você pode ouvir qualquer tipo de música que quiser, mas, se escolher ouvir Beethoven ou Mozart, não poderá conversar sobre isso com a maioria das pessoas à sua volta — a não ser que você seja membro de uma orquestra. Em todos os lugares, desde programas de TV, consultórios de dentistas e até boates, é muito mais provável que você escute pop, rock ou Rhythm and Blues do que música clássica. Se escuta predominantemente música clássica, você é incomum e isso possibilita às pessoas criarem certas suposições sobre suas preferências e sua personalidade. Por essa razão, você pode escolher não ouvir música clássica, ou ouvi-la apenas quando estiver sozinho. Por outro lado, você pode deliberada e abertamente escolher ouvir música clássica se desejar passar uma certa impressão.

Normas, valores e leis

No Capítulo 5, descrevo o continuum das compreensões e concordâncias sociais, percorrendo desde a "estrutura" até a "cultura". Ao longo de todo esse continuum estão as normas e os valores que dão forma à sua vida — as regras e os repertórios da sua sociedade.

No extremo da "estrutura" do continuum estão as regras que são firmes e fortes, relacionadas ao seu sistema econômico e às leis do país. As leis são normas sociais vistas como tão importantes que são escritas e formalizadas, para que você, caso as quebre, seja punido — com punições variando desde uma pequena multa até a pena de morte (para mais sobre o crime e o comportamento desviante, veja o Capítulo 11). Por exemplo, você não pode simplesmente

- Inventar a sua própria moeda e esperar que consiga comprar algo com ela em uma loja.
- Se dar um emprego ou esperar que alguém lhe dê um se eles não os têm.
- Infringir a lei e esperar não ser punido.

No extremo da "cultura" no continuum estão as normas e os valores que provavelmente não estão escritos em lei, mas que mesmo assim são reais. Por exemplo:

- Modas e estilos atuais, como se é ou não aceito usar meias com sandálias.
- Princípios e rituais religiosos, como os Bar Mitzvahs[1] ou o batismo de crianças.

N.E.[1]: Importante ritual do povo Judeu, que representa a maioridade religiosa de um menino que completa 13 anos

- Tradições sociais, como soltar de fogos de artifícios em certos feriados nacionais.

Você não *tem* de seguir nenhuma dessas normas sociais, mas, se não o fizer, as pessoas a sua volta podem achar o seu comportamento confuso e até mesmo grosseiro.

Talvez pareça injusto — você não *inventou* nenhuma dessas regras. Aliás, nenhuma pessoa sozinha o fez. As realidades econômicas estão além dos controles de até mesmo grandes empresas; as leis podem ser propostas por legisladores específicos, mas, normalmente, precisam receber ampla aprovação antes de serem ratificadas; e as tendências da moda podem ser estabelecidas por pessoas populares, mas ninguém pode sozinho tornar algo da última moda.

Nenhuma pessoa sozinha faz as normas sociais, mas todas as pessoas ajudam a perpetuá-las e reforçá-las. Como? Ao apenas as seguirem e ao repararem quando outras pessoas não fazem isso. Você pode até tentar ir contra a tendência, mas quase certamente enfrentará resistência (para mais sobre os movimentos direcionados na mudança social, veja o Capítulo 13).

Use uma ferramenta (do seu repertório social) — não seja uma

A sua vida como um indivíduo na sociedade é formada pelas tendências, normas, pelos valores e pelas leis, mas o que você deveria fazer quando *não sabe* como agir? As sociedades hoje são diversas e, ao longo de sua vida cotidiana, você pode se mover entre vários círculos sociais diferentes, cada um com suas próprias normas. Por essa razão, a vida em sociedade pode ser bem confusa, para não dizer frustrante — e até mesmo perigosa.

A socióloga Ann Swidler cunhou o termo *caixa de ferramentas culturais* para se referir a todo o conhecimento cultural que você possui na cabeça. O seu conhecimento cultural é como uma caixa de ferramentas, pois você nem sempre usa todas — mas elas estão ali prontas para quando você quiser ou precisar usá-las. Enquanto algumas normas sociais são dadas como tão certas que é possível até não lhe ocorrer fazer o contrário, outras variam dramaticamente de um lugar para o outro; se você conhece as normas e os valores associados a diferentes contextos sociais, pode agir apropriadamente em uma série de situações. Por exemplo:

- Você pode se vestir de terno e tomar cuidado com a sua linguagem no trabalho — mas depois colocar um jeans e camisa para um jogo esportivo após o trabalho, onde pode beber cerveja e xingar livremente.

✓ Você pode saber que se aceita um cartão de visitas com uma mão nos Estados Unidos — mas com duas mãos na China.

✓ Você pode saber que deve bater palmas após um solo impressionante de jazz em um show — mas não em uma apresentação orquestral.

O termo *alternância de códigos* é geralmente usado para se referir a este processo de adaptação a contextos sociais diferentes. Prudence Carter, socióloga da educação, conversou com jovens das periferias da cidade e descobriu que eles conseguiam ser bem-sucedidos na escola e em casa por saberem falar e se vestir de um determinado modo para impressionar seus professores na escola e de outra forma para impressionar o pessoal do bairro.

Todo mundo faz esse tipo de alternância de código de certa forma, mas saber como fazê-lo bem, e em muitas situações diferentes, é uma enorme vantagem. O truque consiste em lidar com todos esses papéis diferentes.

Este é parte do paradoxo da sociedade: Você tem a liberdade de escolher como se comportar, mas o seu próprio contexto social determina quais comportamentos você conhece e também influencia quais deles escolherá. Você provavelmente foi aconselhado a "ser você mesmo" — mas quem você é vem, em grande parte, da sua sociedade. Além disso, "ser você mesmo" varia de um contexto social para outro. Se você veste um terno para o trabalho e se orgulha do trabalho que realiza e depois vai para casa e senta no sofá para ver TV de moletom, em qual contexto você está sendo mais "você mesmo"? Alguns sociólogos chegaram a ir tão longe que disseram que a ideia de "ser você mesmo" só faz sentido em um contexto social. Quando você pensa sobre "quem você é", o que você está de fato pensando é como você é parecido, ou diferente, das pessoas à sua volta.

Um amigo meu tem um filho que recentemente começou a jogar em um time na National Football League[2]. O pai está, é claro, orgulhoso. O dia que o filho foi chamado para jogar no primeiro time pela primeira vez, calhou de ser um jogo fora de casa no estádio do time adversário. O meu amigo e seu cunhado voaram para a cidade onde o jogo aconteceria e seguiram para o estádio vestindo camisas com o nome do filho dele e do time.

Conforme se aproximavam do estádio, no entanto, eles começaram a ser confrontados pelos fãs do time adversário, os quais vaiavam e gritavam ameaças ao meu amigo — alguns até se colocaram na frente do caminho dele, perguntando o que ele achava que estava fazendo. O cunhado do meu amigo tentou apaziguar, gritando coisas do tipo: "O filho

---

N.E.[2]: Liga de Futebol Americano dos EUA.

deste cara está começando no seu primeiro jogo da NFL! Vocês deviam é lhe pagar uma cerveja!". Os fãs do time adversário não pareciam se importar, de modo que meu amigo quase virou e voltou para assistir ao jogo na segurança do hotel. Os dois insistiram, entretanto, e finalmente conseguiram chegar com segurança a seus assentos.

Essa história ilustra como pode ser arriscado — e até mesmo perigoso — violar certas normas sociais. Não é contra a lei torcer para um time visitante; aliás, seria ilegal tentar impedir que alguém o fizesse. Mesmo assim, o meu amigo se encontrou em uma situação na qual torcer pelo time adversário era uma violação tão grande das normas sociais que ele poderia até ter sido seriamente ferido. Ele era livre para ignorar essa norma — e o fez —, mas por sua própria conta e risco.

Escolhas Racionais — e Irracionais

Portanto, em qualquer dado momento, você tem escolhas — escolhas dentro, entre e fora das normas sociais. Entender as normas sociais é uma das coisas que os sociólogos fazem melhor. Coletar dados de grandes grupos e compreender as decisões agregadas por centenas ou milhares de pessoas... este é o arroz e o feijão da sociologia.

Para Durkheim, era *tudo* isso que a sociologia precisava fazer. Outros sociólogos, no entanto, argumentam que uma teoria sociológica é incompleta se não explica como os fatos sociais se desenrolam no nível individual. Pode ser conveniente imaginar que um fato social (por exemplo, a formação religiosa de um país) afeta diretamente outro (por exemplo, o índice de suicídio naquele país) — mas o fato real é que os fatos sociais afetam uns aos outros ao influenciar as pessoas individualmente. A Espanha não "decide" ter um certo índice de suicídio; os indivíduos espanhóis decidem por si mesmo tirar ou não a própria vida. Mesmo Durkheim, com todo o seu foco nos fatos sociais, oferecia teorias sobre o porquê de um fato social (religião, economia, guerra) fazer com que uma pessoa individual seja mais ou menos propensa a cometer suicídio — afetando, assim, o índice de suicídio do país. Os sociólogos não precisam se tornar psicólogos, mas é necessário que tenham alguma ideia sobre por que as pessoas fazem as escolhas que fazem.

Fazendo escolhas racionais — ou, pelo menos, tentando

Para entender como ou por que uma pessoa faz escolhas em uma sociedade, é necessário começar com a suposição de que todo mundo tenta ser racional em suas tomadas de decisão. Depois, você pode considerar como e por que as pessoas em geral parecem ser *irracionais* nas escolhas que fazem. Nas próximas seções, explico como o que os sociólogos e economistas referem como *teoria da escolha racional* (ou, às vezes, *teoria da ação racional*) funciona em situações que variam desde a compra de um carro até um encontro romântico.

Compreendendo a teoria da escolha racional

Além da sociologia e da psicologia, outra ciência social que busca entender cientificamente o comportamento humano é a economia. Durante séculos, os economistas operaram sob a suposição básica de que as pessoas são criaturas racionais que irão, em geral, fazer escolhas que julguem ser a melhor para eles. Esse é o princípio da *escolha racional* que a maioria dos economistas e muitos sociólogos acreditam ser a melhor maneira de entender o comportamento individual humano. Eles acreditam que até mesmo em casos onde as ações de uma pessoa pareçam inexplicáveis, provavelmente deve haver um motivo egoísta por trás dessas ações. Compreender o comportamento humano, nessa visão, significa entender exatamente como as pessoas acreditam que se beneficiarão das escolhas que fazem.

É obvio o que isso significa em termos econômicos: As pessoas irão — ou pelo menos *deveriam* — escolher a conta poupança que lhe rende a maior taxa de juros, ou comprar um produto do revendedor que oferece o menor preço. Mas as decisões da vida real, até mesmo decisões sobre assuntos econômicos simples, raramente são tão claras.

Digamos que você esteja comprando um carro. Você gostaria de conseguir uma barganha, mas é claro que não irá apenas comprar o carro mais barato possível! Existem algumas funcionalidades que você precisa avaliar em um carro e entende que, em geral, carros mais caros terão mais dessas funcionalidades.

Mesmo assim, uma certa quantia de dinheiro — digamos, $25 mil — pode comprar qualquer um entre dezenas e centenas de carros diferentes. Existem várias escolhas que você tem de fazer em relação a quais aspectos você valoriza em um carro. Por exemplo, pode considerar:

- Vale mais a pena ter um carro novo ou um usado?
- Você preferiria ter um carro confiável ou um de alta performance?
- O quanto importa se o carro é eficiente energeticamente e bom para o meio ambiente?
- Importa se o carro é ou não feito no seu país? Você pagaria mais por um carro doméstico em vez de um importado?
- A aparência do carro importa? Se sim, qual cor ou modelo você quer e quanto a mais você pagaria por isso?

É uma decisão complicada — e você nunca encontrará um carro em qualquer faixa de preço que tenha *todas* as funcionalidades que deseja —, mas os cientistas sociais que acreditam no princípio da escolha racional argumentam que você sabe sim as respostas para todas as questões acima e, quando vai comprar o carro, optará por aquele que chega mais perto de atender todas as suas necessidades diferentes.

Aplicando a escolha racional em decisões não financeiras

E as decisões que estão fora do domínio estritamente econômico? E as decisões que você faz que não têm relação alguma com dinheiro? Essas decisões são "racionais" também? De fato elas são, é o que acreditam muitos economistas e sociólogos.

Considere os relacionamentos amorosos. De muitas formas, parece que você não "escolhe" o seu parceiro, mas, sim, que um relacionamento apenas *acontece*. As pessoas dizem coisas como: "quando eu conheci a Darlene, simplesmente *sabia* que era para ser ela" ou "de repente haviam se passado dois anos e pronto! Eu me vi noivo".

O fato é que, a não ser que você viva em uma sociedade na qual os casamentos são 100% arranjados pelos pais ou pela família, você tem sim uma escolha em relação a com quem você casa. As pessoas até falam dessa maneira. "Eu estava procurando alguém como você", alguém diria, e a resposta poderia ser: "Eu esperava que você me chamasse para sair e eu sabia que aceitaria a sua oferta".

Assim como com os carros, as pessoas fazem uma série de escolhas sobre quais características estão procurando em um parceiro.

- Você quer alguém que possua um emprego parecido com o seu ou diferente?
- É importante para você o quanto a pessoa ganha? (Seja honesto!)
- Você se importa o quão instruída a pessoa é, ou o que ela estudou?
- O quão importante você considera a aparência física? (Novamente, seja honesto!) Existem algumas características, como cor do cabelo ou altura, que importam para você?
- Você se importa se o seu parceiro compartilha o mesmo histórico religioso que você, ou se ele é da mesma área que você?
- Importa se o seu parceiro seja da sua mesma raça ou etnia?
- Importa quem são os amigos e familiares de seu parceiro?
- Importa quais são os interesses de lazer do seu parceiro? É importante que eles sejam parecidos com os seus?

> ## Carros Arte
>
> Se um desafio para os teóricos da escolha racional é entender como as decisões pessoais das pessoas sobre coisas como amor e relacionamentos são "racionais", outro grande desafio é entender como e por que elas compram arte. Como as pessoas sequer começam a colocar valor em uma tela pintada que serve a pouco propósito a não ser ficar pendurada na parede?
>
> O que acontece é que eles colocam um alto grau de importância em saber quem é o artista. Se o artista for alguém conhecido, talvez alguém com uma história pessoal interessante como Vincent van Gogh (que cortou a própria orelha) ou Jackson Pollock (que arrasou o mundo da arte em Nova York chocando e maravilhando as pessoas com suas telas respingadas de tinta), os compradores colocarão valores altos em quase *quaisquer* trabalhos que levem o nome desse artista.
>
> Os sociólogos Joel Podolny e Marya Hill-Popper estudaram o mercado de carros e descobriram que, no nível mais alto do mercado de carros, os compradores e vendedores falam sobre os carros menos como se fossem carros e mais como se fossem obras de arte. Muita atenção é dada ao designer do carro, ao fabricante e ao contexto em que ele foi construído e vendido — assim como seria com uma obra de arte.
>
> Em contraste, se você estiver comprando um carro relativamente barato que só irá levá-lo de um ponto a outro, provavelmente não se sentará com o vendedor para conversar sobre a história do modelo e o pedigree do carro. O meu amigo Paul estava vendendo um carro bem velho pelo preço apropriadamente baixo de $500; ele recebeu um e-mail de um potencial comprador com um monte de perguntas complicadas sobre o carro. A ideia de Paul foi responder: "A resposta para a sua primeira pergunta é: quinhentos dólares. A resposta para cada uma das suas outras questões é: quinhentos dólares".

É claro que essas coisas *realmente* importam e os sites de relacionamento tiram vantagem desse fato para parear seus membros. Alguns desses sites se gabam das altas taxas de sucesso, sugerindo que uma abordagem algorítmica do romance pode não ser fundamentalmente incompatível com a felicidade humana.

Pode parecer que os teóricos da escolha racional sacaram tudo: Mesmo no que se trata de algo tão pessoal e íntimo como o amor e o casamento, as pessoas são tomadores racionais de decisões que fazem escolhas que lhe darão o maior valor.

Ou será que sacaram mesmo? Às vezes, as pessoas realizam escolhas que não parecem racionais. A teoria da escolha racional pode explicar as más decisões?

Ops! Fazendo más escolhas

A teoria da escolha racional faz todo sentido quando as pessoas realizam escolhas que de fato são coerentes — mas e quando não são?

Muitas vezes, as pessoas fazem escolhas que simplesmente não parecem de acordo com seus próprios interesses. Isso não é um problema para os economistas e sociólogos que acreditam que as pessoas fazem escolhas racionais?

Quando eu era adolescente, meus pais frequentemente se pegavam questionando a minha racionalidade — por exemplo, quando eu e um amigo tentamos pedalar por quase metade de Minnesota no acostamento de uma estrada interestadual —, mas eles não foram os primeiros a reparar que as pessoas, às vezes, tomam decisões inexplicáveis. Nesta seção, falo sobre quatro dos maiores desafios da teoria da escolha racional. As decisões das pessoas fazem algum sentido?

Desafio nº 1: Às vezes as pessoas fazem escolhas subótimas

O que significa "subótimo"? Significa que às vezes as pessoas fazem escolhas que não são suas *melhores* (isto é, as mais otimizadas) escolhas. Você pode comprar um carro de um vendedor quando o vendedor logo ao lado possui um carro muito melhor pelo mesmo preço. Isso não é muito racional... é? Bem, talvez seja. Essa visão da racionalidade é chamada de *racionalidade limitada*: Você toma as melhores decisões que pode, baseado nas informações que consegue colher.

Ninguém tem todo o tempo do mundo, e leva tempo coletar a informação que você precisa para fazer uma boa escolha. Uma das decisões que você deve tomar ao fazer uma compra, ou uma escolha de carreira, ou uma escolha de parceiro, é quanto tempo você pode dispor para aprender sobre todas as suas opções. Talvez você tenha passado o fim de semana todo visitando várias concessionárias e o carro que escolhe comprar é a melhor barganha disponível em todas as concessionárias. É claro, você poderia encontrar um preço melhor ainda se visitasse a próxima concessionária... mas aí por que não visitar a outra também, e a outra, e a outra e a outra? Em algum momento, você tem de decidir que passou tempo suficiente procurando a fim de fazer uma escolha razoavelmente bem informada. Porque, afinal, existe um lugar ao qual você deseja *ir* com o carro!

Desafio nº 2: Às vezes as pessoas fazem escolhas irracionais propositadamente

E se você *sabe* que está sendo irracional?

Milhões de pessoas no mundo jogam, colocando bilhões de dólares em risco em cassinos, loterias e na mão de apostadores. Elas fazem isso apesar de, em média, o jogo ser uma proposição de perda — os governos tomam conta da loteria que preenche os deficit orçamentários, e os proprietários de cassinos podem tirar lucros exorbitantes. É claro, você *pode* se dar bem nas maquininhas ou na loteria, mas provavelmente perderá. A casa sempre se certifica de que as probabilidades estejam a seu favor.

Você sabe disso e ainda assim escolhe jogar. Por quê? Você pode escolher jogar apenas por diversão, sabendo que as suas perdas são essencialmente o que você pagaria por uma noite divertida no cassino. Muitas pessoas, no entanto, não veem dessa forma — elas planejam ganhar, mesmo sabendo que em média não irão. Por que fariam isso?

As pessoas são muitas vezes irracionais dessa maneira — mas elas também são *previsivelmente* irracionais. Os cientistas sociais demonstraram uma série de maneiras pelas quais as pessoas podem ser previsivelmente levadas a tomar decisões irracionais:

- Os psicólogos descobriram que as pessoas respondem previsivelmente a padrões irregulares de recompensa, portanto, uma máquina de jogo é consistentemente mais viciante do que, digamos, uma máquina de troco. Você sabe que, toda vez que colocar um dólar na máquina de troco, será recompensado com exatamente quatro moedas de 25 centavos. Qual é a graça nisso?

- Os economistas descobriram que as pessoas consistentemente valorizam recompensas a curto prazo do que as recompensas a longo prazo — portanto $20 agora podem valer mais para você do que $25 no mês que vem. As empresas de cartão de crédito entendem esse princípio e apresentam grande sucesso oferecendo grandes quantias de dinheiro imediato em troca de pagamentos a longo prazo que podem acabar sendo o dobro da quantia do empréstimo original.

- Ao criar associações, os profissionais de marketing sabem que podem influenciar o poder de decisão das pessoas. Se você vir uma celebridade que admira bebendo uma marca específica de refrigerante, coloca mais valor naquele refrigerante mesmo que não o escolhesse comparado ao competidor em um teste de sabor.

Essas são irracionalidades no comportamento humano — mas, pelo menos, elas são irracionalidades conhecidas. Podem ser incorporadas em teorias sobre o comportamento humano; mesmo quando as pessoas são irracionais, elas geralmente ainda são bastante previsíveis.

Cabeça nas nuvens, pé no chão

O escritor Isaac Asimov foi, incontestavelmente, um homem brilhante: além de escrever algumas das maiores histórias de ficção científica de todos os tempos, ele escreveu centenas de livros de não ficção em tudo, desde Shakespeare, bioquímica e até a Bíblia. Você com certeza pensaria que poderia contar que ele era racional.

E, no entanto, Asimov possuía um medo irracional de voar. Ele andou duas vezes de avião quando estava nas forças armadas durante a Segunda Guerra Mundial, mas, após sua dispensa, nunca mais voou. À medida que sua fama crescia e ele era cada vez mais requisitado para palestras e lugares muito distantes, ele e sua esposa dirigiam longas distâncias — mesmo Asimov certamente sabendo que, em média, as chances de morrer em um acidente são significativamente maiores se você dirige pelo país do que se voando a mesma distância.

As pessoas como Isaac Asimov apresentam um problema para os cientistas sociais? Por um lado, uma história como essa faz parecer que as pessoas são completamente indecifráveis — não é possível prever o comportamento humano. Por outro lado, Asimov é uma exceção. A maioria das pessoas não tem um medo como o do Asimov e, se elas puderem pagar, escolherão voar em vez de dirigir longas distâncias. Se os sociólogos pensam ou não em si mesmos como fiéis da "escolha racional", toda a sociologia se baseia na suposição de que, em média, o comportamento das pessoas é pelo menos um tanto previsível.

Desafio nº 3: Emoção

Todo esse papo de "previsibilidade" e "escolha racional" faz com que as pessoas pareçam computadores — talvez com alguns ajustes de programação, mas, mesmo assim, ainda computadores. E a emoção? As pessoas não fazem coisas do tipo:

- ✔ Casar por amor, mesmo quando não faz "sentido"?
- ✔ Se enfurecer sem parar para pensar nas consequências?
- ✔ Comer demais para preencher necessidades emocionais?
- ✔ Responder a apelos emocionais por dinheiro ou outro apoio?
- ✔ Ter dificuldades no trabalho por estarem muito tristes com alguma coisa que aconteceu?

Como alguém pode afirmar entender o comportamento humano sem levar em conta a emoção?

Um economista ou um sociólogo que acredita nos modelos de comportamento das escolhas racionais pode responder a esse desafio apontando que as emoções na verdade possuem um papel menor na nossa tomada de decisão do que parece. Por exemplo, mesmo que para as pessoas pareça que elas se casem por amor, em média, as pessoas são, na verdade, bastante precisas em se casar com pessoas parecidas com elas. As histórias sobre amores proibidos que vivem o romance diante de todas as adversidades são ótimas em peças e filmes, mas a maioria das pessoas, na maior parte do tempo, não cai em relações amorosas fadadas ao desastre — elas se apaixonam convenientemente por seus colegas de trabalho ou de classe com quem apresentam muito em comum.

A emoção em geral segue a racionalidade, em vez do oposto (estranhamente, isso também funciona com as crenças e ações — as crenças das pessoas geralmente seguem suas ações em vez de vice-versa. Veja o Capítulo 13 para mais sobre isso). Portanto, mesmo que às vezes certamente aconteça de as pessoas se deixarem levar pela emoção e cometam atos autodestrutivos ou realizem coisas que parecem não ter sentido, os cientistas sociais têm observado que, em geral, as pessoas de fato agem racionalmente — ou pelo menos, previsivelmente.

Em um nível psicológico, casos extremos de irracionalidade causados por fortes emoções podem estar associados à depressão ou à esquizofrenia: distúrbios psicológicos que ocorrem por razões conhecidas e são geralmente tratados com remédios e terapia. Quando as pessoas veem suas emoções tendendo a dominá-las, instigando-as a fazer escolhas que prejudicam a si ou a outros, elas geralmente tentam manejar essa irracionalidade e se colocar de volta ao normal.

Desafio nº 4: Altruísmo

Altruísmo refere-se, em uma palavra, à generosidade. Quando você oferece um serviço ou um presente sem nenhuma ideia de recompensa, isso é puro altruísmo. Quando oferece algo por uma pequena recompensa (como uma camisa ou um abraço), isso ainda é generosidade — mesmo que não seja puro altruísmo. A existência desse tipo de comportamento pró-social pode ser o calcanhar de Aquiles da teoria da escolha racional.

É claro, a maioria das pessoas não é a Madre Teresa. Em muitos casos, quando damos as coisas, nós recebemos outras em troca. Por exemplo:

- Um grande doador de um museu ou de uma faculdade pode ser recompensado ao ter um prédio com seu nome e pode ganhar um assento em um conselho de diretores, resultando em conexões sociais e profissionais valiosas.

- Quando você dá um presente de aniversário para o seu namorado ou sua namorada, faz com que eles se sintam ligados a você, ganhando, assim, uma segurança no seu relacionamento — e mais, quando for o seu aniversário eles provavelmente lhe darão um presente de valor comparável.

- Quando você oferece o seu tempo, voluntariamente, para uma organização, está ganhando uma experiência potencialmente valiosa e o prestígio social de ser visto como doador de seu tempo. E mais, você pode estar se divertindo e/ou beneficiando diretamente de serviços gratuitos ou produtos daquela organização.

Embora tudo isso seja verdade, ainda assim as pessoas agem altruisticamente de maneiras difíceis de se explicar de uma perspectiva de escolha racional. Elas realizam doações anônimas, ficam ao lado de seus entes queridos durante anos enquanto lutam contra doenças fatais e dão duro em serviços que poucos veem ou reconhecem.

Aliás, alguns sociólogos argumentam que viver pacífica e construtivamente em sociedade requer atos constantes de generosidade de todas as partes. Se todo mundo de fato tentasse se dar bem em tudo, fazendo exatamente o que quisesse desde que a recompensa superasse a punição passível de se enfrentar, a sociedade se arruinaria. Pense em como seria se todo lojista presumisse que todo cliente iria roubar dada a oportunidade, ou se ninguém nunca deixasse outra pessoa entrar na pista lotada da estrada. Nenhuma força policial poderia manter uma sociedade funcionando se todos os seus membros estivessem determinados a agir em benefício próprio.

Então por que elas não fazem? De acordo com Durkheim, são as normas e os valores compartilhados que sustentam a sociedade. A sociedade não é apenas pular nas costas do outro cara para ir mais alto; é sobre cooperação para juntos atingirmos objetivos — e juntando-se para celebrar essas conquistas. As pessoas internalizam as normas da sociedade tão profundamente que elas em geral agem de formas que parecem contrárias a qualquer motivo egoísta... e, felizmente, isso leva a uma sociedade que beneficia a todos. Para entender as decisões que as pessoas tomam, você precisa entender a sociedade de onde elas vêm.

Esta questão é especificamente relevante para pessoas que queiram criar um governo eficiente: o que as pessoas fazem para o bem da sociedade e o que você precisa forçá-las a fazer? Eu abordo esse tópico em mais detalhes no Capítulo 13.

> ## Irmão, tem um inhame sobrando aí?
>
> As trocas de inhame entre os nativos das Ilhas Trobriand no Pacífico Sul, notoriamente estudadas pelo antropólogo Bronislaw Malinowski, viraram um exemplo clássico de como a troca de presentes pode tecer uma sociedade unida. Em certos momentos, com uma grande cerimônia, homens presenteiam suas irmãs e filhas com inhames. Estes são guardados em casas cerimoniais de inhame, onde são preservados como símbolos da conexão social — aliás, os inhames geralmente ficam lá até apodrecerem, pois as famílias plantarão seus próprios inhames em vez de comer aqueles apresentados tão generosamente por seus parentes.
>
> Em outras palavras, entre os nativos de Trobriand, um inhame como presente cerimonial é apenas um presente dado por dar, em uma troca cerimonial praticamente obrigatória. É um presente no sentido de que não é um pagamento por um serviço e é altruísta no sentido de que você dá inhames de verdade, os quais você poderia ter comido — mas, como você sabe que os inhames provavelmente não serão de fato comidos, é melhor não guardá-los para si ou enfrentará uma desaprovação social séria e a vida se tornará bastante desagradável.
>
> Então por que fazer a troca do inhame? Não é somente um grande desperdício de comida? Independente de como ela surgiu, essa troca serve para tornar os laços sociais visíveis e para lembrar a todos suas obrigações uns com os outros. Às vezes, um presente é um presente de valor genuíno fora da troca (como aquele cheque de $50 que você ganhou na formatura) e outras vezes um presente é só um presente (como aquele bonequinho de cerâmica que você também ganhou). Os dois têm muita importância na nossa sociedade e é por isso que sua mãe lhe ensinou a dizer "obrigada" por todos os seus presentes (apesar de que, a não ser que você seja um nativo de Trobriand trocando inhames, provavelmente seria mais apropriado dizer "obrigada" e "de nada" com palavras em vez de reboladas cerimoniais).

Interacionismo Simbólico: A Vida é um Palco

Interacionismo simbólico é o termo usado para descrever o estudo da interação humana individual em seu contexto social. A palavra "simbólico" refere-se ao fato de que, à medida que as pessoas interagem umas com as outras na sociedade, elas usam uma série de sinais e símbolos com significados particulares naquela sociedade — tudo, desde as palavras e os gestos até estilos de se vestir. O fato de as pessoas nem sempre concordarem sobre o significado de símbolos em particular torna a vida interessante, com cada pessoa tentando atingir seus objetivos sociais usando os símbolos em suas vantagens. A vida é um palco e cada pessoa pode atuar como vários personagens diferentes.

Isso parece complicado... e é! No entanto, as ideias básicas por trás do estudo sociológico da interação individual não são complicadas. Até o final deste capítulo, explico como os microssociólogos entendem a interação individual, no que prestam atenção quando observam humanos interagindo cara a cara.

Quando você, ou qualquer outra pessoa, usa palavras, roupas ou outros símbolos para se comunicar, sabe (ou deveria saber) que se deve levar em consideração que pessoas diferentes irão interpretá-los de maneiras diferentes. Um músico cujas letras incluem um monte de palavrões sabe muito bem que as canções irão ofender alguns ouvintes e animar outros.

Jogando bola! As regras do jogo

Como explico no Capítulo 3, a microssociologia foi amplamente desenvolvida pelos antigos sociólogos americanos, em especial aqueles da Escola de Chicago, os quais olhavam as pessoas interagindo em metrópoles diversas e movimentadas e criaram algumas ideias importantes sobre como as pessoas negociam situações sociais complexas.

Um dos pensadores mais importantes nessa tradição foi George Herbert Mead, filósofo de Chicago que influenciou muitos sociólogos. Mead apontava que a vida social é como um jogo e argumentava que tal jogo organizado entre crianças era uma parte crucial de suas socializações (para mais sobre a socialização, veja o Capítulo 5).

Em um jogo de beisebol, por exemplo, existem diversas posições — cada uma com seus limites e suas responsabilidades. Cada posição tem um objetivo definido, que pode ser atingido apenas através de certos meios. O objetivo do rebatedor é lançar a bola para bem longe, de preferência além das barreiras do campo; mas eles não podem apenas arrancar a bola da mão do receptor e correr para lá, eles devem bater com o taco. De forma parecida, o arremessador não pode ficar segurando a bola e fazer com que o rebatedor tente roubá-la — ela precisa ser lançada acima do campo para que o rebatedor tenha uma chance justa.

Os sociólogos hoje em dia falam sobre status e papéis. O seu *status* na sociedade é parecido com a sua posição em um jogo de beisebol: ele define a sua relação com outras pessoas e vem com certas liberdades e responsabilidades. Um *papel* é um conjunto de comportamentos recomendados e requisitados para acompanhar um status.

Por que perder tempo diferenciando os status e papéis? Porque os dois podem mudar de uma situação para outra. Existem diferentes conjuntos de status em uma empresa (presidente, vice-presidente, gerente, assistente) e em uma família (mãe, pai, filho, avô); entre grupos sociais com status parecidos, esses status podem ser associados a papéis diferentes. Em uma família, o pai pode desempenhar o papel de disciplinador, ao passo que em outra ele pode ter o papel de protetor. O seu papel em um grupo social lhe confere um certo conjunto de objetivos e define o que você pode, deve, não deve e não pode fazer para alcançá-los.

Mas se existem status diferentes em situações sociais diferentes, o que acontece quando eles entram em conflito — quando você tem de jogar em posições diferentes ao mesmo tempo? É uma situação frustrante, mas você pode tentar evitá-la ao posicionar a situação em seu benefício.

Frank Abagnale: O verdadeiro jogador

O filme de Steven Spielberg, *Prenda-me se For Capaz*, estrelado por Leonardo DiCaprio como Frank Abagnale, um bandido e fraudador que escapa repetidamente da captura das autoridades. É uma história verdadeira: Abagnale teve sucesso em convencer pessoas de que ele era ao mesmo tempo um piloto de avião, um médico e um advogado conseguindo, também, depositar dezenas de milhares de dólares em cheques falsificados (ele até diz já ter posado de professor de sociologia. Que abuso!).

O filme mostra o quão facilmente Abagnale conseguiu convencer as pessoas de que ele tinha status para o qual na verdade possuía pouca ou nenhuma qualificação, apenas agindo como se tivesse. Ele entrou em aviões usando um uniforme roubado de piloto, ganhou a confiança de médicos e enfermeiras apenas ao se apresentar como um médico autoritário e facilmente depositou cheques inválidos, pois agia tão convincentemente como indivíduo rico que jamais falsificaria um cheque.

A história de Abagnale é um exemplo extremo de uma pessoa usando estímulos sociais como vestimenta e vocabulário para tirar vantagem dos outros, mas todo mundo tenta, todos os dias, usar estímulos sociais em vantagem própria. Você pode se vestir de certa forma para o trabalho, a fim de se apresentar como competente e responsável; ou você pode agir falsamente desinteressado ao tentar impressionar um potencial parceiro romântico, criando a impressão de que é um parceiro altamente requisitado e que não tem falta alguma de outras possibilidades românticas, além de precisar realmente impressionar se for convidar alguém para sair. Você pode até se surpreender com o quanto esses truques funcionam!

Pare de fingir: Mudando de papel, mudando de molde

Como mencionei no Capítulo 5, a estrutura de uma sociedade define o conjunto de status disponíveis — e, dentro de uma sociedade, cada pessoa pode ter uma série de status diferentes.

Na maior parte do tempo, os papéis associados aos nossos variados status são perfeitamente compatíveis. Por exemplo, o meu status como natural de Minnesota não entra em conflito com o meu status de professor ou o meu status de irmão. Mas, de vez em quando, os status de uma pessoa entrarão em conflito. O que aconteceria se a minha irmã se matriculasse na minha aula de sociologia? Eu estaria diante de um conflito potencial, pois o meu papel como irmão requer que eu dê atenção especial à minha irmã — mas o meu papel como professor requer que eu preste atenção igualmente a cada aluno. Antecipando esse tipo de possibilidade, muitas empresas possuem regras que previnem que pessoas supervisionem qualquer pessoa com a qual tenham um laço familiar ou uma relação pessoal íntima.

Você não pode inventar regras para prevenir cada conflito de papéis — especialmente porque a vida social não é como um jogo de beisebol onde todo mundo veste uma camisa com um número e o nome do time. Os papéis são muitas vezes ambíguos e cabe a cada pessoa lembrar e manejar seus papéis apropriadamente. A não ser que elas conheçam muito a sua identidade e o seu status, as pessoas à sua volta estão contando com você para comunicar a elas qual é o seu papel a fim de que possam responder de forma apropriada. Você pode usar essa ambiguidade em sua vantagem — aliás, até certo ponto, todo mundo faz isso.

O sociólogo mais conhecido por escrever sobre isso é o já falecido Erving Goffman, autor do livro de 1956, *A Representação do Eu na Vida Cotidiana*. Como Mead, Goffman estava interessado nas maneiras como os indivíduos manejam seus comportamentos em situações sociais — mas, em vez de um jogo, Goffman preferia usar a analogia de uma performance teatral.

Quando uma pessoa se comporta de uma certa forma em um certo contexto social, dizia Goffman, é como vestir uma máscara: Você está agindo de uma certa maneira para convencer as pessoas à sua volta de que você ocupa uma determinada posição social e de que deve ser tratado de acordo com isso. O palco é o contexto social em que você está inserido, o qual, por sua vez, determina quais "personagens" estão disponíveis a você.

Mais tarde, Goffman usou o termo *molde* para descrever situações sociais — como uma moldura que você coloca em torno de um quadro. Assim como a moldura de um quadro influencia a interpretação das pessoas da pintura que está nela, uma moldura social também influencia a interpretação das pessoas de uma dada interação. Às vezes, as situações são naturalmente emolduradas pelo timing ou local da interação, mas, em muitos casos, as molduras são negociadas entre as pessoas, com cada uma tentando aplicar a moldura que mais a beneficia.

Aqui estão alguns exemplos de como você pode usar as molduras sociais em seu benefício:

- Se você quiser pedir dinheiro a um estranho, pode começar iniciando uma conversa sobre algo neutro como o clima. Após iniciar um pequeno papo, a situação é moldada como uma interação entre conhecidos em vez de entre estranhos. O papel da outra pessoa na sua interação é agora o de um conhecido, e as regras convencionais da interação social ditam que os conhecidos deveriam ajudar uns aos outros quando puderem — ao passo que os estranhos não têm a obrigação de fazer tal coisa.

- Se você quiser saber se um(a) colega de trabalho está interessado em você romanticamente, pode chamar um dos amigos dele(a) para acompanhá-lo(a) na pausa do café. À medida que andam para o café, você pode compartilhar uma informação pessoal, como o que você fez no último fim de semana. Isso ajuda a remover a interação da moldura do escritório — onde apenas informações oficiais sobre negócios são normalmente compartilhadas — e a coloca na moldura de um encontro social, onde informações pessoais são trocadas mais facilmente. Isso faz com que seja mais provável que informações sobre atrações românticas sejam divulgadas.

- Se você estiver operando um museu com entrada grátis, mas gostaria de encorajar os visitantes a realizarem doações, pode requerer que eles esperem em uma fila para pegar os ingressos no balcão em vez de simplesmente deixá-los entrar nas galerias. Mesmo não sendo forçados a doar, quando estão no balcão pegando os ingressos, é uma situação tão parecida com aquelas em que eles têm de pagar, que é provável que escolham doar com muito mais frequência do que se a situação tivesse sido moldada diferentemente.

Portanto, as pessoas podem escolher virar as situações sociais em seu favor — mas elas fazem? Como expliquei na seção anterior, geralmente sim, mas muitas vezes elas não fazem. Esse é o paradoxo da sociedade: você pode controlá-la, mas ela também o controla. A grande ideia dos interacionistas simbólicos é que a sociedade existe fundamentalmente dentro da cabeça das pessoas; é algo que elas negociam entre si mesmas todos os dias.

Capítulo 7

Preso na Teia: O Poder das Redes

Neste Capítulo

- Vendo a sociedade como uma rede
- Examinando a força dos laços fracos
- Ganhando perspectiva da sociologia de redes

Umas das mais importantes novas ideias afetando a sociologia nas últimas décadas é a de que a sociedade pode ser vista como uma rede, com cada pessoa conectada a um certo número de outras pessoas por meio de laços profissionais e pessoais. Ver a sociedade como uma rede tem ajudado os sociólogos a entender tudo, desde a cultura e o poder até os mercados.

Neste capítulo, explico as ideias básicas da sociologia de rede e descrevo alguns dos pensadores e estudos mais importantes dessa tradição. Explico especificamente como a sociologia de rede tem mudado a maneira pela qual os sociólogos pensam o mundo social e por que a análise de rede é uma das ferramentas mais usadas por sociólogos hoje em dia. Finalmente, explico algumas das maneiras específicas como a sociologia de rede pode mudar a maneira pela qual você vê o mundo — e como sites como Facebook e MySpace tornaram todos nós sociólogos de rede.

A Aldeia Global: Enxergando a Sociedade como uma Rede

Enxergar a sociedade como uma rede não é tão difícil intuitivamente, mas levou muitos anos para os sociólogos — na verdade, quase um século — apreciarem a maneira pela qual a análise de rede pode oferecer novas ideias em relação aos problemas que vêm preocupando os sociólogos desde os tempos de Comte e até mesmo antes. Nesta seção, explico como os sociólogos aprenderam a usar as ferramentas da análise de rede.

É tudo sobre você: Redes egocêntricas

No Capítulo 6, falo sobre algumas maneiras por meio das quais os sociólogos têm estudado os indivíduos em seu mundo social. Enquanto muitos sociólogos continuavam — e continuam — a focar nos fatos sociais em geral, como fazia Durkheim, os microssociólogos têm olhado de perto os indivíduos e como eles negociam um mundo de símbolos e normas sociais, com seus labirintos de regras para aprender, lembrar e usar.

Mas isso deixou um buraco na compreensão, por parte dos sociólogos, da sociedade: um vazio entre o nível de sociedades em geral — com suas diferentes culturas e estruturas — e o nível do indivíduo vivendo nessas culturas e estruturas. A análise de rede, que cresceu da tradição microssociológica, ajuda a conectar os pontos entre o indivíduo e a sociedade. O que o conecta à sua sociedade? As pessoas que você conhece.

Pense na sua rede pessoal. Ela pode incluir:

- A sua família: pais, irmãos, esposa ou parceiro, filhos.
- Os seus amigos, antigos e novos.
- Os seus colegas de trabalho e todas as pessoas com quem você é conectado profissionalmente.
- A rede de conhecidos que você encontra no seu dia a dia: o carteiro, o dentista, o atendente do seu café favorito, o cara no ponto de ônibus.
- Pessoas que você não conhece pessoalmente, mas que conhece por meio da sua própria rede. As pessoas que conhecem as pessoas que você conhece — especialmente aquelas próximas das pessoas de quem você é próximo e de quem você possa saber sobre por meio delas — podem ser consideradas parte de sua rede também.

Essas são as pessoas com quem você tem alguma conexão, por mais distante que seja. Essas são as pessoas que de fato definem a "sociedade" para você. Todas as suas interações sociais significantes são com elas — com suas interações se concentrando em especial entre as relativamente poucas pessoas que lhe são mais próximas.

Por meio da grande mídia e de outros meios, você é capaz de coletar informação de — e espalhar para — pessoas além de sua rede social, mas são as pessoas na sua rede pessoal que constituem os seus mais importantes condutores de informação... e influência!

A sua rede pessoal é aquilo a que os sociólogos se referem como uma rede *egocêntrica*. Isso não significa necessariamente que você seja um convencido; é um termo técnico que se refere a uma rede social entendida do ponto de vista de um indivíduo. Os primeiros estudos sobre a sociologia de redes eram estudos de redes egocêntricas, pois elas são relativamente fáceis de estudar. Se você de fato listasse as pessoas às quais me referi na lista acima, eu teria um mapa da sua rede egocêntrica. (Veja a Figura 7-1.)

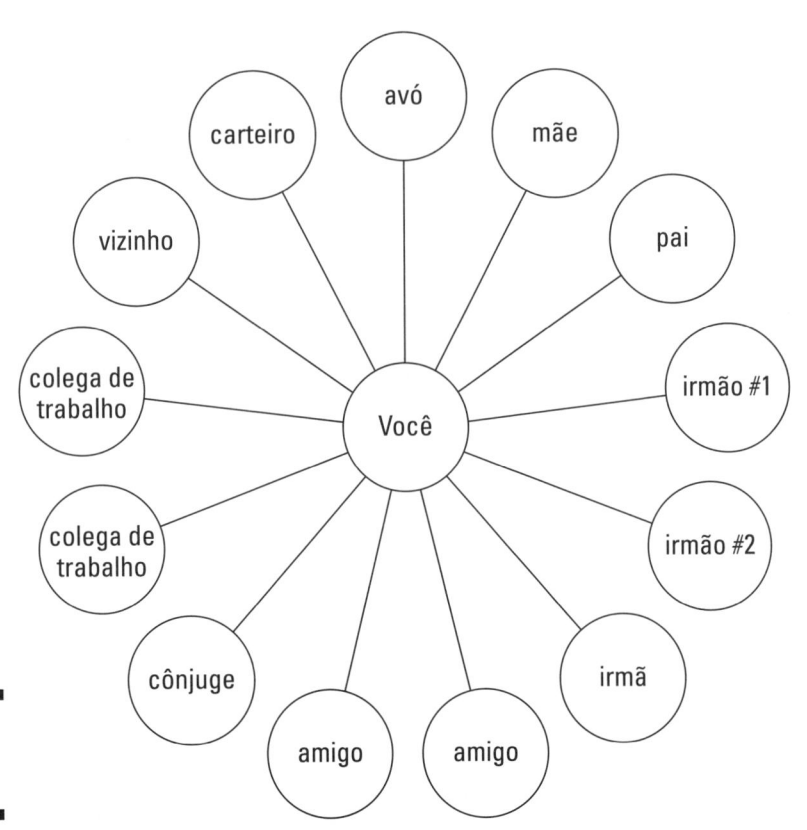

Figura 7-1:
Uma rede egocêntrica

Mas e as pessoas com quem os seus contatos estão conectados — as pessoas que você não conhece pessoalmente, mas que conhece por meio de outros contatos?

O jogo "Seis Graus de Kevin Bacon", no qual os jogadores são desafiados a conectar o Kevin Bacon a qualquer outro ator de Hollywood via correntes de outros atores que trabalharam com Bacon, é inspirado pela velha conjetura de que toda pessoa no mundo está a menos de seis graus de distância de uma outra pessoa, com cada "grau" sendo uma conexão de relação pessoal. Seja quem eu nomear no mundo, diz a teoria, você pelo menos conhece alguém que conhece alguém que conhece alguém que conhece alguém que conhece alguém que conhece ela. É uma teoria difícil de testar, mas diferentes estudos têm descoberto que ela é pelo menos mais ou menos apurada.

Em outras palavras, você está conectado por meio de correntes de relações pessoais a quase todo mundo na Terra. Mas isso é importante?

Sim e não. Certamente, em alguns casos, conexões sociais de múltiplos graus podem ser valiosas e significativas (veja os vários exemplos mais adiante neste capítulo) — mas mesmo uma conexão social de primeiro grau é de uso limitado se não for muito próxima. Quando eu estava me candidatando para a pós-graduação em Harvard, pedi para um conhecido que era ex-aluno de Harvard se ele poderia escrever uma carta de recomendação para mim. "Hum... claro", ele respondeu. "O que nós vamos ter de ajustar, no entanto, é o fato de eu só ter lhe visto uma vez."

As redes sociais e os modos sociais: Um despertar grosseiro

David Gibson é um sociólogo que está combinando as ideias da análise de rede com o tipo de observação microssociológica que Erving Goffman e membros da Escola de Chicago aprovariam.

Em um estudo de uma grande corporação bancária, Gibson inicialmente pesquisou os funcionários do banco para mapear as várias conexões sociais entre eles. Ele, então, sentou-se em uma série de reuniões, silenciosamente observando como os diferentes funcionários na reunião interagiam uns com os outros. Você esperaria que as pessoas que se conheciam melhor se sentiriam mais livres umas com as outras e trocariam as informações mais importantes, mas Gibson descobriu que, na verdade, esse não era o caso: muita conversa acontecia entre pessoas que não eram tão próximas. Afinal, o propósito de uma reunião é criar uma situação social onde a informação é compartilhada, e as pessoas que trabalhavam mais próximas umas das outras já compartilharam muitas informações fora da reunião.

> Uma boa maneira de prever quais funcionários se conheciam melhor, descobriu Gibson, era verificar quais funcionários interrompiam uns aos outros na conversa. As pessoas que se conheciam bem poderiam até parecer grossas umas com as outras, respondendo às perguntas feitas para o outro e interrompendo ele ou ela quando falavam.
>
> Você pode observar esse efeito em festas. Observe as pessoas que são muito amigas ou namorados; elas geralmente ficam lado a lado em círculos de conversas e respondem juntos a perguntas, interrompendo-se de maneira (esperamos) amigável para clarificar detalhes ou adicionar anedotas. Elas se tornaram tão próximas que funcionam como uma única unidade de conversa. Se um deles interrompesse *outra* pessoa, no entanto... aí *sim* seria grosseria!

Os sociólogos geralmente estudam redes de pessoas individuais, mas a análise de rede também pode ser aplicada a redes de grupos ou organizações. Para certos estudos, pode ser útil pensar na sua família como parte de uma rede de famílias que moram no mesmo bairro ou frequentam a mesma igreja, ou pensar na sua empresa como parte de uma rede de empresas que fazem negócios umas com as outras. As ferramentas e estratégias usadas para o estudo de redes de indivíduos também podem ser aplicadas a redes de grupos.

Uma teia de relações

A sua rede é grande — e provavelmente contém centenas de pessoas que você poderia listar de cabeça se pensasse cuidadosa e sistematicamente, e centenas mais que você nem pensaria em listar (o que é um problema para estudos de redes egocêntricas), mas ela não inclui todas as pessoas no mundo. Aliás, provavelmente não inclui todo mundo na sua empresa ou escola, no seu bairro ou prédio, ou todas as pessoas a quem você é relacionado além de primos de primeiro e segundo graus.

Imagine fazer um mapa da rede da escola ou empresa onde trabalha. Haveria um círculo para cada indivíduo e cada um deles estaria conectado a outro que conheça pessoalmente. Você pode imaginar que teriam uma série de grupos bem próximos — círculos de amigos ou colegas de trabalho que se conhecem bem — e que cada pessoa em um agrupamento compartilha um certo número de conexões com pessoas fora do agrupamento. Se você pudesse de fato desenhar cada conexão pessoal na sua escola ou empresa, teria um mapa da rede completa daquela organização (veja a Figura 7-2).

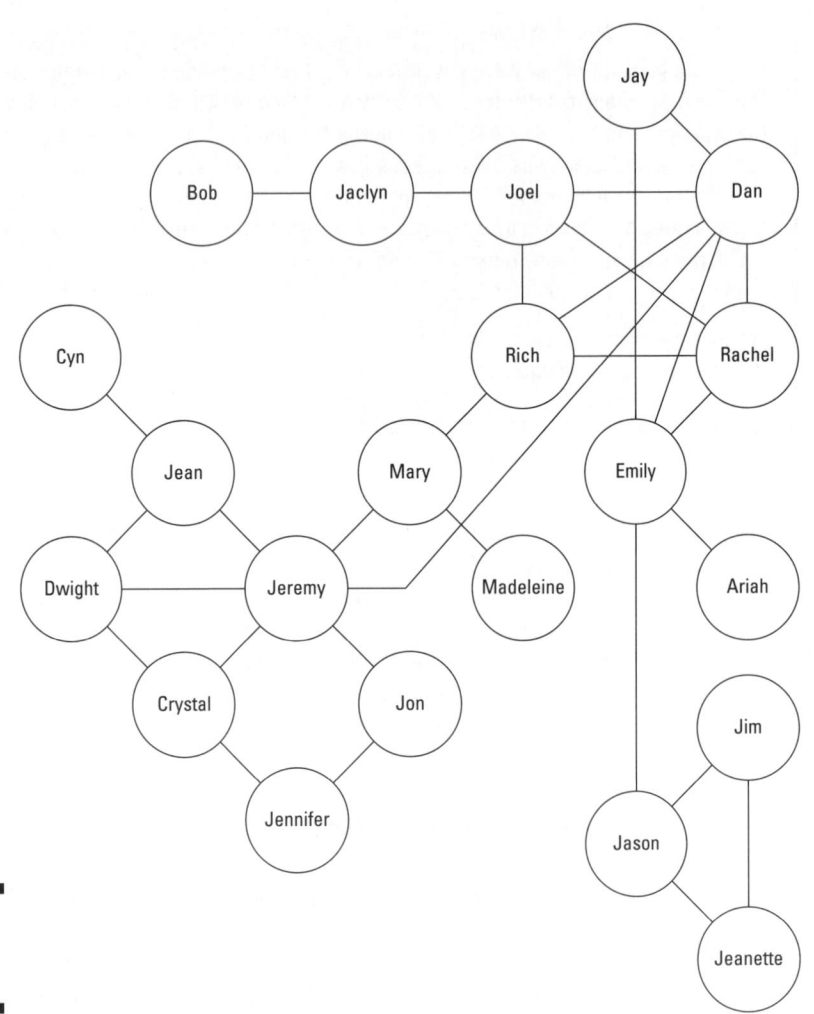

Parte II: Enxergando a Sociedade como um Sociólogo

Figura 7-2:
Uma rede completa.

E aí, é claro, cada indivíduo naquela organização mantém um número grande de conexões fora da organização: família, amigos, ex-colegas de trabalho. Essas conexões ligam a sua organização a muitas outras e por fim a todas as outras empresas ou escolas na Terra.

É excitante pensar que você está provavelmente ligado a quase todas as outras pessoas na Terra, mas, é claro, todo mundo também está (veja a figura acima). A sua posição em uma rede é tanto uma limitação como uma vantagem. Uma rede social não é como a internet, onde a informação transita livremente de um extremo da rede para o outro... e, na verdade, não funciona sempre assim na internet também.

Você só pode manter tantas conexões sociais significativas; provavelmente, não há mais de algumas centenas de pessoas que você reconheceria e cumprimentaria por nome se passasse por elas na rua, e existem ainda menos pessoas que você realmente vê com frequência e com quem tenha interações substanciais. Uma das ideias mais importantes da análise de rede é que é aquele pequeno círculo de pessoas, em vez do número total de pessoas que pertencem aos grupos sociais dos quais você faz parte, que de fato define a sua situação social.

A Força dos Laços Fracos

Quando você olha um grupo social como uma rede de nódulos individuais conectados, isso muda a maneira como você pensa sobre o grupo e o indivíduo. É possível ver cada dado lugar de um indivíduo na estrutura social e você pode ver exatamente onde as suas linhas de informação e influência estão arranjadas. A informação e a influência normalmente não tomam conta de um grupo como um fogo incontrolável; elas fluem como água descendo por uma série de córregos.

Nesta seção, descrevo algumas das importantes descobertas que os sociólogos fizeram sobre as redes sociais; e as implicações delas para os indivíduos que queiram se posicionar estrategicamente em suas próprias redes sociais.

Por que os seus conhecidos são mais valiosos do que seus melhores amigos

Esta seção recebeu esse título em homenagem a um artigo de 1973 do sociólogo Mark Granovetter, o qual se tornou uma das publicações mais influentes em toda a sociologia. Granovetter estudava o processo da procura por emprego: Como as pessoas encontram empregos? É um assunto natural para a análise de redes, pois os empregos em geral são encontrados por meio de conexões pessoais.

No Capítulo 6, explico o conceito da *racionalidade limitada* nos mercados: você não possui informações perfeitas sobre todos os produtos disponíveis para compra, portanto, precisa decidir quanto tempo vale a pena gastar coletando informações. A procura por emprego funciona sob o mesmo princípio, mais ainda do que ao comprar um carro ou outros produtos de consumo.

Muitos empregos são listados publicamente online ou em jornais, mas muitos só são publicados para um público limitado, portanto, existem muitos empregos sobre os quais você não ficará sabendo ao navegar pelo Craigslist[1]. Além disso, quando você de fato encontra um emprego no qual está interessado e para o qual é qualificado, ajuda imensamente ter uma conexão pessoal com alguém na empresa onde você gostaria de trabalhar. Essa pessoa pode tanto equipá-lo com informações detalhadas sobre a posição quanto pode, muitas vezes, aumentar as suas chances de ser contratado ao recomendá-lo para o comitê de contratações.

Ao mapear os laços de redes, Granovetter toma a decisão crucial de distinguir entre laços fortes e laços fracos.

- **Laços fortes** são as suas conexões pessoais mais intensas: as suas conexões com seus membros familiares e amigos mais próximos. Pessoas com as quais você compartilha laços fortes são as que você conhece muito bem; você pode morar ou falar com elas diariamente.

- **Laços fracos** são todas as suas outras conexões sociais: as suas conexões a pessoas que conhece, mas não especialmente bem. Colegas de trabalho, colegas de classe, vizinhos, a maioria dos amigos — você pode não falar com essas pessoas ou vê-las com frequência, você as conhece e elas conhecem você.

A descoberta de Granovetter — que, como muitas das importantes descobertas sociológicas, foi surpreendente no tempo, mas parecia apenas bom senso após estabelecida — foi que, para o propósito de procura de emprego, os seus laços fortes não são tão valiosos assim para você.

Por quê? Pois a sua proximidade significa que você já conhece tudo — e quase todo *mundo* — que eles conhecem. Se há uma oferta de emprego que eles saibam, você provavelmente também já sabe. Se eles têm um bom "contato" em uma empresa em particular, você provavelmente conhece essa pessoa também.

De uma perspectiva de rede, os seus laços fortes são *redundantes*. Isto é, em geral, eles o conectam com pessoas com quem você já possui outras conexões. Por exemplo, o seu cônjuge pode tê-lo apresentado a toda a sua família e amigos quando vocês se conheceram, mas, após anos de casamento, você formou as suas próprias conexões com essas pessoas. Se o seu cônjuge morresse, por mais devastador que isso seja do ponto de vista emocional, de uma perspectiva de rede social, a sua rede não mudaria tanto apesar de você ter perdido o seu laço mais forte.

N.E.[1]: Site de alcance mundial, que contém anúncio de empregos, de relacionamentos, compra e venda de mercadorias, aluguel de imóveis, dentre outros.

De uma perspectiva de rede, pode ser pior perder o seu amigo socialite, com quem você possui apenas um laço fraco, mas que o conecta com muitas pessoas com as quais você nunca se encontraria se não fosse por ele. São os seus laços fracos que o ajudam quando você procura um emprego, pois eles estão conectados com muitas pessoas que você não conhece e podem, assim, fornecer muito mais informações a você. E mais, existem muitos deles: você pode somente manter alguns laços fortes, mas é possível ter centenas de laços fracos, cada um representando um mundo inteiro de potenciais conexões úteis.

Pense, por exemplo, em um primo que mora em outro bairro e que você só vê uma vez por ano na reunião anual da família. De uma perspectiva de rede, esse primo está essencialmente passando os outros 364 dias do ano trabalhando para você — conhecendo novas pessoas que você não conhece, aprendendo novas informações que você não sabe. Quando você procura por um emprego, pode contar com ele para ajudá-lo. Portanto, dessa maneira, os seus conhecidos podem ser mais valiosos do que os seus melhores amigos.

É claro, só porque a informação *pode* fluir por meio de um laço de rede não significa que isso *acontece*. Os sociólogos hoje em dia consideram que, até mesmo onde os laços fracos existem, eles não possuem propósito se não forem ativados. As pessoas podem ter uma razão para esconder informações de você — elas podem ter algum interesse em guardar essas informações para si mesmas — no entanto, é mais provável que eles apenas não pensem em lhe falar. Você não compartilha tanto conhecimento com a maioria dos seus laços fracos... é exatamente isso que os tornam laços fracos. Se você quiser ativar a sua rede de laços fracos, provavelmente terá de realizar algum esforço.

As empresas estão muito conscientes disso, o que seria a razão pela qual elas pagam seus funcionários por sugestões de candidatos bem-sucedidas. Pode parecer estranho pensar que alguém precisaria de um incentivo para falar a um amigo que está procurando emprego sobre uma boa oportunidade, mas, na verdade, existem várias razões pelas quais você pode falhar em espalhar informações sobre as ofertas de emprego na sua própria empresa.

> Você pode se preocupar que, ao sugerir uma oferta de emprego, ofenderá o seu amigo ao fazer com que pareça que ele precisa de ajuda.
>
> A maioria das pessoas tem centenas de conhecidos com os quais raramente fala; se você não fala com alguém há dois anos, pode ser meio esquisito pegar o telefone e sugerir que ela se aplique para aquele trabalho na sua empresa.
>
> Você pode simplesmente esquecer.

É por isso que as empresas sentem a necessidade de oferecer incentivos para ajudar a motivar seus funcionários a pegar o telefone e avisar aos seus amigos sobre a vaga aberta.

Mas, *quanto* uma empresa deveria pagar por uma sugestão de candidato? A socióloga Alexandra Marin estudou o processo de pagamento por sugestão em uma grande empresa e, no final, descobriu que as empresas deveriam guardar seus bônus de sugestão mais altos para as posições menos específicas. Por quê? Porque uma posição com qualificações bastante específicas (digamos, alguém familiar com uma certa linguagem de programação) requer um tipo de candidato bastante específico. Se você por um acaso sabe de alguém que esteja procurando trabalho, provavelmente passará a informação adiante, mas um emprego com qualificações bastante generalizadas (digamos, um "gerente de projetos") é menos provável de acender uma luzinha na sua cabeça, e você talvez precise de um pouco mais de incentivo para buscar os candidatos potenciais para aquela vaga.

Esse é um exemplo de como tipos diferentes de informações fluem por meio de diferentes tipos de conexões de rede. Você pode ver a sua vizinha todos os dias e estar bem ciente de quando ela corta o cabelo ou compra um carro novo, mas não tem a mínima ideia de quais são as suas qualificações profissionais — ao passo que você pode conhecer as qualificações profissionais de um antigo colega de trabalho, mas não ter a mínima ideia se ele está com um corte de cabelo novo, uma nova esposa ou até mesmo se ele está vivo ou morto. Separar os "laços fortes" dos "laços fracos" faz sentido, mas não faz justiça à complexidade das relações humanas.

Encontre um buraco estrutural e se jogue!

Você provavelmente já está começando a ver o tremendo valor de uma análise de rede para os empresários. No mundo dos negócios, a informação é dinheiro: uma dica sobre qualquer coisa, desde um fornecedor barato, a campanha de marketing do competidor até uma discussão secreta sobre uma fusão, pode informar decisões estratégicas que talvez resultem em milhões de dólares em lucro. De onde vem essa informação? Você pode ver na TV ou no jornal, mas isso são informações que todo mundo sabe. A informação mais lucrativa provavelmente surge por meio de conexões de rede que fornecem informações "internas".

E não é só a informação que viaja pelas conexões de rede — a influência também. Se você tem uma conexão em outra empresa, provavelmente pode pedir para esse contato incitar aquela empresa a fazer negócios com a sua, a se afastar de um competidor ou a segurar o lançamento de um produto.

Portanto, claramente, qualquer empresário quer aumentar sua rede pessoal... mas não faz sentido apenas adicionar contatos de qualquer maneira. Para começar, você não pode manter produtivamente um número tão grande de laços sociais (até mesmo os fracos), portanto precisa escolher. E mais, todo mundo quer se sentir especial, e, se você for "amigo" de todo mundo, bem, todo mundo provavelmente saberá disso e não o considerará um amigo particularmente especial. Boa sorte exercendo a sua influência nessa situação!

A questão, então, vira *quais* laços sociais você quer criar e manter. A pesquisa do sociólogo Ronald Burt sugere que você preste atenção em particular à construção de laços por meio de "buracos estruturais".

O que é um buraco estrutural? Pense em um mapa de rede, com agrupamentos densos de pessoas que se conhecem bem e apenas alguns poucos laços conectando esses agrupamentos. Entre alguns agrupamentos, pode nem haver laço algum. Para Burt, esses lugares onde não existem muitos laços são *buracos estruturais* — espaços na estrutura da rede. As pessoas melhores posicionadas em uma rede, diz Burt, não são aquelas nos centros dos densos agrupamentos, mas sim as que preenchem os buracos estruturais.

Informação interna: É uma coisa boa

Em dezembro de 2001, a rainha das donas de casa Martha Stewart vendeu todas as suas cotas de ações em uma empresa farmacêutica chamada ImClone. O timing dela foi extremamente bom porque, logo depois da retirada de Stewart, anunciou-se que um produto-chave que a ImClone estava desenvolvendo não fora aprovado pela U.S Food and Drug Administration (FDA) — notícia esta que causou uma queda no preço das ações. Se ela não tivesse vendido suas ações, Stewart teria perdido quase $50 mil. A decisão de Stewart atraiu críticas mais tarde, pois o seu amigo Sam Waksal, CEO da ImClone, sabia da decisão da FDA antes de ela se tornar pública. Stewart foi condenada por mentir para o governo em uma investigação subsequente e passou um tempo na prisão, apesar de continuar afirmando não ter recebido qualquer informação interna de Waksal.

Por que seria um problema se ela *tivesse* recebido uma dica de um amigo? Porque, nos Estados Unidos e na maioria dos outros países, é ilegal trocar certos tipos de informação sobre empresas de capital aberto. Essa lei existe para nivelar o meio de campo entre as Martha Stewarts do mundo, que conhecem muita gente poderosa, do resto de nós, que não.

(Continua)

N.E.²: Órgão similar à Agência Nacional de Vigilância Sanitária (Anvisa).

> *(Continuação)*
>
> A lei contra "informações privilegiadas" é, de fato, o reconhecimento oficial do governo de que os laços de rede podem ser uma fonte de lucro. Deveria haver uma ponte oficial — o porta-voz corporativo — entre os agrupamentos de pessoas que sabem o que está acontecendo em uma empresa e as muitas pessoas que investem naquela empresa. Por meio de seu amigo Sam, Martha Stewart tinha um laço de rede fazendo a ponte nesse buraco estrutural: um laço no qual ela supostamente lucrou em mais ou menos $50 mil pelos custos das pessoas para quem ela vendeu as ações, pessoas que não tinham acesso à informação que ela teve.
>
> Esse é um caso extremo de um laço de rede valioso, mas *todos* os seus laços de rede são potencialmente valiosos... em especial aqueles que você guarda para si.

As pessoas no centro de agrupamentos densos podem conhecer bem muitas pessoas, mas, se for um grupo bem próximo — digamos, uma pequena empresa —, todas essas outras pessoas também se conhecem bem e não precisam contar com um indivíduo específico para obter informações. Na verdade, não é necessário que você conheça tantas pessoas assim, sugere o trabalho de Burt, ou até mesmo conhecê-las tão bem, desde que *elas não conheçam umas às outras*. Quando esse é o caso, cada grupo depende de você para informações sobre o outro grupo. Você possui informações que ambos os grupos querem e pode vendê-las com lucros.

Isso pode soar perverso, como ser um agente duplo espionando para dois países diferentes. Um agente duplo e superespião certamente está preenchendo um buraco estrutural... mas aí todas essas pessoas também estão:

- **Produtores de cinema:** conectando cineastas com atores, estúdios, financiadores e outros grupos necessários para se fazer um filme.
- **Corretores de imóvel:** conectando vendedores e compradores de imóveis.
- **Conselheiros profissionais de escolas:** conectando estudantes e oficinas de admissão.
- **Lobistas políticos:** conectando legisladores e grupos que os querem influenciar (é por isso que tantos ex-legisladores se tornam lobistas — eles estão vendendo essencialmente suas conexões pessoais para os atuais legisladores).

As pessoas em todas essas profissões, e em muitas outras, ganham muito de seu salário por apenas conhecer pessoas com interesse em conhecer umas às outras — ou pelo menos saber umas *sobre* as outras. Você paga a elas por fazer a ponte entre os buracos estruturais que queira cruzar.

Esse princípio de preenchimento de buracos estruturais não funciona só nos negócios — funciona na vida pessoal também. Digamos que você seja um adolescente em busca de uma festa. Provavelmente, há uma ou duas festas neste fim de semana à qual muitas pessoas da sua escola irão — mas isso é provavelmente verdadeiro em relação a todas as outras escolas na cidade. Para encontrar as melhores festas, você preferiria ter cinco conhecidos em cinco escolas diferentes a ter dez amigos próximos da sua escola.

Ideias da Análise de Rede

Agora você possui uma noção básica do que é a análise de rede e como ela funciona. As conexões entre as pessoas em um grupo social formam uma estrutura, na qual a informação e a influência podem ser traçadas. Como pensar sobre a sociedade dessa forma muda a maneira como os sociólogos pensam sobre a vida social? Quais ideias específicas resultaram dessa abordagem?

Nesta seção, explico como a análise de redes mudou a maneira de pensar dos sociólogos em relação à disseminação de comportamentos e informação, e concluo com uma discussão sobre sites como o Facebook e MySpace que fazem as redes sociais algo visível — até o fascínio eterno de seus milhões de usuários.

A diferença entre a "sua sociedade" e a sua sociedade

A análise de rede tem sido uma ferramenta importante para os sociólogos nas décadas recentes, pois abre todo um novo mundo de questões que não existia anteriormente. Antes da análise de rede se tornar bastante usada, havia duas maneiras principais de se estudar a sociedade.

- **A análise de cima para baixo**, ou macrossociológica, é o estudo dos grupos sociais considerados como unidades inteiras. Por exemplo, o argumento de Karl Marx sobre a ascensão histórica do capitalismo e o argumento de Max Weber sobre o aumento da racionalidade em toda a sociedade são todos argumentos macrossociológicos. Quando Émile Durkheim disse que os sociólogos precisavam focar nos "fatos sociais", na verdade, dizia que eles deveriam prestar atenção ao panorama geral em vez de aos indivíduos na sociedade (veja o Capítulo 3 para mais sobre essas ideias).

> ✔ **A análise de baixo para cima**, ou microssociológica, é o estudo dos indivíduos em seus mundos sociais. As pesquisas da Escola de Chicago sobre pessoas de diferentes grupos interagindo na rua eram estudos em microssociologia e, quando Erving Goffman escreveu sobre as diferentes "máscaras" que usamos em diferentes contextos sociais, esse foi um argumento microssociológico (veja o Capítulo 6 para mais sobre a microssociologia).

A análise de redes permite que os sociólogos foquem no tecido conectivo entre os indivíduos e a sociedade. Falar sobre a "sua sociedade" é dizer que existe algum grupo social do qual você é um "membro" e é, de alguma forma, influenciado por ele. Isso é muito vago! De onde vem essa influência? Você de alguma forma a inala ou sente vibrações psíquicas da quinta dimensão?

É verdade que existem algumas formas de influência social que afetam as pessoas em uma sociedade inteira (por exemplo, a mídia em massa), mas a influência mais importante vem das pessoas que você conhece pessoalmente e encontra diretamente. Dessa forma, a análise de rede ajuda os sociólogos a considerar que a sua *real* sociedade — isto é, as pessoas com quem você interage de verdade e por quem é influenciado — pode ser bem diferente da "sua sociedade".

Aqui está um exemplo de como essa ideia é colocada em prática. Sabe-se bem que a obesidade é um problema crescente nos Estados Unidos e, por razões óbvias, os profissionais da medicina gostariam de saber por que. Existem ao longo da sociedade alguns grandes (sem duplo sentido) culpados que provavelmente estão envolvidos: a comida não saudável se torna cada vez mais barata e disponível em relação a comidas saudáveis, e as campanhas publicitárias dos alimentos não saudáveis menosprezam o risco de obesidade. Mesmo assim, esses fatos são capazes de explicar inteiramente o aumento da obesidade? Por que o risco é especialmente mais alto entre certos grupos?

Nicholas Christakis, um sociólogo que também é médico, trabalhou com o especialista em análise de redes James Fowler para estudar a difusão da obesidade em uma cidade de Massachusetts ao longo de três décadas. Christakis e Fowler descobriram que era possível observar a disseminação da obesidade por meio de redes sociais. De fato, parece, você pode "pegar" a obesidade ao se tornar amigo de pessoas que estão acima do peso. À medida que mais e mais pessoas ficavam acima do peso, a obesidade se alastrava pelas redes se tornando uma crescente epidemia.

O que o estudo dos pesquisadores sobre a obesidade (entre outros estudos de rede ao longo dos anos) provou é que as redes sociais podem ser condutoras para a disseminação de tudo, desde a informação, a influência até o comportamento, influenciando as vidas das pessoas em todos os níveis. Se você está tentando ficar em forma, não ajuda o mercado vender uma caixa de biscoitos por menos do que o preço de uma maçã, assim como as propagandas em todos os lugares de comidas não saudáveis, ou o seu trabalho provavelmente envolver você sentar em uma mesa durante oito horas por dia — mas o que é de fato devastador é quando as pessoas à sua volta praticam comportamentos não sadios, comendo demais e se exercitando de menos. Isso parece ser normal e, na verdade, bom para você fazer o mesmo.

Pense nas implicações dessa descoberta para outros comportamentos importantes que podem ser socialmente influenciados:

- **Uso de drogas:** Os seus amigos abusam das drogas ou se mantêm livres de substâncias perigosas?
- **Saúde sexual:** Os seus amigos fazem sexo casual — e, se sim, usam proteção?
- **Estabilidade econômica:** Os seus amigos jogam? Eles fazem investimentos arriscados? Eles estouram os cartões de crédito?
- **Hábitos de estudo:** Os seus amigos dedicam tempo e atenção aos trabalhos escolares, ou eles não se importam com isso?

Esses são apenas alguns exemplos de comportamentos potencialmente perigosos que talvez sejam disseminados por meio das redes sociais.

A significância das redes sociais nesse aspecto é em alguns quesitos uma verdade inconveniente. Se houvesse um ou dois fatores que causassem um problema social afetando todos igualmente, o problema poderia ser resolvido por meio da retirada desses fatores. Se um problema se alastra pelas redes sociais, entretanto, você teria de cortar a rede para impedir que o problema se alastrasse — como cavar trincheiras em volta de um fogo florestal. Não só é antiético, como provavelmente impossível.

Também é importante lembrar que por uma pessoa — ou até mesmo muitas pessoas — com quem você é conectado se comportar de certa forma, você automaticamente "captará a mensagem" e agirá. Você pode estar captando mensagens diferentes de pessoas diferentes.

Em um estudo de adolescentes em Boston, o sociólogo David Harding descobriu que era verdade que os jovens que tomavam decisões arriscadas recebiam mensagens consistentes com essas decisões — por exemplo, os seus amigos podem estar dizendo que a escola não vale a pena —, mas eles *também* recebiam as "mensagens corretas" de seus professores, pais e até de muitos amigos, que os encorajavam a se formar e arrumar empregos ou entrar na faculdade.

O problema não era os adolescentes conturbados estarem recebendo as "mensagens erradas". O problema é que eles recebiam mensagens *mistas*, dando-lhes roteiros diferentes para seguir (como diria Goffman) em situações desafiadoras. Às vezes, eles escolhem o roteiro "errado" — fazem sexo arriscado, largam a escola — e às vezes escolhem o roteiro "certo". As crianças que não recebiam esses sinais mistos apresentavam muito mais facilidade em seguir um único caminho de ação.

O estudo de Harding não era sobre as redes sociais em termos técnicos, mas ele incorporou a ideia básica da análise de redes: que as nossas conexões sociais são influências importantes em nosso comportamento. O que acontece quando as nossas conexões sociais nos mandam sinais mistos? É uma questão empírica na qual os sociólogos, conduzindo análises de redes, podem prestar muito mais atenção no futuro.

Abrindo os canais de comunicação

Se a informação e a influência se alastram pelas redes sociais, existe uma maneira de espalhar mensagens com mais eficiência?

No grande estudo clássico do sociólogo Émile Durkheim sobre o suicídio (veja o Capítulo 3), ele basicamente dava como certo que todos os membros de uma dada sociedade compartilhavam um conjunto de normas e valores. Se você morasse em uma sociedade onde a maioria fosse protestante, então ele supunha que você provavelmente tinha valores majoritariamente protestantes.

Durkheim foi criticado por cometer a *falácia ecológica*, que é supor que só porque uma coisa é verdadeira sobre um sistema, ela também vale para todos os membros daquele sistema. Durkheim observou que países de maioria protestante possuíam índices de suicídios mais altos do que nos países de maioria católica, o que ele entendeu significar que os protestantes eram mais propensos a cometer suicídio do que os católicos. Mas esses dados não diziam realmente isto: Como ele sabia que não era o grupo minoritário dos católicos que cometia suicídio — talvez como resultado da perseguição pelo grupo majoritário dos protestantes? Ele não sabia. Ele apenas supôs e pode ter errado (nós nunca saberemos). O estudo de Durkheim permanece um marco influente na sociologia, mas hoje em dia seria pouco provável que um sociólogo fizesse esse tipo de suposição.

O sociólogo alemão Georg Simmel, cujo trabalho mais importante veio logo após o de Durkheim, foi uma grande influência na microssociologia e tem sido visto como um dos pais da análise de redes. Simmel focava de perto na interação individual e argumentava que havia diferentes formas de interação social, com regras e normas distintas e pelas quais diversos tipos de informação são difundidas.

A moral para aqueles com uma mensagem a espalhar é que pode ser um gasto de energia tentar transmiti-la a um grupo social inteiro. O que você deve fazer é certificar que a sua mensagem seja ouvida — e passada adiante — pelas pessoas certas nos contextos certos.

Essa sugestão de análise de redes tem sido entendida não só pelos sociólogos que estudam a disseminação de ideias e comportamento (veja a seção anterior), mas também pelos profissionais de marketing ao vender seus produtos. Aqui estão algumas estratégias de marketing com as quais você já deve ter deparado; cada uma é inspirada pela ideia da sociedade como uma rede:

- Distribuir amostras grátis de produtos. Se você toca um CD grátis e curte, pode mostrá-lo a seus amigos e lhes apresentar o artista também.
- Patrocinar eventos onde provavelmente pessoas influentes estarão reunidas. Muitas empresas patrocinam festas ou shows para jovens, na crença de que estes podem influenciar os mais velhos a usar um produto — mas não vice-versa.
- Usar a mídia social (por exemplo, ferramentas de rede como o Facebook ou o Twitter) para encorajar os indivíduos a voluntariamente espalhar mensagens de marketing. Distribuir — muitas vezes online — um vídeo, uma música ou um jogo que anuncia o seu produto mas que também seja divertido o suficiente para ser passado adiante para amigos é uma prática conhecida como "marketing viral".

É possível, obviamente, usar essas técnicas para obter lucros, mas elas também se tornaram populares com organizações sem fins lucrativos que promovem a saúde, a consciência ambiental, a caridade e outras causas nobres. O uso das redes sociais é muitas vezes uma maneira extremamente eficiente de espalhar uma mensagem, e tanto sociólogos quanto profissionais de marketing já notaram isso.

No popular livro do jornalista Malcolm Gladwell, *O Ponto da Virada — The Tipping Point*, ele escreve sobre o fenômeno por meio do qual uma ideia ou um comportamento (como, digamos, usar mocassins da Hush Puppy) com rapidez vai de uma coisa relativamente rara até virar bastante popular. Gladwell argumenta que alguns tipos-chave de pessoas — pessoas às quais ele se refere como *especialistas*, *vendedores* e *conectores* — precisam abraçar uma ideia e ajudar a espalhá-la.

O livro de Gladwell não é um estudo sociológico, e ele oferece apenas exemplos (em vez de dados sistematicamente analisados) para fazer seu argumento, mas os sociólogos têm lido e entendido o livro de

Gladwell pelo seu argumento convincente de que as redes sociais são profundamente importantes na disseminação de tudo, desde modas de roupas, gostos musicais até práticas empresariais.

A ideia de um "conector" de Gladwell é parecida com a de Ronald Burt sobre uma pessoa preencher um buraco estrutural (discutido antes neste capítulo). Um conector é uma pessoa que conhece muitas pessoas de diferentes grupos, portanto está em posição de espalhar ideias e tendências de um grupo para o outro.

Assim como as epidemias biológicas causadas por vírus perigosos podem se espalhar por meio de pessoas que se movimentam livremente de um grupo para o outro, a epidemia social também pode se espalhar pelos conectores sociais — pessoas que podem "pegar" uma ideia em um grupo e então espalhá-la para o próximo. Quando uma ideia ou comportamento se espalha por múltiplos grupos sociais, ela se torna uma epidemia social. Isso pode ser uma coisa boa e ruim — dependendo, digamos, de se você pensa que os sapatos da Hush Puppies são bonitos —, mas é a maneira que o mundo social funciona.

Redes sociais online: Tornando o invisível visível

Se você é membro de um site de rede social como o Facebook ou o MySpace, provavelmente já pensou nisso várias vezes enquanto lê este capítulo — e, de fato, enquanto lê este livro inteiro. Os sites de redes sociais são um assunto fascinante para os sociólogos e para quase todo mundo que participa deles.

Eles geralmente permitem a cada usuário criar um perfil online, que eles podem então conectar com os perfis de seus amigos. O resultado é uma exposição de algo normalmente invisível: uma rede social. Os números incríveis desses sites — eles agora envolvem centenas de milhões de usuários em todo o mundo — é evidência do quão importante as redes sociais são na vida das pessoas.

Na próxima vez que estiver em seu site de rede social favorito — seja lá qual for —, considere como o comportamento das pessoas no site ilustram essas ideias sociológicas.

A representação do eu

Como descrevo no Capítulo 6, os sociólogos observam como nós interpretamos papéis na sociedade — como atores em um palco, conforme Erving Goffman diria. O perfil de um usuário é o exemplo perfeito disso. Diferentemente da interação cara a cara, um usuário possui perfeito controle sobre o "rosto" que apresenta em um site de rede social. Ele pode escolher quais fotos exibir, quais informações divulgar e quais conhecidos reconhecer.

Muitos dos momentos mais estressantes nos sites de redes sociais derivam da tensão e das falhas nessa cuidadosa representação do eu. Um amigo pode postar algo que você preferiria que não fosse visível em seu perfil, a sua mãe pode postar uma foto constrangedora de quando você era um adolescente esquisito, ou o seu chefe pode ver fotos suas fazendo algo, ahm... vamos apenas dizer *não profissional*. Todas essas coisas atrapalham a sua tentativa de filtrar a informação sobre você que é conhecida pelo mundo.

A diversidade dos laços sociais

Os sites de redes sociais demonstram claramente um princípio com o qual os sociólogos de rede tem tentado lutar há décadas: Existem tantos tipos de relacionamentos quanto existem pares de pessoas no mundo, e não importa quantas opções diferentes um site de rede social lhe ofereça, existirão muitos relacionamentos difíceis de manejar.

No Facebook, por exemplo, até a data desta escrita, você pode ser um "fã" de uma figura pública, pode especificar se você é filho ou filha ou mãe ou pai de um dos seus membros familiares e pode estar em um dentre vários tipos de envolvimento ("Em um relacionamento", "Noivo", "Casado", "Enrolado") com seu companheiro — mas, além disso, todo mundo com quem você está conectado são apenas "amigos". Portanto, os seus "amigos" podem incluir:

O seu melhor amigo;

O seu chefe;

O seu avô;

Alguém de quem você é muito afim;

O seu ex-namorado;

O ex-namorado da sua irmã;

O seu melhor amigo do jardim de infância com quem você não fala há 15 anos.

Na realidade, você tem relacionamentos muito diferentes com todas essas pessoas, mas no Facebook elas são todas suas "amigas". Se um parente distante insiste em fazer comentários inapropriados no seu perfil, você terá de confrontá-lo ou desfazer a amizade. Não é possível publicamente destacar que a sua relação com ela não é "amigo", mas sim "a prima louca de segundo grau já deletada".

A transitividade dos laços sociais

"Transitividade" é uma palavra técnica que significa basicamente "transmissibilidade". Em outras palavras, se você tem um laço social próximo, os seus outros amigos próximos estão suscetíveis a "pegar" esse laço. Mark Granovetter escreve sobre o que ele chama de "trio proibido" — uma situação em que uma pessoa possui laços estreitos com duas pessoas, que não se conhecem (veja a Figura 7-3). Ele chama de "proibido" não porque seja realmente proibido, mas porque é muito improvável de acontecer.

Os sites de redes sociais podem acelerar a "cura" dos trios proibidos. Se você tem dois grandes amigos que comentam com frequência no seu perfil, eles estão aptos a se conhecer e até mesmo iniciar uma conversa — talvez sobre você! Se isso está parecendo estranho... bom, talvez seja sua culpa por não ter apresentado os seus amigos um ao outro.

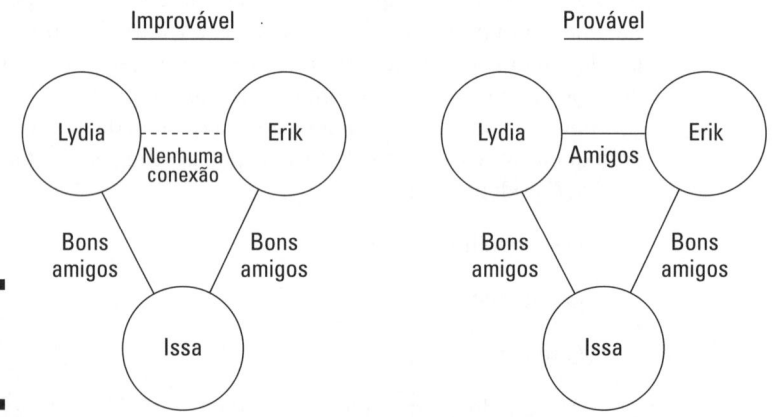

Figura 7-3: Um trio proibido

Improvável — Lydia - - - - - - Erik (Nenhuma conexão); Lydia — Bons amigos — Issa; Erik — Bons amigos — Issa

Provável — Lydia —— Erik (Amigos); Lydia — Bons amigos — Issa; Erik — Bons amigos — Issa

A disseminação da informação por meio das redes sociais

Como se a fofoca já não se espalhasse rapidamente antes da internet, ela agora se espalha como fogo em mato seco. Se um de seus amigos postar uma foto sua beijando alguém que você conheceu em uma festa, *todos* os seus amigos saberão disso, mais ou menos, imediatamente. Isso é verdadeiro em relação a outras informações também, incluindo notícias urgentes nacionais e internacionais, vídeos engraçados e até mesmo informações falsas sobre supostas farsas e outras lendas urbanas.

O princípio de que a informação se espalha mais eficiente e efetivamente por meio dos contatos sociais era verdadeiro antes do desenvolvimento da internet; apesar de a internet ter facilitado teoricamente a transmissão de algo para um público em massa (todos no mundo poderiam ler o seu blog pessoal *neste momento* se quisessem), ela também tornou as redes sociais mais importantes, pois elas aumentaram a eficiência da disseminação de informação. As pessoas ainda trocam informações na cerca do quintal e em volta do bebedouro, como sempre fizeram, mas agora a cerca e o bebedouro estão online e você não precisa esperar ficar com sede para ouvir as últimas novidades. Tudo o que você precisa fazer é acessar o site.

Amizades online: Trocando a qualidade pela quantidade?

À medida que as tecnologias como os celulares, os laptops e as redes wireless vêm se proliferando, muitas pessoas mostram se preocupar com o efeito que essas tecnologias exercem nas relações no "mundo real". Desde que o telefone foi inventado, as pessoas têm se preocupado com o fato de as tecnologias que facilitam a comunicação entre pessoas distantes, distraírem-nas das relações com outros que estão mais perto.

Apesar de parecer que o seu irmãozinho está sempre batendo papo online e nunca quer conversar com a sua família de verdade, o fato é que ele provavelmente não estaria muito mais entusiasmado para falar com a sua família mesmo que a alternativa fosse ficar sentado na varanda olhando o trânsito passar. Evidências históricas e sociológicas do último século sugerem que, conforme a tecnologia torna a comunicação mais fácil, o que acontece é que há simplesmente *muito* mais comunicação... com todo mundo.

Pense na sua própria vida. Com quem você fala mais ao telefone, troca mais mensagens de texto, conversa mais online e com quem troca mais publicações no mural? As chances são de que seja a sua namorada ou seu colega de quarto ou melhor amigo: alguém que você em geral vê pessoalmente. Você também provavelmente se comunica com frequência com pessoas que estão longe e você talvez faça isso muito mais do que as pessoas faziam antes do desenvolvimento dos celulares e da internet — isso, entretanto, não significa necessariamente que você está negligenciando os seus relacionamentos íntimos com pessoas que você de fato encontra pessoalmente todos os dias. Você talvez está apenas os suplementando com amigos distantes.

Os sociólogos e psicólogos ainda estão juntando dados sobre como os sites de redes sociais e as tecnologias relacionadas *afetam* os relacionamentos das pessoas, em vez de meramente *refleti-los*... mas, em geral, as pessoas parecem usar essas tecnologias para se aproximar de uma série de pessoas que valorizam. Não é uma escolha entre um ou outro.

Parte III
Igualdade e Desigualdade em Nosso Mundo Diverso

A 5ª Onda — Por Rich Tennant

"Eu sempre supus que os duendes se vestiam assim naturalmente. Eu nunca imaginei que fosse uma condição de contratação."

Nesta Parte...

Toda sociedade é feita de muitas partes — e a "parte" à qual você pertence nem sempre é óbvia. Eu pertenço à parte da classe média da sociedade? À parte branca? À parte masculina? À parte católica? À parte dos cumpridores da lei? Nesta seção, explico como os sociólogos compreendem as linhas que dividem a sociedade.

Capítulo 8

Estratificação Social: Somos Todos Iguais, Porém Alguns São Mais Iguais do que Outros

Neste Capítulo
- Escavando as camadas sociais
- Compreendendo as muitas formas de desigualdade
- Escalando e caindo

O título deste capítulo refere-se à *Revolução dos Bichos*, de George Orwell, um romance que é uma metáfora feita para demonstrar o quão difícil é criar uma sociedade onde todos sejam verdadeiramente iguais. No livro, os animais de um celeiro expulsam o fazendeiro e tentar criar uma ordem social onde todos sejam iguais. Eventualmente, os porcos começam a tirar vantagem de suas posições de liderança e justificam os seus privilégios especiais pelo ditado: "Todos os animais são iguais, mas alguns animais são mais iguais do que outros".

A história soa verdadeira, pois nenhuma sociedade, jamais, fora completamente igual. A desigualdade social é um tópico no coração da sociologia e, neste capítulo, explico o porquê disso.

Primeiramente, explico como os sociólogos pensam, em geral, sobre a desigualdade — e por que ela pode ser uma característica necessária da sociedade. Em seguida, falo sobre as muitas formas diferentes de desigualdade: todas as maneiras em que as pessoas conseguem desenhar limites sociais que privilegiam alguns à custa de outros. E, finalmente, falo sobre como a desigualdade muda com o tempo — tanto para os indivíduos (mobilidade social) quanto para sociedades inteiras.

Escavando As Camadas Sociais

A palavra "estratificação" é um termo geológico que se refere à maneira como as camadas da terra e as rochas estão empilhadas uma em cima da outra. A estratificação social, analogamente, refere-se a grupos sociais empilhados um sobre o outro. Nesta seção, discuto como os sociólogos pensam em relação à desigualdade em geral e, então, explico o debate sobre se ela é ou não necessária.

Compreendendo a desigualdade social

O que significa ser "desigual" na sociedade? De uma perspectiva sociológica, significa ter *acesso desigual aos recursos sociais*. Em outras palavras, eu e você somos desiguais se um de nós têm, ou pode ter, mais recursos desejáveis do que o outro. Esses recursos podem incluir:

- **Posses materiais:** Tudo, desde alimentos, abrigo até itens de luxo.
- **Dinheiro:** Moeda e crédito que podem ser trocados por bens.
- **Poder:** A habilidade de influenciar os outros a fazer o que você quer.
- **Prestígio:** Ser tratado com interesse e respeito pelos outros.
- **Relacionamentos:** Acesso, seja pessoal ou profissional, a pessoas de valor.

Esses são recursos que você razoavelmente pode querer na sociedade, mas aos quais provavelmente tem menos acesso do que outras pessoas. Agora *quantos* desses outros têm mais acesso do que você a essas coisas depende de onde você está na ordem de estratificação da sua sociedade.

O que ocorre é que ter mais desses recursos o coloca em uma posição melhor para *pegar* ainda mais — na maioria das sociedades, as vantagens se multiplicam, significando que, se você está relativamente alto na ordem de estratificação, tem acesso a muitos recursos que o ajudarão a se manter ali. Se você está relativamente baixo na ordem de estratificação, por outro lado, talvez tenha dificuldades na escalada. As pessoas com muito dinheiro, por exemplo, podem investir em empreendimentos capazes de trazê-los ainda mais; as pessoas sem dinheiro têm de trabalhar para receber o que seus chefes lhes pagam.

Mas não existe somente uma dimensão da estratificação: você não pode apenas adicionar todos os recursos diferentes que tem, e chegar a um resultado único ou a um número ou até mesmo a uma categoria que resume completamente onde você está na ordem da estratificação. Existem muitas bases diferentes de desigualdade social — as pessoas estão onde estão na ordem de estratificação por uma série de razões que podem persistir independente de quanto poder ou dinheiro elas tenham. Se, por exemplo, você for uma minoria racial em uma sociedade que discrimina as minorias raciais, terá um obstáculo a enfrentar independente do que você conquistar na vida (veja o box "Trancando os Portões").

Na próxima seção deste capítulo, falo sobre as várias bases comuns da estratificação social: dinheiro, ocupação, habilidade, motivação, conexões, credenciais, conhecimento especializado, raça, sexo, casta e idade. Todas essas são maneiras por meio das quais pessoas podem ser diferentes umas das outras, e as quais podem levá-las a ter posições diferentes na ordem de estratificação de uma sociedade — mas nem *todas* dessas distinções entre as pessoas levam a diferenças na estratificação. Eu tenho uma marca de nascença no peito; isso me torna único, mas na minha sociedade essa diferença não está apta a levar a uma vantagem *ou* a uma desvantagem na ordem de estratificação. Algumas pessoas podem achá-la feia e outras, atraente, mas, de qualquer maneira, ela provavelmente não vai tornar mais fácil ou mais difícil minha busca por um emprego ou influência.

É concebível que haja uma sociedade onde isso importaria: as sociedades diferem, às vezes dramaticamente, em como o sistema de estratificação funciona. Algumas dessas diferenças são formais (isto é, escritas no sistema legal e regras organizacionais, como se pode ou não haver escravidão) e outras são informais (isto é, regras que não estão escritas mas que, mesmo assim, são significantes, como se o racismo permeia ou não a sociedade). A questão é que cada sociedade tem seu próprio sistema de estratificação social e esses sistemas variam de acordo com o tempo.

Os sociólogos dividem as bases da estratificação em duas categorias.

> **Bases atribuídas** de estratificação são atributos com os quais você nasceu e segundo os quais a sociedade o julga — por exemplo, a sua aparência física (incluindo a sua raça), o seu lugar de origem e a sua casta, se você mora em um sistema de castas.

> **Bases alcançadas** de estratificação são atributos sobre os quais você tem pelo menos algum controle: o seu trabalho, suas conexões sociais, a sua educação, o seu patrimônio. Eles podem mudar ao longo da sua vida.

Para tornar as coisas ainda mais complicadas, é possível que as bases tenham importância variável em lugares e tempos diferentes e elas podem interagir uma com a outra para determinar o seu lugar no sistema de estratificação. Por exemplo, alguns trabalhos podem ser mais vantajosos para as mulheres do que para os homens e vice-versa. A estratificação social é bem complexa, mas vale a pena gastar um tempo para entendê-la, pois é muito importante para todo mundo — em *qualquer* sociedade.

É fácil se confundir quando se fala em "classe social". A palavra "classe" é tipicamente usada para se referir às diferenças em uma ordem de estratificação de uma sociedade, seja ela qual for. Se você é de "classe alta", é relativamente privilegiado. Se é de "classe baixa", é relativamente desprivilegiado. Quando as pessoas usam esses termos em referência à sociedade capitalista moderna, elas geralmente estão se referindo a dinheiro. As pessoas de "classe alta" possuem mais dinheiro do que as de "classe baixa".

Mas a classe envolve mais do que dinheiro, mesmo nas sociedades industriais capitalistas. Uma bibliotecária e um metalúrgico podem ganhar a mesma quantia de dinheiro, mas isso significa que eles estão na mesma classe? Muitas pessoas diriam que não, e é por isso que vários sociólogos preferem relacionar "classe" com ocupação em vez de somente a renda.

Mais fatores ainda podem ser considerados. Fica tão complicado, na verdade, que as pessoas nem sabem a sua própria classe; se você definir "classe média" como estando no terço central de uma sociedade em termos de renda, muito mais pessoas se consideram "classe média" do que realmente são. O fato é que, na maioria das sociedades, não existe uma definição concreta da ordem social com a qual todos concordem, portanto a questão sobre o que são as "classes" — e quais pessoas pertencem a qual classe — sempre será um assunto de grande debate.

O eterno debate: A desigualdade é necessária?

Os animais de Orwell não são os únicos a pensar se a desigualdade social é necessária. Não seria bom ter uma sociedade onde todos fossem iguais — onde ninguém é mais privilegiado do que o outro?

Entre os sociólogos, Karl Marx foi o que teve mais fama ao pedir uma criação de uma sociedade onde todos fossem iguais. Na utopia comunista de Marx, as pessoas poderiam ter trabalhos diferentes mas ninguém ficaria preso a um emprego que os deixasse infelizes. As pessoas receberiam os recursos de que precisavam para atender suas necessidades básicas e teriam qualquer luxo disponível, mas ninguém colheria os frutos nas costas dos outros. "De cada um, de acordo com suas habilidades", escreveu Marx, "e a cada um, de acordo com suas necessidades".

Mas como o trabalho pesado seria feito? Idealmente, do mesmo modo como em uma família: quando você vir algo que precisa ser feito, você faz e então ninguém terá de fazê-lo. Outros membros da família, por sua vez, fariam o mesmo por você.

Qualquer um que já viveu em uma família, no entanto, sabe que não é bem assim que funciona... esse sistema poderia funcionar na escala de uma sociedade inteira? A maioria dos sociólogos acha que não. Essa não só é uma teoria questionável, como as evidências empíricas existentes sugerem que seja insustentável (veja o box "Os contratempos do socialismo").

Trancando os portões

Henry Louis Gates Jr., um homem negro, é um dos acadêmicos mais respeitados do mundo: chefe do Departamento de Estudos Afro-americanos de Harvard, ele é autor de muitos livros e pode ser visto frequentemente na televisão falando sobre a experiência negra nos Estados Unidos. Ele recebe um salário apropriadamente bom e possui uma casa em um bairro próspero de Cambridge, Massachusetts.

Numa noite de verão em 2009, o Professor Gates chegou em casa e percebeu que acidentalmente ficou trancado do lado de fora. Ele e um amigo abriram uma janela para entrar e um vizinho que podia apenas ver que dois homens estavam entrando pela janela chamou a polícia. Quando a polícia chegou, eles pediram para Gates fornecer identificação provando que era dono da casa. Ele ficou indignado e acabou preso, apesar de ser solto mais tarde e não haver acusação contra ele.

Gates acusou o policial branco que o prendeu de racismo, incitando um debate nacional. No século XXI, ainda seriam os Estados Unidos um lugar onde um homem — mesmo um homem rico e famoso como o Prof. Gates — poderia ser preso simplesmente por ser negro? É impossível saber se o incidente teria sido diferente se fosse um homem branco tentando invadir a própria casa, mas, logo após o incidente, muitos afro-americanos vieram à frente para citar exemplos de discriminação racial que sofriam todos os dias. A discussão sobre o incidente tornou claro para o país inteiro que nos Estados Unidos — assim como em qualquer outro país — a estratificação social não é questão somente de qual trabalho você possui ou de quanto você ganha, *ou* da cor da sua pele. Todos esses atributos importam, porém o *quanto* eles importam varia de uma situação para outra.

O argumento sociológico mais notório para a necessidade da estratificação social — isto é, a desigualdade — foi feito em 1945 pelos funcionalistas Kingsley Davis e Wilbert E. Moore. Davis e Moore foram francos em relação ao fato de as pessoas possuírem habilidades diferentes e a sociedade ter interesse em casar as pessoas mais hábeis com os trabalhos mais importantes. Se alguém tem uma mente brilhante e uma mão excepcionalmente firme, pode ser benéfico a milhares de pessoas que essa pessoa se torne uma cirurgiã... mas e se ela não *quiser* ser uma cirurgiã? Se os cirurgiões recebem significativamente mais do que as pessoas em trabalhos menos críticos, isso fornece um incentivo para as pessoas competirem por trabalhos como cirurgiões; dessa forma, o mais hábil pode ser escolhido em vez de o trabalho simplesmente ir para quem o quer.

Além disso, Davis e Moore apontaram que, após uma pessoa conseguir um trabalho, elas precisam estar motivadas para trabalhar duro — e não há melhor motivação do que a ameaça de perder o emprego e acabar na rua. Se for permitido que as pessoas façam o que quiserem, quando quiserem, elas ficarão tentadas demais a ser preguiçosas e muito pouco acabaria por ser feito.

Os contratempos do socialismo

Como expliquei no Capítulo 4, um dos desafios da sociologia é o fato de normalmente você não poder fazer experimentos na sociedade — colocar um grupo de pessoas em uma situação e outro grupo em outra situação — e ver o que acontece. É necessário observar uma situação qualquer e fazer o seu melhor para tentar descobrir por que e como as coisas acabaram acontecendo daquela maneira.

Felizmente, para os sociólogos estudando a estratificação, ao longo do último século alguns países criaram experimentos naturais ao se organizarem nas ideias socialistas inspiradas por Marx. Nenhum país se tornou o tipo de sociedade comunista perfeita que Marx imaginava, mas muitos tentaram sucumbir aos valores dele ao estritamente limitarem a quantia de dinheiro que uma pessoa pode receber enquanto garantiam certas coisas — alimentos, abrigo, emprego — para todos. E no que resultou esse experimento?

Em alguns aspectos, eles se saíram muito bem. A China comunista é uma potência mundial, e muitos países — por exemplo, as nações escandinavas — tiveram grandes sucessos aumentando os impostos e garantindo muitos benefícios, limitando assim a desigualdade social mesmo permanecendo essencialmente capitalistas.

Em outros aspectos, o experimento não deu tão certo. A União Soviética caiu, e suas repúblicas constituintes se tornaram em grande parte países capitalistas democráticos em vez de permanecerem comunistas. O sociólogo Gerhard Lenski, após um estudo de perto, passou a acreditar que o fracasso de muitas sociedades socialistas demonstra uma falha fundamental na teoria de Marx. "Livres do medo do desemprego e em falta de

> incentivos materiais adequados", escreve Lenski, os trabalhadores não faziam a sua parte voluntariamente como Marx achava que fariam. "A performance do trabalhador deteriorou e a produção estagnou ou diminuiu nas sociedades Marxistas em todos os lugares." Em outras palavras, talvez as pessoas precisem de algum incentivo financeiro, como a ameaça da perda do emprego, para fazer o necessário em uma sociedade.

Então, para resumir, o argumento de Davis e Moore:

As pessoas precisam estar motivadas para trabalhar duro e para ter os trabalhos para os quais são mais adequados.

Motivação significa *recompensa*... e a real possibilidade de ter significativamente mais ou menos recompensas.

Em função de ser preciso ter pessoas que são mais recompensadas do que outras, é necessário existir a desigualdade.

Parece fazer muito sentido, mas o artigo de Davis e Moore se tornou um dos mais criticados em toda a sociologia. Por quê? Muitos sociólogos acreditam que o argumento de Davis e Moore justifica o status quo (a mesma crítica foi direcionada ao colega deles, Talcott Parsons; veja o Capítulo 3).

Só porque as pessoas talvez precisem de *alguma* motivação para trabalhar duro não significa que o nível de desigualdade presente na maioria das sociedades seja necessário ou humanitário. E mais, o sistema de recompensa financeira tal qual existe hoje não faz necessariamente muito para recompensar o esforço além de pura sorte: as maiores disparidades financeiras não são disparidades de renda, mas sim disparidades de riqueza (isto é, dinheiro no banco), que é geralmente herdado e não tem relação alguma com o quão duro você dá no trabalho. Existem também vastas desigualdades por qualidades atribuídas (veja a seção "Compreendendo a desigualdade social" para uma definição sobre as qualidades atribuídas) — não faz sentido algum recompensar alguém apenas por ter nascido homem e branco.

Hoje em dia, a maioria dos sociólogos acredita que pelo menos alguma desigualdade é inevitável — independente se é ou não "necessária" —, mas que muita da desigualdade na sociedade é excessiva, prejudicial e improdutiva.

As Muitas Formas de Desigualdade

Quando algumas pessoas acabam no topo da escada social e outras acabam por baixo, existem muitas razões para essa disparidade. A primeira coisa que vem à mente quando se pensa em desigualdade social é provavelmente a desigualdade baseada em dinheiro; com certeza, essa forma de desigualdade é muito real e traz consigo consequências. No entanto, existem muitas outras razões para que algumas pessoas se tornem privilegiadas em relação a outras em qualquer sociedade.

Nesta seção, abordarei algumas das bases mais importantes para a estratificação social — isto é, várias das mais importantes variáveis que podem diferenciar as pessoas e levar à desigualdade social. Esta, entretanto, não é uma lista completa; *qualquer* diferença entre as pessoas pode resultar na estratificação social.

Renda e patrimônio

Nas sociedades que usam o dinheiro — isto é, quase todas as sociedades atualmente existentes — a distribuição de dinheiro é um dos fatores mais importantes na estratificação social. O fato de que ele é relativamente fácil de mensurar (a quantia de dinheiro que você tem é um número em geral incontestável) é uma das razões pela qual ele é usado com frequência pelos cientistas sociais. A *renda* se refere à quantia de dinheiro que você recebe pelo seu trabalho; o *patrimônio* refere-se à quantia de dinheiro (e/ou bens que valem dinheiro, como uma casa ou um carro) que você tem em sua posse.

Nas sociedades capitalistas avançadas, o dinheiro é quase como mágica: você pode transformá-lo em praticamente tudo o que quiser, de carros e casas, a comidas e drogas e até sexo. O dinheiro não pode comprar amor, mas é capaz de comprar roupas legais e jantares em restaurantes chiques. Crucialmente, ele também compra a segurança e a liberdade. Quanto mais dinheiro você tem, mais liberdade possui — é simples assim.

Além disso, como mencionei anteriormente, com disciplina e paciência, o dinheiro pode ser transformado em mais dinheiro. É possível investir as economias para rendimento, ou arriscá-las em empreendimentos que podem resultar em lucros enormes. Se você não possui economias, está fadado a viver de salário em salário, trocando o seu tempo pela maior quantia que conseguir negociar.

Se Marx estava ou não certo sobre o dinheiro e o patrimônio constituírem a base fundamental da desigualdade social, ele estava certíssimo em relação ao fato de que as pessoas com mais dinheiro podem exercer poder direto sobre aquelas com menos dinheiro. Se eu tenho muito dinheiro e você tem pouquíssimo, pode ser forçado a fazer praticamente tudo o que eu disser se eu estiver disposto a lhe dar um pouco do meu dinheiro em troca. Muitas pessoas em sociedades capitalistas se encontram com muitas opções de emprego para escolher, mas as pessoas que não têm dinheiro e possuem poucas habilidades específicas (veja a seção "Conhecimento especializado") podem se considerar sortudas por conseguir *qualquer* emprego. Nos casos mais extremos, as pessoas podem ser forçadas a agir de maneira extremamente arriscada e desagradável, incluindo o roubo, o tráfico de drogas ou a prostituição.

E ainda assim, mesmo com esse poder "mágico" de comprar qualquer coisa, o dinheiro tem uma segunda influência importante: as pessoas com muito dinheiro são em geral tratadas melhor — e mais bem vistas — do que as que tem pouco, mesmo em situações em que o dinheiro não esteja diretamente envolvido. Max Weber acreditava que um dos mais importantes fatores da ascensão do capitalismo era a crença religiosa de que as pessoas ricas eram favorecidas por Deus; nas sociedades capitalistas hoje em dia, a maioria das pessoas acredita que aqueles com mais riquezas trabalharam mais e, por isso, merecem mais do que as pessoas que possuem menos. Isso significa que as pessoas com mais dinheiro podem exercer poder e influência sem ter de gastar um centavo.

Por todas essas razões, o dinheiro está no coração da estratificação social em quase todas as sociedades existentes hoje.

Ocupação

Se o dinheiro é importante, então os trabalhos são importantes — pela simples razão de eles produzirem a renda. Mas o trabalho que você exerce é uma base importante da estratificação social em si.

É meio grosseiro iniciar uma conversa em uma festa perguntando o que eles fazem — mas as pessoas em geral agem exatamente desse modo, pois saber o que uma pessoa faz para viver lhe informa muito sobre ela. Isto lhe diz sobre o quanto elas ganham, o quanto estudaram e é uma boa indicação sobre no que eles provavelmente estão interessados e sobre o que possuem de conhecimento.

A maneira mais simples de se medir a "classe social" (veja a seção "Compreendendo a desigualdade social") é considerar a renda ou o patrimônio, mas outra maneira utilizada pelos sociólogos para medir a classe social é o prestígio ocupacional.

Os sociólogos fizeram enquetes com pessoas de diferentes países para determinar quais trabalhos elas acham mais respeitados; as pessoas nas ocupações consideradas mais prestigiadas estão no topo da ordem de estratificação, e aquelas em ocupações com menos prestígio consideram-se na base.

O que torna uma ocupação prestigiada? Parece ser uma combinação de fatores. A quantidade de renda que resulta de uma ocupação em particular é importante, mas a quantidade de educação e treinamento necessário para tal ocupação também é. Além disso, as pessoas tendem a respeitar as ocupações vistas como cuidadosas ou que façam bem para o mundo. Por essa razão, um trabalho como professor pode ser tão bem visto quanto uma ocupação em um banco, apesar de o banqueiro provavelmente ganhar mais. De maneira parecida, apesar dos muitos milhões recebidos por atletas profissionais — e a adoração esbanjada por algumas estrelas de alta performance —, a ocupação de "atleta" é em geral tão prestigiosa quanto a ocupação de "programador de computadores". As ocupações consideradas mais prestigiadas tendem a ser os trabalhos que pagam bem, que requerem bastante estudo e habilidades *e* que envolvam o trabalho em áreas consideradas importantes: médicos, advogados, executivos e professores universitários têm ocupações altamente prestigiadas.

Além de resultar em dinheiro e respeito, a sua ocupação também pode equipará-lo com conexões sociais importantes e conhecimento especializado que talvez seja útil mais à frente.

Habilidade inata

Sem entrar muito profundamente no debate natureza inata/adquirida da psicologia — o debate se a sua constituição genética ou o seu meio ambiente é mais importante na formação de quem você se torna —, pode-se dizer que algumas pessoas nascem com habilidades que podem ajudá-las a escalar os degraus da estratificação em uma sociedade. Exatamente *quais* habilidades são úteis pode variar de uma sociedade para outra, mas a maioria possui alguma maneira pela qual as pessoas consigam tornar seus talentos inatos em dinheiro, influência e respeito.

Algumas pessoas podem nascer com um talento para a matemática; outras podem ter talento para a leitura ou para o uso da linguagem. As habilidades atléticas talvez sejam vantajosas, e as habilidades sociais instintivas podem ser extremamente úteis. Todas essas habilidades, e outras, provavelmente possuem algum componente genético — portanto, é possível nascer equipado para triunfar em algumas tarefas importantes na sua sociedade. Isso não significa que você *será* bem-sucedido; será necessário apoio, estudo e oportunidade para tirar o máximo de suas habilidades. Ainda assim, todo mundo tem alguma disposição e talento inatos, e seria ingênuo negar que eles fazem a diferença no que se trata dos seus ganhos ou atribuições (na maioria dos casos, na verdade é um pouco dos dois) de um lugar na ordem de estratificação da sua sociedade.

LEMBRE-SE

É importante esclarecer, no entanto, que não há evidência alguma de que a habilidade inata varia junto com outras bases da estratificação social — isto é, uma pessoa que é relativamente rica ou bem conectada ou bem instruída não nasceu necessariamente com algum talento especial. Todas essas qualidades derivam de uma série de causas, portanto, não é possível supor que alguém particularmente bem-sucedido ou bem visto na sociedade de alguma maneira nasceu em um berço de ouro genético; ou, por outro lado, que alguém que tem relativamente pouco dinheiro ou prestígio de alguma forma nasceu para fracassar.

Motivação

A motivação é um tópico complexo, e os psicólogos têm passado suas carreiras tentando entender por que as pessoas são motivadas a fazer as coisas que fazem — e não aquilo que não fazem.

Até certo ponto, as causas da motivação de um indivíduo qualquer são desconhecidas. Por que uma garota está motivada a fazer o dever de casa ao passo que seu irmão está contente em sentar e ver TV? Por que algumas pessoas são supermotivadas no trabalho, enquanto outras sentam e fazem o mínimo possível que lhes é requisitado? Por que algumas pessoas tomam iniciativa e iniciam novos projetos enquanto outras preferem a rotina e a previsibilidade, não gostando do risco ou do esforço associado a ser um inovador? É difícil dizer.

De certas formas, entretanto, o comportamento que pode ser chamado de "motivação" varia entre pessoas de diferentes contextos, por razões previsíveis. Os sociólogos que estudam a infância descobriram que os pais relativamente bem instruídos e bem-sucedidos financeiramente tendem a ensinar aos seus filhos desde cedo que eles devem exercer a iniciativa e expressar suas opiniões e seus desejos, mesmo que sejam contrários ao que uma figura autoritária — como um professor ou empregador — pareça querer. Por outro lado, os pais menos bem-sucedidos tendem a ensinar os seus filhos a serem obedientes e respeitosos e não balançarem o barco (veja o Capítulo 15 para mais sobre a infância e os caminhos da vida).

Cada atitude servirá bem essas crianças em algumas situações mas não em outras; neste caso, não é uma questão de *quanta* motivação uma pessoa tem, mas sim que *tipo* de motivação. Em qualquer situação social, um certo tipo de comportamento tem probabilidade de receber determinada recompensa (ou punição). Se não está claro qual comportamento é o melhor, as pessoas só podem adivinhar qual será a recompensa baseado no que lhes foi ensinado. Se duas pessoas aprenderam a se comportar de modos diferentes, elas podem se comportar de maneira diversa na mesma situação. Você só pedirá um aumento, por exemplo, se achar que a possibilidade de consegui-lo é maior do que o incômodo e a vergonha de pedir e não receber. Isso pode depender de como você acha que o seu chefe espera que você se comporte, que por sua vez talvez dependa de como os seus pais esperavam que você se comportasse.

I é de iniciativa... tome alguma!

Quando eu estava na faculdade, um funcionário da acomodação fez um aviso que lia I é de iniciativa... tome alguma! E o pendurou ao lado do elevador. Eu e meus amigos sacaneamos o aviso, pois pensávamos que era altamente improvável um aviso bobo na parede motivar um estudante com dificuldades. Isso pode ser verdade, mas também é verdade que as expectativas e o encorajamento (ou a falta de) que recebemos das pessoas à nossa volta, podem ter grande parte na determinação do que nós alcançamos ou não na vida.

William I. Thomas, sociólogo membro da Escola de Chicago, apontou que uma situação definida como real é real em suas consequências. Por exemplo, se acreditam que uma pessoa é incompetente, ela não receberá nem a *chance* de sucesso. Se as pessoas de um certo contexto social são vistas como não "boas o suficiente para a faculdade", elas ficarão desencorajadas de se candidatar a uma faculdade e não terão oportunidades de provar o contrário, no que pode ser uma suposição muito enganosa sobre as habilidades acadêmicas delas.

Elas não serão matriculadas em aulas preparatórias para a faculdade ou desafiadas a se juntar a sociedades de honra acadêmica. Dessa forma, uma situação definida como real (eles não são "bons o suficiente para a faculdade") se torna real em suas consequências (sem as aulas preparatórias, eles estão de fato despreparados para a faculdade). Esse perigo é uma razão para a vasta instituição de políticas de ação afirmativa, que existem para garantir a todos a chance de serem bem-sucedidos.

Dito isso, também é verdadeiro que as pessoas muitas vezes têm sucesso mesmo sendo desencorajadas por todos os lados. Quando eu era adolescente e disse ao meu pai que cruzaria o estado de Minnesota pedalando, a resposta cética dele só me tornou mais determinado em fazê-lo. (Eu fiz como parte de uma pedalada para levantar fundos para a pesquisa de esclerose múltipla.) Dizer que o encorajamento e as expectativas de pessoas influentes são importantes, não significa que qualquer pessoa — ou quaisquer milhões de pessoas — possa determinar as escolhas que você faz na vida.

Conexões

Como explico em detalhes no Capítulo 7, as conexões sociais são uma forma de poder na sociedade. Quanto melhor posicionado estiver para conseguir informação e exercer a influência nas pessoas em sua sociedade, mais poder você possui. Como digo naquele capítulo, existem ocupações poderosas e prestigiadas que dependem inteiramente da habilidade das pessoas em fazer a ponte entre os buracos sociais — mas as conexões certas são úteis em *qualquer* situação social.

Você pode ser uma pessoa naturalmente sociável com o dom de fazer as conexões certas, mas o número, a natureza e a força das suas conexões sociais também são uma função de como você se encaixa nas outras variáveis listadas nesta seção. Considere:

- Se você é rico, pode comprar ou receber acesso para situações onde é possível conhecer outras pessoas ricas e influentes. Se você tem pouco dinheiro, será relativamente difícil encontrar pessoas que tenham muito dinheiro.
- Você pode fazer um grande número de conexões sociais por meio do seu trabalho, e elas continuarão valiosas para você mesmo que perca ou troque de emprego.
- Você provavelmente encontrará muitas pessoas por intermédio dos estudos, e ser estudante de uma certa instituição pode abrir portas com os alunos que você ainda não conheceu (a importância das conexões de colegas de classe pode ser demonstrada pelo exato motivo pelo qual você está lendo isto — foi mediante um amigo da universidade que eu soube sobre a oportunidade de escrever este livro).

A importância crítica das conexões sociais para o lugar de um indivíduo na ordem de estratificação só tem sido reconhecida há relativamente pouco tempo pelos sociólogos, e é uma das razões pela qual a pesquisa sobre as redes sociais têm recebido tanta atenção ao longo das últimas décadas. A importância das conexões sociais pode ser profundamente frustrante quando você está no lado fraco — por exemplo, quando um emprego que você deseja vai para algum amigo do chefe —, mas o fato é que as conexões sociais são partes importantes do sistema de estratificação onde quer que você vá.

Credenciais

Uma *credencial* é uma certificação por um órgão conhecido de que você possui uma habilidade, uma experiência ou outro atributo valorizado. As credenciais podem ser revogadas, mas em geral são merecidamente suas quando as recebeu. Exemplos de credenciais incluem:

- Um diploma universitário;
- Um prêmio;

✔ Ser membro de uma organização;
 ✔ Um emprego em uma empresa, seja no passado ou no presente;

As credenciais são tipicamente recebidas pela performance de um feito em dado momento, portanto são significantes em respeito às habilidades ou experiências de uma pessoa — mas elas também podem ser enganosas ou ultrapassadas. Se você se forma na faculdade e então prossegue os próximos trinta anos vivendo no mundo do crime e da corrupção... bem, ainda assim você é graduado!

Isso posto, por que as credenciais importam tanto? Em grande parte, porque são relativamente fáceis de se comunicar. Um currículo de uma página lhe fornece um rápido resumo das credenciais de uma pessoa e você pode olhá-lo por alto em apenas alguns segundos; entrevistar essa pessoa para saber mais sobre suas habilidades e experiências levaria muito mais tempo. Os empregos geralmente não são oferecidos em função somente da força das credenciais, mas elas podem lhe garantir uma entrevista; por outro lado, a falta de boas credenciais podem desqualificá-lo antes mesmo de se iniciar o processo de entrevistas.

Educação

O processo referido como "educação" envolve, na verdade, muita coisa. Ir à escola significa ganhar um diploma (uma credencial), fazer conexões, e... ah é!... Aprender coisas de verdade. Essas são todas razões pelas quais as pessoas se beneficiam ao ir à escola.

Por outro lado, a educação custa dinheiro. Geralmente, é um bom investimento — é por isso que muitos países forçam as crianças a frequentar as escolas e encorajam firmemente que os adultos frequentem as faculdades — mas uma das razões pela qual a educação é um assunto político e social tão difícil é o fato de estar longe de ser claro exatamente o quanto o sistema educacional deve tentar alcançar e quanto ele deveria custar. A universidade pode custar dezenas de milhares de dólares a cada ano, mas esse custo provavelmente inclui acomodação e refeição, acesso a pesquisadores de nível mundial e facilidades que variam desde academias de ginástica, terapias com psicólogos até a segurança privada. Tudo isso faz parte da "educação" de uma universidade — mas deveria ser assim? Existem debates similares sobre a educação em todos os níveis.

Na maioria das sociedades, a educação é um dos fatores determinantes em relação a quem vai na frente. É importante, entretanto, lembrar que ser "educado" significa muitas coisas diferentes, nem todas acontecendo dentro da escola. Meu pai, por exemplo, não possui a credencial de um diploma universitário, mas, após décadas de trabalho, ele certamente recebeu uma "educação" por meio do treinamento no trabalho. "Eu tenho um PhD", ele gosta de dizer, "em O.J.T[1]!".

Conhecimento especializado

"O conhecimento é poder", escreveu o filósofo Francis Bacon. Você provavelmente ouviu isso de seus pais, professores e programas educativos na TV; sem dúvida, é verdadeiro, mas, para parafrasear George Orwell, um sociólogo pode preferir dizer: "Todo o conhecimento é poder, mas alguns conhecimentos são mais poderosos do que outros conhecimentos".

Qual é a diferença? O conhecimento mais poderoso na sociedade é aquele sobre tópicos vistos como úteis ou importantes. O conhecimento que pode ser muito poderoso em uma sociedade talvez seja praticamente inútil em outra. Os sociólogos distinguem entre dois tipos de conhecimento especializado que pode dar um empurrãozinho em uma pessoa na subida pelo sistema de estratificação, e referem-se aos dois como "capital" — porque, assim como o capital financeiro, eles são bens valiosos.

Capital humano

O termo *capital humano* refere-se às habilidades úteis que uma pessoa aprendeu. Exemplos de habilidades e conhecimentos que podem contar como capital humano incluem:

- O conhecimento sobre como usar um programa de computador.
- A habilidade de consertar um carro.
- O conhecimento de tratamentos médicos.
- A compreensão sobre o sistema legal de um país, de um estado ou de uma cidade.
- O conhecimento da sociologia.

Essas são habilidades que podem ser aprendidas por meio dos estudos, da experiência profissional ou sendo autodidata. Todas essas habilidades são potencialmente valiosas no mercado de trabalho e, em alguns casos, podem permitir que você faça serviços para si mesmo e para sua família, os quais, caso contrário, você teria de pagar.

N.E.[1]: Sigla que significa On the Job Trainning, ou seja, Treinamento no Local de Trabalho.

Capital cultural

O termo *capital cultural* foi cunhado pelo sociólogo Pierre Bordieu (veja o Capítulo 5). Ele se refere ao conhecimento da, e um gosto pela, cultura de alto status. O que conta como "cultura de alto status" varia de uma sociedade para a outra, mas Bordieu enfatizava que as formas mais consequentes de capital cultural envolvem o conhecimento especializado com o qual você provavelmente não seria convincentemente familiarizado a não ser que fosse criado em um ambiente onde esse conhecimento fora ensinado e valorizado.

Exemplos do que Bordieu considerava capital cultural incluem:

- O conhecimento da música clássica; a capacidade de identificar composições e seus compositores.
- Um interesse em arte que pareça feia para a maioria das pessoas (por exemplo, uma fotografia de um carro destruído), mas que seja considerada belas artes por curadores de museus e seus ricos mecenatos.
- O conhecimento de vinhos finos e da culinária gourmet.

Nenhum desses conhecimentos possui muito valor prático — se o seu carro quebrar, saber quem escreveu a sinfonia *Eroica* não irá ajudá-lo a consertá-lo —, mas são todos evidências de que você foi, provavelmente, criado por pais relativamente ricos e bem instruídos. Bordieu apontava que, se você possui esses conhecimentos, outras pessoas privilegiadas provavelmente o verão como um deles e o tratarão com favor especial.

Discriminação de raça/sexo/casta

A discriminação baseada em raça, sexo ou casta é um exemplo primordial da estratificação *atribuída* (já mencionada neste capítulo): a estratificação que depende de uma característica com a qual você nasceu e que é virtualmente impossível de mudar.

Nesse contexto, *raça* refere-se aos aspectos de sua aparência física que o identifica com um grupo em particular reconhecido pela sua sociedade; *sexo* refere-se a se você é homem ou mulher; e *casta* refere-se ao seu status social nas sociedades onde a sua família de origem é permanentemente associada a um status ou outro.

Esse é um assunto central na sociologia, e tem o seu próprio capítulo — Capítulo 9 — neste livro. Muito mais sobre esse assunto aparece no capítulo, mas há aqui também, pois é impossível falar sobre a estratificação social sem considerar esse tipo de discriminação. Nas sociedades em todo o mundo, ao longo da história, o sexo e a cor da pele das pessoas têm sido status sociais com enormes efeitos determinantes. No pior dos casos, a raça e o gênero têm sido base para a escravidão implícita e explícita, privando milhões de pessoas das liberdades desfrutadas por outros.

Hoje, a escravidão explícita (isto é, aquela identificada abertamente como tal) está quase extinta e a discriminação por raça e gênero está felizmente em declínio na maioria das sociedades. Dito isso, o racismo e o sexismo são formas particularmente teimosas de discriminação, portanto, ninguém deve fingir que exista um lugar na terra onde a raça e o sexo não influenciem a determinação das chances de vida das pessoas. Outro meio de estratificação atribuída, e que está sendo calorosamente debatido no mundo todo hoje, é a orientação sexual — se uma pessoa é sexualmente atraída por membros do sexo oposto, do mesmo sexo ou ambos. Todas essas características (raça, sexo, orientação sexual e casta) continuam partes muito importantes das ordens de estratificação das sociedades.

A discriminação etária

A discriminação etária é outro meio de estratificação atribuída — mas, diferente de raça, sexo ou casta, a idade obviamente muda ao longo da vida de uma pessoa. A sua idade real ou aparente possui consequências reais em como as pessoas o enxergam e sobre quais oportunidades você pode ou não receber na sociedade.

O papel da idade na estratificação social pode ser difícil de classificar, pois, diferentemente da raça ou da casta, a idade de fato corresponde a diferenças reais em relação à experiência e às habilidades de uma pessoa. As pessoas são obviamente muito imaturas para fazer a maioria dos trabalhos remunerados até que saiam da infância e, à medida que seguem em direção à idade adulta e à velhice, as pessoas acumulam habilidades e experiências mas perdem por fim a resistência física e, possivelmente, a mental e a agilidade. Portanto, ao avaliar a aptidão física de uma pessoa para um trabalho, a idade não é irrelevante da mesma forma que a raça e o sexo normalmente são (eu digo "normalmente", pois, apesar de raça e sexo não corresponderem a diferenças em habilidade, elas podem ser características relevantes para certos trabalhos especializados).

Dito isso, a idade também pode ser base para a discriminação injusta — as pessoas podem ser mal tratadas, pois são vistas como "muito jovens" ou "muito velhas", ou podem ser estimadas apenas por terem certa idade. Isso tem se tornado um assunto crescente na sociedade contemporânea à medida que a vida profissional das pessoas se torna mais longa e os empregos, menos estáveis: uma pessoa que é de meia idade ou mais pode se encontrar perdendo o emprego para uma pessoa mais jovem que não é mais qualificada. E mais, esse tratamento pode variar com outras características atribuídas: é possível que as mulheres enfrentem mais discriminação etária do que os homens em alguns empregos, e vice-versa para outros.

Comparando a desigualdade internacionalmente

Se sociedades diferentes variam nas formas como seus membros são estratificados, só faria sentido que algumas sociedades fossem realmente mais iguais do que outras — que a desigualdade seria mais severa em algumas sociedades do que em outras. Na verdade, isso é mesmo verdadeiro, e os sociólogos descobriram fatores importantes sobre como sociedades diferentes são estratificadas e como a estratificação muda ao longo do tempo.

Não é só o grau de desigualdade que varia entre as sociedades, no entanto. David B. Grusky, um grande especialista em desigualdade, aponta que os sistemas de estratificação social variam ao longo de uma série de dimensões, incluindo:

- **Tipo de bens.** Qual principal atributo as pessoas que estão no alto da ordem de estratificação têm mais do que as outras? Em alguns casos, é o dinheiro, em outros, o capital humano, em outros, o poder político ou o prestígio cultural.
- **Classes.** Quais são as principais classes na sociedade? Na sociedade capitalista "clássica", são os burgueses e o proletariado, como disse Marx; em outras sociedades, são os escravos e os senhores de escravos ou nobres e plebeus.
- **Grau de desigualdade.** Quanta desigualdade existe entre as pessoas nas classes mais altas e nas mais baixas? Na sociedade medieval feudal, a desigualdade era muito alta; na sociedade tribal pré-histórica, a desigualdade era relativamente baixa. Em nossa sociedade industrial avançada, diz Grusky, o grau de desigualdade está entre esses dois extremos.
- **Rigidez.** Quanta mobilidade social uma sociedade permite? Uma sociedade tradicional de castas, na qual as pessoas nascem em classes sociais inflexíveis, não permite praticamente nenhuma mobilidade; por mais difícil que seja "sair na frente" no capitalismo moderno, existe a possibilidade de mudanças sociais (assim, para o desespero de muitos financiadores ambiciosos demais, é possível "ir à falência").

Pensar sobre a estratificação desse modo torna claro que, mesmo que o capitalismo industrial moderno não seja nenhuma maravilha — especialmente para as pessoas na base da hierarquia social —, ele é muito mais aberto do que a maioria das sociedades, em grande parte da história humana, já foi.

Além disso, quase todas as sociedades no mundo são cada vez mais parecidas na maneira em que seus sistemas de estratificação são organizados. A globalização e o desenvolvimento internacional tornaram o modelo capitalista industrial quase universal no mundo; poucos países hoje em dia são dominados pelos tipos rígidos de sistemas de estratificação comuns anteriormente. Países industriais avançados como os da Europa e da América do Norte têm visto o crescimento de uma grande e basicamente feliz classe média (veja o Capítulo 16 para mais sobre a mudança social).

Membros da classe média não são particularmente ricos, mas possuem renda suficiente para prover uma vida confortável a suas famílias e ainda conseguem comprar alguns luxos. Os trabalhos deles podem ser cansativos, mas os dedos não são usados até a exaustão e eles provavelmente ainda possuem algumas responsabilidades e liberdades gerenciais. Comparado com as vidas da maioria das pessoas na maior parte do tempo na história, a vida da classe média é boa.

Alguns sociólogos, no entanto — especialmente aqueles que tendem a concordar com Marx que o capitalismo leva à exploração —, tem observado que a prosperidade do mundo desenvolvido é construída à custa do mundo em desenvolvimento. Os luxos que os americanos, europeus e japoneses de classe média usufruem são tão acessíveis por serem feitos por trabalhadores na China, no México e em outros países em desenvolvimento que recebem uma pequena fração comparado ao que seus semelhantes recebem no mundo desenvolvido. Um trabalhador de fábrica em Michigan usufrui um estilo de vida absolutamente igual ao de um príncipe quando comparado com um trabalhador de fábrica na zona rural da China. Essa disparidade nos padrões de vida intensificaram dois desenvolvimentos:

- **Ondas de imigração** no mundo desenvolvido provenientes dos países em desenvolvimento, à medida que os trabalhadores se movem em busca de melhores salários e, muitas vezes, mais liberdade individual. A diferença no potencial de rendimentos, até mesmo para os imigrantes sem documentação e sem permissão legal para trabalhar, pode ser tanta que homens e mulheres largam suas famílias por meses ou anos para conseguirem mandar uma parte de seus ganhos de volta para casa (veja o Capítulo 9 para mais sobre a imigração).

- **Terceirização** da produção industrial e, cada vez mais, da mão de obra qualificada para o mundo em desenvolvimento. As coisas podem ser construídas e feitas de forma muito mais barata no mundo em desenvolvimento, tornando irresistível para as empresas interessadas em lucrar (e qual empresa não está?) com a contratação de trabalhadores para fazer qualquer serviço que sejam capazes. Como mais e mais trabalhos podem ser realizados no mundo em desenvolvimento, mais e mais trabalhos estão sendo terceirizados — apesar desse fato levar à perda de milhões de empregos nos países em terceirização.

Alguns sociólogos, chamados coletivamente de "teóricos de sistemas mundiais" — termo inspirado pelo trabalho do sociólogo Immanuel Wallerstein —, acreditam que os burgueses apenas conseguiram evitar a revolução mundial ao terceirizarem os piores e mais extenuantes trabalhos. Eles acreditam que, eventualmente, o proletariado mundial ficará esperto em relação a esse sistema e provará que Marx estava certo quando se revoltarem e mudarem as regras do jogo.

Isso vai acontecer? É impossível dizer com certeza. As regras do jogo da estratificação já mudaram muitas vezes e é apenas razoável pensar que — de uma maneira ou de outra — elas provavelmente podem mudar de novo.

Capítulo 9

Gênero e Etnia: Eu sei de Onde Vim, Mas Para Onde Vou[1]?

Neste Capítulo

▶ Compreendendo o viés e a discriminação
▶ Distinguindo entre raça e etnia
▶ Aceitando as mudanças nas ideias sobre sexo e gênero
▶ Valorizando a contínua relevância do gênero e da etnia

Raça e sexo: todo mundo tem. Eles não "deveriam" mais importar, mas é claro que ainda importam. As pessoas nas sociedades em todo o mundo ainda prestam bastante atenção à cor da sua pele e ao fato de você ser homem ou mulher. O que eles fazem com essa informação varia de um lugar para outro — e, é claro, tem variado dramaticamente ao longo da história —, mas não é possível negar o fato de que a raça e o sexo ainda são importantes e vão continuar sendo até o resto da sua e da minha vida.

Junto com a estratificação social (veja o Capítulo 8), esta é uma das áreas centrais da sociologia. Os sociólogos também estudam todos os outros assuntos neste livro — religião, educação, política, negócios e a economia —, mas, se você for um jornalista ou político, os sociólogos provavelmente estarão listados em seus arquivos sob o assunto discriminação de raça e sexo.

N.E.[1]: No título original "I Know My Race, But Where's the Finish Line". Traduzindo literalmente ficaria "Conheço minha Raça, mas onde é a linha de chegada?" sendo que há um trocadilho, pois raça pode ser entendida como corrida, visto que têm a mesma grafia. Optamos pelo título acima por ser o mais coerente.

Neste capítulo, começo explicando a ideia geral sobre o viés e a discriminação como são estudadas pelos sociólogos. Então, explico o que os sociólogos aprenderam sobre a raça especificamente e, em seguida, sobre o sexo (ao longo do caminho, explico a diferença entre "raça" e "etnia", e entre "sexo" e "gênero"). Finalmente, explico por que, mesmo na era pós-feminismo e pós-Movimento dos Direitos Civis, a raça e o sexo ainda importam — e muito.

O Viés e a Discriminação: Os dois lados da moeda

Você é especial. Único. E sabe disso porque sua mãe provavelmente lhe falou e vários programas de TV certamente também lhe disseram isso. É absolutamente verdadeiro — não existe ninguém exatamente igual a você. *Existem*, no entanto, milhões ou bilhões de outras pessoas da mesma raça que a sua e muito mais pessoas do mesmo sexo que o seu. Quando alguém usa a raça, o sexo ou qualquer outro de seus atributos pessoais para supor sobre suas outras características, isso é *viés*. Quando essas suposições afetam as decisões que fazem em relação a você, isso é *discriminação*.

Primeiro, deixe-me esclarecer uma coisa: Você é tendencioso em relação a outras pessoas e pratica a discriminação social todos os dias. Eu também. Talvez você gostasse de acreditar que isso não é o caso, mas aceitar a universalidade do viés e da discriminação é o primeiro passo para compreendê-los — e descobrir como minimizar seus efeitos mais maléficos.

Você acha que eu estou errado sobre você? Você não é tendencioso? Você não discrimina? Ok, talvez você não faça... mas já fez algumas das seguintes coisas?

> Supôs que alguém com uma certa cor de pele, em um certo bairro, não "era daquelas bandas"?

> Supôs que uma criança pequena era um menino, pois vestia uma roupa azul, ou uma menina, pois estava de rosa?

> Levou em consideração a raça ou o sexo ao avaliar a performance profissional de uma pessoa — independente se ela trabalha ou não para você?

Se é moralmente certo ou não, empiricamente não é irracional considerar a raça e o sexo dessas maneiras. Se você fala inglês nativamente em Xangai procurando direção e vê apenas uma pessoa em uma rua movimentada, a qual não possui características asiáticas, faz sentido escolhê-la para pedir informações. Você não vira necessariamente um tradicionalista antiquado se veste a sua filha de rosa e o seu filho de uma cor neutra em vez de um macacão azul e um boné de beisebol. Os milhões de afro-americanos que apoiavam em especial a campanha de Barack Obama por ele ser negro provavelmente não se veem como inapropriadamente "racistas".

A raça e o sexo são exemplos de status atribuídos: status atribuídos a nós devido a fatores além de nosso controle. Você não possui controle algum em relação à cor de pele e ao sexo com o qual você nasce, e, mesmo assim, as pessoas o julgam regularmente baseadas nessas características. Não é justo, mas acontece. Os exemplos anteriores demonstram que o assunto se torna complicado quando identidades estão envolvidas — quando as pessoas tomam posse dessas características.

Nesses casos, os status atribuídos se tornam motivos de orgulho. Nesse caso, ainda é melhor ignorá-los? Você, é claro, tem a sua própria opinião sobre o assunto, mas a maioria das pessoas diria que não.

Os assuntos de raça e sexo são muito complicados e não faz um favor a ninguém simplificá-los. Por um lado, o racismo e o sexismo sustentaram alguns dos episódios mais horríveis na história da raça humana:

- A escravidão de milhões, desde a Roma antiga até o presente;
- O Holocausto e outros episódios de genocídio;
- A proibição disseminada — em algumas áreas, quase universal — do direito feminino ao voto, do direito à propriedade e até do direito de escolher onde, quando e com quem compartilhar seus corpos;
- Pessoas sendo institucionalizadas, aprisionadas e até mesmo assassinadas por manter intimidade consensual com uma pessoa do mesmo sexo;

Essa história horrorosa resultou, nas últimas décadas, na crescente aprovação de leis que proíbem a privação de qualquer pessoa dos direitos iguais devido à cor de sua pele ou pelo fato de ser homem ou mulher. Essas leis estão longe de serem universais e eficientes nas áreas onde existem, mas elas têm importante papel no que se trata da eliminação dos abusos e das desigualdades mais abomináveis.

Um tanto paradoxal, entretanto — sim, você pode adicionar isso à longa lista dos paradoxos sociais —, é que é exatamente essa história que tem levado ao orgulho e à solidariedade entre os membros de grupos raciais e étnicos, entre as mulheres e entre homens, entre as lésbicas, os gays e os transexuais. A maioria das pessoas sente orgulho de sua raça e de sua etnia, e muitas se orgulham de seu sexo e de sua orientação sexual. Esses cidadãos querem que você saiba que eles são mexicanos, lituanos, nativos indígenas americanos ou afro-europeus. Milhares desfilam pelas ruas das cidades em celebração aos direitos das mulheres ou do orgulho gay.

Nenhuma dessas pessoas gostaria que negassem quem elas são — mas elas não querem que isso limite a liberdade que possuem de escolher o que querem fazer com suas vidas.

Tornando as coisas mais complicadas está o fato de que os membros de cada um desses grupos discordam — às vezes violentamente — sobre o que significa ser membro de uma raça ou sexo particular. Existem tantas maneiras de ser ásio-americano quanto o número de ásio-americanos, tantas maneiras de ser mulher quanto a quantidade de mulheres e tantas maneiras de ser heterossexual ou gay quanto existem pessoas no mundo. Pode até haver líderes nessas comunidades, mas não cabe a nenhuma pessoa determinar o que é *ser* americano asiático ou mulher ou gay.

Este é o complexo panorama do mundo social hoje: um mundo onde a raça e o sexo têm importância, mas onde essa importância é diferente para diversas pessoas em tempos distintos.

Raça e Etnia

Nesta seção, descrevo o estudo sociológico da raça e da etnia, um assunto no coração de basicamente tudo com o que os sociólogos se importam: igualdade (e desigualdade), identidade (e a falta de), a mudança social (para melhor ou pior) e a estabilidade social.

Você pode escolher a sua etnia, mas não pode escolher a sua raça

Em termos sociológicos, *raça* refere-se a um status atribuído: algo determinado por outros baseado nas características físicas com as quais você nasceu. *Etnia*, por outro lado, refere-se geralmente a um status alcançado: algo que você escolhe para si por meio da identidade que assume, os grupos com os quais você se associa e os comportamentos que pratica.

Raça

Cada sociedade tem seus próprios conjuntos de grupos raciais que seus membros compreendem e aos quais reagem. Em algumas sociedades, existem diferenças dramáticas nas características físicas: algumas pessoas, por exemplo, têm a pele muito clara, enquanto outras possuem a pele bastante escura. Em outras sociedades, a diferença pode não ser tão dramática para um estrangeiro, mas é fácil de se reconhecer por aqueles criados naquelas sociedades: diferenças relativamente sutis em tons de pele ou características faciais podem levar ao preconceito e discriminação quanto as diferenças que são muito mais marcantes objetivamente.

Aliás, exatamente a mesma aparência física pode ter significados diferentes em sociedades diferentes. Como exemplo disso, considere o que significa ser "negro". Essa é uma categoria racial amplamente compreendida nos Estados Unidos, nas Índias Ocidentais e em muitas outras áreas; ela é associada a uma pele de pigmentação particularmente escura e, tanto nos Estados Unidos quanto na República Dominicana, tem sido (aliás, muitas vezes ainda é) associada com uma discriminação negativa.

Nos Estados Unidos, no entanto, as pessoas "negras" têm sido historicamente pessoas de descendência africana, com famílias muitas vezes trazidas à América contra suas vontades como escravos. Muitos-americanos supõem que um indivíduo com a pele escura possui essa herança. Se descobrem que uma pessoa "negra" é, na verdade, um imigrante das Índias Ocidentais, os americanos muitas vezes a tratam de forma diferente.

A socióloga Mary Waters descreve as frustrações dos imigrantes americanos de pele escura das Índias Ocidentais, os quais podem se encontrar excluídos tanto pelos americanos não negros — que veem o estrangeiro como "negro" e o discriminam com base nisso — e por afro-americanos, que veem os imigrantes como estrangeiros que não são — independente da cor de suas peles — "realmente" negros. Alguns desses imigrantes, em alguns contextos, adotam conscientemente os estilos de roupas e o dialeto dos afro-americanos para se encaixarem nesse grupo; outros, em outras situações, enfatizam as heranças das Índias Ocidentais por meio de seus sotaques e vestimentas para evitar a discriminação enfrentada pelos afro-americanos.

Esse exemplo demonstra a complexidade da raça e a frustração que pode ser sentida tanto pelas minorias raciais quanto pelos membros de uma raça majoritária à medida que tentam ganhar a aceitação e evitar a discriminação.

Etnia

Eu expliquei no início desta seção que os sociólogos usam o termo "etnia" a fim de descrever um status que uma pessoa escolhe para si, uma identificação com um grupo de pessoas. No uso comum, o termo "etnia" é em geral usado para referir-se a uma herança nacional ou cultural que não seja necessariamente associada a características físicas distintas. Vale a pena lembrar, no entanto, que, na língua inglesa, algumas categorias sociais hoje chamadas de etnias — por exemplo, *italiano* ou *alemão* ou *russo* — eram frequentemente chamadas de "raças" há 100 anos, quando em geral eram vistas como mais fundamentais e mais usadas como base discriminatória (jornais americanos da virada do século 20 estão cheios de referências pejorativas à, por exemplo, "raça irlandesa").

Mesmo que os termos "raça" e "etnia" sejam às vezes usados indistintamente por não sociólogos, em termos sociológicos eles se referem a tipos de grupos sociais bem diferentes. Como apontei mais cedo neste capítulo, a sua raça é algo que outros decidem para você, quer você goste ou não. Ela descreve principalmente as suas características físicas. A sua etnia, por outro lado, refere-se ao grupo cultural com o qual você conscientemente se identifica. A etnia de uma pessoa muitas vezes inclui as seguintes características:

- Uma narrativa histórica, em geral associada a um lugar de origem. Quando digo que a minha etnia é "teuto-americano", isso significa que eu me identifico com um grupo de pessoas que moraram em uma área da Europa por muitas gerações e depois cruzaram o Atlântico até os Estados Unidos.
- Costumes culturais, como comida, celebrações de feriados nacionais, idioma. A minha avó cresceu em New Ulm, Minnesota, falando alemão, comendo comida alemã e celebrando os feriados católicos alemães. Eu nunca aprendi alemão, mas comi chucrute e Knodel[2] além da conta.
- Símbolos e estilos distintivos de vestimenta. Etnias são com frequência associadas a bandeiras e cores e, especialmente em tempos de celebração, roupas inconfundíveis (não, eu nunca usei lederhosen[3] — mas, se você me visse usando, certamente saberia qual é a minha etnia).

Apesar das etnias serem com frequência associadas a raças, elas são por definição mais livremente abrangente — cônjuges muitas vezes adotam as práticas étnicas uns dos outros, e as pessoas podem adotar etnias que nada tem a ver com a sua linhagem ou com suas características biológicas, tornando-se indistinguíveis de alguém que cresceu em uma cultura étnica em particular. Nos casos em que as etnias não sejam associadas estreitamente a um conjunto óbvio de características físicas, ou onde uma certa aparência física seja associada plausivelmente a qualquer uma dentre várias, a etnia pode se tornar quase inteiramente eletiva.

Mary Waters — a mesma socióloga que mencionei mais cedo por seu estudo sobre os imigrantes das Índias Ocidentais — escreveu um livro sobre os europeu-americanos chamado de *Ethnic Options*. O título refere-

---

N.E.[2]: Bolinho feito de pão ou batata, típico da culinária Alemã.
N.E.[3]: Traje característico da Alemanha.

-se ao fato de que, apesar de os afro-americanos, ou ásio-americanos ou hispano-americanos serem de modo óbvio tipicamente identificados como tais, os irlandês-americanos, ítalo-americanos ou nórdico-americanos não são. As suas etnias são algo que eles podem escolher representar com bandeiras e hinos, ou ignorá-las completamente se assim preferirem.

A etnia é tão flexível, aliás, que, no mundo moderno, as pessoas têm a liberdade de escolher se identificar com grupos e tradições que você não necessariamente pensaria como "étnicas", mas que são usadas dessa forma. Pense nos ex-alunos de certas universidades que vestem as camisas da instituição e se declaram orgulhosamente membros daquela comunidade universitária, ou as pessoas que cresceram em um certo estado ou cidade ou bairro e levam esse fator como um aspecto essencial de suas identidades. Dessa forma, ser um "Domer" (um ex-aluno da Universidade de Notre Dame, que possui um prédio com uma cúpula dourada), um californiano ou um nova-iorquino pode ser a "etnia" primária de uma pessoa.

A discriminação racial: Consciente e inconsciente

A raça permanece relevante no mundo por várias razões, mas, primeiramente, pois, em quase toda sociedade, a cor da sua pele e outras características físicas — a cor dos olhos, se o seu cabelo é cacheado, o que for — provavelmente afetam a maneira como as pessoas o enxergam e o modo como o tratam.

Obviamente isso é ilógico no sentido de que as características físicas de uma pessoa não lhe dizem nada sobre suas habilidades, sua personalidade ou seu histórico. As pessoas sabem que não devem julgar a qualidade de um motor de carro pela cor que foi pintado e deveriam saber também que não se pode julgar a mente e o coração de uma pessoa pela cor de sua pele. E, ainda assim, elas fazem — e fazem, e fazem e fazem, de novo e de novo e de novo.

Não é certo e, na maioria dos países hoje, a discriminação racial é ilegal... mas ela acontece, consciente ou inconscientemente. Nesta seção, explico esses dois tipos de discriminação racial.

Marcados a ferro e fogo

"Casta" não é um conceito com o qual a maioria das pessoas esteja familiarizada, mas é algo que tem definido as vidas de muitos milhões de pessoas ao longo da história. Uma *casta* é um status herdado de classe, você nasce com ele, se mora em uma sociedade que adere à ideia de casta. Outros status de classes atribuídos — incluindo raça e sexo — também são herdados, mas, nas sociedades com sistemas de castas, estas transcendem a raça e o sexo, e são associadas a práticas culturais assim como seria uma etnia.

As sociedades em todo o mundo tiveram castas de uma forma ou de outra. Muitas sociedades tiveram castas sacerdotais, nas quais pessoas vistas como especialmente sagradas ou que possuem papéis espirituais importantes descendem umas das outras. Uma monarquia ou aristocracia herdada é uma outra forma de casta, com o poder governante passado de pais para filhos. Algumas sociedades — por exemplo, a Índia — são divididas em muitas castas herdadas, às vezes, incluindo uma casta "intocável" na base da pirâmide social.

As castas compartilham algumas características raciais e étnicas: a herança biológica é centrada na qualidade de membro de uma casta, assim como em qualquer grupo racial e em muitos grupos étnicos. As castas são diferentes, no entanto, no fato de estarem explicitamente ligadas à estrutura de poder da sociedade. Como um sistema de casta significa que o poder (ou a falta de) é herdado em vez de conquistado, a maioria das pessoas hoje vê os sistemas estritos de castas como injustos e indesejáveis. Por todo o mundo, os sistemas de castas têm sido desafiados e perdido muito os seus graus de influência — a rainha da Inglaterra, por exemplo, ainda possui poder nominal em todo o Reino Unido, mas, como medida prática, essa posição é em grande parte simbólica (você não ouviria normalmente o termo "casta" sendo usado para descrever a aristocracia britânica, mas, em um sentido sociológico, ela é de fato uma casta: assim como qualquer outro status de casta, a realeza é uma posição de classe na qual uma pessoa nasce e a qual não pode perder).

Ainda assim, esse sistema de casta está longe de sumir ou de ser esquecido: centenas de milhões de pessoas hoje no mundo enfrentam discriminação baseado nas castas que nasceram.

Consciente

Ao longo da história humana, muitas — aliás, provavelmente a maioria — pessoas discriminaram conscientemente em função de raça. Isto é, eles escolheram deliberadamente tratar as pessoas de modo diferente baseados na cor da pele ou em outros atributos. Isso tem sido tão comum que a triste tendência de interpretar a aparência física como um indicativo das habilidades e da personalidade de uma pessoa parece ser uma característica básica da natureza humana. Observe as crianças em um parquinho: quer elas estejam em uma grande cidade multicultural ou em uma comunidade rural homogênea, sempre acham alguma coisa na aparência umas das outras na qual prestar atenção, e em muitos casos gozar ou isolar uns aos outros baseados na aparência. Não é bonito, mas aí está — não há nenhum mistério em relação ao motivo de o racismo se iniciar em primeiro lugar.

Com o tempo, as ideias sobre raça se tornam institucionalizadas e formalizadas: elas são escritas e, às vezes, ratificadas em lei. Hoje, os antropólogos biológicos entendem que não existe algo como a "raça" no sentido de um conjunto objetivo de categorias biológicas nas quais os humanos podem ser enquadrados (sim, há diferenças na cor de pele e em outras características, mas elas caem em um continuum e não apresentam qualquer relevância no intelecto ou na habilidade de uma pessoa). Durante séculos, entretanto, acreditava-se — e documentado em textos altamente questionáveis — que havia diferenças fundamentais entre as "raças de homens", e que tal diversidade tornava apenas lógico o tratamento diferenciado em relação às raças. No pior dos casos, essas ideias completamente equivocadas justificaram a escravidão e o genocídio.

Sem querer desculpar os milhões de pessoas que participaram ativamente na discriminação racial direta em todo o mundo, vale a pena apontar que o exemplo do racismo ilustra o poder da sociedade em influenciar as convicções e ações das pessoas. Ao crescer em uma sociedade onde a discriminação racial seja completamente enraizada no tecido social, pode ser muito difícil enxergar além daquilo que lhe é ensinado desde cedo e do que é dado como certo por todos à sua volta. E, é claro, se você for membro de um grupo que se beneficia da discriminação racial, talvez seja bastante conveniente não questionar o conhecimento recebido.

Inconsciente

Se toda discriminação racial fosse consciente, ela não seria tão problemática quanto é hoje. Nas sociedades onde o racismo foi cientificamente invalidado e socialmente deplorado, ela deveria acabar... certo? Bom, sim, *deveria*... mas não terminou.

Para começar, existem pessoas que continuam, apesar de todas as evidências, acreditando conscientemente que existem diferenças fundamentais entre as raças — e elas não são apenas alguns extremistas que reverenciam Hitler e queimam crucifixos. Quando eu era uma criança de classe média em St. Paul, Minnesota, conhecia pessoas que de fato acreditavam (apesar de apenas admitirem privadamente) que os casos amorosos inter-raciais não eram apropriados.

O racismo *inconsciente*, no entanto, continua a se espalhar. Isso ocorre quando alguém leva a raça de alguém em consideração sem nem perceber, o que continua acontecendo por pelo menos três razões diferentes: o peso da história, a profecia autorrealizável e a natureza humana básica.

O peso da história

Mesmo alguém nascido no século XXI em uma das sociedades mundiais mais progressivas irá deparar com uma enorme quantidade de materiais racistas explícitos ou implícitos. A história mundial do racismo é muito grande para ser completamente apagada — e, na verdade, a maioria das pessoas diria que o passado deve ser lembrado a fim de evitar que ele se repita.

Livros, filmes, arte e histórias que propagam estereótipos racistas ainda são bastante disponíveis, e ninguém pode fugir completamente da influência desse material. Em alguns casos, essas influências e outras podem levar as pessoas a agir ou pensar de maneira racista sem ao menos perceber isso.

A profecia autorrealizável

No Capítulo 8, cito o sociólogo W.I. Thomas, que disse que uma situação definida como real também é real em suas consequências. Quando um grupo de pessoas enfrenta discriminação sistemática baseada em sua aparência física, os efeitos prejudiciais de tal discriminação se acumulam com o tempo e não podem ser facilmente apagados.

Nos Estados Unidos, por exemplo, os afro-americanos foram inicialmente escravizados e, então, sujeitos a muitas décadas de práticas e políticas discriminatórias explícitas. Isso significou oportunidades perdidas de experiências educativas e profissionais, e, como resultado, hoje, os americanos negros ainda tentam alcançar os americanos brancos nessas áreas. Existe um buraco constante entre as médias dos resultados acadêmicos dos afro-americanos e dos americanos brancos, e os negros — especialmente os homens negros — são encarcerados em um número muito mais alto do que os brancos.

O fato dessas reais disparidades não dizerem nada sobre a diferença de habilidades não impede que muitos americanos brancos discriminem inconscientemente os negros, diariamente, por todo o país. Essa é uma razão para a ampla adoção de políticas pró-diversidade: desfazer séculos de discriminação consciente pode requerer uma esforço igualmente consciente.

LEMBRE-SE

A verdade desagradável é que as pessoas parecem não precisar de desculpa alguma para tratar as outras de modo diferente baseadas na aparência. Isso não torna esse fato aceitável, mas significa que lutar contra o racismo irá provavelmente requerer vigilância constante enquanto as pessoas continuarem pessoas.

O mito do "modelo de minoria"

Uma das contribuições mais importantes dos sociólogos em relação à compreensão de raça e racismo foi derrubar o mito do "modelo de minoria".

O "modelo de minoria" é uma ideia que tem sido usada para subestimar ou rejeitar a importância contínua do racismo. Os defensores desse modelo apontam para o fato de que alguns grupos raciais minoritários têm sido excepcionalmente bem-sucedidos em conquistar a igualdade rapidamente — ou mais que a igualdade — com grupos majoritários em termos de educação e sucesso profissional. O exemplo mais usado são os ásio-americanos, uma minoria racial nos Estados Unidos que, apesar de muitas famílias inicialmente terem chegado como imigrantes e com poucos recursos, estão hoje em média situados numa posição tão confortável financeiramente quanto os americanos brancos — e são, em média, mais instruídos.

Alguns observadores têm olhado as conquistas dos ásio-americanos e os chamaram de "modelo de minoria", um grupo que prova que o racismo não é realmente um empecilho para as pessoas que estão dispostas a trabalhar duro e tentar sair na frente. Se os ásio-americanos o fizeram, então os afro-americanos e os hispano-americanos também podem.

Os sociólogos, entretanto, apontaram que existem vastas diferenças entre grupos minoritários e, apesar de haver alguns padrões e certas similaridades nas experiências destes grupos, de forma alguma é adequado dizer que um grupo pode ser um "modelo" para outro. Por mais crédito que os ásio-americanos mereçam por seus sucessos nos Estados Unidos, é errado dizer que eles servem como "modelo" para outros grupos minoritários, no sentido de que um "estudante modelo" possa inspirar outros estudantes a estudarem mais. Aqui estão algumas razões específicas de como o conceito de "modelo de minoria" é equivocado:

✔ **Nem todo racismo é igual.** É totalmente verdade que os ásio-americanos enfrentaram e continuam enfrentando o racismo e a discriminação. Os imigrantes da Ásia Oriental têm lutado contra estereótipos desagradáveis e lhes negaram empregos, moradia e escolas baseando-se na aparência física deles. Não faz nenhum mal aos ásio-americanos, entretanto, dizer que nem todo racismo é igual e que outros grupos raciais podem ter enfrentado, e talvez continuem enfrentando, discriminações ainda mais dolorosas, assentadas em conjuntos diferentes de ideias (igualmente equivocadas) sobre as diferenças de habilidade ou intelecto.

✔ **Grupos diferentes vêm de circunstâncias diferentes.** Apesar de todos os imigrantes enfrentarem desafios durante a adaptação em um novo país (veja a próxima seção), as pessoas não chegam sem histórias. Comparados aos, digamos, afro-americanos, os ásio-americanos chegaram em média mais recentemente e mais bem instruídos aos Estados Unidos. Além disso, era-lhes muitas vezes permitido viver em comunidades de imigrantes parecidos que podiam ajudar uns aos outros. Nem todos os grupos de imigrantes tiveram essas vantagens.

✔ **Qualquer "grupo minoritário" é na verdade muitos grupos minoritários.** Os ásio-americanos vêm de muitos países e por razões diferentes, o que é verdadeiro acerca de qualquer grupo racial ou étnico minoritário. É difícil, e muitas vezes equivocado, fazer declarações generalizadas sobre os "ásio-americanos" como grupo. Os hmong-americanos[4], por exemplo, são em geral recém-chegados que fugiram de sua terra natal após o início de conflitos violentos. Eles enfrentaram grandes desafios durante a imigração para os Estados Unidos, incluindo alguma discriminação de *todos* os grupos raciais, inclusive de seus companheiros ásio-americanos. Varrer os hmong-americanos para debaixo do tapete do "modelo de minoria" e negar que suas circunstâncias sejam únicas e possam necessitar de apoio único seria cometer uma grande injustiça.

As conquistas dos ásio-americanos e dos membros de outros grupos que podem ser caracterizados como "modelos de minoria" são bem reais e bastante merecidas, mas simplesmente não significa que eles descobriram algum truque secreto que os outros grupos raciais minoritários precisam apenas aprender para superar os efeitos prejudiciais do racismo.

N.E.[4]: Grupo étnico proveniente do Sudeste da Ásia, englobando especialmente o Sul da China, Tailândia, Burma, Laos e Vietnã.

Imigração e "assimilação" (ou não)

Nem todos os grupos étnicos são de imigrantes — a maioria das sociedades possui uma série de grupos indígenas étnicos, assim como grupos étnicos provenientes de outros lugares, e ainda existem outros grupos que não se associam a um lugar de origem. Mesmo assim, quase todos os sociólogos interessados em raça e etnia observam de perto as experiências dos imigrantes.

Os membros da Escola de Chicago estavam entre os primeiros sociólogos a realmente olhar de perto a imigração. A virada do século XX viu uma onda de imigração para os Estados Unidos, o que transformou o panorama social do país, ainda que o fato tenha sido mais visível nas grandes cidades como Chicago, onde os recém-chegados foram procurar empregos.

Inicialmente, os sociólogos achavam que a imigração podia ser compreendida em termos de "assimilação". A palavra *assimilação* significa ser absorvido em, fazer parte de. Os Estados Unidos eram vistos como um grande "caldeirão" onde as pessoas de todos os tipos de lugares chegavam para ser incorporadas em um grande conjunto.

A teoria da assimilação diz que as pessoas chegam falando suas línguas nativas, vestindo os estilos de vestimenta nativa e praticando as tradições de seus países de origem; com o tempo, elas são "assimiladas" em suas novas comunidades, adotando as tradições e o idioma daquele país. Se é assim que funciona, o estudo da imigração é apenas o estudo do porquê de alguns grupos se assimilarem mais rápido e mais pacificamente do que outros.

Entretanto, à medida que os sociólogos passavam mais tempo estudando a imigração, eles entenderam que ela não é tão simples assim. É de fato verdadeiro que os imigrantes escolhem, ou são forçados a, adaptar-se aos novos costumes de sua nova casa pelo menos até certo ponto — mas não é um caminho linear onde eles seguem de 0% assimilado para 100% assimilado. Os sociólogos da imigração hoje entendem que existem pelo menos três coisas erradas com a teoria básica da "assimilação":

> ✔ **Assimilar-se a quê?** Se os imigrantes estão se assimilando a alguma coisa, o que, exatamente, eles estão assimilando? Os Estados Unidos e outros países têm culturas dominantes (veja o Capítulo 5) com alguns recursos essenciais, mas as sociedades modernas diversificam-se tanto que é impossível até mesmo descrever o que seria uma pessoa totalmente "assimilada". Você já ouviu a frase "tão americano quanto torta de maçã", mas isso significa que, se eu não gostar de torta de maçã, não assimilei completamente a cultura americana?

- **A assimilação significa muitas coisas.** Imagine três imigrantes da China para os Estados Unidos. Um aprende a amar cachorro-quente e Elvis Presley, mas nunca aprende uma palavra em inglês. Outro aprende inglês perfeitamente, mas continua se vestindo e se alimentando como fazia na China. Outro faz vários amigos mexicano-americanos e aprende espanhol fluente. Qual dos três é o mais "assimilado"? Esse exemplo demonstra o quanto a pergunta é absurda. Entrar em uma nova sociedade pode significar uma série de coisas diferentes, que não necessariamente se encaixam junto.

- **Por que assimilar?** Os imigrantes variam muito em relação ao quanto *querem* trocar as suas culturas nativas pelo estilo de vida do país para onde se mudam. Alguns imigrantes fazem entusiasmadamente qualquer coisa que podem para adotar os costumes de seu novo país, mas outros preferem continuar fazendo o máximo possível as coisas como sempre fizeram. Existem muitos fatores — incluindo a idade, o local e o motivo para imigrar — relevantes nessas escolhas, e os sociólogos aprenderam a não supor que é do interesse de um dado indivíduo se "assimilar" um novo estilo de vida. Muitos imigrantes vivem em enclaves étnicos que determinam poderem continuar falando sua língua nativa e associando-se a outros imigrantes de seu país, e, assim, estão perfeita e justificadamente felizes com essa escolha.

Falar espanhol significa que você é latino?

É fácil falar uma lista de grupos raciais e étnicos, e um deles provavelmente seria "latino" ou "hispânico". Você tem uma ideia geral do que é um "latino" — eles provavelmente descendem de pessoas que falam espanhol e podem ter as cores de pele ou características faciais associadas com os nativos do México ou da América Central —, mas você provavelmente não sabe com exatidão o que é um latino, mesmo você sendo um!

Isso ocorre porque não existe uma definição universal sobre quem conta como sendo um latino. É um termo conveniente usado para descrever pessoas com as características que mencionei, ou que descendem de países latino-americanos. Como qualquer termo para uma etnia ou raça, "latino" inclui uma série de pessoas diferentes, até mesmo mais amplas do que a maioria. Um homem morando no Brasil, uma mulher no Alasca cuja avó nasceu no México, um espanhol cujos pais vieram da República Dominicana... Todos eles podem ser considerados "latinos".

A socióloga Wendy Roth estudou os latinos nos Estados Unidos, na República Dominicana e em Porto Rico e descobriu que muitas das pessoas com as quais ela falava não se identificavam como "latinos", pois se consideravam "dominicanas" ou "porto-riquenhas". E, se elas tivessem imigrado para os Estados Unidos, eles viram que eram muitas vezes vistas como "negras" ou "brancas" apenas por causa da cor de sua pele. Por todas essas razões, "latino" quase não parece fazer qualquer sentido como categoria.

E ainda assim ele faz, e tem sido amplamente usado e adotado — em parte, diz Roth, por causa de emissoras de TV internacionais, como a Univision, que promove a ideia de uma identidade comum entre os nativos de língua espanhola. Unir-se sob uma grande "etnia" também ajuda os latinos a ganhar visibilidade e poder político, mesmo que isso pouco tenha a ver com como eles se enxergam. Esse exemplo ilustra a complexidade da raça e etnia. Você pode "ser" de uma certa raça, pois as pessoas o veem assim, e você pode "ser" de uma certa etnia porque você se identifica com um grupo de pessoas, mas as etnias e as raças estão em constante fluxo à medida que as pessoas e as sociedades mudam.

LEMBRE-SE Toda sociedade é diversa, e supor que exista apenas uma maneira de ser "apropriadamente" um membro dela não é justo nem para os residentes de longa data, nem para os recém-chegados.

Sexo e Gênero

Assim como a "raça" e a "etnia" são frequentemente usadas de forma indiscriminada, mas significam coisas diferentes do ponto de vista sociológico, o mesmo ocorre com os termos "sexo" e "gênero". Quando usada pelos sociólogos, a palavra *sexo* refere-se ao sexo biológico de uma pessoa; com algumas exceções, isso significa, de forma inequívoca, homem ou mulher. O *gênero* é um termo mais complicado, porque se refere, assim como a "etnia", ao papel com o qual a pessoa se identifica, e ele pode ou não corresponder ao sexo biológico de uma pessoa.

Nesta seção, descrevo a história do sexo e do gênero de um ponto de vista sociológico e explico como os sociólogos estão tentando se manter atualizados diante das recentes mudanças sociais no modo como o sexo, o gênero e a orientação sexual são vistos.

"Você já foi bem longe, baby"? O movimento feminista e suas insatisfações

As mulheres podem ter bebês. Os homens não. Após os bebês nascerem, as mulheres podem amamentá-los. Os homens não. As diferenças biológicas básicas entre os homens e as mulheres levaram-nos a ter papéis diferentes nas sociedades. À medida que as sociedades cresciam e se institucionalizavam — isto é, criavam instituições sociais como as empresas e os governos, com códigos de leis elaborados —, essas diferenças foram formalizadas em regras específicas sobre o que os homens e as mulheres poderiam fazer.

Isso aconteceu de maneira diferente em cada sociedade, mas, na maioria delas, tornou-se difícil ou impossível para uma mulher possuir cargos de liderança. Em muitas sociedades, as mulheres foram impedidas durante muito tempo de ter propriedades e de votar.

Assim como a discriminação racial, a discriminação sexual enfrentou um enorme desafio à medida que o princípio de igualdade que estava no centro das revoluções dos séculos XVIII e XIX (veja o Capítulo 3) se espalhava, enquanto a ciência tornava cada vez mais claro que não havia diferenças significantes entre os homens e as mulheres em relação ao intelecto ou à habilidade. Um movimento internacional de sufrágio por volta da virada do século XX garantiu às mulheres o direito de voto na maioria dos países do mundo, e outras barreiras legais que impediam a igualdade das mulheres começaram a cair rapidamente.

Mas, mesmo enquanto as distinções formais entre os homens e as mulheres se desfaziam, muitas distinções informais permaneceram. No "Baby Boom" após a Segunda Guerra (1939-1945), ainda se esperava que as mulheres ficassem em casa e cuidassem das crianças e do lar, enquanto seus maridos saíam para ganhar o pão. Esse ideal teórico nunca foi realmente tão difundido quanto parecia (veja o Capítulo 15), mas muitas mulheres se sentiam sufocadas pela expectativa de que iriam achar, inevitavelmente, a vida doméstica mais satisfatória do que qualquer outra alternativa.

Uma onda de pensadoras influentes — Betty Friedan, Gloria Steinem e outras — clamava por uma nova maneira de se pensarem os papéis das mulheres na sociedade, e milhões de mulheres em todo o mundo resistiram ativamente ao rótulo de protetora passiva. Parte devido a essa mudança cultural e parte por causa de uma recessão econômica, elas entraram no mercado de trabalho em números recordes, e atualmente é normal que elas em muitas, senão na maioria, das sociedades em todo o mundo tenham carreiras independentes, além de, ou em vez de, criarem filhos.

Hoje em dia, muitas mulheres jovens preferem não se identificar como "feministas". O termo é frequentemente associado com uma estância política estridente, e algumas mulheres acreditam que o sucesso do movimento feminista criou desafios para as que livremente escolhem, por exemplo, largar seus empregos para criar seus filhos. Elas pensam que o novo desafio para as feministas é apoiar leis mais favoráveis às mulheres e à família, bem como políticas corporativas que facilitem às mulheres o pedido de licença-maternidade ou para que assumam responsabilidades familiares.

Ainda assim, mesmo com todas as vitórias do movimento feminino, as mulheres ainda enfrentam discriminação negativa em quase todas as sociedades. A renda delas ainda não é tão alta quanto a dos homens com experiência parecida, e as mulheres ainda estão pouco representadas no alto escalão executivo.

Existem várias razões para a disparidade contínua no sucesso profissional entre os homens e as mulheres. Algumas das mais importantes incluem:

- **Discriminação direta.** Em muitos casos, as mulheres enfrentam discriminação direta dos homens (ou até mesmo de outras mulheres) que se recusam a contratá-las para posições bem remuneradas ou a pagar-lhes o mesmo que um homem ganharia na mesma posição. Essa discriminação continua acontecendo por muitas das mesmas razões que a discriminação racial ainda continua existindo (veja a seção anterior).

- *Momento* **profissional diferente.** Apesar de hoje a licença-maternidade estar amplamente disponibilizada para os pais e para as mães, as mulheres continuam sendo as mais prováveis de a tirarem — e a fazê-lo por um período mais longo de tempo. Esse tempo de licença pode colocá-las em desvantagem ao competirem por aumentos ou promoções com colegas que tenham trabalhado continuamente, mesmo que a experiência total deles sejam comparáveis.

- **Um mercado de trabalho segmentado.** Entre as carreiras, algumas são especialmente dominadas pelas mulheres (enfermagem, licenciatura, trabalho bibliotecário), e outras dominadas sobretudo por homens (trabalhos de construção, computação e engenharia). Em média, os campos dominados pelos homens são mais bem remunerados. Isso significa que as mulheres estão — seja por escolha ou por outras razões — concentradas em carreiras de relativamente baixa remuneração e, quando tentam entrar em carreiras com uma remuneração melhor, elas estão especialmente vulneráveis à discriminação.

O gênero deveria importar no mercado de trabalho?

Eu trabalhei muito como babá quando estava no Ensino Médio, portanto, quando cheguei à faculdade em uma outra cidade, umas das primeiras coisas que eu fiz foi dirigir-me até o centro de empregos da faculdade e deixar meu currículo para possíveis empregos cuidando de crianças. A moça na recepção ficou muito feliz de recebê-lo — eles quase nunca, disse ela, recebiam currículos de homens para cuidar de crianças. "Mas eu tenho de lhe avisar", ela me alertou, "você não será contratado". Por quê? "Porque, quando um pai me ligar, eu lhe darei três nomes: o seu e os nomes de duas mulheres. Eles ligarão para as mulheres primeiro." Ela estava certa: eu nunca recebi uma ligação de um pai que conheceu meu nome por meio desse serviço.

Eu estava sendo vítima de discriminação sexual? Com certeza, e seria ilegal que donos de creches públicas entrevistassem seletivamente apenas mulheres para o trabalho. Por que então os pais — provavelmente, professores que se consideram pessoas de cabeça aberta — agiriam dessa forma?

No que se trata de seus filhos, qualquer pai será avesso a riscos, afinal, não há nada mais importante no mundo do que a felicidade e segurança de um filho. Em média, as mulheres serão mais experientes no cuidado de crianças do que homens; crianças que nunca tiveram um babá homem provavelmente ficarão mais assustadas e chateadas com ele do que com uma nova babá mulher, e é um fato inquestionável que a grande maioria dos criminosos sexuais são homens. Do ponto de vista de um pai, faz todo o sentido do mundo não se arriscar com homem quando há mulheres qualificadas que podem cuidar de seus filhos.

Ao agirem dessa forma, os pais, no entanto, construirão o padrão que surgirá inevitavelmente: homens qualificados não encontrarão empregos cuidando de crianças e, em muitos casos, irão, provavelmente, buscar empregos em outro campo, perpetuando a divisão de gênero no que se relaciona ao cuidado infantil. Isso é uma ilustração da máxima de Thomas em que uma situação definida como real (os homens são incompatíveis com o cuidado infantil) se torna real em suas consequências (poucos homens buscam ou encontram emprego na área do cuidado infantil). Você pode ver como esse efeito funciona no sentido inverso no que se trata do trabalho de construção ou de outras ocupações dominadas pelos homens.

Isso sendo verdade, as mulheres estão rapidamente alcançando os homens; na área da educação, elas já os superaram na maior parte do mundo desenvolvido. Cada vez mais, a atenção está se voltando para as dificuldades que os meninos enfrentam na escola, talvez relacionadas às dificuldades que os homens enfrentam no ambiente de trabalho. Tais quais as mulheres, os homens enfrentam um papel estereotipado que devem exercer, podendo ser punidos em forma de escárnio ou de discriminação se falham ao interpretar seus papéis como "deveriam". Tanto para os homens quanto para as mulheres, os papéis de gênero ainda têm bastante importância — em *todas* as sociedades.

LEMBRE-SE

Se alguém escolhe um papel ou um estilo de vida considerado "tradicional" para seu gênero, não significa necessariamente que tenha sofrido lavagem cerebral. É típico que as mulheres trabalhem fora de casa em muitas sociedades atualmente, mas escolher não trabalhar fora de casa é motivo de orgulho para muitas mães.

Direitos LGBTS e a desconstrução de gênero

"LGBTS" é um termo mais para sopa de letrinhas: *lésbicas, gays, bissexuais, travestis, transexuais, transgêneros* e *simpatizantes*. Alguns membros dessa comunidade se identificam com um desses termos, e alguns se identificam com múltiplos deles. Algumas pessoas que se identificam com o termo "gay" acham "bicha" pejorativo e impróprio, enquanto outras que se identificam com "bicha" consideram "gay" e "lésbica" restritivos e fora de moda. Portanto o termo "LGBTS" (ou, às vezes, simplesmente LGBT) é usado para incluir todos cuja orientação sexual seja outra que não — ou pelo menos mais *aberta* do que — heterossexual.

O termo é um pouco esquisito — que não sai da sua boca e une as pessoas, que não necessariamente querem ser unidas. Mas se torna necessário, já que as sociedades ao redor do mundo passaram a ver a orientação sexual como algo que os indivíduos são livres para determinar por si mesmos. Se isso significa "hétero", "gay", "lésbica" ou se significa outra coisa, cabe aos indivíduos dizerem.

O reconhecimento generalizado de orientações sexuais que não a heterossexual como válidas e saudáveis é relativamente novo — não foi há tanto tempo que a maioria dos psicólogos considerava a homossexualidade um distúrbio mental — e ainda não está claro como as leis e os costumes em relação à orientação sexual serão no futuro. Muitos consideram que o debate sobre a orientação sexual tem um cunho moral, e você pode estar entre elas; mas lembre-se de que a sociologia olha para o panorama geral e deixa de lado as suas visões pessoais para que possa compreender a sociedade objetivamente. Do ponto de vista sociológico, o debate sobre os direitos LGBT pode ser visto como o próximo passo no debate geral sobre sexo e gênero.

Se é permitido que você decida se trabalha, onde trabalha e com quem e quando você se casa, independente do seu sexo biológico, é apenas lógico que muitas pessoas irão querer decidir por si mesmas com quem elas fazem sexo e quando — e se a outra pessoa é um homem ou uma mulher. Independente de como você se sinta pessoalmente sobre o assunto, a orientação sexual está cada vez mais sendo vista como uma questão de escolha pessoal, o que é coerente com o que os sociólogos esperariam, conforme muitas das outras ideias sociológicas neste livro (em questão de "escolha pessoal", eu não quero dizer que as pessoas não nascem com uma orientação sexual ou outra. Quero dizer que, de um ponto de vista social e legal, as pessoas têm cada vez mais permissão de dizer por si mesmas qual é a sua orientação sexual, em vez de outras pessoas dizerem o que alguém é).

- Os sociólogos culturais (veja o Capítulo 5) têm visto uma transição para as "microculturas", onde grupos de pessoas que se identificam umas com as outras podem se unir vindo de uma série de contextos sociais. Isso significa que as pessoas que se consideram, digamos, "gay" podem compartilhar uma cultura comum talvez diferente das culturas dominantes.

- Os sociólogos de raça e etnia (veja as seções anteriores neste capítulo) têm visto que a "raça" está perdendo a legitimidade como uma categoria na qual as pessoas nascem e que determina o que elas podem ou devem fazer com suas vidas. O sexo está mudando da mesma maneira — e cada vez mais é visto como algo que os indivíduos podem e devem expressar por si mesmos.

- Os sociólogos estudando a mudança social (veja o Capítulo 16), de Durkheim até Weber, têm todos observado que os indivíduos são, cada vez mais, vistos com o direito de dizer por si mesmos o que irão fazer e com que se associarão. Não há nenhuma razão pela qual a associação na cama prove ser uma exceção a essa regra.

Com cada vez mais frequência se afirma que os governos estão saindo "do quarto", mas o sociólogo David John Frank, que tem estudado as mudanças internacionais nas leis referentes às questões sexuais, diz que isso não é exatamente verdade. Por um lado, é verdadeiro que algumas atividades sexuais antes proibidas por lei — por exemplo, o sexo gay — têm sido cada vez mais permitidas por lei em países por todo o mundo. Por outro lado, algumas atividades sexuais antes permitidas — por exemplo, um marido forçando a sua esposa a fazer sexo com ele — têm se tornado cada vez mais ilegais. O tema comum é que as leis por todo o mundo mudaram, por décadas, em favor da permissão de indivíduos de decidir por si mesmos em quais atividades íntimas eles irão participar, quando e com quem.

Raça, Etnia, Sexo e Gênero: Por Que Eles Ainda Importam

Se é verdade — e é — que nas sociedades pelo mundo todos os indivíduos estão tendo cada vez mais direito de escolher por si mesmos o que irão fazer, com quem farão e quais identidades escolherão, as ideias sobre raça, etnia, sexo e gênero são antiquadas? *Importa* realmente de qual raça, etnia ou sexo e gênero você é? Por que se preocupar em ter uma etnia ou um gênero, ou uma orientação sexual específica? Algumas pessoas se sentem assim; aliás, existem aquelas que se identificam como "pansexuais", tomando total liberdade para ser íntimas de qualquer pessoa por quem se sintam atraídas. À medida que as pessoas de diferentes raças e etnias se misturam mais e mais, talvez as identidades do tipo "panracial" e "panétnico" também sejam mais adotadas.

Isso provavelmente irá acontecer, mas os sociólogos acreditam que a raça, a etnia, o sexo e o gênero não irão "sumir" tão depressa. Na medida em que constituem conceitos profundamente enraizados no tecido de toda sociedade, e dizer que eles não importam mais é simplesmente falso. Independente de onde você mora, suas características físicas e seu sexo biológico irão influenciar o modo como as pessoas à sua volta o enxergam, e também elas influenciarão como você mesmo se vê.

A etnia pode ser uma "opção" para algumas pessoas, mas, apesar de ela (diferentemente da raça) não ser determinada pela maneira como os outros o veem, isso não significa que seja fácil renunciar à etnia na qual você foi criado — mesmo que queira. Romances como *The House on Mango Street,* de Sandra Cisneros, e *O Complexo de Portnoy,* de Philip Roth, filmes como *O Segredo de Brokeback Mountain,* de Ang Lee, e *The Family That Preys,* de Perry Tyler, e peças como *Fences,* de August Wilson, e *Anjos na América,* de Tony Kushner, retratam comoventemente as lutas das pessoas em reconciliar seus sonhos e suas esperanças com as forças e limitações das comunidades étnicas às quais pertencem.

De maneira parecida, o sexo e o gênero são categorias cada vez mais complicadas que permanecem tão significantes para os indivíduos quanto eram. O seu sexo, o seu gênero e a sua orientação sexual são parte do que você é, e, apesar de as sociedades permitirem cada vez mais que você decida como e quando irá expressar o seu gênero e a sua orientação sexual — e também, cada vez mais, proibir os outros de o julgarem em relação a eles —, o que não significa que o seu sexo e o seu gênero não representem algo profundo para você e para os outros.

Se você está confuso ou frustrado tentando entender a sua própria raça, etnia, seu sexo ou gênero, não está sozinho! Muitos grupos existem para ajudar as pessoas a encontrar apoio e conselhos sobre suas identidades, não importa qual seja. Uma visita a um psicólogo, uma visita à biblioteca, uma rápida busca na internet ou até mesmo uma conversa com um ouvinte carinhoso podem ajudá-lo a se conectar com outras pessoas que estão lutando com as mesmas preocupações que você.

Capítulo 10

Compreendendo a Religião: A Fé no Mundo Moderno

Neste Capítulo
- Compreendendo a religião na história
- Separando a teoria da prática religiosa
- Comprando por Deus

Após 13 anos em uma escola católica, quando cheguei ao meu primeiro curso comparativo de religiões na faculdade, pensei como a professora iria lidar com o fato de que nem todas as religiões poderiam estar *certas*. Eu não tinha certeza se o catolicismo era inteiramente "certo", mas imaginava que elas não podiam *todas* estar certas. Os membros das diversas religiões possuem crenças bem diferentes em relação ao mundo espiritual, portanto, eu não entendia como estudar a religião sem tomar uma posição acerca do conjunto de crenças que seria o "correto".

Então, logo percebi que a minha professora não iria nos apontar a religião certa; na verdade, as crenças religiosas dela não vinham ao caso. Quando os cientistas sociais — sociólogos, antropólogos, psicólogos — estudam a religião, eles não estão estudando Deus (ou deuses), mas *pessoas*. Cabe aos teólogos e aos filósofos o estudo da outra vida; os cientistas sociais estudam o aqui e agora.

E a religião realmente se situa no aqui e agora. Todos os dias, bilhões de pessoas em todo o mundo rezam e se unem para compartilhar sua fé, seja ela qual for. As práticas e as organizações religiosas sempre estiveram no coração do mundo social, e um sociólogo ignorar a religião seria como um médico ignorar o nariz na sua cara. Portanto, os sociólogos têm estudado não só a religião, mas também todas as outras grandes características da sociedade.

Neste capítulo, primeiro defino as ideias importantes dos antigos sociólogos sobre a religião. Em seguida, explico a diferença entre as crenças e os valores religiosos e as organizações que apoiam as práticas religiosas das pessoas. E, finalmente, eu o estimulo a pensar sobre a relação entre a crença religiosa e a ação social no mundo atual.

Compreendendo a Religião na História

Quando os sociólogos inicialmente tentaram entender como a sociedade funcionava, eles imediatamente compreenderam que as suas teorias tinham de levar em consideração a religião. Karl Marx, Émile Durkheim e Max Weber tinham ideias sobre o papel da religião na sociedade. Nesta seção, explico as suas teorias uma de cada vez (para mais sobre Marx, Durkheim e Weber, veja o Capítulo 3).

Marx: O ópio do povo

Muitas pessoas consideram a religião o aspecto central da vida, o coração daquilo que as fazem felizes. A maioria dos sociólogos acredita que a religião é, em grande parte, se não sempre, uma força construtiva na sociedade. Existem, no entanto, alguns outros que acreditam que a religião tem um impacto em geral negativo na sociedade, até mesmo destrutivo. O mais famoso deles é Karl Marx.

Marx acreditava que entender a sociedade era fundamentalmente entender o poder, e que este era ligado ao que ele chamava de "modos de produção". Se eu sou dono do campo de que você precisa para plantar alimentos ou da máquina de que você necessita para construir uma casa, ou, ainda, da empresa onde você tem de trabalhar para ganhar dinheiro, tenho poder sobre você. Não importa particularmente em que você *acredita*; o que importa é a realidade material da situação, ou seja, você morrerá de fome se não fizer o que eu quero.

Marx pessoalmente era um cético, e a sua teoria social refletia sua crença de que qualquer promessa de recompensa divina pelo trabalho árduo e por uma "vida boa" era vazia; portanto, as pessoas sem poder aqui e agora não deveriam contar com a justiça decorrente na vida após a morte.

Muitos teólogos e pessoas de fé acreditam que o sofrimento na Terra acontece por uma razão, independente de ela ser entendida por aqueles que estão sofrendo; Marx acreditava que, fosse esse o caso ou não, o efeito da religião nas sociedades que podia observar, era em grande parte uma distração para as pessoas não lutarem por um tratamento justo.

Se uma pessoa mal consegue sobreviver, trabalhando duro o dia todo e recebendo apenas uma fração do lucro que o seu trabalho está gerando ao chefe, isso está errado, pensava Marx — e se a crença de uma pessoa de que ela receberia recompensas no céu a impedia de lutar por um tratamento justo na Terra, isso seria ruim. A religião, pensava Marx, tende a ficar no caminho da felicidade humana. Ela faz as pessoas dormirem e as mantém longe de reconhecer a injustiça em seu entorno; exatamente por isso ele a chamava de "o ópio do povo".

A maioria dos sociólogos hoje acha a visão de Marx extrema, e você também deve — mas é importante pensar sobre as ideias dele. Marx era cético não só quanto à religião, mas também quanto a tudo o que evitava que as pessoas questionassem o *status quo*. Isso poderia incluir todos ou qualquer um destes fenômenos:

- Propagandas para produtos caros que você "precisa ter".
- Políticos que dizem que pessoas com ideias políticas diferentes das suas são "antipatriotas".
- Tradições que mantêm membros de um sexo ou de uma raça em posição subserviente, pois "sempre foi assim".

Concordando ou não com Marx, os sociólogos consideram ser difícil entender o mundo social se você o abordar com um conjunto de "pré-concepções" sobre como as coisas "deveriam" ser. No centro da crítica de Marx sobre a religião está a rejeição de qualquer coisa que impeça as pessoas de trabalharem para desenvolver uma sociedade justa para todos.

Alguns governos comunistas baseados nas ideias de Marx tentaram erradicar completamente a religião, mas eles não têm sido tão bem-sucedidos. Um homem que não se surpreenderia com isso é Émile Durkheim, pois ele acreditava que a religião é uma característica essencial de uma sociedade saudável.

Émile Durkheim: Uma metáfora para a sociedade

Émile Durkheim não concordava com Marx a respeito de a religião ser uma força destrutiva na sociedade. Por que, perguntava Durkheim, algo destrutivo estaria no centro de praticamente todas as sociedades já conhecidas? Não fazia sentido. Durkheim acreditava que a religião deveria ter uma função na sociedade e, assim, fazer algo para ajudar as pessoas a trabalharem juntas, felizes e produtivamente.

Marx pensava que a religião era uma espécie de "ópio", algo que colocava as pessoas para dormir e as mantinha incapazes de se impor. Durkheim concordava que a religião ajudava a incentivá-las a confiar umas nas outras, mas, diferente de Marx, acreditava que tal fato em geral era bom. Se todo homem e toda mulher apenas se preocupassem consigo, dizia Durkheim, a sociedade desmoronaria. Compartilhar crenças, valores e práticas religiosas ajuda as pessoas a reconhecerem o que têm em comum, incentivando-as a deixarem de lado as suas diferenças e se sacrificarem para o bem da sociedade. A religião, disse Durkheim, é uma das instituições essenciais em qualquer sociedade.

As ideias de Durkheim sobre a religião são especialmente interessantes no que se trata da mudança social. As sociedades mudam ao longo do tempo, observou Durkheim — da África até a Ásia, da América até a Europa, e tendem a seguir um caminho geral de evolução desde sociedades tribais relativamente simples para sociedades industriais complexas, mesmo que não sigam esse caminho no mesmo ritmo. Além disso, reparou Durkheim, as crenças e práticas religiosas das sociedades tendiam a mudar também — o que faz total sentido. Se uma sociedade está mudando e a religião está no coração dela, então a religião tem de mudar também!

Durkheim acreditava que a religião ajudava as sociedades a se manter solidárias... Mas o tipo de solidariedade de que uma sociedade necessita, pensava Durkheim, muda ao longo da história. Dessa forma, a religião é uma metáfora para a sociedade em si.

Solidariedade mecânica

No início da história de qualquer sociedade, as vidas das pessoas são parecidas, sendo útil que sigam regras bastante específicas: regras sobre onde ir e quando; regras sobre quais responsabilidades estão associadas com vários status sociais; regras sobre rituais e práticas específicas. Durkheim chamava isso de *solidariedade mecânica,* pois as pessoas precisavam seguir "mecanicamente" regras bastante específicas, ou a sociedade estaria em perigo. As necessidades da sociedade são muito específicas e muito urgentes para que os indivíduos decidam por si mesmos quais práticas irão seguir.

Certamente, percebeu Durkheim, as crenças religiosas nas sociedades simples tendem a ser muito específicas e ritualísticas. Os membros tendem a acreditar em divindades que fazem demandas específicas às pessoas e que têm personalidades semelhantes às humanas. Pode existir um deus da chuva que ficará bravo se um ritual específico não for seguido, ou um deus da guerra que tem ideias bem claras sobre como lidar com as invasões territoriais. O Deus judaico-cristão do Velho Testamento microgerencia relativamente as pessoas, aparecendo em uma coluna de fumaça ou em uma sarça ardente para ter conversas com os mortais e passar adiante decretos precisos. Para Durkheim, essa era a essência da solidariedade mecânica.

Solidariedade orgânica

À medida que as sociedades crescem e se tornam mais complexas, observou Durkheim, é menos viável que todos sigam as mesmas regras e práticas específicas. As vidas das pessoas se tornam muito mais diversas e, se todos seguissem os mesmos conjuntos de regras e rituais, o sistema social pararia. O mais útil é que as pessoas sigam um conjunto comum de princípios que possam ser aplicados em situações diversas. Durkheim chamava isso de *solidariedade orgânica*, pois as pessoas em sociedades complexas precisam adaptar organicamente seus comportamentos para as situações específicas em que estão.

À medida que as sociedades se movem em direção à solidariedade orgânica, Durkheim apontava, as suas crenças religiosas tendiam a se tornar mais difusas e generalizadas. Os membros dessas sociedades têm menos probabilidade de acreditar em deuses com personalidades humanas fazendo demandas concretas para os mortais; em vez disso, os membros das sociedades grandes e complexas tendem a acreditar em deuses que estão mais distantes da humanidade. As pessoas possuem ideias gerais sobre que tipo de comportamento essas divindades querem, mas é menos provável que elas passem os seus dias participando de rituais específicos. Em geral, os cristãos hoje cada vez menos se identificam com o Deus pessoal do Velho Testamento, ainda que se identifiquem com o Deus do Novo Testamento, que ama seus filhos e quer que eles cuidem uns dos outros, mas que provavelmente não aparecerá na terra para lhes dizer exatamente o que fazer em uma dada situação. Isso, para Durkheim, é o que significa a solidariedade orgânica.

O resumo

A teoria de Durkheim é complicada e pode parecer difícil de entender, mas aqui está o resumo do que ele acreditava:

- A religião é uma característica essencial da sociedade. Ela incentiva a cooperação e o respeito mútuo.
- Por causa disso, à medida que a sociedade muda, a religião precisa mudar também — e muda.

Para entender como isso funciona, considere a separação entre a Igreja e o Estado, que é uma crença fundamental dos fundadores dos Estados Unidos. Nenhuma igreja, eles acreditavam, tinha de se meter em influenciar diretamente as leis de um país. Até hoje, os cidadãos dos Estados Unidos são livres para praticar qualquer religião sem a interferência do governo; os líderes governamentais não podem criar leis que favoreçam uma religião em detrimento de outra, o que também é o caso na maioria dos outros países no mundo... Mas nem sempre foi assim.

Durante a maior parte da história humana, os líderes da igreja tinham influência oficial nas leis e na estrutura social. Em muitos casos, os líderes religiosos *eram* os líderes governamentais. As pessoas cujas crenças fossem contrárias às desses líderes poderiam ser punidas e até mesmo mortas. Por mais horrível que fosse, no entanto, Durkheim diria que nas sociedades ligadas pela solidariedade mecânica isso fazia sentido. Se você acredita que existe uma divindade com ideias bastante específicas sobre o que você deveria fazer e quando, ela pode muito bem ter ideias que entram em conflito com as dos outros. Nesse tipo de sociedade, é difícil para pessoas de fé diferente viverem e trabalharem juntas.

Nas sociedades ligadas pela solidariedade orgânica, por outro lado, as pessoas tendem a acreditar em divindades que possuem noções relativamente generalizadas sobre o comportamento aceitável: trate os outros como você gostaria de ser tratado. Não mate. Não roube. Seja honesto. As pessoas hoje em dia pouco acreditam em divindades que prescrevem estilos específicos de roupas ou papéis sociais específicos para pessoas de sexos, raças ou famílias diferentes. As pessoas com esse modelo de crença religiosa têm muito mais facilidade em viver e trabalhar junto, e faz sentido que o governo lhes permita fazer o que querem sem seguir as mesmas e exatas tradições religiosas.

As coisas se complicam quando as pessoas precisam seguir práticas religiosas específicas, que entram em conflito com as leis civis. Essa é uma situação relativamente rara, mas ela acontece — você talvez consiga pensar em alguns exemplos —, e isso pode causar um debate caloroso, e até mesmo violento. A solidariedade social não é sempre fácil!

Max Weber, o último dos "três grandes" sociólogos antigos, concordava com Durkheim que a religião muda junto com a sociedade — mas ele não pensava que existia algo necessariamente "mecânico" ou "orgânico" nisso.

Weber: Um manobreiro nos trilhos

Max Weber concordava com Durkheim que a religião era uma parte fundamentalmente importante da sociedade, mas Weber também percebeu que ela nem sempre levava à paz, ao amor e à compreensão.

Não há dúvida, Weber concordava que as crenças e valores religiosos afetam fundamentalmente a maneira como as pessoas vivem as suas vidas — mas, enquanto Durkheim acreditava que as mudanças na estrutura social levariam quase inevitavelmente a mudanças nas crenças religiosas, Weber acreditava que muitas vezes era ao contrário: as crenças e os valores religiosos levam a mudanças sociais universais.

No Capítulo 3, eu mencionei a visão de Weber sobre a religião como um "manobrista ferroviário nos trilhos." Especificamente, Weber escreveu sobre a importância dos valores protestantes do trabalho árduo e da poupança financeira no desenvolvimento da sociedade capitalista moderna. Se teólogos como Martinho Lutero e João Calvino não tivessem promovido esses valores, acreditava Weber, o capitalismo moderno provavelmente nunca daria certo. Não é que Lutero e Calvino *queriam* exatamente criar uma sociedade capitalista; os valores que pregavam, no entanto, levaram a esse resultado, dizia Weber. Marx e Durkheim, ambos, por outro lado, acreditavam que a chegada do capitalismo era basicamente inevitável e teria acontecido com ou sem a "ética protestante".

Weber usou a metáfora do "manobrista ferroviário nos trilhos" para demonstrar que nem *todos* os resultados são possíveis na sociedade — existem conjuntos distintos de "trilhos" que uma sociedade pode seguir, dependendo de como as coisas aconteceram. Qual grupo eles escolhem, entretanto, pode ser determinado por valores religiosos e culturais (veja o Capítulo 5 para mais sobre a cultura).

Muitos sociólogos hoje se aproximam mais de Weber sobre a religião, em vez de Marx e Durkheim, pois a visão de Weber possui espaço *tanto* para a coesão *quanto* para o conflito:

- Como Durkheim, Weber entendia que os valores, crenças e tradições religiosas podem servir como uma poderosa forma de cola que une todas as pessoas e as ajudam a cooperar para alcançar objetivos comuns.

- Como Marx, no entanto, Weber também entendia que os valores religiosos nem sempre se alinham com as realidades sociais — e que eles podem levar a conflitos desnecessários.

Marx acreditava que a religião leva ao conflito e à exploração, enquanto Durkheim acreditava que a religião leva à cooperação e união. Weber entendia que *ambas* as perspectivas podem estar corretas.

Por mais paz e felicidade que a religião pode ter trazido para as pessoas, por mais que as cerimônias e rituais religiosos sejam os momentos mais importantes na vida das pessoas, também é verdade que os valores religiosos (mantidos sinceramente, mesmo que destorcidos) têm servido como base para algumas das maiores atrocidades na história humana — desde a Inquisição no século XV até os terroristas suicidas do século XXI.

A Religião na Teoria... e na Prática

Ao estudarem a religião, os sociólogos distinguem entre as crenças religiosas que as pessoas mantêm e as organizações que elas formam para facilitar suas práticas religiosas. Nesta seção, primeiro explico como os sociólogos pensam as crenças religiosas e, em seguida, como estudam as organizações religiosas.

Ideias, ideologia e valores religiosos

Para qualquer indivíduo, as crenças religiosas pessoais geralmente estão no centro da sua experiência religiosa — muitas vezes, de fato, no centro de tudo o que lhes é importante. Eles podem sentir uma conexão profunda e verdadeira com um mundo maior do que aquele que podemos ver aqui na Terra. Isso também é verdadeiro sobre os sociólogos, muitos dos quais são pessoas de fé e praticam alguma forma de culto com suas famílias privadamente.

Ao colocarem os seus jalecos sociológicos, no entanto, eles têm de reconhecer que as questões sobre a vida após a morte não podem ser respondidas empiricamente. É isso que separa as crenças religiosas das outras crenças: elas são questões de fé ou filosofia, e não questões que podem ser testadas com observações empíricas (veja o Capítulo 4 para mais sobre as pesquisas sociológicas e observações empíricas). Para estudar a religião do ponto de vista sociológico, você precisa focar nos aspectos da religião que podem ser observados aqui e agora.

Você não pode, é claro, observar diretamente a mente de uma pessoa — ou, se preferir, a alma. O que você *pode* observar é o que elas dizem, o que escrevem, o que leem e o que fazem. Os antigos sociólogos, como Marx, Durkheim e Weber, estavam interessados na história e na antropologia; assim, passaram um bom período estudando como as crenças religiosas mudaram ao longo do tempo e variavam em diferentes sociedades, em seus próprios compassos.

Como resultado, descobriram — e também muitos outros sociólogos, antropólogos, historiadores e outros acadêmicos da religião — que as crenças e os valores religiosos, por mais profundamente pessoais que possam parecer para um indivíduo, são geralmente moldados por pessoas em tempos e lugares em particular. E mais, eles mudam com o tempo de uma forma que não parece aleatória. Então *por que* eles mudam? *Por que* variam entre as sociedades?

Apesar de discordarem sobre especificamente o porquê de os valores e as crenças religiosas mudarem com o tempo e entre sociedades diferentes, os sociólogos concordam que tais mudanças estão tipicamente relacionadas às mudanças na sociedade.

> **Marx** acreditava que os valores religiosos mudam para favorecer os interesses dos poderosos.

> **Durkheim** acreditava que os valores religiosos mudam naturalmente à medida que as sociedades crescem e se tornam mais complexas.

> **Weber** acreditava que os valores religiosos, propagados por líderes religiosos carismáticos, tanto influenciam quanto são influenciados pela mudança social.

Pode ser confuso pensar nas crenças e nos valores religiosos como tendo *qualquer* coisa a ver com a sociedade. Afinal, muitas pessoas de fé acreditam que a crença religiosa é um tipo de antídoto para a mudança social, fornecendo aos fiéis uma bússola para que naveguem, independente de em que direção sopram os ventos da cultura predominante.

Essa crença não é inconsistente com uma visão sociológica da fé. Afinal, a razão essencial que leva os sociólogos a se interessarem pelos valores religiosos é exatamente porque eles *de fato* influenciam a ação. Se as crenças religiosas fossem um assunto inteiramente pessoal, sem qualquer efeito nas ações de uma pessoa, elas estariam claramente fora do escopo do estudo sociológico.

O que torna as crenças religiosas um assunto de interesse dos sociólogos é o fato de que os valores religiosos de uma pessoa influenciam — ou pelo menos *podem* influenciar — as suas ações. Para muitas pessoas, as crenças religiosas de fato fornecem uma bússola que age como, usando os termos de Weber, um "manobrista ferroviário nos trilhos", influenciando o que irão fazer em uma dada situação.

No exemplo de Weber da "Ética Protestante", isso significava que as pessoas que poderiam ter trabalhado apenas tão duro quanto precisavam para sobreviverem dia após dia decidiram, em vez disso, trabalhar o mais duro que pudessem, para economizar, poupar e acumular riqueza. Na sua vida, uma crença religiosa de que roubar é errado pode influenciar a sua decisão de não tirar vantagem de uma situação em que você possa roubar algo e não ser descoberto.

Portanto, por essa razão (e também por pura curiosidade), os sociólogos estão interessados em por que e como os valores religiosos mudam — e eles descobriram que os valores religiosos *realmente* mudam conforme as transformações na sociedade.

Você pode até acreditar que não *deveria* ser o caso os valores religiosos mudarem; você pode acreditar que existe uma única verdade — seja ela encontrada na Bíblia, no Alcorão, no Torá ou outro lugar — que se aplica a todas as pessoas, em todos os tempos. Isso pode até ser o caso, mas a sociologia estuda o mundo como ele é, e não como alguém acredita que ele deveria ser, e a realidade empírica é que as crenças religiosas não são constantes.

Abra a igreja: As organizações religiosas

Quando você era criança, alguém pode ter lhe ensinado o jogo em que você fecha as mãos e recita: "Aqui está a igreja, aqui está o altar, abra as portas e veja onde o padre está", balançando os dedos para representar a congregação. Apesar de a religião ser para muitas pessoas uma experiência puramente pessoal, a maioria delas — independente de suas crenças religiosas — se une a outras para a adoração, o apoio mútuo e talvez para que trabalhem juntas em direção a objetivos consistentes com suas fés.

Isso significa que, em grande parte, o estudo sociológico da religião é o estudo de organizações religiosas. Enquanto membros de organizações religiosas são unidos pela fé em vez do desejo de lucrar, jogar um esporte ou salvar as baleias, as organizações religiosas compartilham muitas das características de organizações como corporações, equipes e organizações sem fins lucrativos (aliás, na maioria dos países elas *são* consideradas organizações sem fins lucrativos). Elas têm regras e estatutos, estabelecem metas, criam orçamentos, aumentam a receita e elegem ou escolhem líderes.

Como menciono mais cedo neste capítulo, nos séculos passados (e em muitas sociedades hoje em dia), as organizações religiosas eram essencialmente os governos, tendo responsabilidade direta não só de sediar serviços de adoração, mas também de gerenciar o sistema econômico, fazendo guerras e impondo as leis. Na maioria das sociedades hoje as organizações religiosas são separadas dos governos, e a tarefa primária de muitas delas é simplesmente manter locais de adoração e oferecer serviços religiosos todos os dias ou semanas.

Muitas, entretanto, tinham objetivos mais ambiciosos. Igrejas e grupos religiosos têm sido, e continuam sendo, diretamente instrumentais em muitos aspectos da sociedade.

- Martin Luther .King Jr. era pastor, e as igrejas estavam profundamente envolvidas no Movimento de Direitos Civis Americano.
- Em quase todos os países, os grupos religiosos estão entre os mais importantes, oferecendo assistência aos necessitados por meio de abrigos, distribuição de mantimentos e assistência econômica.
- Muitos grupos religiosos dirigem escolas que oferecem instrução secular em leitura, escrita e aritmética, junto com educação religiosa.
- É comum que grupos religiosos adotem uma posição em um assunto político civil — desde o sistema de saúde até as relações internacionais — e mobilizem apoio para aquela posição.

Esse papel importante que eles assumem na sociedade é ainda mais uma razão para os sociólogos entenderem que a religião é uma parte integral dela.

Policiais, igrejas e o "Milagre de Boston"

Nos anos 1990, a violência — especialmente a violência entre jovens — na cidade de Boston despencou. Em 1990, havia 152 assassinatos em Boston, mas em 1999 o número decaiu para apenas 31; por um período de dois anos e meio no fim dos anos 1990, havia exatamente zero adolescentes vítimas de homicídio em Boston. Esse impressionante desenvolvimento ficou conhecido como o "Milagre de Boston".

Por que isso aconteceu? O Departamento de Polícia de Boston aponta com justificável orgulho para um programa único que se iniciou no começo dos anos 1990, no qual os policiais juntaram forças com os líderes religiosos afro-americanos para combaterem a violência entre os jovens. As igrejas da cidade mantinham reuniões comunitárias onde os pastores e policiais ficavam lado a lado para formar uma frente unida, dizendo aos jovens membros de gangues que seus comportamentos eram destrutivos e tinham de parar. Muitos jovens captaram a mensagem, e os muitos outros que não o fizeram foram apreendidos e encarcerados — com a cooperação das pessoas nas comunidades que eles aterrorizavam.

O sociólogo Christopher Winship tem estudado o crime e o policiamento nos bairros de Boston há décadas e concorda que a parceria entre a igreja e a polícia teve um papel importante na redução da violência — apesar de ele apontar que o crime violento caiu em muitas cidades americanas nos anos 1990, sugerindo que, de alguma forma, Boston era simplesmente parte de uma tendência nacional. O que Winship pensa ser mais impressionante sobre a parceria em Boston é a maneira como ela ajudou a minimizar especificamente a violência racial em uma cidade que viveu uma tensão racial terrível nos anos 1970 e 1980. O fato de pastores negros terem sido vistos publicamente trabalhando com a polícia, acredita Winship, tem ajudado a comunidade inteira a focar no combate ao crime, em vez de apontarem dedos para as pessoas devido à cor de suas peles.

(Continua)

(Continuação)

> O sucesso da parceria de Boston — que ainda continua, até hoje — demonstra a importância contínua das organizações religiosas, especialmente em comunidades onde outras organizações civis são vistas com desconfiança. Como os pastores de Boston tinham a confiança e o respeito de suas comunidades, eles puderam ajudar a polícia a torná-las mais seguras.

Nas vidas dos fiéis, as organizações religiosas podem ter um papel além da facilitação da adoração. É comum para as comunidades religiosas oferecerem jantares e reuniões sociais, assim como fornecer oportunidades para os membros se engajarem em serviços públicos ou em recreação juntos. As décadas mais recentes viram o crescimento das "megaigrejas" suburbanas, estruturas gigantescas que possuem enormes congregações. Os membros delas podem visitar a igreja todos os dias, seja para rezar, estudar a Bíblia, relaxar no café, assistir a um filme, seja até para se exercitar nos equipamentos da igreja. Especialmente para as pessoas que não sentem seus valores se refletirem na cultura dominante, pode ser muito satisfatório ter um lugar para se reunir, sabendo que estarão cercados de pessoas que compartilham as mesmas crenças.

Mesmo quando as organizações religiosas não possuem um papel oficial na governança, elas podem praticamente definir as comunidades de um bairro. Meu pai cresceu em St. Paul, Minnesota, e ele ainda fala sobre a cidade não em termos de bairros, mas em termos de paróquias católicas, que foi como ele cresceu e aprendeu a pensar sobre a geografia da cidade. "Eles moram em St. Marks", ele diria, ou "ela comprou uma casa lá em Nativity". Nas comunidades onde as organizações religiosas e a vida civil são intimamente interligadas, a religião pode até funcionar como a raça ou etnia ("As pessoas dizem que não tínhamos nenhuma minoria em St. Paul quando eu estava crescendo", meu pai brinca. "É claro que tínhamos... Nós tínhamos luteranos").

Apesar de serem, sob muitos aspectos, como outras organizações sociais, as organizações religiosas mantêm uma relação única com seus membros, pois os fiéis as veem como representando uma conexão do aqui e agora com o mundo espiritual, a esfera eterna que, para muitos deles, é muito mais importante do que qualquer outra coisa neste mundo. Isso dá às organizações sociais um poder especial que pode ser tremendamente construtivo — como as organizações que ajudam a unir as comunidades em tempos de guerras ou dificuldades —, ou tremendamente destrutivo — como nos casos de cultos corruptos que exploram seus membros financeiramente e de outras formas. Para bilhões de pessoas, as organizações religiosas estão entre as organizações sociais mais importantes de suas vidas.

A Fé e a Liberdade no Mundo Atual

No mundo atual, onde a maioria das sociedades mantém uma separação entre a Igreja e o Estado e onde a imigração e outros fatores levam a cada vez mais diversidade religiosa em todos os lugares, a religião é um assunto especialmente complicado. A fé permanece central na vida de bilhões de pessoas, mas que implicações isso tem em suas ações? Nesta seção, descrevo as tendências na participação religiosa e falo sobre as circunstâncias em que a fé se traduz em ação.

Comprando por Deus

Os sociólogos distinguem a *fé* (ou crenças, ou valores) e a *ação*. Uma proporção alta de pessoas no mundo hoje participa de serviços religiosos, mas uma proporção maior ainda expressa uma crença em um poder superior. Ambos são importantes índices de religiosidade, ainda que meçam coisas diferentes.

A distinção é particularmente importante no mundo atual, onde as pessoas em muitas sociedades possuem considerável liberdade para expressar qualquer crença que quiserem e para agir ou não se baseando nelas. Nos Estados Unidos, por exemplo, uma grande maioria diz que acredita em um poder maior, e quase a metade diz que participa de serviços religiosos; isso tem diminuído nas últimas décadas (especialmente se você olhar se as pessoas *realmente* participam dos serviços e não apenas *dizem* que participam), mas não tão rápido quanto na Europa, onde o índice de crenças está diminuindo e o de participação diminuindo com ainda mais rapidez.

A Cultura Cristã Conservadora: Um mundo à parte

Um dos desenvolvimentos mais marcantes no panorama religioso nas últimas décadas tem sido o crescimento de uma coalizão coordenada e bem definida de cristãos conservadores. Particularmente nos Estados Unidos, onde é conhecida como a "direita religiosa", esse movimento — sob a liderança de líderes influentes como James Dobson — tem tido um papel importante no que se trata de definir e influenciar o debate nacional sobre assuntos que variam desde o aborto e a pena de morte até a tributação e o orçamento.

O movimento é controverso não só por suas fortes visões políticas, mas também devido à sua insistência, sem remorsos, de que a

(Continua)

(Continuação)

> religião pertence ao coração de qualquer debate político ou social. Os membros do movimento argumentam que remover símbolos religiosos dos prédios governamentais e proibir os juízes e os legisladores de invocar as crenças religiosas em suas deliberações gera potenciais consequências desastrosas para a vida pública americana.
>
> O movimento também é distinto por ter dado à luz uma enorme variedade de produtos de consumo voltados para aqueles que sentem que os produtos culturais dominantes não refletem os seus valores. Desde a música e a literatura até a TV e os filmes, existe um universo alternativo inteiro de produtos explicitamente cristãos voltados para os fiéis; alguns deles, como os romances *Deixados para Trás*, vendem tão bem, talvez até mais, do que outros livros da cultura dominante. Até na internet existem mecanismos de buscas cristãos, sites de rede social cristãos e até um site de vídeos cristãos chamado "GodTube".
>
> De certa forma, esse movimento é um exemplo clássico de uma subcultura (veja o Capítulo 5): uma cultura formada em oposição consciente à cultura dominante. De outra forma, entretanto, o movimento adota as realidades da política e do entretenimento dominantes; os seus membros estão usando entusiasmadamente a liberdade oferecida pela sociedade contemporânea para escolherem sua própria fé, seu próprio entretenimento e seu mundo social próprio.

Em muitos aspectos, a religião no mundo contemporâneo está se tornando um bem de consumo: algo que você escolhe "comprar" pois satisfaz uma necessidade que você tenha. Isso talvez pareça uma maneira herética, e até mesmo ofensiva, de se enxergar algo tão profundamente pessoal, mas possibilita descrever o comportamento que as organizações religiosas vêm demonstrando — e, de fato, a maneira como muitas pessoas se posicionam sobre a religião.

As pessoas em sociedades livres têm a possibilidade de escolher por si mesmas se participam ou não de uma organização religiosa — e, se sim, de qual organização querem participar. A maioria das organizações religiosas acolhe os convertidos e sabe que as pessoas podem ser influenciadas por muitos fatores ao escolherem uma orientação religiosa em geral e uma comunidade particular especificamente. As pessoas podem considerar:

- As suas noções pessoais do mundo sobrenatural, preferindo organizações que ressoam com as suas crenças mais profundas.
- A família e tradição em que foram criadas, possivelmente preferindo uma organização com crenças, rituais e estrutura que reflita aqueles com os quais cresceram.
- Os valores sociais de uma denominação ou uma congregação, preferindo praticar entre pessoas que compartilham seus compromissos com uma série de políticas sociais ou interesses em serviço público.

- Os outros membros de uma congregação, buscando — por exemplo — uma com muitas famílias jovens ou muitos idosos ativos.
- A geografia, preferindo participar dos serviços em seus próprios bairros.
- Outros serviços oferecidos pela congregação: o ensino para crianças, aulas ou *workshops* para adultos, excursões e outras funções da vida naquela comunidade.

As organizações religiosas reconhecem que as pessoas têm uma escolha em suas afiliações religiosas, e as organizações geralmente respondem ao se apresentarem de formas que variam entre *flyers* nos fundos da igreja até *outdoors* e até mesmo propagandas no rádio e na TV. Nesse sentido, igrejas em bairros com muitos residentes gays e lésbicas podem exibir *banners* de arco-íris, e as igrejas buscando atrair famílias com crianças pequenas podem anunciar suas creches ou ofertas de catequese.

As pessoas realmente pensam na religião dessa forma? Elas realmente pensam na fé como um produto que pode ser comprado, semelhante a um cereal matinal ou a um casaco de inverno?

De algumas maneiras, é claro que não. A fé é um assunto profundamente pessoal, às vezes bastante sentimental, e muitos fiéis ficariam furiosos, e com razão, com qualquer sugestão de que eles tratam a igreja como um destino de férias.

Dito isso, é verdade que nas sociedades onde as pessoas são livres para escolher a sua fé e o modo como a praticam, elas tendem a exercer essa liberdade. Uma enquete de 2009, feita pela Pew Survey, mostrou que 44% dos adultos americanos não pertencem à fé na qual cresceram — alguns mudaram de afiliação; outros simplesmente pararam de praticá-la. Outros 9% mudaram de fé em algum momento antes de retornar à sua fé da infância.

É claro que as pessoas se convertem por várias razões. Como os sociólogos de rede (veja o Capítulo 7) e aqueles que estudam os movimentos sociais (Capítulo 13) têm descoberto, é raro que as pessoas mudem seu comportamento do nada. Em muitos casos, a conversão religiosa resulta de uma amizade ou de um romance inter-religioso, ou de uma nova situação profissional, ou, ainda, da mudança de um lugar para outro. Frequentemente, a ação segue a crença... Mas muitas vezes acontece o contrário.

Crença, ação e tudo entre eles

Portanto, de novo, por que os sociólogos se importam com a religião? O que eles têm a ver com quem as pessoas escolhem rezar, ou para onde as pessoas esperam ir após a morte? É porque a religião *não* é algo que exista meramente em sua cabeça ou em sua alma; ela é também, geralmente, algo que você *faz*.

- Você pode entrar para uma organização religiosa que tenha importância fundamental na sua comunidade.
- A sua fé pode afetar os votos que você deposita em seções eleitorais (isto é, influenciar a sua visão política) e os cupons que você deposita nos shoppings (isto é, as coisas que você compra).
- A religião pode afetar as suas redes sociais, o que, por sua vez, afeta tudo mais que você faz.

Essas são todas razões pelas quais a religião é importante para os sociólogos, cientistas políticos e economistas considerarem ao estudar o mundo social. Mas a fé afeta diretamente as ações das pessoas? De um ponto de vista sociológico, importa mesmo *em que* você acredita, mais do que importa simplesmente *que* você acredita?

É claro que sim. A questão é *quando* e *como*.

Todas as grandes teorias sociológicas sobre a religião enfatizam que a fé, de alguma forma, influencia as ações das pessoas — não só as influenciando a construírem prédios, a formar organizações e a comprar livros, mas influenciando-as a terem ações específicas *neste* mundo condizentes com suas crenças sobre o *próximo* mundo.

Marx acreditava que a religião era relativamente insignificante; entretanto, ele argumentava que, em algumas circunstâncias, ela poderia servir aos interesses dos poderosos, ao desencorajar as pessoas de questionar o *status quo*. Marx desconfiava particularmente das fés que ofereciam a oferta de recompensas divinas, pois ele acreditava que as pessoas que esperavam ser recompensadas no céu podiam ser menos propensas a exigir o que merecem na Terra.

Durkheim acreditava que a religião era essencial para a solidariedade social. Portanto, os ensinamentos e as cerimônias religiosas ensinam as pessoas como conviver em sociedade e torna menos provável que elas busquem objetivos pessoais que contrariem os objetivos maiores da sociedade. Nas antigas sociedades, isso significava que elas eram muitas vezes incentivadas à intolerância em relação à diversidade (pois a diversidade pode ser perigosa quando existem apenas algumas tarefas bastante específicas a serem realizadas); hoje, isso significa que elas são muitas vezes incentivadas a acolher a diversidade (pois a intolerância pode ser perigosa quando muitos tipos diferentes de pessoas precisam conviver, apesar de terem tarefas bem diferentes a realizar).

Weber acreditava que os valores religiosos poderiam influenciar as ações das pessoas de uma série de maneiras. Segundo ele, os valores religiosos coerentes com o capitalismo ajudaram esse sistema econômico a sair do papel. Os valores religiosos, para Weber, não determinam de modo completo a direção que uma sociedade seguirá, e nem necessariamente mudam para se igualar à estrutura social. Existe sempre uma interação de mão dupla entre os valores religiosos e outras forças sociais.

Em todas essas teorias, as crenças e os valores religiosos específicos influenciam diretamente as ações das pessoas além das paredes da igreja ou da sinagoga. A maioria dos sociólogos da religião hoje em dia se inclina em direção à perspectiva de Weber do que às de Marx e Durkheim, pois Weber valoriza mais as interações complexas entre as instituições religiosas e outras instituições sociais. A religião importa, mas a *maneira* específica em que ela é importante dependerá da estrutura de uma dada sociedade, assim como da natureza das crenças religiosas.

A religião pode ser profundamente importante na vida das pessoas, influenciando todas as suas ações. Ela também pode, pelo menos no mundo atual, ausentar-se completamente da vida de uma pessoa, que pode declarar nenhuma afiliação religiosa e ter crenças pessoais sobre a vida após a morte (ou a falta dela) as quais não têm efeito algum sobre as suas ações no aqui e agora. E mais, o lugar da religião na estrutura da sociedade pode variar: em algumas sociedades, mesmo hoje em dia, as instituições religiosas são sinônimos de Estado e monitoram-se de perto e impõem-se as práticas religiosas. Em outras sociedades, as instituições religiosas são completamente separadas do Estado e têm pouca influência política.

Comparado à maioria dos lugares e tempos no passado, as crenças e as práticas religiosas no mundo hoje são incrivelmente diversas — e pessoas com crenças e práticas religiosas diversas estão cada vez mais se esbarrando nas sociedades em todo o mundo. Isso torna mais difícil generalizar o papel da religião na vida social, mas não a torna um elemento menos importante.

Hoje, a religião ainda atua como força de união, como sempre fez. Toda semana, bilhões de pessoas no mundo se unem em salas, praças e locais privados de oração para compartilhar sua fé e sua comunidade. Se a fé é a única que conhecem ou se acabaram convertendo-se para outra crença, se elas moram em lugares onde todos seguem a mesma afiliação religiosa ou se seus vizinhos todos seguem visões religiosas diferentes, a religião lhes oferece consolo e apoio. Ela liga as pessoas a um mundo social maior e, de acordo com suas crenças, a um mundo espiritual também.

No entanto, além disso, a religião às vezes inspira, alimenta e justifica conflitos e violências horríveis. Em alguns casos, essa violência é uma extensão direta da fé — algumas pessoas realmente acreditam que têm a imperativa divina de agir de maneira hostil com aqueles que não compartilham suas crenças — mas, na maioria dos casos, as distinções religiosas servem meramente para destacar e exacerbar outras divisões.

Quando as diferenças religiosas coincidem com diferenças de etnia ou classe, os conflitos nesse sentido podem mostrar uma característica especialmente severa. Os ativistas sociais interessados em trabalhar por um mundo justo sempre viram como totalmente trágico que as distinções de religião e raça dividam pessoas que, caso contrário, poderiam encontrar causas comuns em uma situação econômica ou política compartilhada.

Um gráfico popular visto em camisetas e adesivos é a palavra coexistir, com símbolos cristãos, judeus e islâmicos no lugar de certas letras. É difícil argumentar contra a mensagem ali implícita: as pessoas de fés diferentes deveriam aprender a conviver e a tolerar as diferenças entre si. É um objetivo nobre pelo qual muitas pessoas trabalham com sucesso para atingir todos os dias — mas os sociólogos da religião entendem que nem sempre é tão fácil assim.

Religião: O *remix*

Com o tempo, a vida religiosa muda de várias maneiras. Há mudança na extensão da religiosidade das pessoas, na distribuição de crenças religiosas e nas crenças e práticas de certas fés. Outras maneiras como a vida religiosa muda — e, como quase todas as formas de mudança social, estão acontecendo mais rápido do que nunca antes — refere-se às tradições religiosas interagirem e influenciarem umas às outras.

Antropólogos e historiadores têm traçado o grande alastramento, mudança, fragmentação e consolidação de tradições religiosas. O cristianismo, o judaísmo e o islamismo são hoje vistos como três fés diferentes, mas elas compartilham as mesmas raízes — e em cada uma delas existem alguns números de divisões diferentes. Somente entre os cristãos, existem os católicos, os católicos ortodoxos orientais, os luteranos, os metodistas, os batistas, os menonitas... e a lista segue.

Além da fragmentação das tradições religiosas em fés novas e separadas, existem novas fés criadas pela mistura de diferentes tradições. O vodu haitiano incorpora elementos do cristianismo europeu com elementos das crenças e práticas trazidas para o Haiti pelos imigrantes africanos. A Igreja Católica Liberal mistura a teologia católica com as ideias de místicos e videntes. Um dos ramos

> do judaísmo une as tradições e práticas dessa religião com a filosofia secular do humanismo; outra, "Judeus para Jesus", mistura as tradições culturais e religiosas judaicas com as crenças cristãs.
>
> Essas misturas acontecem à medida que as pessoas buscam encontrar ou criar práticas religiosas que tanto apazíguam as suas almas quanto falam sobre as circunstâncias de suas vidas. Quando um casal de tradições diferentes se casa, ele pode misturar suas crenças em suas vidas familiares — talvez acendendo o Menorá e as luzes da árvore de Natal. A mudança religiosa não é apenas decidida por grupos de líderes espirituais reunidos em um congresso solene; é algo que acontece em todas as cidades, em todos os países, todos os dias.

As tradições religiosas de fato incluem símbolos e modos de vestimenta distintos, mas uma religião não se esgota apenas em um hijab ou um turbante ou um quipá, pois incorpora uma filosofia inteira sobre a natureza fundamental da realidade. A sua afiliação religiosa é um status social, assim como a sua raça ou o seu sexo ou a sua classe, mas é diferente de todos esses, pois corresponde a todo um conjunto de valores e crenças que você pode acreditar ter sido ditado ou influenciado por uma força maior, mais poderosa e mais importante do que qualquer ser humano ou instituição social. O fato de as práticas e crenças religiosas serem quase sempre interligadas com tradições étnicas e laços familiares as torna ainda mais profundamente importantes.

A partir dessa perspectiva, pode ser decepcionante que as diferenças religiosas estejam por trás dos conflitos mais violentos e brutais atualmente — mas não deveria ser uma surpresa. A religião é, como sempre foi, uma parte profundamente importante da vida social. Manejar a transição para uma sociedade com cada vez mais crenças religiosas diversas, mesmo com todos os seus benefícios óbvios, não é fácil de se fazer.

Capítulo 11

Crime e Comportamento Desviante: Eu lutei com a Lei... E Venci![1]

Neste Capítulo
▶ Compreendendo a diferença entre o comportamento desviante e o crime
▶ Entendendo por que os criminosos cometem crimes
▶ Construindo o crime nas ruas e nos tribunais
▶ Comportando-se de modo desviante
▶ Combatendo o crime

O crime sempre foi um assunto de muito interesse para os sociólogos. Por um lado, obviamente é uma coisa bem prática de se entender. Não existem prioridades tão altas para a sociedade quanto o combate ao crime, e qualquer ideia que os sociólogos puderem oferecer talvez ajude. Por essa razão, os sociólogos frequentemente recebem fundos para colaborarem com outros acadêmicos e autoridades policiais na investigação do porquê de o crime ocorrer e como ele pode ser minimizado ou prevenido.

Por outro lado, o crime é um fenômeno interessante para os sociólogos estudarem porque ele representa o extremo absoluto do que é socialmente aceito. As sociedades podem ser incrivelmente tolerantes com uma série de comportamentos, mas os definidos como criminosos motivam a sociedade a traçar os limites e dizer *você não pode*. Sociedades diferentes traçam essa linha em lugares diferentes, e recorrem a estratégias diferentes

---

N.E.[1]: O título é um trocadilho com a letra de "I Fought the Law" do grupo punk The Clash.

para impedir que as pessoas a cruzem — punindo-as quando o fazem. Entender o como e o porquê de tais linhas serem traçadas pode sugerir muito sobre como uma sociedade funciona de modo geral. Neste capítulo, falo sobre como o crime é definido e combatido na sociedade. Primeiro, explico a diferença entre "comportamento desviante" e "crime"; em seguida, abordo as diferentes explicações sobre por que os criminosos cometem crimes. Então explico como o crime é definido —nos tribunais e nas ruas — e como as sociedades estão combatendo-o hoje em dia. Finalmente, falo sobre a ingestão de bebidas alcoólicas por adolescentes como um estudo de caso sobre o crime.

Todo Crime é um Comportamento Desviante, mas nem todo Comportamento Desviante é um Crime

Todo grupo social tem suas normas. Algumas delas são *informais*, significando as regras que não são escritas e oficialmente definidas como regras. Não há uma concordância oficial sobre o que deve acontecer com você se fugir dessas normas, mas, se acontecer, as pessoas provavelmente notarão e podem muito bem puni-lo de uma forma ou outra pelo não cumprimento delas. Alguns exemplos de normas informais incluem:

- Ter bons modos, como dizer *por favor* e *obrigado*, segurar a porta para os outros, não comer de boca aberta.
- Manter segredos entre amigos.
- Vestir-se de acordo com os padrões geralmente aceitos quando interagindo com outras pessoas.
- Casar durante os 20 anos e ter filhos na faixa dos 30 anos.
- Andar do lado direito (ou, em alguns lugares, esquerdo) do corredor.

Quando você viola qualquer norma social, os sociólogos chamam isso de comportamento *desviante*. Se você não se comporta da maneira esperada, está assumindo um comportamento desviante. Parece meio cruel, mas tudo bem — você tem um comportamento desviante, e eu também. Nenhuma pessoa se comporta da maneira exata como deveria. Às vezes você se sente mal com isso (por exemplo, se age grosseiramente com um amigo); às vezes você se orgulha disso (por exemplo, se viola uma norma social contra ter amigos que sejam gays), mas o comportamento desviante simplesmente faz parte da vida social.

Esse comportamento pode trazer benefícios. Você pode impressionar outra pessoa com ele (por exemplo, alguém que compartilhe sua opinião de que um estilo incomum de roupas em particular é atraente), você pode economizar tempo e dinheiro (por exemplo, esperando o último segundo para pegar a saída na estrada, poupando-lhe tempo, mas atrasando todo mundo), e você pode inspirar a mudança social (por exemplo, uma menina que faz um teste para o time de futebol talvez facilite o caminho para outras meninas que estão interessadas em jogar futebol).

No entanto, ele também tem seus custos. Você chamará atenção para si, e as pessoas podem evitá-lo, sacaneá-lo e até atacá-lo por ser diferente. Se vale ou não a pena lidar com isso depende dos benefícios que você espera receber e do que acha da norma em si. Todo mundo faz esses cálculos todos os dias quando considera as consequências sociais de suas ações.

Algumas regras são mais fortes: chamam-se normas *formais,* ou seja, normas que, declaradas publicamente (e em geral por escrito), podem ter uma consequência determinada oficialmente. Alguns exemplos incluem:

- Uma regra familiar que envolve você fazer as suas tarefas antes de sair para brincar.
- Uma regra escolar que afirma terem os alunos de usar um certo uniforme.
- Uma política empresarial exigindo que você comunique o seu supervisor antes de marcar as férias.
- Uma lei estadual segundo a qual você não pode ultrapassar os limites de velocidade na estrada.

Quando as regras formais são feitas por unidades governamentais e sustentadas pela ameaça de força, elas são chamadas de *leis*. Violar a lei é um comportamento desviante — e também um crime.

Como o crime caracteriza-se por ser somente um tipo de comportamento desviante social, tudo o que é verdadeiro sobre o comportamento desviante também vale para o crime. Pode haver benefícios para o crime (dinheiro, poder, emoção), mas também há custos óbvios — que podem incluir multas, encarceramento e até mesmo a morte. Importante é entender que o crime se mostra apenas um subconjunto em particular do comportamento desviante. O que conta como "comportamento desviante" pode variar de um grupo social para outro, e, dentro da categoria geral deste comportamento, o que conta como um "crime" precisa ser resolvido pelas agências governamentais. Essas decisões diferenciam o comportamento desviante do crime, bem como as pessoas com comportamento desviante dos criminosos.

Os Criminosos na Sociedade

Então, quem são os criminosos? Por que as pessoas cometem crimes? Em seu livro *Sociological Insight*, Randall Collins fala sobre as diferentes razões pelas quais as pessoas acham que os criminosos estão do lado errado da lei; nesta seção, discuto as duas principais teorias oferecidas por Collins — as pessoas são simplesmente ruins, e elas são conduzidas ao crime — antes de explicar por que os sociólogos acham que algum crime é simplesmente normal.

Alguns criminosos são simplesmente pessoas ruins (mas...)

Quando você vê a palavra "criminoso", as imagens que devem vir em sua mente são de homens e mulheres brutais: assassinos de sangue frio, ladrões e molestadores de crianças. Quando esses crimes são descobertos, os agressores não ficam bem na fita. Aliás, eles muitas vezes parecem diabólicos. Colocam as suas fotos policiais ao lado dos rostos sorridentes de suas vítimas inocentes, e os âncoras do noticiário comunicam aos telespectadores os horríveis crimes. Essas pessoas são simplesmente do mal? Não é por isso que as pessoas são criminosas — apenas há algo de errado com elas?

Não há dúvida que, em muitos casos, há algo profundamente errado com as pessoas que cometem crimes sérios. Elas podem sofrer distúrbios psicológicos severos, ou apenas uma total falta de consideração pelo sentimento dos outros. É difícil explicar suas ações de alguma outra forma.

Mas isso não pode funcionar como uma explicação satisfatória para todos os crimes. É claro que as pessoas escolhem as suas ações livremente e devem ser responsáveis por suas decisões, mas é simples demais dizer que todos os criminosos são pessoas más — ponto, fim de história.

Por começar, existe uma série de crimes, desde aqueles que envolvem danos graves a outros (assassinato, estupro, agressão), passando por aqueles que envolvem formas mais brandas de danos (assalto, difamação, perturbação da ordem), até "crimes sem vítimas", que envolvem o dano, se algum, apenas para a própria pessoa — uso ilegal de drogas ou não usar o cinto de segurança. Um assassino pode ser uma "má pessoa", mas e aquela que toca o som muito alto, ela também é uma "má pessoa"? Alguém que fuma maconha em um lugar onde ela é ilegal é uma "má pessoa"? Existem muitos tipos de crimes com muitos tipos diferentes de consequências e motivações, e é claramente muito simplista dizer que existe um fator moral ou psicológico específico que une todas as pessoas definidas como criminosas.

Além disso, os crimes são cometidos em circunstâncias diferentes. Algumas pessoas cometem assassinato em autodefesa, enquanto outras matam a sangue-frio. Algumas pessoas roubam para alimentar suas famílias, enquanto outras roubam para alimentar seu gosto por roupas caras. Nos bairros onde os oficiais das autoridades policiais do governo são corruptos ou injustos, uma pessoa pode ser culpada por se juntar a uma gangue de rua? Revolucionários sociais e políticos como George Washington e Harriet Tubman eram tecnicamente criminosos aos olhos das autoridades — eles eram pessoas fundamentalmente más?

Apesar de com certeza muitos criminosos serem julgados corretamente como doentios e imorais, os sociólogos não acreditam que um julgamento moral, preto no branco, seja a melhor maneira de se entender por que e quando as pessoas cometem crimes. O mundo não é tão simples assim, e a lei simplesmente não é tão infalível assim.

Alguns criminosos são "conduzidos a ele" (mas...)

Se não é adequado entender o crime simplesmente em termos morais (criminosos são maus, e os cidadãos que cumprem a lei, bons), então talvez faça mais sentido pensar nisso em termos racionais. Isto é, talvez a melhor maneira de se pensar sobre o crime seja como algo em que as pessoas são forçadas a praticar. Deixando de lado aquelas que escolhem cometer crimes pois têm um distúrbio psicológico ou renunciaram completamente a qualquer noção de obrigação para com os outros, talvez o resto dos criminosos seja relutante. Eles não *querem* ser criminosos, mas, por uma razão ou outra, são *forçados* a ser.

Certamente, isso descreve uma grande proporção dos criminosos. Teria sido muito conveniente para George Washington se o Reino Unido reconhecesse a soberania dos Estados Unidos e a Revolução Americana não fosse lutada, e sem dúvida Harriet Tubman ficaria feliz se o governo que Washington ajudou a fundar tivesse proibido a escravidão, em vez de forçá-la a conspirar com outros abolicionistas na criação da Underground Railroad[2]. Os jovens que entram em gangues para conseguir a proteção

---

N.E.[2]: Rede de rotas clandestinas para a fuga de escravos nos Estados Unidos no século XIX.

que as autoridades policiais não são capazes de lhes oferecer, ou as pessoas que roubam para alimentar suas famílias quando não conseguem um trabalho para viver dignamente são de fato criminosos relutantes.

Essa é uma visão de escolha racional do crime (veja o Capítulo 6). Ela supõe que as pessoas medem o peso dos custos e benefícios de toda ação que fazem e, se elas escolhem cometer um crime, deve ser porque decidiram que o benefício é maior do que os riscos ou as consequências. As explicações de escolha racional são populares entre os economistas e, aliás, existem várias estudos econômicos do crime demonstrando que os atos e transações "criminosas" — do tráfico de drogas à prostituição — são parte importante da economia global.

Até as pessoas trabalhando em empregos legais estão frequentemente do lado oposto da lei; milhões de imigrantes trabalham sem permissão legal em países por todo o mundo, um arranjo que tecnicamente os torna criminosos, mas do qual participam, pois o salário e as perspectivas profissionais em seus países nativos são muitas vezes limitados, e porque os trabalhos estão disponíveis com empregadores que beneficiam o trabalho relativamente barato. Uma pessoa que em geral respeita o estado de direito pode ainda assim escolher violar leis específicas, na medida em que suas circunstâncias seriam terríveis caso contrário.

Essa explicação, apesar de útil, também é incompleta. Na maioria dos casos, cometer um crime de alguma forma faz sentido para o criminoso — isto é, não é completamente irracional ou ilógico —, mas torna-se difícil entender por que as pessoas se sentiram "conduzidas" a violar a lei em circunstâncias bem diferentes. Algumas pessoas morrerão de fome antes de roubar, enquanto outras são incrivelmente ricas e, mesmo assim, desviam dinheiro de suas empresas. Outras pessoas cometem crimes dos quais não terão nenhum ganho pessoal: vandalismo ou agressão. Dizer que os criminosos são forçados a entrar no crime está correto em muitos casos — e *parece* estar certo em relação aos criminosos em muito mais casos — mas ainda deixa muitos crimes sem explicação.

Algum crime é simplesmente normal

Alguns criminosos simplesmente são pessoas más... É difícil argumentar contra isso. Muitos criminosos se sentem conduzidos ao crime... Sim, certamente. Mas nenhuma dessas explicações é realmente satisfatória para todos os vários crimes cometidos em todas as sociedades, em todos os lugares desde o início da história.

Émile Durkheim, como expliquei no Capítulo 3, acreditava na sobrevivência das sociedades mais organizadas: assim como as plantas e os animais, ele dizia, se uma dada característica é observada em muitas sociedades ao longo de uma série de situações, deve haver uma razão para isso. Deve servir a algum tipo de função para a sociedade, ou pelo menos ser um subproduto de alguma outra função.

O crime ocorre, sem exceção, em todas as sociedades. Por isso, Durkheim argumentava que faz sentido vê-lo como normal. Ele simplesmente vai estar ali, você gostando ou não. Além disso, o crime pode até ser *útil* para uma sociedade. Nesta seção, primeiro explico por que o crime é praticamente inevitável e possivelmente até útil.

O crime é inevitável

Dizer que alguma coisa é "normal" não implica necessariamente dizer que ela seja boa ou agradável. É normal as pessoas baterem o dedo do pé acidentalmente de vez em quando; é normal que ocorram furacões, tornados e tsunamis; e é normal algumas pessoas pisarem fora dos limites desenhados por suas sociedades. Mesmo em uma comunidade de santos vivendo em um monastério, dizia Durkheim, existirão leis — e mesmo nesta comunidade, de vez em quando, alguém irá violá-las. Isso pode significar uma ofensa bem pequena — digamos, estar atrasado para uma reza ou deixar o mato crescer demais no jardim —, mas, mesmo assim, ela contará como um "crime" naquela sociedade em particular.

O propósito das leis, afinal, é forçar as pessoas a não fazerem algo que de outro modo ficariam tentadas a fazer. Obviamente seria um problema sério se cada pessoa em um país decidisse tirar um dia de folga exatamente no mesmo dia, mas não existe uma lei que force as pessoas a não tirarem o mesmo dia de folga no trabalho, pois é extremamente improvável de isso acontecer. É muito mais provável as pessoas mentirem nas suas declarações de imposto de renda, portanto, *existem* leis contra isto.

Ao mesmo tempo, as leis são escritas para cobrir situações em que realmente haja alguma chance de que sejam aplicadas. Seria muito bom se todo mundo em um país dissesse "por favor" e "obrigado" à mesa de jantar, mas os policiais têm mais com o que se preocupar do que aplicar a boa educação à mesa... Portanto, não existem leis contra pequenas grosserias.

Como as leis são escritas para serem aplicadas em situações em que as pessoas as violam, é mais ou menos garantido que qualquer lei seja quebrada de vez em quando — o que significa ser quase garantido haver "criminosos" em uma sociedade. Não é necessariamente garantido que em uma sociedade haverá assassinos ou corruptos (pense na comunidade de santos hipotética de Durkheim), mas é difícil imaginar uma sociedade sem nenhum crime sequer.

O crime é útil

Dizer que o crime é normal talvez soe como não haver motivos em ter autoridades policiais. Se o crime não pode ser eliminado, se ele é inevitável, por que perder tempo contratando policiais?

Bem, para começar, aplicar as leis de fato torna *menos provável* que elas sejam quebradas. A polícia não pode eliminar a fraude completamente, mas a aplicação da lei previne que pelo menos alguns potenciais golpistas pratiquem seus métodos desonestos. Se existe um comportamento que as pessoas em uma sociedade desejam ver diminuído, colocar os policiais no caso revela-se uma boa ideia mesmo que eles não possam impedir a ação de todos os criminosos.

E outra coisa: aplicar as leis no crime pode na verdade trazer benefícios para o resto da sociedade. Além de todos verem a lei sendo cumprida e, assim, pensarem duas vezes antes de a violarem, a aplicação delas pode unir as pessoas. Manter-se unido na reprovação, afinal, ainda implica união. Sejam os pequenos delitos em um bairro ou um crime sensacionalista que apareça nas manchetes nacionais, o crime dá às pessoas algo sobre o que falar e com o que concordar. Na realidade, monitorar e apoiar o cumprimento da lei faz parte da cultura dominante, e toda cultura dominante (veja o Capítulo 5) é capaz de criar um denominador comum que una até mesmo pessoas muito diferentes.

Na Roma antiga, multidões enchiam o Coliseu para assistir a criminosos sendo jogados aos leões; na sociedade medieval, os enforcamentos públicos eram uma diversão popular. As sociedades hoje são um pouco mais sutis, mas julgamentos espetaculares ainda recebem muita atenção em todo um país — e até no mundo.

A Construção Social do Crime

Apesar de alguns crimes (por exemplo, o sequestro) serem largamente proibidos e outros (por exemplo, abastecer o próprio carro) serem proibidos apenas em alguns lugares, todo crime é socialmente construído, já que toda sociedade tem de decidir por si mesma o que conta como um "crime". Nesta seção, explico como o crime é construído em dois lugares: nos tribunais e nas ruas.

Nos tribunais

Em 1692, mais de duas dezenas de pessoas em Salém, Massachusetts, foram executadas, ou morreram na prisão, como parte de um série de eventos que ficaram conhecidos como O Julgamento das Bruxas de Salém. Homens e mulheres foram condenados por bruxaria com base em confissões forçadas por meio de esmagamento por pedras e pelo testemunho altamente duvidoso de vizinhos — às vezes vizinhos rancorosos —, que diziam ter sido perturbados ou amaldiçoados pelo acusado.

É um dos episódios mais chocantes da história americana, o qual tem sido muito estudado e discutido. Salém em si continua sendo um destino popular, especialmente perto do Halloween, para os turistas curiosos por conhecer a cidade onde ocorreram os julgamentos.

Muitos relatos ilustram os julgamentos das bruxas como um tipo de tendência inexplicável que tomou conta de uma cidade até então normal, mas o sociólogo Kai Erikson escreveu um livro inteiro (*Wayward Puritans: A Study in the Sociology of Deviance*) explicando por que os julgamentos, apesar de trágicos, fazem sentido no contexto social. Os Puritanos da Nova Inglaterra no século XVII eram pessoas que temiam a Deus e acreditavam sinceramente que o Diabo estava presente de formas bem concretas na Terra, sendo os tribunais os lugares apropriados para expor e punir as suas obras. Além disso, o sistema legal dava a cada juiz uma incrível liberdade em se tratando da interpretação e da aplicação da lei.

Em contraste, na lei americana hoje em dia, não só é ilegal processar crimes sobrenaturais, um padrão muito mais alto de evidência é necessário para as condenações criminais — especialmente quando a pena de morte é uma possibilidade —, e o sistema jurídico torna difícil que um juiz saia em uma cruzada pessoal. Hoje, um evento como o Julgamento das Bruxas de Salém é quase inimaginável; apesar de ter sido excepcional até mesmo na América colonial, onde o sistema de leis era construído de tal forma que um evento desse tipo poderia ter ocorrido em várias comunidades.

O estudo de Erikson oferece um bom, ainda que um tanto extremo, exemplo de como os crimes são construídos nos tribunais e nas legislaturas. Uma atividade — a bruxaria — que a maioria dos americanos hoje nem acredita ser possível era genuinamente temida na América colonial, e cabia aos tribunais acabar com ela. Em toda sociedade, as regras são feitas e cumpridas em organizações (por exemplo, os tribunais e legislaturas) que têm muitas vezes a difícil tarefa de decidir onde traçar a linha entre o comportamento que deva ser punido e aquele que não.

O que conta como "crime" varia de ano para ano — e até de dia para dia — à medida que as sociedades mudam oficialmente suas ideias e suas leis. Aqui estão apenas alguns exemplos de debates que estão acontecendo hoje:

- O aborto deveria ser legal ou ilegal?
- Deveria ser legal ou ilegal dirigir um carro ou comandar uma fábrica que polui a atmosfera?

✔ Deveria ser legal ou ilegal usar pedaços de materiais com direitos autorais em músicas que você cria e depois vende? Se for legal, qual a extensão que você deveria poder usar?

As legislaturas nos países em todo o mundo podem decidir qualquer uma dessas perguntas. E, conforme a decisão, a atividade se torna um crime e aqueles que se engajarem nelas estarão sujeitos a punição, ou a atividade se torna tão impunível quanto a bruxaria.

Para complicar ainda mais as coisas está o fato de que nenhuma lei é completamente inequívoca; cabe aos tribunais decidir se a lei se aplica ou não em uma dada situação. Frequentemente, essa é apenas uma maneira de estabelecer se uma violação da lei ocorreu ou não (o suspeito, realmente, roubou o carro?), mas, em outros casos, os tribunais precisam utilizar leis altamente ambíguas e decidir como as aplicar de maneira justa de acordo com os padrões sociais adequados.

Em Minneapolis, por exemplo, a cidade onde eu moro, existe uma lei contra a manutenção de animais que sejam "selvagens por natureza". Claramente isso significa que não se pode manter um hipopótamo em casa, mas eu poderia entrar em qualquer pet shop e comprar um papagaio. Essas aves são de alguma forma domésticas por natureza? E uma tartaruga, ou um peixe?

Acontece que a lei foi escrita intencionalmente de modo ambíguo, a fim de que os tribunais possam ser livres para decidir com base em cada caso se manter um animal particular é ou não apropriado. A cidade vizinha, St. Paul, decidiu agir para prevenir o que a prefeitura via como uma moda perigosa e proibiu explicitamente a posse de petauros-do-açúcar[3].

Se você tivesse confessado a bruxaria em Massachusetts há 400 anos, talvez fosse condenado à morte. Hoje, bruxas autointituladas e orgulhosas são donas de lojas de lembranças lá. Se eu tivesse um petauro-do-açúcar no meu bolso agora, sentado em Minneapolis, eu seria um cidadão cumpridor da lei... Mas, se eu fosse levar meu bichinho do outro lado do rio Mississípi até St. Paul, seria um criminoso. O "crime" é o que as pessoas dizem que é — nada mais e nada menos.

Nas ruas

Os policiais estão nas linhas de frente do combate ao crime e seus esforços heroicos — geralmente diante de situações seriamente perigosas — mantêm os cidadãos seguros todos os dias. Mas como eles decidem o

---

N.E.[3]: Marsupial originário da Austrália.

melhor modo de manter as pessoas seguras: quais leis aplicar, quando e onde? Nem sempre é óbvio.

Às vezes, é claro o que os policiais têm de fazer. Eles podem se deparar com um roubo acontecendo ou testemunhar uma completa violação do direito de alguém ou ser chamados para uma situação de emergência que requer ação imediata. Muitas vezes, entretanto, os policiais têm ampla liberdade de decidir quando, onde e como aplicam as leis.

Até mesmo nas sociedades bem policiadas é impossível aplicar *todas* as leis. Por exemplo:

- Na estrada, as pessoas rotineiramente excedem os limites impostos de velocidade em margens modestas, arriscando que, desde que não abusem muito, a polícia não as multará.
- A maioria dos pedestres imprudentes ficaria chocada se fosse parada por um policial.
- Um grande número de pessoas infringe as leis de direitos autorais todos os dias ao copiarem CDs ou compartilharem músicas online.
- A maconha é amplamente — e muitas vezes de modo aberto — usada em países onde ela é oficialmente ilegal.
- Poucas pessoas atingem a idade mínima de consumo de bebidas alcoólicas sem nunca ter sentido o gosto do álcool, e nos *campus* das faculdades em todos os Estados Unidos beber é uma atividade social primária, ainda que nominalmente ilegal para a maioria dos calouros universitários.

Assim como com a lei do "animal exótico" que mencionei, algumas leis proibindo essas atividades foram escritas com a total compreensão de que seriam inaplicáveis na maioria dos casos; elas estão ali para ser aplicadas seletivamente, a critério das autoridades policiais e dos tribunais.

Outras leis, no entanto — por exemplo, as leis contra assassinato, estupro, agressão e roubos de larga escala —, são escritas para ser aplicadas o mais universalmente possível, e tais violações às vezes rendem investigações exaustivas. Nas ruas, os policiais precisam decidir como dividir seu tempo e sua atenção a fim de prevenir os piores crimes e o máximo possível de crimes menores.

Isso adiciona um outro nível na construção social do crime. O primeiro nível acontece nas legislaturas e nos tribunais, e o segundo nas ruas. Se eu sei que não vou ser pego cometendo um crime, ele *de facto* não é mais um crime.

Nos usos legal e acadêmico, o termo *de jure* significa "oficialmente", e o termo contrastante *de facto* significa "na realidade". Em muitas cidades, andar de bicicleta na calçada é um crime *de jure* (já que existem leis contra isto), mas é *de facto* legal (pois é improvável que você seja punido por fazê-lo).

É fundamental que os policiais tenham essa flexibilidade, embora se crie a possibilidade de injustiça. Por exemplo, muitas mulheres acreditam que, se os policiais forem homens, elas terão menos chance de ser multadas por excesso de velocidade caso chorem quando abordadas. Mesmo que isso não seja verdade, é razoável pensar que pode até ser!

Ainda mais preocupante, alguns policiais podem discriminar por raça quando decidem quais crimes (ou potenciais crimes) perseguir. Uma música do grupo Spearhead diz que "é crime ser negro nos Estados Unidos"; a verdade por trás da letra é que, em muitos bairros, as minorias raciais são vistas com desconfiança e estão aptas a escapar menos vezes do que os brancos. Apesar dos esforços combinados de líderes políticos e autoridades policiais, a discriminação na aplicação da lei não está apta a sumir tão cedo — tão cedo quanto o racismo em geral está apto a desaparecer. As pessoas que se vestem de certa forma ou têm uma certa cor de pele no lugar e na hora errados correm o risco injusto de maus tratos ou de suspeita indevida.

O fato é: o "crime" é definido em legislaturas, nos tribunais, *e* nas ruas.

Não mexa neste arquivo

Uma mãe de Minnesota, Jammie Thomas, como milhões de americanos, usava um *software* de compartilhamento de músicas pela internet — uma atividade ilegal nos Estados Unidos quando envolve arquivos com direitos autorais, como a maioria dos arquivos de música populares o são. A Recording Industry Association of America (RIAA) detectou a atividade de Thomas e pediu-lhe um valor em dinheiro para um acordo a fim de evitar o processo. Thomas recusou, e a RIAA a levou aos tribunais. Quando ela foi culpada e multada em 220 mil dólares, Thomas recorreu com base no fato de que a multa era excessiva. Em vez de ser anulada, a multa aumentou — para quase 2 milhões de dólares.

Os advogados de Thomas disseram que a multa era "absurdamente excessiva", e muito americanos estavam inclinados a concordar. Até as pessoas que reconhecem a necessidade da lei de direitos autorais questionam se indivíduos que compartilham música sem a intenção de lucrar merecem ser responsabilizados por prejuízos monetários — muito menos prejuízos multimilionários. A RIAA manteve a sua posição de processar Thomas, dizendo que a indústria fonográfica estava perdendo muito mais do que 2 milhões de dólares todos os anos porque as pessoas baixariam as músicas ilegalmente em vez de pagar por elas, e afirmaram que, embora a lei não poderia ser aplicada em todas as instâncias, isso não significava ser errado aplicá-la em uma instância específica.

O caso de Thomas e a discussão internacional sobre ele demonstra que as pessoas sabem que a lei é um instrumento impreciso, bem como ser "crime" o que você é pego fazendo. Essencialmente, algumas pessoas afirmavam, multar Thomas em 2 milhões de dólares por compartilhar algumas dezenas de músicas era como multar alguém em 2 milhões de dólares por dirigir a 10 quilômetros a mais por hora do que o limite permitido de velocidade. Era injusto, diziam eles, aplicar tão estritamente uma lei que milhões de pessoas supõem todos os dias, de modo razoável, que podem se safar em violar. É mesmo? Os tribunais disseram que não, mas você deve ter outra opinião.

Tornando-se Desviante

Como todos os sociólogos, aqueles que estudam o crime e o comportamento desviante têm apreciado a sabedoria da máxima de W.I Thomas referindo-se a que uma situação definida como real é real em suas consequências. Nesse caso, isso significa que alguém apontado com um comportamento "desviante" provavelmente se tornará ainda *mais* desviante.

Nos anos 1970, o sociólogo Robert W. Balch pediu aos estudantes do Ensino Médio que imaginassem um menino sendo pego fora da sala, e sem permissão — uma violação das regras da escola, mas relativamente pequena, que poderia com facilidade ser ignorada. Balch solicitou aos estudantes que adivinhassem como um professor trataria o garoto se ele fosse considerado "encrenqueiro", um "bom aluno e quieto", ou um "hippie".

De maneira previsível, os estudantes adivinharam predominantemente que os professores seriam mais duros com um "encrenqueiro" ou com um "hippie" do que com o "bom aluno". Aliás, eles disseram que os professores seriam ainda mais duros com o encrenqueiro conhecido, ainda que nunca tivesse de fato violado a lei, do que com um estudante que enfrentasse problemas com a polícia fora da escola, embora conseguisse se manter fora de encrencas na escola. Na realidade, eles disseram a Balch que a maneira como uma situação foi definida — independente se o garoto era encrenqueiro — tornava-se mais importante do que a verdade da situação, independentemente de o garoto ter cometido ou não uma ofensa séria.

Especialmente esclarecedor no estudo de Balch é a facilidade de se imaginar um garoto rotulado como "encrenqueiro" por realmente causar problemas, embora seja fácil imaginar alguém considerado uma "encrenca" simplesmente por causa de sua raça (por exemplo, ser negro em uma escola majoritariamente branca), de sua situação financeira (por exemplo, ser um estudante da classe trabalhadora em uma escola de classe alta), ou de seu sexo (apenas ser um garoto ao invés de uma garota). Em qualquer uma dessas situações, você é capaz de se sentir como se não pudesse vencer nunca.

Ser rotulado como desviante, então, pode na verdade *causar* o comportamento desviante de duas formas:

- Pode fazer com que você seja apreendido ou punido por um comportamento que, se viesse de alguém fora daquele rótulo, não desencadearia qualquer punição — por exemplo, estar fora da sala sem permissão, ou dirigir à noite com o farol quebrado. Isso se adiciona ao seu registro disciplinar e essencialmente o *torna* "mais desviante" do que as pessoas que fizeram a mesma coisa, mas escaparam.

- Pode torná-lo mais propenso do que outra pessoa sem esse rótulo realmente decidir ser desviante, pois está em conjunto diferente de circunstâncias. Se você pensa que vai ter problemas obedecendo ou não às regras, por que se importar em obedecê-las?

Irônico é marcar alguém com o rótulo de "desviante" frequentemente com a intenção de humilhá-lo para que abandone seja lá qual for o comportamento que levou um grupo social ou uma figura autoritária a defini-lo como desviante inicialmente. Nas circunstâncias mencionadas acima, ser chamado de "desviante" é injusto por não corresponder necessariamente a um real comportamento desviante — mas, é claro, isso acontece com bastante frequência.

Um garoto na escola pode ter de fato causado problemas, e um homem ou uma mulher nas ruas podem ter de fato cometido um crime sério. Nesses casos, chamá-los de "desviantes" — um "ex-presidiário" ou um "reincidente" — é perfeitamente justo porque descreve de fato seus comportamentos. Por essa razão, não é ilógico ou irracional para professores, policiais e outras autoridades prestarem atenção a esse rótulo. Se um garoto causou problemas uma vez, faz sentido pensar que ele vai se sentir tentado a causar problemas novamente.

Ainda assim, o fato de que os rótulos "desviantes" podem ter consequências tão sérias significa que qualquer pessoa preocupada com a justiça tem de se preocupar em aplicá-la e em chegar a conclusões sobre o comportamento de uma pessoa baseando-se no rótulo que carrega. Isso tem implicações no combate ao crime e ao comportamento desviante — como explico em seguida.

Combatendo o Crime

Só porque a ideia do "crime" é socialmente construída não significa que o crime é bom ou que ele não é nada com que se preocupar. O que conta como "limpo" também é socialmente construído, mas isso não significa que você nunca precise tomar banho! Os sociólogos passaram tanto tempo estudando o crime para, entre outras razões, ajudar a entender por que ele ocorre e dar a autoridades policiais ferramentas para ajudá-las a combatê-lo. Nesta seção, explico como a sociologia pode ser usada para ajudar na prevenção do crime — assim como para entender o que fazer quando as pessoas *de fato* cometem crimes.

O que funciona e o que não

Em 1997, um adolescente chamado Michael Carneal abriu fogo em sua escola em Paducah, Kentucky, matando três estudantes e ferindo outros cinco. As pessoas na comunidade diziam que não tinham visto qualquer sinal — mas seria verdade? Todas estas coisas eram conhecidas sobre Carneal antes de o tiroteio ocorrer:

> O seu trabalho na escola era desleixado e suas notas haviam caído recentemente. Ele tinha roubado e vandalizado a sua escola.

> Ele era rotineiramente sujeito à humilhação pública, tinha poucas habilidades sociais e era um encrenqueiro que já jogara bombinha na escola.

> Ele foi pego olhando pornografia no computador da escola; aliás, ele vendia pornografia para os outros estudantes.

> Ele tinha medos anormais e havia escrito redações perturbadoras.

> Além do relatado, Carneal era violento com os animais, teve armas de plástico confiscadas e havia levado duas armas de verdade para a escola. Roubou armas e dinheiro e mantinha rifles na casa de um amigo; ameaçava seus colegas e machucou fisicamente um colega de classe; fantasiava abertamente o desejo de tomar um shopping e a escola. Ele jogou uma bicicleta em uma fogueira, tinha uma cópia do *Livro de Receitas Anarquistas*, atirou em uma vaca e falava sobre resolver os problemas com violência extrema.

Qualquer pessoa na comunidade faria qualquer coisa para prevenir o trágico tiroteio, e ainda assim ninguém conseguiu juntar as peças e prevenir o crime. Por quê? No início do ano 2000, o Congresso americano pediu à socióloga Katherine Newman que investigasse o porquê de os tiroteios em escolas acontecerem e como eles poderiam ser prevenidos.

Com os psicólogos já investigando o problema dos tiroteios em escolas, o Congresso abordou um sociólogo, pois entendia que prevenir o crime é muito mais do que somente entender a "mente criminosa". Não há dúvidas de que é importante entender o estado psicológico daqueles que cometem crimes — especialmente os violentos —, mas os oficiais de autoridade policial não podem entrar na cabeça de todos os criminosos possíveis e nem sequer resolver os problemas de todo mundo. O que as agências governamentais, escolas, empresas e até famílias podem fazer é construir *estruturas sociais* que ajudem a detectar e a deter os crimes antes que aconteçam, assim como pegar os suspeitos após os crimes terem sido cometidos.

Uma abordagem sociologicamente informada para o combate ao crime focará não nos criminosos individuais, mas nas circunstâncias em que os crimes são cometidos. Duas importantes perspectivas sociológicas sobre o crime aparecem em outros lugares deste livro: a descoberta feita por Robert J. Sampson e Stephen Raudenbush de que consertar janelas quebradas não é o melhor uso do tempo policial, pois as percepções da desordem têm mais a ver com aqueles que estão à sua volta do que com seu ambiente físico (Capítulo 2), e o estudo de Christopher Winship sobre como uma parceria entre a polícia de Boston e líderes religiosos negros ajudou a reduzir dramaticamente os índices de crimes violentos em Boston (Capítulo 10).

Esses estudos sociológicos e outros (ver também o Capítulo 14) demonstram que o combate ao crime não deveria apenas ser tratado como um jogo de "acerte a marmota", no qual os policiais correm para cuidar de qualquer problema que surja. É claro que eles têm que fazer isso, mas fazer somente isso é comprar a teoria de que os criminosos são "pessoas más", e simplesmente são desse jeito. Se essa fosse a única explicação para o crime, então seria muito difícil preveni-lo — pessoas más podem estar em qualquer lugar.

Também não é suficiente apenas monitorar as pessoas que parecem ter motivos para cometer crimes. Essa abordagem pode levar a um policiamento pesado nas comunidades de baixa renda, possivelmente fragilizando a relação entre os cidadãos e os policiais e, ironicamente, gerando ainda mais crime. Se entender e combater os crimes fosse tão simples quanto descobrir quais pessoas têm mais motivos para cometê-los, o trabalho do policial seria muito mais fácil, e os romances policiais muito mais chatos.

Os sociólogos enfatizam que os crimes acontecem em um contexto social, e uma boa maneira de preveni-los e detectá-los é ajudar a construir um contexto social que torne difícil alguém escapar de uma punição ao cometê-los. Quando a polícia de Boston fez uma parceria com os pastores da comunidade, construíram uma relação de confiança com aliados que compartilhavam o mesmo interesse de prevenir o crime violento e que podiam ajudar a compartilhar a influência e a informação.

Então como isso tudo pode ajudar a prevenir a violência nas escolas? O estudo de Newman resultou em um livro-relatório, *Violência: As Raízes Sociais de Tiroteios em Escolas*, que ela escreveu com vários colegas; nele há uma análise detalhada de vários tiroteios em escolas, com recomendações concretas que toda escola pode aprender, trazendo perspectivas da microssociologia (ver o Capítulo 6), a análise de redes (Capítulo 7) e a sociologia das organizações (Capítulo 12).

A forma como abri esta seção foi, intencionalmente, um pouco enganosa — eu mencionei uma série de coisas que eram conhecidas sobre Michael Carneal. Mas por quem elas eram conhecidas? Ninguém, ao que parece, conhecia todas, ou até mesmo a maioria delas. Todos esses fatos surgiram após o incidente, quando autoridades, jornalistas e acadêmicos, investigando o caso, conversaram com pessoas que tiveram algum contato com Carneal. Os sinais eram conhecidos, mas nenhum indivíduo viu o panorama completo. Pense em como as ideias da perspectiva sociológica podem ajudar os administradores a entender e prevenir a violência nas escolas:

- **Microssociologia.** Muitas pessoas que conheciam Carneal ficaram surpresas em saber do tiroteio, pois não acreditavam que o Michael Carneal que conheciam era o tipo de pessoa que cometeria um ato violento tão horrível. Erving Goffman, no entanto, aponta claramente que as pessoas podem usar máscaras diferentes, dependendo de com quem estão. O "Michael real" não era o Michael que seus professores viam, ou que seus colegas viam, ou até mesmo o que seus melhores amigos viam. O "Michael real" era *todas* essas pessoas, e é importante lembrar que você não pode contar que apenas um indivíduo saiba realmente do que é capaz um criminoso potencial. É preciso que se combinem múltiplos relatos.

- **Análise de rede.** Pode parecer surpreendente que tantos tiroteios em escolas ocorrem em comunidades rurais ou suburbanas coesas, e não nas grandes cidades supostamente impessoais — mas ser parte de uma rede social firme, com muitos laços sobrepostos, também pode significar que não há escapatória das situações sociais desconfortáveis. Se você é provocado em uma escola na cidade grande, pode voltar para casa em um bairro completamente diferente, onde as pessoas pensam diferente sobre você, mas, em uma cidade pequena, você está preso.

✓ **Análise organizacional.** Os sociólogos que estudaram organizações também entendem que uma rede de laços sociais densa não se traduz necessariamente em um fluxo livre de informação. As pessoas podem guardar informações para si mesmas devido a inimizades pessoais, medo de se envergonhar ou de ser visto como fofoqueiro. Às vezes existem coisas importantes que, por razões boas ou não, você não conta nem a seus melhores amigos e colegas mais próximos de trabalho.

Uma das recomendações de Newman era de que as escolas abrissem canais de comunicação, especialmente para os potenciais sinais de alerta, a fim de que alguém como o psicólogo da escola pudesse ter a informação da qual precisava para entender quais estudantes estão sob o risco de cometerem atos violentos. Afinal, homicídio e suicídio raramente acontecem sem algum sinal de alerta; o truque é enxergar e responder a esses sinais.

Como as propagandas no metrô de Nova York dizem: "Se você vê algo, diga algo". Se você tem alguma indicação de que uma pessoa que você conhece está sob risco de se machucar ou aos outros, fale sobre as suas preocupações com uma figura autoritária de confiança ou com um amigo em comum. Pode haver outros sinais de alerta que você talvez não tenha percebido e compartilhar a informação possivelmente gera a interferência de alguém antes que seja tarde demais.

Carros, crime e propinas

Nos anos 1970, o sociólogo Harvey A. Farberman resolveu estudar o mercado de carros usados. Ele não esperava que fosse um estudo sobre crime — ele queria conduzir um estudo microssociológico sobre como os potenciais compradores interagiam com os vendedores de carro. Entretanto, logo percebeu que deparara com um estudo de caso fascinante sobre a sociologia do crime: uma situação social em que o comportamento criminoso era praticamente garantido nas regras do jogo.

No negócio de carros — pelo menos, naquele tempo —, as regras do jogo eram impostas pelos fabricantes. Eles tinham o poder de licenciar as concessionárias e determinar quanto de inventário elas eram forçadas a disponibilizar. Se um fabricante decidisse que uma certa concessionária teria um certo número de carros para vender, era isso aí; se a concessionária não tivesse dinheiro para pagar adiantado pelo inventário, teria de fazer um empréstimo com juros. E mais, o lucro obtido com cada nova venda de carro era pequeno.

Então como as concessionárias se mantiveram ativas? Elas exploraram seus clientes por meio de serviços e práticas de manutenção fraudulentas — cobrando a mais por consertos e fazendo reparos desnecessários por grandes preços — e eles exploravam os revendedores de carros usados ao exigir propinas em dinheiro, além da trocas de carros usados que vendiam para os revendedores comercializarem. Isso significava que os revendedores precisavam de dinheiro para pagar as propinas, e eles o conseguiam ao conspirar com *seus* clientes para defraudar o governo ao receberem uma parte de seus pagamentos em dinheiro (não tributado).

Segundo a lei, então, a indústria de venda de automóveis estava cheia de criminosos. Mas, mostraram as observações de Farberman, se uma concessionária individual obedecesse à lei, ela iria à falência; e se *todas* as concessionárias obedecessem à lei, a indústria inteira entraria em colapso.

Ao estabelecerem seus preços e políticas, Faberman argumentava, os fabricantes de carros maximizavam seus lucros, mas essencialmente forçavam as concessionárias a práticas criminosas. O estudo de Faberman fornece um exemplo de uma situação social em que o combate ao crime não poderia ser uma questão de simplesmente prender todos os criminosos; para acabar com o crime no mercado de venda de automóveis, a maneira como aquele mercado operava teria de ser profundamente alterada.

O alto índice de encarceramento nos Estados Unidos

O que fazer quando os crimes *são* cometidos? Não existe uma resposta fácil para essa pergunta também, mas, de novo, a sociologia pode oferecer uma perspectiva útil para autoridades decisórias. O alto índice de encarceramento nos Estados Unidos hoje é um assunto muito discutido por sociólogos e criminologistas, e até o final desta seção deverá ficar claro o porquê.

Em geral, quando uma sociedade pega alguém que cometeu um crime, ela distribui as consequências. Existem pelo menos três razões para isso (veja o final desta seção para uma referência acerca do encarceramento como uma retribuição "olho por olho").

- **Contenção.** Acredita-se que, se os potenciais criminosos souberem que é provável que sejam punidos pelo crime, eles serão menos propensos a cometê-lo. Quanto mais severa for a punição, maior a desmotivação de cometê-lo. Dessa maneira, as pessoas punidas por crimes estão servindo como exemplo para outras que podem se sentir tentadas a seguir o mesmo caminho.

- **Prevenção.** É impossível se prever com certeza quem pode cometer um crime, mas, se é provado que alguém o cometeu anteriormente, pode ser visto como uma aposta certa de que a pessoa se sentirá tentada a cometer o mesmo crime novamente. Encarcerar os criminosos os impede de reincidirem.

✓ **Correção.** Se uma pessoa comete um crime, algo poderá ser feito — terapia psicológica, por exemplo, ou treinamento profissional — para ajudar a mudar as circunstâncias que levaram aquela pessoa ao crime. Os criminosos condenados podem ser forçados, na prisão ou na condicional, a participar de tratamentos que talvez diminuam a probabilidade de que cometam crimes de novo.

A punição funciona? Ela ajuda a prevenir o crime? Até certo ponto, com certeza absoluta. A experiência das sociedades nos períodos de desordem — digamos, devido a desastres naturais ou guerra civil — mostra que, apesar de se poder contar que algumas pessoas se comportarão responsavelmente, muitas se aproveitarão da situação (e, assim, tirarão vantagem dos outros). Obviamente existem pessoas propensas a cometer terríveis atos de violência, mas muitas outras também cometerão pequenos delitos ou se comportarão de maneira egoísta na ausência de um estado de direito. É fundamental *alguma* forma de punição significativa para coibir e prevenir o crime.

Mas quanto e de que tipo? Esta é a questão complicada. Aumentar as punições coíbe o crime até certo ponto, mas nem sempre previsivelmente. Um multa em potencial de 2 milhões de dólares pareceria o suficiente para impedir que as pessoas compartilhassem algumas músicas, mas milhões de pessoas vivem aparentemente despreocupadas e continuam fazendo-o (veja o box "Não mexa neste arquivo"). Por quatro décadas, o governo americano vem travando uma "guerra às drogas", aumentando dramaticamente as sentenças de prisão para os crimes relacionados a elas. No entanto, tem ocorrido tão pouco sucesso na redução do uso recreativo de drogas que a administração do governo de Barack Obama decidiu não mais usar o termo "guerra às drogas" para descrever as iniciativas antidrogas americanas.

Além do fato de a punição nem sempre funcionar na prevenção do crime, existem dois pontos adicionais a se considerarem quando se pensa em quanta punição aplicar e por quais crimes.

Primeiro, há o fato de que a punição não é gratuita. Manter cadeias, prisões e oficiais de justiça representa um gasto enorme que normalmente é arcado pelos inocentes contribuintes que habitam uma sociedade. Eles ganham, é claro, por estar protegidos dos criminosos encarcerados, assim como o fato de que a possibilidade de ser preso ajuda a coibir outros potenciais infratores, mas faz sentido perguntar se em algum momento há um declínio dos retornos desse investimento. Quantas pessoas precisam ser encarceradas e por quanto tempo para manter uma sociedade razoavelmente segura? O dinheiro gasto com as prisões também pode ser gasto com policiais, hospitais ou pesquisa científica. Qual é o melhor uso para ele?

Também o encarceramento pode *causar* direta ou indiretamente o crime. A teoria é que as prisões são lugares onde os infratores aprendem habilidades de vida e arrependem-se de seus crimes, mas em geral, na realidade, as prisões são lugares onde os condenados estão sob a influência negativa (às vezes, do abuso) de outros infratores, saindo de lá ainda mais propensos ao crime do que quando entraram — e mais, com um grande rancor contra a sociedade que os colocou atrás das grades.

Os sociólogos também prestaram bastante atenção ao efeito do *estigma*: um rótulo social que faz com que os outros pensem menos de uma pessoa. A maioria dos empregadores, para a maioria dos empregos e na maioria dos lugares, tem permissão de investigar os antecedentes criminais de potenciais empregados — não só determinando se um potencial empregado de uma creche já foi condenado por abusos sexuais, mas perguntando se um potencial caixa de supermercado ou um mecânico já foi acusado de qualquer crime. Um ex-presidiário, após cumprir pena, carrega um estigma tão pesado que talvez seja mais difícil ainda para que encontre trabalhos e tenha relações sociais saudáveis. Estar na prisão dá a uma pessoa o rótulo de "desviante" (como explicado mais cedo) que acende como um letreiro de néon, causando na pessoa uma batalha incessante para conquistar a confiança e as oportunidades dentro e fora do ambiente de trabalho.

O estigma de ser um ex-presidiário pode gerar o que os sociólogos chamam de *desvio secundário*: o crime ou comportamento desviante que seja resultado direto do *desvio primário* que inicialmente levou a pessoa a infringir a lei. Em certo aspecto, isso é razoável e inevitável — quem não quer saber se um potencial funcionário já esteve na prisão? —, mas é importante manter isso em mente quando se consideram quantas pessoas encarcerar e por quais crimes.

Esses debates são particularmente relevantes nos Estados Unidos hoje, pois a "guerra às drogas" e outras mudanças na lei americana ocasionaram um índice de encarceramento significativamente mais alto do que em outros países desenvolvidos. Em certo aspecto, essa observação talvez não faça tanto sentido, pois os Estados Unidos podem ser únicos — talvez os americanos sejam especialmente inclinados para o crime, ou talvez houvesse muito mais crime se os potenciais infratores não estivessem na prisão —, porém muitos sociólogos e criminologistas estão preocupados, acreditando que já passou a hora de mudanças nas políticas americanas.

Ainda mais perturbador para muitos é o fato de que certos grupos — especialmente os homens afro-americanos — são vastamente representados na população carcerária americana. Considerando que o encarceramento tem um efeito negativo no presidiário, as comunidades minoritárias estão carregando o peso desse efeito. Se esse fato é adequado e humano é uma questão com a qual as pessoas discordam, afinal, em geral não se é encarcerado sem motivos, e, com algumas exceções, cada indivíduo na prisão de fato cometeu um crime severo — mas os sociólogos insistem que essa é uma questão que precisa ser analisada com cuidado.

Muitas pessoas acreditam que os crimes deveriam ser punidos baseando-se no quesito "justiça" — isto é, se uma pessoa machuca outra, o infrator deveria, em retorno, sofrer algum dano. Eu não incluo isso na lista de razões para o encarceramento, pois não é um argumento empírico: se você acredita que as pessoas devem ser encarceradas em retribuição aos crimes, essa é uma crença moral, não um argumento sobre como reduzir a criminalidade (se você pensa que encarcerar os criminosos fará outros hesitarem em cometer delitos, isso seria considerado um argumento de *contenção*, como mencionado em outra parte nesta seção). Se os bandidos devem ser punidos em retribuição aos seus crimes é algo que você tem de decidir por si mesmo, e não é um sociólogo que poderá decidir para você.

Parte IV
Todos Juntos Agora: Os Pormenores da Organização Social

A 5ª Onda — Por Rich Tennant

ANTROPÓLOGOS CORPORATIVOS

"Ok — o grupo está sendo abordado por um focinho marrom maduro."

Nesta Parte...

Organização social: É um objetivo nobre e às vezes até funciona. Se você já trabalhou em uma empresa, frequentou uma escola, participou de um movimento social, votou, pagou impostos ou viveu em uma cidade ou subúrbio (já o conquistei?), você tem feito parte de uma organização social. Nesta parte, explico o que os sociólogos aprenderam sobre o funcionamento das organizações sociais.

Capítulo 12

A Cultura Corporativa: O Estudo das Organizações (e Desorganizações)

Neste Capítulo
▶ Conectando a sociologia e o mundo do trabalho
▶ Entendendo por que a burocracia funciona — e não funciona
▶ Ser humano em uma organização desumana
▶ Abrir e fechar as fronteiras organizacionais
▶ Buscando um propósito

Se eu lhe pedisse que nomeasse uma sociedade, você provavelmente diria o nome de um país — a sociedade do Quênia, ou a sociedade do Vietnã, ou a sociedade dos Estados Unidos. É verdade, são todos bons exemplos, mas as sociedades também podem ser pequenas: um estado ou província, uma família e, é claro, uma corporação (veja o Capítulo 2 para mais sobre o que é uma "sociedade").

No dia a dia, você pode estar mais profundamente envolvido na sociedade do seu trabalho ou da sua escola do que em qualquer outra — incluindo a sua família! Corporações, escolas e outras organizações sociais também ocupam a atenção de muita gente, pois elas são conscientemente desenhadas... e redesenhadas e "re-redesenhadas". Todo mundo quer saber qual é a melhor maneira de se organizar uma empresa ou uma organização sem fins lucrativos, uma escola ou uma organização religiosa para ajudá-la a funcionar o mais eficiente e efetivamente possível, o que também significa manter todos os seus membros felizes!

Neste capítulo, explico como os sociólogos estudam e pensam as organizações desse tipo. Primeiro introduzo a abordagem sociológica geral sobre as organizações, em seguida, explico como os sociólogos concluíram que as organizações são sistemas racionais com propósitos... mas elas nem sempre são sistemas racionais e nem sempre mantêm o mesmo propósito. E, é claro, não é necessário você ouvir isso de um sociólogo.

O Dilema Corporativo: Lucrar não é tão Fácil — ou tão Simples — quanto Parece

Os sociólogos — trabalhando colaborativamente com economistas e outros analistas organizacionais, por exemplo, aqueles nas faculdades de administração — querem entender como as organizações funcionam, e isso significa reconhecer a realidade de que as pessoas nas organizações estão enfrentando escolhas complicadas e grandes incertezas, e que estão trabalhando com tempo e informações limitadas. Às vezes, elas têm ideias brilhantes, mas, às vezes, falham. A maioria das organizações faz um pouco de cada. As corporações com fins lucrativos querem lucrar, o que parece uma tarefa bem simples e direta, embora empresas se embaralhem ao tentar fazê-la. Novos produtos, novas campanhas publicitárias, fusões, aquisições, retiros executivos e noites de mímicas... às vezes, parece que as empresas estão correndo para ficar paradas ou correndo e ainda assim conseguindo andar para trás. "Lucrar" acaba sendo muito menos simples do que parece.

Olhe o Starbucks, por exemplo. A declaração oficial da missão da empresa é "inspirar e cuidar do espírito humano — uma pessoa, um copo e um bairro de cada vez". Seria possível eles serem *mais* ambiciosos? Qual é o problema em somente vender café?

Não há nada de errado em apenas vender café — mas a vida corporativa raramente é tão simples. Imagine que você fundou uma empresa competidora; uma que não almejava "cuidar do espírito humano", mas apenas vender café com um lucro razoável. Parece bem simples... até você tentar fazer.

Onde você venderá o seu café? Você terá lojas ou somente uma operação de entregas, ou ambos? Você venderá o café pronto, ou só os grãos? Se estiver vendendo café coado, também venderá o expresso? Você estocará xaropes aromatizados e três tipos de leite? E chocolate quente? Chá? Lanches? Você poderia facilmente estender sua linha de produtos em todas estas áreas:

- Bebidas congeladas;
- Bebidas prontas;
- Bebidas vendidas em supermercados;
- Sorvete com sabor de café;
- Canecas e xícaras de café;
- Máquinas de café;
- Bichos de pelúcia vestindo o logo corporativo;
- Música para se ouvir enquanto se bebe um café;
- Jogos de tabuleiros para jogar enquanto se bebe um café;

Aliás, o Starbucks vende todas essas coisas — e, se você não vender, seus clientes podem se perguntar por que não o faz.

Então, após você se decidir sobre uma linha de produto e uma estratégia de expansão, precisará de uma equipe para gerenciar seus funcionários. Em um nível básico, você terá de gerenciar os pagamentos e benefícios; além disso, deverá se preocupar com a contratação, demissão e promoção. E o treinamento? Então vem a questão da sua cultura corporativa: você quer fazer seus funcionários felizes. Portanto, terá de promover festas nos feriados ou piqueniques no verão? Talvez organizar um evento voluntário para ajudar na construção de parquinhos e na limpeza de parques?

Quando você chegar lá, estará diante de questões sobre a organização otimizada e o fluxo de produtos. Será dono das suas lojas ou terá franquias? De quem você comprará o seu café? E como se certificará de que eles mantenham a sua demanda em um preço que possa pagar? Você fabricará seus próprios copos descartáveis, ou contratará uma outra empresa para isso? Se você estiver enfrentando competição de uma empresa menor de café, você deveria comprá-la?

Em todos os níveis de organização, existem muitas e muitas escolhas difíceis — e quanto maior a sua organização ficar, mais chances e possibilidades você terá. A declaração da missão do Starbucks até menciona um "copo", mas fundamentalmente ela permite que a empresa faça qualquer coisa que possa ser considerada como "cuidando do espírito humano", desde que esse cuidado espiritual renda lucros. Isso dá à empresa muitas opções e potencialmente muitas frustrações.

Para começar a entender a abordagem sociológica das organizações, na próxima seção, descrevo a teoria clássica de Max Weber sobre a burocracia.

A Grande Ideia de Weber sobre as Organizações

O grande sociólogo Max Weber, como explico no Capítulo 3, acreditava que, com o tempo, a sociedade vem se tornado mais e mais racional — isto é, a sociedade tem cada vez mais se baseado em regras formais cuidadosamente planejadas e documentadas, rigorosamente seguidas, e que se aplicam a todos, independente de quem sejam, de onde venham ou em que acreditam.

Soa familiar? Veja como as coisas funcionam em sua escola ou em seu ambiente de trabalho, onde existem milhões de regras confusas e formulários atrás de formulários para preencher e onde parece que as coisas seriam tão mais fáceis se as pessoas somente focassem em resolver problemas em vez de em cada pequeno detalhe. De uma forma ou de outra, a sua escola ou ambiente de trabalho é uma *burocracia* — e Weber acreditava que a organização burocrática é uma das características da sociedade contemporânea.

A definição de Weber de uma burocracia é de muitas formas o ponto de partida hoje em dia da sociologia das organizações. De acordo com ele, as burocracias possuem várias características-chave:

- Uma burocracia é uma organização definida pelas regras escritas. Uma organização burocrática pode ter várias partes diferentes, mas a relação entre elas é definida nas regras — que também definem os limites da organização.

- Cada pessoa que trabalha em uma burocracia possui uma série de responsabilidades, que se espera sejam cumpridas dentro dos limites prescritos.

- As posições em uma burocracia são organizadas hierarquicamente, tornando-se claro quem tem autoridade sobre quem.

- As burocracias contratam e promovem baseadas nas credenciais formais (como diplomas ou certificados profissionais), treinamento e performance profissional — não em preferências pessoais ou afinidade.

- Tudo o que uma pessoa necessita em uma burocracia para realizar seus trabalhos é fornecido pela organização — que, então, é proprietária dos materiais.

Resumindo, em uma burocracia, uma posição está separada da pessoa que está *naquela* posição. As pessoas são essencialmente partes de uma máquina — e, se uma parte da máquina quebra, ela é substituída por outra que fará exatamente a mesma coisa.

Em contraste, pense num grupo de amigos. Ele também é uma organização social, com membros trabalhando juntos para alcançar objetivos em comum (organizar uma festa, sair pela cidade, compartilhar informações sobre outros grupos) — mas é uma organização informal, na qual o que você é está ligado intimamente ao que você faz naquela organização. Talvez você tenha um sistema de som muito maneiro para seus amigos curtirem, mas, se por alguma razão, você sair do grupo de amigos, eles não ficarão com o sistema de som. Você não deixa uma posição "vazia" em um grupo de amigos; eles podem ou não trazer outra pessoa nova para o grupo, e, se o fizerem, a nova pessoa terá coisas e qualidades diferentes para lhes trazer.

Em uma corporação, por outro lado, se você sair, não poderá levar a sua mesa e computador — elas pertencem à empresa e serão usados pela pessoa que contratarão para substituí-lo, a qual fará mais ou menos a mesma coisa que você fazia. Uma empresa é uma burocracia: uma organização permanente e formal que segue uma série de regras.

Dando uma pernada na burocracia

Para o segundo aniversário da minha sobrinha Madeline, a minha mãe lhe deu uma pequena mesa e cadeiras que vinham em uma caixa selada na fábrica. Quando abriram a caixa para montar a mesa, no entanto, minha mãe e minha irmã descobriram que ela só tinha três pernas — claramente, houve algum erro na linha de embalagem e nem todas as partes foram incluídas. Minha mãe ligou para a empresa e perguntou se eles não poderiam enviar uma perna para que a mesa ficasse em pé como deveria. Não, disseram-lhe, ela teria de embalar a mesa de novo e retorná-la à loja, onde ela seria trocada por uma mesa completa.

Mas, minha mãe disse, seria incrivelmente inconveniente fazer isso — e, de qualquer forma, ela já havia jogado fora toda a embalagem. A empresa não tinha uma fábrica com milhares de perninhas de mesa? Eles não podiam pegar uma e mandar para ela? Não, disseram-lhe; isso seria um "pedido especial" que levaria várias semanas para ser realizado e custaria quase o mesmo que comprar um conjunto novo de mesas e cadeiras.

Mamãe tentou de novo: e se a empresa abrisse uma caixa com um conjunto completo de mesas e cadeiras, tirasse uma perna da caixa e a enviasse para ela? O resultado seria o mesmo se ela devolvesse o conjunto: a fábrica teria uma mesa sem uma perna e a Madeline teria uma mesa com quatro pernas. Não, disseram à mamãe. Eles não poderiam fazer isso.

No fim, a empresa reconheceu o quanto minha mãe estava ficando frustrada — e enviou-lhe um *conjunto inteiramente novo de mesas e cadeiras*, sem que ela precisasse devolver o que já tinha. Devido à organização burocrática da empresa, era mais fácil para eles agirem assim do que quebrar as regras e abrir uma caixa selada, ou retirar uma perna da linha de montagem. Às vezes, ao seguirem as suas próprias regras, as burocracias acabam agindo de maneira paradoxal e com desperdícios. Muitas empresas consideram um pouco de desperdício melhor do que permitir que os funcionários quebrem as regras e arrisquem a confusão e desorganização resultante.

Como são tão impessoais, as burocracias podem parecer injustas, cruéis e bizarramente ineficientes (veja o box "Dando uma pernada na burocracia"). Você pode precisar de algo de uma burocracia que seja simples e direto, mas, se a burocracia não foi feita para fazer isso, nada vai acontecer. Os bancos podem recusar empréstimos para pessoas boas e confiáveis, pois elas não têm histórico de crédito; os bares podem não permitir a entrada de um cidadão idoso e grisalho que não pode provar que tem mais de 21 anos; e um caixa eletrônico pode engolir o seu cartão porque você digitou acidentalmente a senha errada.

Existe, no entanto, uma razão pela qual as empresas continuam se organizando burocraticamente. Mesmo que as burocracias pareçam agir de forma absurda, pode ser de benefício *coletivo* para a empresa inteira estabelecer regras firmes e expectativas das quais os funcionários não têm permissão de se desviar.

Uma amiga minha ganhou um emprego na área de solução de problemas de uma grande empresa de *software* exatamente porque ela não tinha muita experiência com a programação — a empresa descobriu que, quando contratava os gênios tecnológicos para aquela posição de solução de problemas, eles inventavam um monte de soluções que ninguém mais entendia, o que tornava impossível o *software* ser consertado por outras pessoas quando havia algum problema. A empresa apenas queria alguém que seguisse as regras e fizesse exatamente o que lhe era dito em cada situação.

Além disso, o fato de as burocracias (pelo menos oficialmente) não discriminarem, pode ser positivo. Os empréstimos hoje se basearem em pontuações de crédito, significa que alguém não pode receber um empréstimo por ser um "cara legal", mas também significa que não pode ser negado um empréstimo a uma pessoa por causa de sua raça ou de seu sexo.

Anda assim, ficar preso em uma burocracia pode parecer desconfortavelmente impessoal — porque, afinal, ela é. É por isso que Weber chamava a racionalidade de uma "jaula de ferro" (veja o Capítulo 3 para mais sobre Weber e sua "jaula de ferro").

Sistemas Racionais: A Burocracia em sua Forma Mais Pura

Um dos melhores livros sociológicos sobre a organização social é o *Organizations: Rational, Natural, and Open Systems,* de Richard W. Scott. Nas próximas três seções deste capítulo, eu pego emprestada a tipologia perspicaz de Scott para discutir três maneiras diferentes de os sociólogos entenderem as organizações. Toda organização é racional, natural *e* aberta; eu explicarei o que cada um desses termos significa, um por um. Primeiro, descreverei os "sistemas racionais".

Na tipologia de Scott, "racional", "natural" e "aberto" são três maneiras diferentes de se entenderem as organizações, e não três tipos diferentes de organizações. Cuidado para não se confundir e pensar que algumas organizações são "racionais", outras "naturais" e outras "abertas" — *toda* organização possui *todas* essas três qualidades.

Medindo as pás: Eficiência! Eficiência!

O termo *sistema racional* refere-se ao fato de que qualquer organização é tipicamente desenvolvida para que se trabalhe da maneira mais eficiente possível ao realizarem alguma tarefa definida. Uma burocracia como a descrita por Weber (veja a seção anterior) é um sistema racional clássico: uma organização que funciona como uma máquina. Nesse sentido, quase todas as organizações formais — isto é, organizações com regras e membros definidos — são sistemas racionais. Só porque elas nem *sempre* são racionais não significa que não foram criadas com um objetivo em mente, ou que elas geralmente não o alcançam de alguma forma ou até certo ponto.

Um engenheiro que depois virou um consultor de gestão, Frederick Taylor, foi o maior e mais famoso proponente dos sistemas racionais. Ele reconhecia que as organizações nem sempre eram racionais, mas achava ser um problema que se resolveria. No Capítulo 3, explico que os primeiros sociólogos acreditavam que a pesquisa sociológica poderia ajudar a criar uma sociedade ideal; se nós entendêssemos exatamente como as sociedades funcionam, poderíamos consertar problemas sociais como consertamos carros e televisões. Taylor tinha exatamente essa visão das organizações e, no início do século XX, ele se propôs a estudar organizações específicas e a ajudar os seus proprietários ou administradores a fazerem-nas funcionar melhor.

A abordagem de Taylor ficou conhecida como "gestão científica", ou "Taylorismo". Ele visitava as organizações, estudava cada detalhe de seu funcionamento e, em seguida, recomendava como suas operações poderiam ser revisadas para funcionar melhor. Eram quatro os princípios essenciais:

- Em vez de adivinhar como executar uma tarefa mais eficientemente, estude-a cientificamente e escolha o método que prova ser o mais eficiente.

- Selecione funcionários baseando-se em qualificações precisas e os treine nas práticas de trabalho mais eficientes, em vez de deixá-los descobrirem por si mesmos.
- Supervisione os trabalhadores de perto e os treine novamente quando necessário.
- Dê aos gerentes o trabalho de criar os métodos eficientes de trabalho e supervisione os trabalhadores que de fato realizam as tarefas.

No caso mais famoso, Taylor observou siderúrgicas e ofereceu-lhes recomendações sobre como melhorar todos os aspectos do processo de produção de aço — desde as tarefas específicas que cada trabalhador faria, passando pelos sistemas de comunicação usados nas usinas, até chegar a como o chão da usina deveria ser disposto e como os materiais se moviam de uma parte à outra na usina. Ele foi tão longe que estudou inclusive o tamanho das pás usadas pelos trabalhadores para determinar qual deles permitia a um trabalhador pegar mais carvão ao longo de uma jornada de trabalho.

As tensões entre a mão de obra e a gestão eram altas nos tempos de Taylor e, assim como Comte acreditava que a sociologia poderia trazer a paz para a sociedade, Taylor acreditava que a sua versão de gestão científica poderia resolver disputas trabalhistas: se as condições ideais de trabalho fossem determinadas por observação científica objetiva e não pelas vontades dos gerentes, como os trabalhadores poderiam contra-argumentar?

Com muita facilidade, como fora revelado, Taylor reconhecia o papel dos incentivos financeiros e argumentava que seu sistema recompensava justamente os trabalhadores dedicados — ele usou um siderúrgico em particular, Schmidt, como exemplo, apontando que o funcionário estava trabalhando com mais eficiência sob o sistema de Taylor e ainda ganhava mais dinheiro por isso. A empresa siderúrgica lucrava, e Schmidt também... Logo, a gestão científica era uma proposta *onde todos saem ganhando*.

Muitos trabalhadores e sindicalistas, entretanto, viram o método de Taylor como desumano e brutal. Ao categorizar os trabalhos em seus componentes individuais e dizer a cada trabalhador exatamente como fazer o seu serviço, afirmavam os seus críticos, Taylor estava tirando a autonomia deles e tornando-os infelizes. Além disso, parecia supor que eles eram muito burros para saber fazer seus próprios trabalhos. O famoso jornalista investigativo Upton Sinclair apontou que sim, Schmidt estava recebendo 61% a mais sob o sistema de Taylor... mas trabalhando 362% mais. Quando os trabalhadores de uma usina em Massachusetts foram sujeitos aos métodos de Taylor, eles entraram em greve e inspiraram audiências no Congresso nas quais Taylor passou quatro dias defendendo os seus métodos.

Os sociólogos hoje concordam que Taylor não estava fundamentalmente errado na sua crença de que avaliar os processos do trabalho objetivamente, sobretudo em situações onde as tarefas sejam mecânicas, é uma estratégia melhor para a produção eficiente do que permitir que cada trabalhador crie independentemente seus planos de trabalho. Mesmo assim, eles concordam que Taylor cometeu um erro básico ao pensar que seria uma boa ideia tratar os trabalhadores humanos como máquinas.

LEMBRE-SE Mesmo quando há um pagamento justo por um trabalho eficiente, as pessoas não são máquinas e estão aptas à frustração quando parece que não há espaço para a individualidade, variedade ou iniciativa pessoal em seus trabalhos. O taylorismo pode não estar errado... mas ele também não está exatamente correto.

Os limites da razão

A abordagem de Taylor faz mais sentido quando o trabalho é previsível e facilmente rotineiro — mas, é claro, em muitas situações esse não é o caso. Com frequência, as organizações e as pessoas que trabalham para elas têm de lidar com situações ambíguas que mudam de semana em semana, dia a dia e até de momento a momento. Nessas situações, simplesmente não é razoável esperar que um trabalhador siga um conjunto estrito de regras. Os trabalhadores têm de ser flexíveis e tomar decisões baseados nas mudanças de circunstâncias.

Então o que você pode fazer se quiser que alguém em um trabalho como esse, seja o mais eficiente possível? Bom, você poder agir de algumas formas:

- Você pode equipá-lo com princípios gerais sobre que decisões tomar e em quais circunstâncias. Por exemplo, pode dizer a um gerente que não forneça acomodações especiais para os clientes a não ser que pareça que estejam prestes a levar seus negócios para outra empresa.
- Você pode tentar localizar a tomada de decisão, para que as mesmas pessoas tomem os mesmos tipos de decisões. Por exemplo, muitas lojas possuem departamentos designados às trocas, com pessoas especialmente treinadas para fazer esse trabalho — portanto, os caixas ocupados não precisam tomar a decisão de aceitarem ou não as trocas de produtos.
- Você pode colocar pessoas trabalhando em equipes a fim de que tomem decisões complexas, assim um único trabalhador não ganha todo o poder decisório.

Mesmo assim, lidar com a incerteza é um grande problema para a maioria das organizações; elas gastam muito esforço tentando criar e manter sistemas que funcionarão em circunstâncias diferentes (explico mais sobre o problema geral de se lidar com o ambiente na seção sobre os sistemas abertos).

Especialmente nas decisões muito complexas, tomadas pelos membros mais altos no ranking de uma organização, um desafio em particular é decidir quanta informação reunir antes de se tomar uma decisão. Imagine que você está operando aquele negócio de café que eu descrevi na primeira seção deste capítulo, e está tentando decidir onde abrir a sua próxima loja. É necessário que considere os aluguéis, as leis locais, a localização dos competidores, o número potencial de funcionários e clientes e muitos outros fatores. Quando você sabe que reuniu informações suficientes para tomar a melhor decisão sobre onde abrir a sua próxima loja?

Herbert Simon, um dos maiores acadêmicos de organizações, cunhou o termo "racionalidade limitada" para referir-se ao fato de que a racionalidade dos tomadores de decisões humanos é "limitada" pela quantidade de tempo que eles têm para reunir informações e tomar decisões — assim como, nem é preciso dizer, pelo poder limitado de computação de seus cérebros humanos (para mais sobre as tomadas de decisões pelos indivíduos, veja o Capítulo 6).

O trabalho de Simon tem influenciado bastante os consultores de gestão, e é considerado o Taylor de hoje em dia. Os consultores de gestão são especialistas em comportamento organizacional — muitos consultores, aliás, também foram treinados como sociólogos — contratados pelas empresas, assim como Taylor fora, para servir como avaliadores externos que podem ajudá-las a desenvolver suas operações o mais eficiente e efetivamente possível.

Os consultores de gestão não só tem de considerar os limites da racionalidade das pessoas nas empresas que estão estudando, mas também precisam considerar os limites de suas *próprias* racionalidades. Meu amigo se tornou um consultor de gestão após se formar, e eu fiquei surpreso quando ele me disse que a sua empresa leva às vezes em torno de apenas duas semanas estudando uma empresa antes de fazerem uma série de recomendações. Quando eu perguntei por que eles não a estudavam por mais tempo, ele explicou que *poderiam* gastar muito tempo, mas isso provavelmente não resultaria em recomendações dramaticamente mais úteis. Em duas semanas, o que a firma dele havia descoberto era suficiente para reunir o máximo de informações importantes sobre as operações de uma empresa.

O sucesso dos consultores de gestão pode parecer vindicar Taylor e sua abordagem em geral: o estudo objetivo e científico pode ajudar, e muito, a melhorar as operações das empresas. Mas por que elas precisam contratar avaliadores externos? Por que contratar um cara de 21 anos que não sabe nada sobre a sua empresa para fazer recomendações de gestão, em vez de pedir a um veterano da empresa, que sabe todos os detalhes da organização, que o faça?

Existem algumas razões boas para isso, mas uma delas é que, às vezes, as pessoas são mais dispostas a ouvir alguém de fora do que alguém que conheçam bem. Uma pessoa que você conhece bem pode ter tendências ou conflitos de interesse que o impeçam de tomar as melhores decisões pensando no melhor para a organização. Como você pode decidir objetivamente quais empregos eliminar quando se tornou amigo de todos os funcionários? A racionalidade das pessoas é limitada não só pelo seu tempo e sua capacidade mental, mas pelo fato de que *são* humanas, com relações e necessidades humanas. Elas não são robôs, e esta é a ideia no âmago da próxima perspectiva: a perspectiva do sistema natural.

Sistemas Naturais: Somos Apenas Humanos

À medida que os limites da "gestão científica" de Taylor se tornaram claros, os sociólogos começaram a perceber que entender as organizações significa compreender as pessoas que a compõem. As pessoas não são peças substituíveis que se comportam como robôs; são seres humanos que se comportam como... bem, como seres humanos. Nesta seção, primeiro descrevo alguns estudos famosos que demonstraram as limitações do taylorismo; em seguida, explico como essa ideia levou ao movimento da "cultura corporativa", que nos trouxe inovações como as Sextas Informais e os bonés de beisebol com logos (Richard W. Scott, o sociólogo que formulou a tipologia de sistemas racionais/naturais/abertos, também considera o desvio de propósito organizacional como uma ideia da perspectiva de sistema natural; eu discuto essa ideia no final deste capítulo).

Fazendo as pessoas se sentirem especiais: Os Estudos de Hawthorne e O Movimento das Relações Humanas

Nos anos 1920 e 1930, uma equipe supervisionada por Elton Mayo, um professor na escola de administração de Harvard, conduziu um estudo tipo o de Taylor sobre a produtividade de Hawthorne Works, uma fábrica perto de Chicago. Como bons cientistas sociais, eles mediram a produtividade sob as condições iniciais como base e então sujeitaram certos grupos de empregados a mudanças em suas condições de trabalho para ver se isso aumentaria ou não a produtividade deles.

Em seus experimentos, os investigadores tentaram mudar vários aspectos do ambiente de trabalho:

- Eles alteraram os níveis de iluminação, desde extremamente claro até especialmente escuro.
- Tentaram diminuir a jornada de trabalho, para ver se assim aumentariam a produtividade por hora dos trabalhadores.
- Variaram os períodos de descanso dos trabalhadores.
- Tentaram dar comida aos trabalhadores nos horários de descanso.
- Variaram a maneira de os trabalhadores serem pagos, experimentando com a recompensa para produtividade individual e a recompensa por produtividade geral do grupo.

Isso aconteceu ao longo de anos, e os pesquisadores ficaram surpresos de ver que, não importava o que fizessem, praticamente *toda* variação que eles introduziam aumentava a produtividade! Pelo menos a curto prazo, quase todas as mudanças feitas no ambiente de trabalho resultaram no aumento da produtividade dos funcionários. No fim, Mayo conclui que os trabalhadores estavam mais produtivos não devido à natureza das mudanças específicas, mas porque *sabiam que estavam sendo observados*.

Apesar de na maioria das circunstâncias os trabalhadores não estarem sendo recompensados pela produtividade adicional, seus comportamentos mudaram simplesmente devido a como se sentiam naquela situação. Em entrevistas posteriores, eles explicaram à equipe de Mayo que gostaram de fazer parte da investigação e que apreciavam sentir que estavam prestando atenção neles, que suas opiniões e experiências eram notadas e valorizadas.

Esta descoberta — que mais tarde ficou conhecida como "O Efeito Hawthorne" — forneceu a Mayo e a outros sociólogos uma prova direta de que Taylor estava enganado ao pensar que a melhor estratégia para aumentar a produtividade era retirar a iniciativa individual do trabalhador, dizendo-lhe como fazer seus próprios trabalhos.

Os trabalhadores que protestaram contra as políticas de Taylor, ao que parece, estavam certos: as pessoas trabalham melhor quando se sentem valorizadas e respeitadas, e não quando são tratadas como robôs (se você já foi tratado assim em um emprego, entende por que isso não ajuda na motivação de um trabalhador).

Essa perspectiva forneceu a gênese do que foi chamado de "O Movimento das Relações Humanas". Baseado nos estudos de Hawthorne e em outras pesquisas, Mayo argumentava que organizações eficientes precisavam prestar atenção às relações entre os funcionários. Muitas pessoas acreditavam que o fator mais importante na satisfação profissional não era a natureza do seu trabalho, mas sim a natureza de seus colegas: se você gosta das pessoas com quem trabalha e se sente respeitado por elas, dará o melhor de si no trabalho. As pessoas querem se sentir como parte de uma equipe, não como parte de uma máquina.

Isso significava, disse Mayo, que os sociólogos e CEOs precisavam prestar atenção a estes aspectos da vida corporativa:

- As relações entre os funcionários, os grupos sociais que eles formam e que se sobrepõem com seus grupos de trabalho. Para as pessoas que trabalham em uma empresa, as relações sociais são tão importantes quanto — se não mais — as relações profissionais.

- A comunicação entre os funcionários e a gerência. Os trabalhadores precisam sentir como se tivessem uma participação pessoal na empresa, como se suas experiências e opiniões fossem ouvidas e respeitadas. A comunicação não pode fluir somente dos gerentes para os trabalhadores; ela tem de fluir dos trabalhadores para os gerentes também.

- As habilidades de liderança dos gerentes. Um bom gerente não é somente um protótipo de eficiência; ele também tem habilidades sociais e pode inspirar os trabalhadores a darem seu máximo. Um gerente que não ganha o respeito e a admiração de seus funcionários não é um bom profissional, não importa qual seja o seu nível de habilidades técnicas e julgamento profissional.

Para ser preciso, os estudos de Hawthorne não provaram que a produtividade dos trabalhadores aumentava se realmente tivessem influência sobre suas próprias situações de trabalho; ela aumentava se eles *sentissem como* se tivessem influência. Hoje em dia, o movimento da cultura corporativa é tanto sobre cultivar os sentimentos dos trabalhadores em relação aos seus empregadores quanto sobre realmente lhes dar uma voz em relação às suas situações de trabalho.

A cultura corporativa: construindo a confiança e o café gratuito

Você já trabalhou para, ou já ouviu falar de, uma empresa que faz uma das seguintes coisas:

- Oferece retiros executivos para que os funcionários se conheçam?
- Oferece café, refrigerante e até cerveja para os funcionários?
- Criam *mousepads,* pôsteres, camisetas, canetas e outros itens com a logo da empresa?
- Permite aos funcionários descansarem do trabalho jogando totó ou pingue-pongue?
- Permite aos funcionários que levem animais de estimação para o trabalho?

Todas essas coisas chocariam completamente Frederick Taylor, um homem para quem a eficiência era o único propósito. Nada delas tem a ver com realizar um trabalho — aliás, todas parecem atividades passíveis de criar distração. Então por que elas são práticas tão comuns no mundo corporativo?

Essas práticas são legados do Movimento das Relações Humanas de Mayo. Hoje, os donos de corporações entendem que, se os trabalhadores não estão felizes, eles não serão produtivos. Isso é verdadeiro em relação a qualquer local de trabalho, mas especialmente nos ambientes modernos, onde muito do trabalho rotineiro antes feito por pessoas foi automatizado, e mais empregados precisam ser criativos no seu serviço. O boom das *ponto-com* nos anos 1990 viu o crescimento surpreendente de postos de trabalho no Vale do Silício e em outros polos tecnológicos, com os trabalhadores sendo encorajados a ir e vir como bem entendessem, tratando seus ambientes de trabalho como extensões de suas casas. O *campus* corporativo do Google é famoso por sua arquitetura aberta, sua sensação confortável e suas comodidades como comida, bebida e aparelhos de ginástica.

Hoje, um grande número de empresários e cientistas sociais pesquisam o ambiente de trabalho no que é conhecido como o estudo da "cultura corporativa". Alguns desses estudos são bem práticos — quantas festas uma empresa deve oferecer a cada ano? — e alguns são acadêmicos e abstratos, olhando os paralelos entre a maneira como a cultura corporativa funciona e a maneira como a cultura funciona em geral (veja o Capítulo 5). O que todos compartilham é o reconhecimento fundamental de que a vida no trabalho é muito mais do que apenas "fazer o serviço".

IMPORTANTE

Um dos perigos de versar sobre "cultura corporativa" é pensar que dispensar uma atenção superficial aos trabalhadores como indivíduos é bom o bastante — como se isso pudesse acabar com a necessidade de uma estrutura organizacional que, de fato, dá a esses trabalhadores uma voz nas tomadas de decisão.

A dura lição de Larry Summers sobre a competência social

"Competência social" é um termo de gestão usado para descrever o que podemos chamar de "habilidades pessoais": a capacidade de se dar bem com as pessoas e conquistar sua confiança. Durante os cinco anos em que foi presidente da Universidade de Harvard — ironicamente, a mesma instituição onde Elton Mayo fundou o Movimento das Relações Sociais —, Lawrence Summers aprendeu uma dura lição sobre o quão importante são as "competências sociais".

Summers se tronou presidente de Harvard em 2001, com muita animação e alarde. Ele era um economista brilhante que fora uma das pessoas mais jovens a se formarem em Harvard, e depois serviu como Secretário de Tesouro sob o Presidente Bill Clinton. Ele tinha muitas ideias sobre como aumentar a eficiência de Harvard, e não sentia medo de perguntar coisas difíceis sobre o *status quo*. O órgão administrativo de Harvard contratou Summers, pois sabia que ele teria a tenacidade de impulsionar uma grande expansão do *campus*, o que julgavam importante.

Após Summers assumir o cargo, no entanto, ele cometeu um deslize atrás do outro no que se tratava das relações humanas. O corpo docente e os administradores sentiam que ele conduzia a universidade como um rigoroso seminário de graduação, emitindo suas perguntas difíceis de uma maneira que os fazia se sentirem ameaçados, desconfortáveis e desrespeitados. Cornel West, um professor de Estudos afro-americanos que era um dos membros mais populares do corpo docente, transferiu-se abruptamente para a Universidade de Princeton quando Summers o ofendeu ao sugerir que West estava negligenciando a sua pesquisa acadêmica. E, ainda mais catastroficamente, Summers sugeriu, sem tato algum, em uma conferência sobre as mulheres na ciência, que elas deveriam considerar se o domínio tradicional dos homens na matemática e nas ciências não era parcialmente devido às habilidades inatas deles naquelas áreas. Eventualmente, o corpo docente dos departamentos de artes e de ciências votou que não confiava em Summers, e ele renunciou em desgraça.

Por mais sólidas que fossem as ideias organizacionais de Summers, a sua experiência em Harvard demonstrou o perigo de ser insensível aos sentimentos de seus funcionários. Como sabia Elton Mayo, um líder que falha em inspirar é um líder fracassado.

A Arte dos Negócios: A Dolly sabe muito bem

No filme de 1980 *Como Eliminar Seu Chefe*, Dabney Coleman interpreta um chefe machista e sabe-tudo que pensa saber como comandar um escritório. Ele não permite a seus funcionários que exibam objetos pessoais; as mesas vazias são dispostas em fileiras perfeitas. Eis seu lema: "Um escritório que parece eficiente, é eficiente!" O personagem é insensível às necessidades pessoais de seus funcionários e, aliás, ainda assediava sexualmente a secretária, interpretada por Dolly Parton.

Quando uma série de circunstâncias faz Coleman ausentar-se do escritório por várias semanas, Parton e duas outras funcionárias — interpretadas por Lily Tomlin e Jane Fonda — assinam o nome dele em mudanças na política do escritório. As fotos e as decorações pessoais são encorajadas, novos arranjos de horários flexíveis de trabalho são instituídos e a empresa até abre uma creche para a conveniência dos pais que trabalham. Coleman fica espantado quando retorna, mas, antes que tenha tempo de mudar tudo, o presidente do conselho chega e o elogia pessoalmente pelo drástico aumento na produtividade que as novas políticas adotadas por "ele" trouxeram.

O filme é uma comédia, mas reflete uma mudança muito real na cultura corporativa que estava acontecendo naquele momento, à medida que as mulheres — geralmente mães que trabalhavam — invadiram os escritórios e as empresas que conduziam anteriormente operações *taylorescas,* com fileiras de homens sentados em mesas e trabalhando das 9h às 17h, se conscientizaram de que os membros dessa nova força de trabalho possuíam necessidades diferentes. O filme reflete o crescente entendimento das empresas de que os funcionários não são substituíveis, e que conduzir um ambiente de trabalho baseado nos padrões da "eficiência" pura, na verdade não é tão eficiente assim.

Em um estudo sobre os delatores corporativos, o sociólogo Jim Detert descobriu que quase todas as empresas encorajam seus funcionários a se comunicar abertamente com a gerência — mas que, quando eles de fato expressam suas queixas ou fazem sugestões, estas são geralmente descartadas de imediato (os executivos então ficam perplexos quando é revelado que existem grandes problemas com suas operações — "Por que ninguém nos *avisou*?"). *Mousepads*, camisas polo e exuberantes prêmios de performance não são substitutos para políticas corporativas que respeitem genuinamente todos os membros de uma organização.

Sistemas Abertos: O Mundo Inteiro do Trabalho

Ambas as perspectivas de sistemas racional e natural lidam com a vida dentro das corporações; mas, com o tempo, os sociólogos perceberam que é impossível entender realmente qualquer organização sem entender o seu ambiente: todas as condições sociais em torno da organização. Nesta seção, discuto os tópicos de estabelecer os limites organizacionais, ver as organizações como redes, isomorfismo institucional (conhecido como "eu também") e o desvio da missão organizacional.

Deixando as complicações de lado: Estabelecendo limites organizacionais

A ideia fundamental da perspectiva de sistema aberto refere-se ao fato de que nenhuma organização é uma ilha.

Pense em uma organização muito simples: duas crianças operando uma barraquinha de limonada. A vida da organização está na sua relação com o mundo exterior. Essas crianças precisam de um fornecimento regular de limões da despensa da cozinha ou do mercado, e precisam de uma oferta igualmente regular de clientes que comprarão a limonada. Em uma organização mais complexa, como a rede de cafeterias que descrevi no início deste capítulo, as relações da organização com o mundo exterior podem ser terrivelmente complexas:

Primeiro, existem os seus fornecedores. Só para mencionar alguns:

- Os produtores de café;
- Os fabricantes de copos descartáveis;
- Os fornecedores de aquecimento, água e outros serviços;

E, então, seus clientes, incluindo:

- Indivíduos que compram café;
- Franquias que compram o direito de vender café;
- Os supermercados que compram o café em grandes quantidades;

Finalmente, existem todos os outros indivíduos e as organizações com os quais ele tem de lidar:

- Governos e agências regulatórias;
- Locadores;

- Empresas de transporte;
- Competidores;

Se alguma dessas pessoas fizer alguma mudança significativa, a organização também terá de mudar. Frederick Taylor poderia entrar em um Starbucks hoje e criar um fluxo de trabalho e organização ideais, mas tudo poderia mudar amanhã se as circunstâncias mudassem. Mudar os procedimentos operacionais é custoso e problemático para qualquer organização, especialmente se ela precisa exercer esforço para descobrir quais são as condições; portanto, as organizações buscam minimizar as incertezas.

Uma maneira relativamente direta de se minimizar a incerteza é absorver elementos incertos do ambiente dentro da organização. Os fornecedores de café estão o atrapalhando e mudando constantemente seus preços? Compre uma fazenda e plante seu próprio café! Está ficando difícil negociar com os franqueados? Então opere as suas próprias lojas! Os locadores estão lhe dando dor de cabeça? Compre seu próprio prédio!

A lógica é atraente e, aliás, muitas grandes empresas realmente se expandem até possuírem a cadeia de produção inteira. Uma loja de varejo pode operar sua própria fábrica na China, enviar seus próprios produtos para os Estados Unidos, distribuí-los, ter e operar suas próprias lojas; basicamente, a única coisa que essas empresas não possuem são seus clientes!

As empresas podem se isolar ainda mais da instabilidade ao expandir para outras linhas. A empresa que é dona das lojas de preços médios da Gap, por exemplo, também é dona da rede de preços mais altos Banana Republic e da Old Navy de preços baixos; se as vendas caírem no lado alto ou baixo do mercado, a Gap tem suas outras lojas para ajudarem a segurar as pontas. Algumas empresas, conhecidas como "conglomerados", vão tão longe que chegam a comprar negócios completamente não relacionados — como diversificando um portfólio de estoque.

Em algum momento, no entanto, essa situação fica cada vez mais difícil de gerir. As empresas muitas vezes acham mais eficiente terceirizar operações como a limpeza, o transporte e a segurança, em vez de tentar gerenciar essas coisas sozinhas. Em outras palavras, as organizações precisam estabelecer seus limites — precisam decidir quais operações serão parte da organização e quais serão parte do ambiente. A melhor resposta raramente é óbvia, mas constitui uma questão que todas as organizações precisam considerar.

As organizações como redes, as redes nas organizações

No Capítulo 7, descrevo a perspectiva de rede na sociologia e explico em que os analistas de rede têm contribuído para o entendimento da sociedade. Entender a natureza complexa das redes sociais é essencial para compreender as organizações.

O meu foco maior no Capítulo 7 são as redes de indivíduos que você conhece ou às quais está ligado de uma outra forma. Se você leu o capítulo e as seções anteriores, pode ver como a análise de rede se encaixa bem com a visão de sistema natural das organizações. Você tem uma rede profissional que pode ser desenhada em um mapa da burocracia da sua empresa: existem pessoas que se espera que você conheça oficialmente, e com as quais interaja de certas maneiras, como parte de seu trabalho.

Além disso, entretanto, você também tem a sua rede *pessoal* na sua empresa: os amigos no trabalho e as suas relações pessoais certamente não se sobrepõem perfeitamente com as suas relações profissionais. Essa distinção se torna importante quando se considera que as informações profissionais podem fluir através das redes pessoais tão rapidamente, se não *mais* rápido, do que através das redes profissionais.

Para adicionar mais uma camada de complexidade, considere o fato de que as suas redes pessoais e profissionais se espalham muito além da sua empresa. Muitas dessas conexões têm pouco ou nada a ver com o seu trabalho profissional, mas muitas sim — as empresas são conectadas por redes complicadas de laços pessoais, além dos laços profissionais que precisam manter. Isso pode se extremamente complicado para as empresas negociarem, e os sociólogos entendem que o ambiente de uma empresa a impacta através das redes pessoais e profissionais.

Isomorfismo institucional: Se aquela empresa pulasse da ponte, a sua empresa também pularia?

Se você está lendo este capítulo desde o começo, viu como o mundo organizado de Frederick Taylor foi desfeito à medida que os cientistas sociais revelaram uma razão atrás da outra sobre o porquê de entender a vida organizacional não ser a mesma coisa que entender uma máquina. Em certo ponto é adequado dizer que uma organização eficiente é criada como uma máquina eficiente, entretanto, quanto mais de perto você olha a realidade da vida organizacional, mais claro se torna que "eficiência" e "efetividade" muitas vezes não podem ser mensuradas objetivamente.

Quando as organizações enfrentam tantas escolhas sobre o que e como fazer, pode ser difícil ver o que elas "deveriam" estar fazendo. Você deve reconhecer esse sentimento na sua própria vida. Pense no seu primeiro dia em uma escola nova ou em um novo trabalho. Você entra com uma ideia geral sobre o que deveria estar fazendo, mas ainda há muitas coisas que não sabe e das quais não será explicitamente avisado. O que deve vestir? Sobre o que deve falar? Com que frequência deve fazer intervalos? Se o café acabou, de quem é o problema? O que você provavelmente fará é olhar a sua volta e fazer o mesmo que todo mundo.

Organizações — desde os governos a varejistas e até as organizações sem fins lucrativos — têm o mesmo problema e geralmente o resolvem da mesma forma: fazendo o que todo mundo está fazendo. Isso é chamado de *isomorfismo*.

Os sociólogos Paul DiMaggio e Walter W. Powell perceberam que existem três razões diferentes pelas quais as empresas se comportam de forma isomórfica — em outras palavras, por que elas copiam umas às outras:

- **Isomorfismo coercivo** acontece quando uma organização sente que precisa agir de certa maneira ou será punida (formal ou informalmente). Por exemplo, um país que não respeita os direitos humanos enfrentará sanções econômicas do resto do mundo — se ele recruta crianças para o exército ou nega às mulheres o direito de voto, ele será ostracizado da comunidade global.

- **Isomorfismo mimético** é um comportamento instintivo em resposta à incerteza, como quando você não tem certeza sobre o que vestir e decide pôr o que todo mundo está usando. Digamos que aquela empresa hipotética de café não sabe se vende ou não chá; talvez seja lucrativo, ou não. O que fazer? Por que não ver o que as *outras* empresas de café estão fazendo, e seguir o modelo?

- **Isomorfismo normativo** é, de acordo com DiMaggio e Powell, o resultado da profissionalização. Apesar de clínicas médicas individuais competirem umas com as outras por pacientes, em um sistema de saúde privado como nos Estados Unidos, é de interesse do campo da medicina inteiro que os médicos e os enfermeiros sejam treinados somente em certas instituições credenciadas. Isso significa que os profissionais da saúde nos Estados Unidos são treinados de maneira similar e tendem a seguir os mesmos procedimentos independente de onde trabalhem.

O sociólogo John Meyer passou a sua carreira estudando o isomorfismo institucional, e ele acredita que as pressões enfrentadas pelas organizações para se conformarem são tantas, que elas convergem na maneira de fazer as coisas frequentemente, mesmo quando parece ilógico. Ele aponta, por exemplo, que os países minúsculos e terrivelmente pobres fundaram suas próprias linhas aéreas mesmo quando seu povo estava passando fome; eles sentem que precisam ganhar o respeito da comunidade internacional, e não acham que o conseguirão sem ter coisas como uma linha aérea nacional. Novamente, tal situação pode lembrá-lo de seu próprio comportamento — você alguma vez já gastou dinheiro em algum símbolo de status quando realmente deveria ter gastado com outra coisa?

No Capítulo 5, explico a diferença social entre "cultura" e "estrutura", bem como abordo o debate sobre o papel que a cultura exerce na sociedade. O trabalho de John Meyer e de outros sociólogos como ele é uma demonstração da importância da cultura: se somente a estrutura importasse, cada organização faria exatamente o que a sua circunstância única ditasse, independente do que outras organizações estariam fazendo — a não ser que estas estivessem forçando diretamente a conivência com um certo comportamento. Em muitos casos, no entanto, ideais culturais sobre o que deveriam estar fazendo na verdade definem como as organizações se enxergam e determinam suas prioridades.

A ovelha mais esperta do mundo

Eu e um colega passamos vários anos estudando as universidades em todo o mundo; especificamente, nós observamos as mudanças nos conteúdos acadêmicos que eram ensinados e estudados lá. Descobrimos que, em um grau impressionante, as universidades do Malauí à Jamaica e da Inglaterra ao Japão mantinham programas parecidos, os quais mudaram da mesma forma ao longo do século XX. As ciências sociais (especialmente a sociologia!) passaram a ser muito mais estudadas em todo o mundo, e as ciências humanas menos. Isso se aplicava até entre países que eram muito diferentes de várias maneiras — o corpo docente das universidades pareciam imitar uns aos outros como ovelhas no pasto.

Por que todas essas universidades mudaram da mesma maneira? Todos os três mecanismos identificados por Paul DiMaggio e Walter Powell (veja a seção "Isomorfismo institucional" deste capítulo) estavam em jogo. Até certo ponto, as universidades precisavam incentivar certas disciplinas para agradar a seus financiadores e atrair estudantes (isomorfismo coercivo); além disso, elas convergiram na mesma forma de fazer as coisas, pois todo o seu corpo docente foi treinado nas mesmas instituições (isomorfismo normativo); e, por fim, elas só incentivavam certas disciplinas porque todo mundo o estava fazendo (isomorfismo mimético).

É um exemplo especialmente interessante de isomorfismo, nós pensamos, pois as universidades dizem apresentar *a verdade*. Os conteúdos abordados envolvem supostamente os assuntos mais importantes para as pessoas, de todo o mundo, saberem. O fato de que

(Continua)

(Continuação)

os programas universitários estão se tornando mais e mais parecidos em todo o mundo é evidência, nós acreditamos, de que as pessoas em países diferentes estão ficando cada vez mais parecidas na maneira de enxergarem o mundo, e no que pensam ser importante saber e fazer (veja o Capítulo 16 para mais sobre a globalização).

Desvio de missão: Buscando um propósito

Se você precisa de mais provas de que as organizações sociais são mais do que apenas máquinas fazendo trabalhos determinados, considere a frequência em que as suas missões se desviam das que foram "projetadas" originalmente para fazer.

- ✔ Partidos políticos podem mudar suas posições ao longo de décadas, à medida que outros surgem e caem, e alianças diferentes se formam para apoiá-los. O atual Partido Republicano americano é o mesmo partido do qual o Presidente Lincoln fez parte nos anos de 1860, mas não é certo que Lincoln se consideraria um Republicano hoje em dia.

- ✔ As empresas podem mudar seus produtos à medida que o mercado muda. Por exemplo, quando o sucesso do Starbucks demonstrou o quanto os consumidores estavam dispostos a pagar por um café, a Dunkin' Donuts mudou o seu modelo de negócios e agora tem mais lucro não com seus *doughnuts*, mas com o café.

- ✔ Líderes carismáticos podem influenciar o foco de uma organização. Por exemplo, como líder da Guggenheim Foundation, Thomas Krens, mudou, controversamente, o foco da organização, que era manter os seus icônicos museus em Nova York, para expandir a sua presença em novos museus em cidades em todo o mundo.

Como vários sociólogos repararam, quando estabelecidas, as organizações tendem a focar em se preservar, em vez de em realizar suas missões; se a autopreservação leva a um caminho diferente daquele que a organização seguia inicialmente, ela tenderá a seguir nele.

Ocasionalmente, isso significa uma grande reviravolta nos propósitos de uma organização, mas com mais frequência tais mudanças ocorrem de maneira suave. Uma função que era executada não é mais, e adiciona-se uma nova. Um objetivo anterior é abandonado e um novo adquirido. Antes que você perceba, a organização está fazendo algo bem diferente do que fazia inicialmente.

Como as organizações complexas podem ter um grande número de objetivos potenciais para alcançar, essa "mudança de missão" talvez aconteça com muita facilidade. Aliás, alguns sociólogos questionam se há lógica em se pensar nas organizações complexas como tendo um "propósito" real em qualquer sentido da palavra.

Em 1972, os cientistas sociais Michael D. Cohen, James G. March e Johan P. Olsen inventaram o que chamaram de "Modelo da Lata de Lixo" das organizações. Quando organizações muito complexas são postas em situações altamente incertas, Cohen, March e Olsen argumentavam, o resultado pode ser que o comportamento da organização pareça ter pouco a ver com os problemas a serem resolvidos ou com as soluções razoáveis a eles. Existem algumas ações que a organização pode tomar a qualquer momento, e elas são tomadas quase que aleatoriamente, como se estivessem sendo puxadas de dentro de uma lata de lixo transbordante. Cada ação implica alguns custos, mas rende recompensas, e a organização continua sem rumo.

O clássico exemplo de Cohen, March e Olsen era uma universidade: existem tantas coisas diferentes que uma universidade pode fazer — em relação ao ensino, à pesquisa, à administração, à conscientização pública, à vida estudantil — que é possível se qualificar como parte de sua missão, e a estrutura decisória de uma universidade é geralmente tão extensa e descentralizada que a instituição talvez pareça estar fazendo um pouquinho de tudo de uma só vez, sem um propósito claro para nenhuma de suas ações. Não é de se espantar que Larry Summers estivesse frustrado! (Veja o box "A dura lição de Larry Summers sobre a competência social").

Tudo isso talvez sugira que organizações são completamente ineficientes — e, de fato, realmente parece ser mesmo assim! Mas na realidade não o são; elas representam meios poderosos de se alcançarem objetivos coletivos. Se a natureza desses objetivos muda de vez em quando... bem, é assim que as pessoas agem individualmente. Por que não agiriam da mesma forma coletivamente?

Capítulo 13

As Regras do Jogo: Os Movimentos Sociais e a Sociologia Política

Neste Capítulo

▶ Entendendo o papel do governo na sociedade
▶ Pensando sobre o poder: como ele é e não é compartilhado
▶ Levantando os movimentos sociais

Quando você paga seus impostos ou tira um passaporte, pode parecer que o governo é todo-poderoso. Afinal, ele decide o que você pode ou não fazer, aonde você pode ou não ir, quanto de dinheiro coleta e quanto deixa para você. Com todas essas regras, regulamentos e restrições, parece que o "governo" e a "sociedade" são a mesma coisa.

É verdade que o governo tem um papel único na sociedade; é o gerente, determinando as regras do jogo e a distribuição de recursos. Mas o governo é apenas uma *parte* da sociedade, pois, afetado por forças sociais externas, com frequência ele muda. Às vezes as mudanças são repentinas e violentas — como nas revoluções políticas — e às vezes são graduais, com as leis e as políticas mudando vagarosamente ao longo de muitos anos ou de várias décadas.

Os sociólogos políticos estudam não só a maneira como o governo funciona, mas também como ele interage com outras instituições sociais. Neste capítulo, primeiro explico, de uma perspectiva sociológica, o que *é* o governo. Então exploro a visão dos sociólogos sobre o poder na sociedade e, finalmente, resumo o que eles descobriram sobre os movimentos sociais formados para efetuar mudanças no governo e na sociedade.

Governo: Governando e Sendo Governado

Então o que é o governo, e como ele funciona? Essas são questões amplas, e os sociólogos que as estudam precisam dar um passo para trás e considerar muitas sociedades diferentes em muitos momentos diferentes. Nesta seção, explico o que é o "Estado", e em seguida falo sobre o que sabemos acerca das causas das revoluções políticas — os momentos em que tudo pode mudar e nada mais é certo.

Estrutura social e o Estado

Os Estados Unidos usam o termo "estado" para referir-se a um dos 50 pequenos governos que formam a nação, mas os sociólogos e cientistas políticos usam o termo para referir-se ao governo em geral. Como muitas instituições sociais, "Estado" (também conhecido como "governo") é algo que as pessoas reconhecem quando veem, mas pode ser complicado de definir. Pense em todos estes exemplos diferentes de governos:

- O governo tradicional de sábios anciãos (um chefe tribal e um conselho tribal);
- A república imperial (o Império Romano);
- A monarquia (o Rei Arthur e os Cavaleiros da Távola Redonda);
- A república democrática (o Primeiro-Ministro canadense e o Parlamento);
- A teocracia (o Supremo Líder do Irã, com um Conselho de Guardiões e a Assembleia dos Peritos);
- A república comunista (o Presidente Chinês, o Congresso Nacional do Povo e o Conselho de Estado);

Eles são todos muito diferentes, mas compartilham serem os *usuários legítimos da força*. Em outras palavras, um governo é, fundamentalmente, a organização da sociedade que se reserva — ou lhe é delegado — o direito absoluto de usar a força para obrigar as pessoas a se comportarem de uma certa maneira. Se você for usar qualquer tipo de força para fazer as pessoas curvarem-se à sua vontade, é melhor que tenha o apoio do governo da sua sociedade, ou você pode se ver em uma grande encrenca.

Além dessa característica básica, os governos possuem formas diferentes: surgem, persistem e terminam por razões diferentes. Alguns governos são puras ditaduras, em que líderes impõem suas vontades a um grupo de pessoas simplesmente porque possuem influência no exército e na polícia e podem punir qualquer um que não fizer como lhe foi dito. A maioria, no entanto, pelo menos governa com o consentimento dos governados — em outras palavras, eles têm o apoio da maioria das pessoas em seu poder. Atualmente, em grande parte dos países, a maioria dos cidadãos apoia o *sistema* de governo, mesmo que não apoie as pessoas específicas que estão no poder em certo momento.

Os cientistas políticos e os acadêmicos juristas estão particularmente interessados no funcionamento do governo, às vezes em governos bastante específicos. Eles compartilham muitos interesses com os sociólogos, mas, fundamentalmente, a razão pela qual você se chamaria de um "sociólogo político" em vez de "cientista político" é que você está interessado no funcionamento da sociedade *em geral*, e não apenas no funcionamento específico do governo. As questões centrais que os sociólogos políticos levantam sobre os governos são:

>Como o governo funciona *e* ...

>Como ele *interage* com o resto da sociedade?

Olhe de novo a lista de exemplos de governos, a qual inclui vários tipos diferentes, como a teocracia, a monarquia e a república comunista. Os sociólogos gostariam de saber como cada modelo funciona, mas também querem saber por que as sociedades têm formas diferentes de governos. É apenas uma coincidência ser a China um país comunista, o Canadá uma república democrática e o Irã uma teocracia? (Uma "teocracia" é um país onde os líderes religiosos também controlam o governo) Talvez... ou talvez exista algo sobre cada uma dessas sociedades que causou o surgimento desses governos. É isso que os sociólogos querem saber.

Eles também querem saber como cada um desses tipos de governos interage com outras instituições sociais, como o sistema econômico e o sistema educacional. Os governos estão oficialmente "no comando" das pessoas que governam, mas há muitos poderes que eles não têm:

- Não podem mudar a cultura e os costumes, apesar de poderem influenciar os dois (veja o Capítulo 5).
- Não podem controlar a economia, apesar de poderem influenciá-la (ver também o Capítulo 5).
- Não podem impor *todas* as suas leis o tempo *todo* (ver o Capítulo 11).
- Não podem controlar o mundo externo (governos, como outras organizações, são sistemas abertos — ver Capítulo 12).

Todas estas outras instituições — a cultura, a economia, outros governos e poderes externos — influenciam os governos de maneira complicada, e os sociólogos políticos são curiosos em relação a todas essas interações. O resto deste capítulo é todo sobre essa questão.

A grande tomada: Causas da revolução política

No que se trata do governo, a revolução política é basicamente a maior mudança que existe. Em uma revolução, um governo existente é derrubado à força e substituído por outro.

A revolução política tem sido um grande assunto entre os sociólogos desde o começo, em parte devido ao fato de que a sociologia nasceu em um mundo arrasado pela revolução (veja o Capítulo 3). As revoluções europeias dos séculos 18 e 19 foram terrivelmente violentas e turbulentas, e uma das razões por que uma abordagem científica da sociedade se tornava tão atraente era a ideia de que, se os sociólogos pudessem determinar as *causas* das revoluções políticas, eles poderiam possivelmente ajudar a preveni-las — ou pelo menos ajudar as pessoas a levarem-nas adiante de uma forma mais pacífica e menos turbulenta.

Após 200 anos de investigações, os sociólogos ainda não chegaram à "receita da revolução", mas suas investigações tornaram claro o quanto os governos realmente são precários. Se você mora em um país com um governo razoavelmente estável, que seja bom em atender às necessidades básicas das pessoas e é pelo menos até certo ponto sensível às necessidades e exigências em constante mudança de seus cidadãos, considere-se sortudo — esse governo é uma das grandes conquistas da raça humana.

Pense em todas as ações que podem desestabilizar ou derrubar um governo:

- Uma catástrofe ambiental, como uma seca ou um desastre natural (por exemplo, os Rapanui da Ilha de Páscoa, que ficaram sem recursos e entraram em um desastroso conflito uns com os outros).
- Um ataque externo por um vizinho agressivo (por exemplo, as nações europeias na Segunda Guerra Mundial).
- Batalhas internas ou desorganização entre as pessoas no governo (por exemplo, a Guerra Civil Americana).
- Muita desigualdade econômica, que pode fazer com que os necessitados se levantem e tomem o controle (por exemplo, a Revolução Francesa).
- Uma contestação cultural como justificativa para o sistema de governo (por exemplo, a Revolução Russa).

Capítulo 13: As Regras do Jogo

Nas grandes e complexas sociedades com governos relativamente elaborados, raramente existe uma única causa que possa ser isolada como *a* razão para uma revolução. Geralmente fatores econômicos, sociais e políticos interagem para enfraquecer o poder de um governo, e aí um carismático líder da oposição ou uma pressão externa pode ser o golpe fatal.

Os desafios de se entender a estabilidade e a instabilidade política são bem conhecidos não só pelos sociólogos, mas também por líderes que tentaram estabilizar seus próprios governos, ou, em alguns casos, os governos de outros países. Várias potências mundiais que tentaram intervir na derrubada de outros governos também aprenderam que não há um truque mágico capaz de induzir uma revolução.

Ainda assim, a "construção da nação" virou sua própria disciplina, estudada por líderes políticos e militares em todo o mundo, os quais desejam ajudar a construir governos estáveis e pacíficos, tanto dentro quanto fora de seus próprios países. Não é fácil, mas existem alguns princípios comuns que os sociólogos e outros cientistas sociais estabeleceram como importantes no que se trata de um governo ganhar e manter o apoio de seus cidadãos:

- Uma infraestrutura funcionando e, portanto, atendendo às necessidades básicas das pessoas (alimentação, abrigo, transporte).
- Uma economia estável, que permita às pessoas encontrar empregos legítimos para alimentarem a si e suas famílias.
- Um sistema transparente de governo, no qual as pessoas sentem que os oficiais são honestos e responsáveis por suas ações.
- O respeito oficial pelas tradições culturais e religiosas.
- Uma sensação de independência da influência externa, especialmente de potências estrangeiras que não são vistas como amigáveis ou solidárias.

Parece simples, mas é extremamente complicado. Um governo em funcionamento que equilibra com sucesso as necessidades de um grupo grande e diverso de cidadãos requer a confiança e o apoio deles — e após guerras ou turbulências, ou se o governo anterior era corrupto ou irresponsável, as pessoas podem relutar em confiar nos poderes oficiais.

Quando você lê o noticiário, talvez julgue difícil às vezes confiar no seu próprio governo. Ele merece o seu apoio? O seu governo precisa ganhar a sua confiança e o seu apoio, bem como de seus vizinhos, todos os dias — quando os governos não são capazes ou não estão dispostos a fazer seus cidadãos felizes, a coisa começa a ficar feia.

LEMBRE-SE

Apesar de os sociólogos terem aprendido muito sobre as causas da instabilidade e estabilidade políticas, não existe uma fórmula perfeita para se determinar se um governo irá se sustentar ou cair. Pense em alguns exemplos contemporâneos em que os governos fracassam em atender às necessidades básicas de seus cidadãos e, ainda assim, permanecem fortes — por que eles se mantêm? Pode ser porque não exista uma oposição suficientemente organizada, ou talvez eles manipularam seus cidadãos a fim de que acreditem que não existe uma alternativa melhor.

Mas como eles *sabem*?

É uma grande pergunta querer saber quais são os fatores que causam as revoluções políticas. Como expliquei no Capítulo 4, os sociólogos que fazem grandes perguntas têm de se contentar com menos casos comparativos do que os sociólogos que fazem pequenas perguntas. Se eu quiser saber quais são os fatores que levam uma pessoa a votar de uma forma ou outra, posso fazer uma enquete com milhões de pessoas (contando que eu tenha tempo). Se eu quiser conhecer os fatores que causam uma revolução política, não encontrarei tantos exemplos assim para olhar. E mais, se eu estiver fazendo uma enquete com pessoas individualmente, poderei fazê-la com um monte de pessoas, todas vivendo no mesmo momento, em condições muito parecidas. Se eu estiver olhando as revoluções políticas, terei de voltar na história para buscar exemplos, o que significa que eu estarei pesquisando revoluções que aconteceram em momentos e lugares diferentes. Isso pode tornar difícil a comparação entre as semelhanças e as diferenças.

Um dos estudos sociológicos mais conceituados sobre as revoluções políticas é o States and Social Revolutions, ou, em tradução livre, *Estados e Revoluções Sociais*, de Theda Skocpol, publicado em 1979, uma análise cuidadosa das revoluções na França (1789), China (1911) e Rússia (1917). O estudo de Skocpol tem sido influente, mas também criticado — como foram muitos outros estudos parecidos — por não incorporar muitos exemplos. Os sociólogos apontam que você jamais tentaria construir uma teoria sobre a mudança empregatícia baseado apenas no estudo de três pessoas, portanto, como é capaz de criar uma teoria de revoluções baseada em apenas três países? Você não precisa de mais exemplos para visualizar os padrões?

Não há uma resposta fácil para essa questão. No fim, cada sociólogo precisa decidir por si mesmo o que conta como evidência válida. Se você não dispõe de centenas de revoluções para estudar, isso significa que deveria desistir até de tentar entendê-las — ou você deveria fazer o melhor que pode com o material disponível? Os sociólogos podem discordar da resposta a essa questão, mas eles concordam que *toda* evidência deve ser examinada cuidadosa e sistematicamente e que, apesar delas serem sempre limitadas, quanto mais, melhor.

Compartilhando (ou não) o Poder na Sociedade

As questões sobre o Estado e os movimentos sociais tendem a se resumir a questões sobre o *poder* na sociedade. O que *é* o poder? Quem o tem e quando o compartilham (ou não)? Se uma pessoa tem mais poder, significa necessariamente que outros têm menos? Nesta seção, resumo as duas principais ideias dos sociólogos acerca do poder na sociedade — a ideia de que é uma quantidade limitada que não pode ser dividida e a ideia de que é um bem coletivo e, assim, todos podem trabalhar juntos em prol dele.

Modelos de conflito: Cada homem, mulher e criança por si

Uma maneira de se pensar o poder é entendê-lo como *uma influência sobre outras pessoas*. Essa é provavelmente a maneira do "senso comum" de se pensar o poder; desse modo, se tenho muito poder, possuo a habilidade de obrigar as pessoas a fazerem o que eu quero. Se tenho somente um pouco de poder, existem alguns indivíduos a quem estou na posição para coagir, e passarei muito tempo fazendo o que outras pessoas querem que eu faça.

Isso é conhecido como a visão de poder *soma-zero*. E significa que existe um limite de poder para ser distribuído: se eu tiver mais poder, você terá menos. Ou você tem poder sobre mim, ou eu tenho poder sobre você. É simples assim.

Naturalmente, nessa visão, todos querem o poder. Se eu não o tenho, isso significa que alguém o tem sobre mim; enquanto aquela pessoa pode escolher ser gentil comigo, eles podem muito bem tomar uma decisão da qual eu não gostaria. O melhor cenário para mim seria ter todo o poder e, dessa forma, eu posso ditar as regras.

Essa forma de pensar o poder não significa necessariamente que uma pessoa em uma dada sociedade precisa ter todo o poder — as pessoas podem ter poder em situações, ou por razões diferentes. Eu posso ter poder por causa do meu dinheiro, por exemplo, enquanto você o tem porque é incrivelmente bonito. Uma terceira pessoa — vamos chamá-lo de Don — pode tê-lo por causa de suas extensas conexões sociais. Nós todos temos algum poder, e cada um de nós pode ser especialmente influente em situações diferentes.

Mesmo assim, quando o bicho pega, apenas um de nós pode sair por cima. Se nós três nos candidatarmos para uma eleição, cada um de nós usará nosso poder para vencê-la:

Eu posso pagar muita publicidade para minha campanha.

Você pode fazer muitas aparições pessoais e conquistar os eleitores com sua beleza.

Don pode usar suas conexões e tentar que pessoas influentes convençam os eleitores em seu nome.

Cada um de nós provavelmente receberá muitos votos, mas apenas um de nós terá a maioria deles. Em um modelo de poder soma-zero, é frequente o poder ter fontes diferentes, mas, no fim, tudo se resume à questão básica de *quem consegue vencer.*

Os sociólogos que pensam dessa forma sobre o poder são geralmente chamados de *teóricos de conflito,* pois teorizam que todos estão em conflito uns com os outros, praticamente o tempo todo. Às vezes, as pessoas podem trabalhar juntas para alcançar certos objetivos comuns, mas, quando suas metas comuns são alcançadas (ou frustradas), elas se distanciarão. Se é assim que você avalia o poder, provavelmente pensa em um partido político como uma aliança instável de pessoas que fazem um acordo para colocar um candidato no poder, mas que, fora isso, não têm mais nada em comum.

O avô dos teóricos de conflito foi Karl Marx. Aliás, esse tipo de teoria sobre o mundo político-social é geralmente chamado de teoria marxista. Como observado no Capítulo 3, Marx acreditava que o poder e a influência na sociedade eram basicamente sobre bens materiais: alimentos, vestimentas, terras e outros recursos representados na economia capitalista moderna pelo dinheiro.

Marx não confiava no dinheiro, pois ele é um poder líquido: flui facilmente de uma pessoa para outra e pode ser com facilidade usado por uma pessoa ou um grupo para tirar vantagem dos outros. Se os seus bens são em forma de terra, uma casa, gado, habilidades e até mesmo conexões sociais, eu até posso desfalcá-lo dessas coisas — mas será muito mais fácil eu desfalcá-lo do dinheiro.

Exatamente como Marx teria temido, quando a União Soviética acabou e os cidadãos russos receberam uma grande quantia de dinheiro representando sua parte nos empreendimentos pertencentes anteriormente ao Estado, muitos foram rapidamente enganados e deixados sem nada.

Você pode ver por que os pensadores políticos marxistas se preocupam com a influência do dinheiro no governo. Aliás, os marxistas tendem a ver o governo essencialmente como uma ferramenta dos ricos, algo que existe para o prazer — e conveniência — das pessoas com dinheiro. Uma visão de poder político marxista e de soma-zero está até certo ponto por trás destas preocupações sobre a política:

- **Financiamento de campanha.** Os candidatos ricos (e os candidatos com apoiadores ricos) devem poder gastar quanto quiserem de dinheiro em suas campanhas políticas ou seria necessário haver leis para igualar o financiamento entre os candidatos?

- **Lobby e presentes.** As corporações e outras organizações deveriam poder contratar lobistas cujos trabalhos são chamar a atenção dos eleitos para os cargos públicos? O acesso e os privilégios dos lobistas deveriam ser limitados? Os políticos eleitos deveriam ter limites de tipo e quantidade de presentes que podem receber — para prevenir que os "presentes" sejam usados como propina?

- **Limites de mandato.** Os políticos eleitos deveriam ficar nos cargos até quando puderem ganhar a maioria dos votos, potencialmente acumulando mais e mais poder e influência em cada termo, o que tornará cada vez mais difícil que sejam vencidos — ou os eleitos devem ser sujeitos a limites nos termos de mandato, prevenindo-os de serviremalém de um certo período de tempo?

Esses e outros assuntos refletem as preocupações fundamentais das pessoas em relação a alguém ou a um grupo de pessoas terem muita influência, por muito tempo, sobre o que um governo faz. Eles refletem a preocupação de que o governo usará o seu poder para o bem de um ou de alguns em vez de ser justo com todos.

Um grande debate entre os sociólogos políticos se relaciona à "autonomia do Estado". A questão, em outras palavras, é se o governo de fato tem ou não alguma influência ou poder independente na sociedade, ou se ele é apenas uma ferramenta para outros interesses. Marx acreditava que o Estado, pelo menos na sociedade capitalista moderna, tinha pouca autonomia — era essencialmente uma ferramenta dos burgueses. Esse ponto de vista foi compartilhado pelo marxista do século 20, C. Wright Mills (ver o Capítulo 3), autor do livro *A Elite do Poder*, que sugeriu que, se os ricos mandassem o governo pular, a resposta do governo seria: "Quão alto?".

Outros apontam que o governo tem muito poder independente, virtude de seu papel único na sociedade. O governo, afinal, dispõe das armas; até mesmo os membros mais ricos da sociedade precisam obedecer às leis do governo, ou se encontrarão do lado errado da grade da prisão. Nas revoluções, como, por exemplo, a Revolução Russa, o governo pode apreender os bens dos ricos e redistribuí-los (ou mantê-los para si), bem como aumentar os tributos de quem bem quiser. Em muitos países, as pessoas com renda maior pagam impostos mais altos do que as com renda menor.

Os teóricos de conflito dos dois lados deste debate concordam em um ponto: o poder é uma soma-zero: seja o rico, ou as pessoas bonitas, ou o governo, alguém tem o poder — e isso significa que outra pessoa, ou que muitas outras pessoas, não o têm.

Modelos pluralistas: O justo é justo

O marxista C. Wright Mills atacou o durkheimiano Talcott Parsons por este ter uma visão muito cor-de-rosa da sociedade. Parsons achava que a sociedade industrial moderna na verdade funcionava muito bem — aliás, melhor do que qualquer outra forma de sociedade — em atender às necessidades das pessoas. Quando Mills acusou Parsons de se esquecer de que os poucos privilegiados da "elite do poder" estavam no comando de tudo e fazendo todo mundo se curvar diante de suas vontades, Parsons retrucou com algumas observações válidas ao criticar a visão marxista de poder.

Parsons acreditava que o poder não era soma-zero, ou seja, dar poder para alguns não significava necessariamente tirá-lo dos outros. Como poderia ser? Ele apontou que simplesmente tem de haver *alguém* no comando, ou a sociedade virará um caos e nada será feito. Se ninguém tem o poder de tomar decisões, então nenhuma decisão será tomada. Quando a sociedade é organizada efetivamente, escolher uma pessoa ou um grupo para entregar o poder, na verdade dá a *todos* ainda mais poder sobre suas situações coletivas.

Para entender como isso funciona, pense em um timoneiro em uma equipe de remo. O timoneiro não rema; ele só se senta na parte de trás do barco e coordena a remada incentivando o resto da equipe. De um modo, o timoneiro tem "poder" sobre o resto da equipe, já que pode dizer aos remadores o que fazer e quando fazê-lo — mas todos na equipe entendem que, sem um timoneiro, a remada da equipe seria descoordenada e eles estariam desperdiçando muito esforço. Ao darem poder para o timoneiro, todos da equipe ganham poder sobre seus adversários; se cada membro guardasse o "poder" de quando e como remar para si, a equipe inteira perderia.

É claro que isso funciona muito bem quando se trata de uma equipe de remo cujos membros concordam no que deve ser feito (uma remada rápida e eficiente), mas essa visão de poder faz sentido nas sociedades industriais grandes e complicadas? Nas situações onde está longe de se saber qual seria o melhor plano de ação, qualquer líder não se sentiria tentado a escolher o plano que compensaria mais para as pessoas de quem gosta — ou para as pessoas que lhe estão pagando?

Essa certamente é uma possibilidade, mas Parsons também acreditava que Mills estava empiricamente errado em dizer que existia uma "elite do poder" trabalhando nos bastidores. Quando as coisas não estão boas para o seu lado, pode parecer que o mundo está conspirando contra você... Mas será mesmo? Se o seu chefe grita com você, seu cachorro faz xixi dentro de casa e o seu filho se mete em uma confusão na escola, isso significa que eles tiveram uma reunião secreta em algum lugar e decidiram fazer tudo que podiam para tornar o seu dia péssimo?

Os sociólogos políticos com uma visão *pluralista* de poder apontam que, quando você observa de perto as sociedades realmente funcionando, é raro encontrar o poder concentrado nas mãos de poucos e — longe de conspirarem para trabalhar pela vantagem coletiva — as pessoas que estão em posições de poder muitas vezes se desentendem.

Considere todos os tipos diferentes de poder que as pessoas têm em uma sociedade contemporânea:

- **Poder político:** chefes de Estado, membros de um órgão legislativo, prefeitos e vereadores — presidentes, primeiros-ministros, líderes supremos, reis e rainhas.

- **Poder econômico:** líderes industriais, famílias ricas, CEOs com salários principescos, pessoas com vastas posses de bens imóveis, pessoas com dinheiro embaixo do colchão.

- **Poder de cultura:** artistas, escritores e pensadores — atores famosos, autores de sucesso, apresentadores de TV.

- **Poder de rede:** socialites bem conectadas e "jogadores poderosos" — agentes, lobistas, fofoqueiros de vizinhança.

- **Capital humano:** pessoas com educação, habilidades ou talentos especiais — engenheiros, atletas profissionais, bons encanadores.

> ## A teoria do eleitor mediano e o "senso comum"
>
> A teoria do eleitor mediano, inicialmente formulada pelo economista Duncan Black, diz que o fato de haver um local onde a preferência política dos eleitores varia em um *continuum*, desde o muito liberal até o muito conservador, em uma eleição entre dois partidos, os candidatos irão gravitar em direção ao meio, em vez de tomarem posições extremas que arriscariam alienar os eleitores moderados. Eu estava explicando essa teoria a um aluno uma vez quando uma amiga minha, ouvindo, disse: "O Jay vai odiar que eu fale isto... mas essa coisa toda está parecendo mais é um nome sofisticado para o simples senso comum".
>
> Ela estava certa — eu *realmente* odiei quando ela falou aquilo! Por quê? Porque descartar qualquer teoria sobre o mundo social como sendo "senso comum" sugere que ela não pode ser empiricamente testada. É claro, para um americano acostumado com um sistema de dois partidos, a ideia de um espectro político variando da direita para a esquerda com dois candidatos mais ou menos centristas sentados no meio pode ser bastante familiar, ainda que existam várias maneiras em que a teoria do eleitor mediano possa estar errada — ou, pelo menos, incompleta.
>
> Para começar, quem pode dizer que o espectro político vai da direita para a esquerda? Onde fica um libertário que seja socialmente liberal mas economicamente conservador? E se as opiniões dos eleitores forem mais complicadas do que grande governo (liberal) *versus* pequeno governo (conservador)? Isso seria difícil para a teoria do eleitor mediano explicar.
>
> E se as preferências dos eleitores não se encaixarem em uma curva de sino — e se houver um grande grupo de eleitores conservadores e um grande grupo de eleitores liberais e poucos no meio? E se os eleitores abandonarem um candidato que se desvia demais de seus ideais? E se houver um terceiro partido — quando eles têm algum impacto? Essas são questões que desafiam ou complicam a teoria do eleitor mediano; as teorias que parecem ser de "senso comum" não estão sempre certas.

Às vezes acontece de as pessoas nestes vários domínios concordarem entre si sobre qual direção uma sociedade deveria seguir, mas com frequência não é assim — e mais, as pessoas dentro de cada domínio raramente concordam umas com as outras! Dentro de cada um dos domínios de poder, há um espectro diverso de pessoas com interesses e desejos diferentes.

Se isso está começando a soar como se todo mundo estivesse em um barco a remo sem um timoneiro, é justamente por isso — diria um pluralista — que a sociedade delega autoridade a pessoas específicas a fim de tomarem decisões apropriadas. Em uma sociedade pluralista em bom funcionamento, as decisões que acabam sendo tomadas equilibram as necessidades de todas as pessoas naquela sociedade. Algumas vozes podem ser mais altas do que outras, mas, a longo prazo, a maioria das pessoas é ouvida.

É assim que a sociedade realmente funciona? Bem, existem muitas sociedades que funcionam de maneiras diferentes, e certamente, em alguns casos, as decisões nem são "plurais". Existem ditaduras e outros tipos de sociedade onde, de fato, o poder *está* concentrado nas mãos de poucas pessoas. Muitos sociólogos, entretanto, acreditam que um modelo pluralista é mais coerente com a maneira que o mundo realmente funciona do que um modelo marxista.

Robert Dahl, um cientista político cujo trabalho é amplamente respeitado por sociólogos, respondeu diretamente a C. Wright Mills, nos anos 1950 e 1960. No livro mais famoso de Dahl, *Who Governs? Democracy and Power in an American City,* ele apresentou a cidade de New Haven, Connecticut, como um estudo de caso sobre o pluralismo. Dahl ridicularizou a ideia de que qualquer tipo de grupo secreto conduzia New Haven — em vez disso, ele argumentava, o governo da cidade fazia o seu melhor para equilibrar os interesses competidores de todas as pessoas diferentes que governava. Às vezes as pessoas se sentiam menosprezadas e ficavam com raiva, às vezes tiravam vantagem umas das outras, mas em geral, Dahl dizia, New Haven era uma cidade democrática — "mesmo com todos os seus defeitos".

Dahl e outros pluralistas acreditavam que essa é a maneira como o governo funciona, pelo menos nas sociedades democráticas: ajudando grandes e diversos grupos de pessoas a trabalharem em seus próprios interesses.

Movimentos Sociais: Trabalhando para a Mudança

Na sociedade pluralista perfeita, o voto democrático e a representação justa seriam suficientes para trazer todo um sistema de leis e políticas que equilibrariam adequadamente os interesses de todos em uma sociedade. No entanto, parece que nunca funciona dessa forma — em parte, porque não existe algo como uma sociedade perfeitamente democrática, e, em parte, porque muitas das instituições mais importantes na sociedade não são governamentais. Por essa razão, as pessoas com frequência acham necessário organizar movimentos sociais para trabalharem em grupo rumo às mudanças que desejam ver.

Nesta seção, explico como os movimentos sociais saem do papel e mobilizam apoiadores — e como e por que eles funcionam.

Saindo do papel

Um movimento social, no sentido sociológico, é mais do que um bando de pessoas que dizem querer alguma coisa: é *um esforço organizado para se alcançar a mudança social*. Tais movimentos podem ser muito pequenos, ou muito grandes; podem ser muito bem-sucedidos, ou completamente fracassados. Mesmo assim, o que todos eles têm em comum é que representam esforços coordenados para trazer a mudança social à tona. Eles geralmente representam as pessoas que sentem que suas vozes não estão sendo ouvidas através de outros canais; que não têm acesso aos poderes constituídos sem um esforço organizado para que ouçam as suas demandas.

Existem muitos tipos de movimentos sociais, com objetivos muito diferentes. De grupos de organização comunitária, como o ACORN, até grupos religiosos como a Christian Coalition e o Ku-Klux-Klan, um movimento social é qualquer grupo de pessoas que se organizam para trazer à tona a mudança social.

Os movimentos sociais muitas vezes se direcionam para os oficiais e as agências governamentais, mas também a corporações ou a indivíduos influentes. A maioria dos movimentos sociais busca conscientizar a opinião pública sobre os assuntos com os quais estão preocupados; aliás, alguns deles buscam *apenas* criar a conscientização do público.

Os esforços dos movimentos sociais vêm em várias formas. A maioria deles envolve um ou mais destes esforços:

- **Assembleias, marchas e desfiles:** reuniões públicas para mostrar ao mundo quantas pessoas se sentem de certa forma e a intensidade desse sentimento.

- **Demandas coordenadas:** cartas, e-mails ou outras mensagens para o(s) alvo(s) do movimento.

- **Publicidade:** propagandas, pôsteres, grafite ou outras formas de espalhar a mensagem de um grupo.

- **Desobediência civil:** membros de um grupo desafiando a lei para mostrar o quanto sentem em relação à sua causa, especialmente quando suas causas envolvem uma lei que acham injusta.

Os movimentos sociais não precisam ser necessariamente coordenados de cima para baixo; aliás, a maioria deles é diversa, com grupos diferentes organizados trabalhando em direção a alguns objetivos comuns e a outros particulares. Os grupos dentro de um movimento social também podem discordar dos *meios* de se alcançar um objetivo: por exemplo, alguns grupos podem acreditar que os esforços violentos de vigilantes são justificáveis e necessários, enquanto outros acreditam que os esforços devem ser exclusivamente pacíficos.

Então por que os movimentos sociais surgem? Essa é uma questão que os sociólogos têm estudado por um bom tempo e a resposta não é óbvia. Afinal, todo mundo quer alguma coisa na sociedade, mas nem todo mundo vai até a prefeitura protestar, ou escreve cartas sobre isso, ou até mesmo conta para outra pessoa como se sente em relação ao fato. Existem várias injustiças em cada sociedade; quais se tornam de fato movimentos sociais? Existem pelo menos duas boas respostas para essa questão: a teoria de privação relativa e a teoria da mobilização de recursos.

Teoria da privação relativa

Uma resposta que parece fazer sentido é conhecida pelo nome de *teoria da privação relativa*. De acordo com ela, as pessoas são incentivadas à ação organizada quando se abre um espaço entre o que elas *acham que merecem* e o que estão *realmente recebendo*. Em outras palavras, se a sociedade está fazendo com que um grupo de pessoas pense que deveria ter alguma coisa, mas depois não lhes dá, elas se sentem "relativamente privadas" e ficam inclinadas a levar suas reclamações para as ruas.

Como exemplo, pense no movimento do sufrágio feminino do fim do século XIX e início do século XX. Nos Estados Unidos (e em muitos outros países), naquele tempo, havia um movimento organizado por mulheres — com o apoio de homens favoráveis à causa — para ganharem o direto ao voto. Esse esforço com certeza foi bem-sucedido com a 19ª Emenda à Constituição, garantindo a todas elas o direito de votar.

Essa emenda, no entanto, só foi ratificada em 1920 — e as mulheres não tinham garantia de direito ao voto durante toda a história americana até então. Por que não houve um grande movimento pelo sufrágio no século XVIII ou no início do século XIX? Certamente havia muitas mulheres insatisfeitas com suas situações durante esse tempo, mas elas só formaram um enorme movimento de sufrágio mais tarde.

A teoria da privação relativa diria que as mulheres não organizaram um movimento de sufrágio em massa até se sentirem *relativamente privadas* do direito de votar. À medida que o século XIX chegava perto de seu fim, a ideia de que um grupo poderia ser legitimamente privado do direito de votar estava sendo cada vez mais atacada por todos os lados. A escravidão havia acabado, e em muitos lugares as pessoas de todas as raças podiam votar (as leis de Jim Crow, infelizmente, mantiveram os afro-americanos em posições que os impediam de votar durante décadas). As mulheres em certos países estavam ganhando o direito ao voto no fim do século XIX, e alguns estados e territórios americanos já permitiam o sufrágio (isto é, o direito das mulheres ao voto) para eleições dentro de suas esferas jurídicas.

Tudo isso significava que uma mulher, em 1900, vivendo em um estado onde não podia votar, lia sobre vários outros exemplos de mulheres que tinham o direito ao voto. Cem anos antes, em 1800, uma mulher que não pudesse votar também não teria conhecido muitos exemplos de mulheres que podiam votar legalmente — portanto, apesar de as duas mulheres, uma em 1800 e outra em 1900, serem igualmente privadas do direito ao voto, a mulher em 1900 se *sentiria* mais privada.

Um aspecto útil dessa teoria é que ela ajuda a explicar o porquê de existirem tantos movimentos sociais nas sociedades ricas e pobres. Objetivamente, as pessoas em algumas sociedades são mais privadas do que em outras — mas o que inspira os movimentos sociais, de acordo com essa teoria, é uma noção de privação *relativa*.

Se a teoria de privação relativa ainda está parecendo confusa, pense numa criança cujo pai decide espontaneamente comprar-lhe um sorvete com uma bola; agora pense em uma criança que recebe o mesmo sorvete com uma bola enquanto seu irmão recebe um com duas. Qual criança tenderá a ficar chateada?

Teoria da mobilização de recursos

Muitos sociólogos, no entanto, acham que a teoria da privação relativa não é suficiente para explicar como e por que os movimentos sociais surgem. Existem tantos movimentos sociais nas sociedades ricas e nas pobres, apontam esses sociólogos, mas, quando você começa a contá-los, percebe que há ainda *mais* movimentos sociais em sociedades ricas do que nas pobres. Tais sociólogos — aliás, a maioria deles estudando os movimentos sociais atualmente — preferem uma teoria chamada *teoria da mobilização de recursos*, um termo cunhado pelo sociólogo Douglas McAdam.

Por quê? Porque coordenar um movimento social não é somente compartilhar uma reclamação. Só porque um número significativo de pessoas se sente privado de alguma coisa não significa que elas poderão se unir e coordenar um movimento social. Para isso acontecer, elas precisam de recursos do tipo:

- Líderes com tempo para coordenarem as atividades do grupo.
- Recursos de comunicação, como listas de e-mail, telefones, redes de computadores.
- Dinheiro para fazerem publicidade e outros mecanismos para chamar atenção, assim como para comprar artigos necessários.
- Recursos sociais, como contatos no governo, na mídia e em outras esferas de influência.
- Recursos de transporte, como aviões, trens e automóveis.

Esses recursos estão mais disponíveis nas sociedades ricas, e, portanto, é mais fácil que as pessoas se mobilizem nessas sociedades do que nas que são pobres em recursos. A mobilização de recursos também explica por que certos grupos dentro de uma sociedade são capazes de gerar movimentos sociais, enquanto outros não. Não ocorre necessariamente que as pessoas envolvidas em movimentos sociais grandes e elaborados se sintam mais injustiçadas do que aquelas cujas reclamações não levam a movimentos sociais — simplesmente algumas pessoas são mais capazes de acessar os recursos necessários para um movimento social do que outras.

Essa forma de pensar sobre os movimentos sociais é especialmente popular entre os marxistas, que — como expliquei na seção anterior "Dividindo (ou Não) o Poder na Sociedade" — estão preocupados com o impacto do dinheiro e do poder nos resultados políticos. Os marxistas apontam que exatamente as pessoas que *já têm* muitas vantagens são capazes de mobilizar os movimentos sociais para conseguir ainda *mais* vantagens, enquanto as pessoas com relativamente poucas vantagens — aquelas que têm mais base para exigir a mudança social — também são as que menos dispõem de recursos para mobilizar movimentos sociais. Isso pode fazer com que uma situação injusta se torne ainda mais injusta.

Pense em como é muito mais fácil começar um movimento social hoje do que era antes do desenvolvimento da internet. Antes, você precisaria telefonar e distribuir panfletos para organizar assembleias; agora você pode criar um evento no Facebook, e a ideia vai se espalhar como fogo em mato seco. Isso é uma ilustração do porquê de os sociólogos enfatizarem a importância da disponibilidade de recursos na geração dos movimentos sociais.

Reunindo a galera

Se uma questão é como os movimentos sociais são iniciados, outra é como as pessoas se envolvem neles. Mesmo nos casos de movimentos sociais grandes e difundidos, a maioria das pessoas em uma sociedade — e até a maioria que se importa profundamente com um certo assunto — não se envolvem. Por quê?

Uma resposta vem da microssociologia e aponta a importância dos moldes. Como eu disse no Capítulo 6, um "molde" é uma definição de uma situação social. O que eu penso ser o meu papel em uma dada situação social — incluindo como e se eu preciso agir — depende da moldura em volta daquela situação. Se uma pessoa escolhe ou não se juntar a um movimento social ativo, depende, pelo menos em parte, de a situação estar ou não moldada como uma situação pela qual aquela pessoa se interesse.

Isso se torna especialmente importante quando você considera o fato de que às vezes as injustiças pelas quais os movimentos sociais combatem são bem distantes das vidas das pessoas de cujo apoio o movimento necessita. No exemplo do sufrágio feminino, o grupo injustiçado e privado é bastante claro: as mulheres. Em outros casos, não é tão claro; para mobilizar apoiadores, os movimentos sociais precisam convencer o máximo de grupos de pessoas possíveis de que a causa do movimento é do interesse de todos.

Como exemplo, pense no movimento dos direitos dos animais. Existem muitas organizações diferentes envolvidas nele, com objetivos e métodos diferentes, mas a meta em geral é pôr fim às práticas que prejudicam ou causam sofrimento aos animais. Para mobilizar o máximo possível de apoiadores, os variados grupos envolvidos no movimento colocam uma série de moldes diferentes em volta do assunto:

- Para atrair apoiadores que estão preocupados com o meio ambiente, os defensores retratam o direito dos animais como um assunto ambiental: criar animais para alimentação, eles apontam, requer mais recursos e cria mais poluição do que a plantação de grãos e verduras.

- Para atrair os apoiadores que estão preocupados com a sua saúde, o movimento coloca o direito dos animais como uma questão de saúde: comendo vegetais, eles dizem, significa que você é mais saudável.

- Para atrair os defensores dos direitos dos animais, que são donos de animais de estimação, apresentam como um assunto moral: eles espalham fotos e vídeos de animais sendo maltratados para ganhar a simpatia das pessoas que jamais iriam querer que os seus fossem tratados assim.

✒ Para atrair as pessoas que são conscientes de seu status social, os defensores reportam o direito dos animais como algo com que seja legal se preocupar: eles colocam pessoas atraentes posando para as propagandas — às vezes sem roupa ("Eu prefiro ficar pelado a usar peles de animais.") — para sugerir que se importar com os animais é uma atitude tão boa que as pessoas de alto status a praticam.

Levando ao extremo

O departamento de sociologia de Harvard fica no mesmo edifício que o departamento de psicologia e, quando eu estava estudando, o prédio recebia segurança reforçada quando havia protestos sobre o direito dos animais na área de Boston. Por quê? Porque o supervisor do prédio estava preocupado, justamente baseado em suas experiências passadas, que os ativistas fervorosos pudessem invadir o edifício e soltar os macacos enjaulados para experimentos psicológicos.

O medo do supervisor demonstra a linha tênue entre a agitação para a mudança social e o uso da força para trazer essa mudança à tona. Todos os grandes movimentos sociais, do movimento dos Direitos Civis ao dos ambientalistas, envolveram significantes atitudes fora da lei. Às vezes são relativamente pequenos — digamos, ocupar um prédio universitário para protestar contra a alta nas mensalidades —, e às vezes podem escalar até uma rebelião armada.

A violência em um movimento social é justificável? Depende se você concorda ou não com os objetivos do movimento. Ela funciona? Muitas vezes sim... mas também, muitas vezes, dá errado e envergonha os membros mais moderados do movimento, especialmente quando as pessoas se ferem. A decisão de obedecer ou desafiar à lei no curso de um movimento social será sempre uma questão de julgamento.

Os movimentos sociais podem às vezes parecer ridículos, e às vezes incentivarem a ridicularização ao usar humor ou métodos intencionalmente extremos para transmitir suas mensagens. Ainda assim, a mudança social é um assunto sério, e ao longo da história as pessoas foram ao extremo para trazer à tona as mudanças que buscavam. Às vezes isso pode ser difícil de se justificar, mas, outras vezes, fazer muito pouco pode ser ainda pior.

Às vezes se mobilizar em um movimento social é simplesmente uma questão de ter o assunto moldado de forma que seja convincente para você.

De modo interessante, os sociólogos também descobriram que ocorre com frequência de as pessoas ativas em movimentos sociais não terem necessariamente opiniões preexistentes fortes em sintonia com os princípios do movimento — ou seja, a opinião pode seguir a ação e não vice-versa.

No final dos anos 1990, o sociólogo Ziad Munson resolveu estudar o movimento americano para tornar o aborto ilegal. Ele sabia que muitos milhões de americanos acreditavam que o aborto era errado em todas ou quase todas as circunstâncias, mas também reparou que apenas uma pequena fração delas se tornara ativa no que ficou conhecido como o "movimento pró-vida", organizado para prevenir o aborto com o objetivo central de torná-lo ilegal. Munson agendou uma série de entrevistas com os ativistas do movimento, buscando entender o que os levou de apoiadores passivos do movimento para apoiadores ativos.

Ele ficou surpreso ao descobrir que muitos dos apoiadores reportaram que, antes de se tornarem ativos no movimento pró-vida, eles nem sequer tinham opiniões fortes sobre o assunto — aliás, alguns ainda disseram que teriam se considerado "pró-escolha" (isto é, em favor de manter o aborto legal) e que mudaram de opinião *após* se tornar ativos no movimento pró-vida. Acontece, nesses casos, que as pessoas geralmente se envolvem no movimento por meio de amigos e familiares: lambendo envelopes ou fazendo placas para ajudar alguém de quem gostavam. Após começarem a participar no movimento, elas viram que suas opiniões sobre o assunto ficaram muito mais fortes — e assim se tornaram defensoras convictas da causa pró-vida.

Assim, parece que, mesmo quando se trata de um assunto tão pessoal e no qual as opiniões são mantidas com tanta firmeza, as pessoas podem ser mais facilmente induzidas a agir do que em acreditar; após começarem a agir, suas opiniões virão em seguida. Por essa razão, os movimentos sociais podem ter tanta sorte em seguir através das redes pessoais e oferecer incentivos (até recompensas materiais) às pessoas para que ajam, quanto teriam se apelassem às convicções fundamentais delas.

O que significa para um movimento social ser bem-sucedido?

Alguns movimentos sociais rapidamente encontram o sucesso, outros o encontram apenas após alguns anos, e outros ainda não têm sucesso algum. Existe algum jeito de entender por que alguns movimentos são bem-sucedidos e outros não?

Olhando exatamente essa questão, o sociólogo William Gamson estudou cuidadosamente várias organizações envolvidas nos movimentos sociais. Ele concluiu que (você já ouviu isso!) não era tão simples assim. "Sucesso" ou "fracasso" podem significar coisas diferentes em diferentes contextos.

Gamson demonstrou pelo menos quatro resultados diferentes que os movimentos podem encontrar, dependendo se são ou não como organizações legítimas e se os objetivos materiais são ou não alcançados. Aqui estão os quatro resultados observados:

- **Resposta total.** Quando um movimento é reconhecido como legítimo *e* alcança seus objetivos, ele sem dúvida foi um sucesso. Esse é o tipo de sucesso que o movimento dos Direitos Civis americano alcançou após muitos anos de luta: não só os afro-americanos têm direito ao voto universal e ao emprego sem discriminação, mas também os líderes do movimento receberam muito reconhecimento. Nos Estados Unidos, o Dia de Martin Luther King Jr. é feriado nacional.

- **Antecipação.** Os movimentos sociais podem sentir o gosto amargo das vitórias quando alcançam os seus objetivos, mas estes não são aceitos como organizações legítimas ou como movimentos bem-vindos. Os fãs de música que organizaram redes de compartilhamento de arquivos digitais para pressionar as gravadoras a relaxarem suas restrições de direitos autorais tiveram algum sucesso — as empresas abandonaram certas medidas de proteção e desistiram de sua estratégia inicial de processar os violadores de direitos autorais —, mas, mesmo assim, as ações desses fãs nunca foram reconhecidas como legais ou legítimas. Dessa maneira, o objetivo do movimento foi "antecipado" pelas gravadoras.

- **Cooptação.** Isso acontece quando um movimento social ganha reconhecimento, mas não alcança seus objetivos. Os festivais do orgulho gay são hoje grandes eventos cívicos em muitas cidades do mundo, mas alguns ativistas do direito gay acreditam que seu movimento foi cooptado: os governos são visivelmente acolhedores com as organizações de direito gay mesmo quando falham em realmente lhes conceder os direitos (por exemplo, direito ao casamento) que as organizações reivindicam.

- **Colapso.** Quando um movimento fracassa em atingir seus objetivos e falha em receber reconhecimento, ele simplesmente entra em colapso. Por exemplo, o movimento para relegalizar a poligamia no estado de Utah fracassou em mudar a lei e em ser reconhecido como legítimo. Ainda existe um grande número de pessoas que praticam a poligamia, mas elas em geral o fazem secretamente e não têm conseguido organizar nada parecido com um movimento social genuíno.

O sucesso de um movimento social é muitas vezes ter um líder carismático, às vezes envolve uma questão de moldagem e mobilização bem-sucedidas e às vezes uma questão puramente de recursos — mas muitas vezes é uma questão de a sociedade estar ou não disposta a aceitar as reivindicações do movimento e se há ou não uma oportunidade para que elas sejam atendidas.

LEMBRE-SE No que se trata de entender o sucesso ou o fracasso dos movimentos sociais, é útil lembrar a frase em latim *carpe diem*: "aproveite o dia". Para um movimento social ser bem-sucedido, o momento tem de estar maduro — ou seja, tem de ser o "dia" certo —, mas o movimento também deve mobilizar com sucesso apoiadores que lutem pela sua causa. Isto é, o movimento tem de fazer a sua parte para aproveitar.

Capítulo 14

Sociologia Urbana e a Demográfica: (Não Há) Amor no Coração da Cidade[1]

Neste Capítulo
▶ Compreendendo a sociedade urbana
▶ Mudanças nos bairros
▶ Tornando as cidades felizes e saudáveis para todos

Eu não sei você, mas nunca vi um livro de sociologia que tenha uma foto de uma pequena cidade na capa. As imagens das capas tendem a retratar grandes cidades repletas de arranha-céus, às vezes com imagens desfocadas de pessoas andando muito rápido. Por que isso? Afinal, uma vila também é uma sociedade.

A vida urbana está no coração da sociologia. Como pôde ler no Capítulo 3, a sociologia foi fundada quando as cidades estavam crescendo rapidamente, à medida que as pessoas chegavam em busca de empregos e de novas oportunidades. Assim, elas encontraram — muitas pela primeira vez em suas vidas — pessoas de diferentes religiões, raças e lugares.

Quando você está entre pessoas que se assemelham, é fácil esquecer o fato de que todos estão operando sob um conjunto de suposições e expectativas acerca do mundo social. Na cidade, não tem como fugir

---

N.E.[1]: O título é a tradução de "Ain't No Love in the Heart of the City", da banda de hard rock Whitesnake.

da existência de muitas tradições, idiomas e estilos de vida diferentes, muitos deles bem na sua frente quando você caminha pela rua. Isso pode facilmente o tornar curioso sobre a sociedade e sobre como tantas pessoas diferentes conseguem conviver.

Neste capítulo, começo falando sobre os estudos sociológicos clássicos envolvendo a cidade. Abordo também a mudança urbana e bairros diversificados e, finalmente, o futuro da cidade. As cidades podem continuar sendo lugares pacíficos e produtivos para todos morarem? Os sociólogos acreditam que sim, mas reconhecem que sempre haverá tensão, diversidade e mudança. A vida urbana é assim.

Sociologia na Cidade

Os sociólogos sempre procuraram no coração da cidade as pessoas e situações as quais observar. A vida urbana é imensamente complexa, e sempre será um desafio tentar entender como ela funciona (é geralmente um desafio apenas morar em uma!) Nesta seção, explico como os sociólogos do século XIX entendiam a vida na cidade e como os do século XX se enfiaram bem no meio dela.

A solidão de uma multidão

"A Multidão Solitária" é um clichê (e o título de um livro clássico da sociologia que na verdade tem mais a ver com a vida suburbana do que com a urbana), mas constitui um dos paradoxos da vida social segundo o qual estar no meio de uma multidão pode sim ser mais solitário do que estar sozinho. Centenas a milhares de pessoas estão no mesmo *lugar* que você, mas, se você não se relaciona ou não pode se relacionar com elas, isso se transforma em algo bastante solitário — e até mesmo assustador.

Esta é uma nova sensação para as pessoas que se mudam para as grandes cidades saindo de pequenas comunidades: a sensação de estarem quase sempre rodeadas (às vezes o local está até lotado) de pessoas, mas que não necessariamente sabem ou querem saber quem você é ou de onde veio. Em um ônibus ou metrô, você pode ficar com a cara enfiada embaixo do sovaco de alguém que está ignorando-o completamente. Por várias razões, isso não é agradável.

O sociólogo mais conhecido por escrever sobre o porquê a *sensação* é diferente em se estar em uma cidade e em uma pequena comunidade foi um alemão chamado Ferdinand Tönnies, cujo trabalho mais importante foi publicado no fim do século XIX.

Em seu livro *Gemeinschaft und Gesellschaft*, Tönnies explicou o que ele via como uma diferença entre *Gemeinschaft* — uma palavra geralmente traduzida como "comunidade" — e *Gesellschaft*, em geral traduzida como "sociedade".

Para Tönnies, *Gemeinschaft* caracteriza uma comunidade com a sensação de uma comunidade, característico de um grupo onde você nasce e tem muitas coisas em comum com os outros membros da sociedade. Você naturalmente se sente próximo a outras pessoas na *Gemeinschaft* porque vocês compartilham um conjunto de interesses comuns e, por essa e outras razões, acabam fazendo muito das mesmas coisas. Exemplos de grupos unidos pela *Gemeinschaft* incluem:

- Comunidades rurais;
- Famílias;
- Comunidades religiosas;

Gesellschaft, por outro lado, caracteriza um grupo de pessoas que se une por escolha, geralmente por razões bastante práticas. Quando você opta se mudar para um lugar ou se juntar a um grupo pois há algo em particular que você queria realizar — não necessariamente porque tenha alguma afinidade com as outras pessoas daquele grupo —, o laço que você compartilha com as outras pessoas no grupo é o laço impessoal da *Gesellschaft*. Exemplos incluem:

- Centros empresariais urbanos;
- Corporações e cooperativas de comércio;
- Universidades;
- Partidos políticos;

Na *Gemeinschaft*, quando você encontra uma pessoa, pode supor com confiança que ela tem muito em comum com você e gostaria de compartilhar uma relação pessoal — em outras palavras, ela é sua amiga. Na *Gesellschaft*, as pessoas estão juntas por uma razão muito específica, e fora isso poderiam nem querer saber umas das outras. Aliás, em alguns desses grupos (por exemplo, nas empreitadas empresariais), as relações pessoais íntimas podem ser desencorajadas ou até mesmo completamente proibidas!

LEMBRE-SE

Na *Gemeinschaft*, os laços entre as pessoas são íntimos e pessoais. Na *Gesellschaft*, são práticos e impessoais.

Os grupos caracterizados pela *Gemeinschaft* são geralmente muito mais confortáveis, e, se você algum dia ler o trabalho de Tönnies, talvez tenha a impressão de que ele preferia a *Gemeinschaft* e desejava que houvesse mais dela. De uma perspectiva sociológica, entretanto, você pode simplesmente colocar a *Gemeinschaft* em um spray e sair espirrando onde acha que o mundo está precisando de paz, amor e compreensão; ela é o resultado de se morar num local com pessoas que têm muito em comum com você. Na maioria das situações sociais hoje em dia, o fato é que você simplesmente *não* tem tanto em comum com as pessoas à sua volta, e seria tolice fingir que tem.

Quando estava morando na área de Boston, um vizinho de St. Paul — a cidade mais tranquila e menos cheia onde eu cresci — veio me visitar e, à medida que ele andava pelo centro de Boston, virou-se para mim. "Eu fico falando oi para as pessoas" disse ele, "mas ninguém fala oi de volta!". As pessoas de Boston eram menos amigáveis do que as pessoas em St. Paul? Sim, mas por uma razão. Quando você está andando por uma rua cheia de uma cidade, passa continuamente por pessoas de quem não é amigo e poderá nunca mais ver. Se você parar para falar oi para todas, estará essencialmente gastando ar que poderia ser salvo para as pessoas de quem você *é* amigo.

Tönnies acreditava que a sociedade, ao longo do tempo, estava cada vez mais caracterizada pela *Gesellschaft*: ela está se tornando mais urbana, mais diversa e mais burocrática. Todas essas coisas podem fazer com que a sociedade pareça menos gentil e acolhedora, embora ocorram por várias razões — incluindo muitas boas razões — e, a não ser que um desastre aconteça, é improvável que o relógio volte no tempo (veja o Capítulo 16 para saber mais sobre a mudança social).

Gesellschaft é algo com que as pessoas terão que aprender a conviver... e, aliás, muitas o estão fazendo de bom grado. A diversa vida urbana é cheia de surpresas: novas pessoas, novas experiências, novas ideias. Às vezes, as surpresas são ruins, mas muitas pessoas hoje em dia pensam que a vida urbana compensa esse risco.

Sociedade de esquina

Olhe em qualquer rua de uma cidade em qualquer momento e você poderá ver pessoas andando, indo para lá e para cá, entrando em carros e saindo de táxis, vendendo e comprando coisas, discutindo, namorando...

Pode ser enlouquecedor ver quanta atividade está acontecendo em determinados momentos. Parece que não existe um padrão, nenhum sentido a ser feito disso tudo.

Sorria! É uma pegadinha (sociológica)

William Whyte é um grande nome na sociologia urbana: compartilhado por dois homens diferentes que em muito contribuíram para a disciplina. William Foote Whyte foi o sociólogo cuja observação participante serviu de alicerce para o seu livro clássico *Sociedade de Esquina*; ele também foi o autor de *Organization Man* (veja a seção "A ascensão e a queda dos subúrbios") e um pioneiro na sociologia visual, ou seja, o uso de câmeras para documentar a vida social.

William H. Whyte e sua equipe colocaram câmeras em vários espaços em Nova York, observando como as pessoas usavam tais espaços, e fizeram várias descobertas fascinantes, com evidências em vídeo para sustentá-las (você pode usar um mecanismo de busca para encontrar o filme deles, *The Social Life of Small Urban Spaces*, para visualização na internet).

Mesmo nas cidades populosas, Whyte e sua equipe encontraram muitos espaços urbanos que eram geralmente desertos; as pessoas iam para as praças repletas mesmo quando planejavam sentar sozinhas. Por quê? Porque a atividade mais comum entre as pessoas observadas pela equipe de Whyte acabou sendo — isso mesmo — *observar outras pessoas*. E, descobriu-se, as pessoas gostavam de ser vistas! Whyte esperava que os casais apaixonados namorassem em lugares privados e reclusos, mas eles ficam no meio de todos frequentemente para que pudessem vê-los. E mais, as pessoas que mantinham conversas privadas ficavam paradas no meio da calçada, forçando as outras a se desviarem delas.

Da próxima vez que você estiver passeando por uma cidade grande, observe como as pessoas se juntam e usam os espaços. Mesmo aquelas que estão "sozinhas" na verdade não estão: relacionam-se com todas as pessoas à sua volta de maneiras que se encaixam nas circunstâncias da cidade.

Com o tempo, no entanto, se você observar com cuidado, padrões irão surgir. Você verá o comerciante que todos os dias sai para fumar em três momentos específicos, o motorista de ônibus que ajuda uma idosa a subir com o carrinho de compras toda terça de manhã, as crianças que saem da escola todos os dias da semana e passam pelo músico tocando sua guitarra. Você reparará os policiais fazendo suas batidas — e, talvez, os criminosos fazendo suas próprias batidas. Existem regras e regularidade até mesmo nos bairros urbanos mais caóticos.

Apesar de muitos métodos diferentes de pesquisa terem sido usados para estudar a vida urbana, o mais intimamente associado com a sociologia urbana tem sido a etnografia: caindo nas ruas para falar com os residentes e entender como suas vidas e suas relações funcionam.

Desde a Escola de Chicago (veja o Capítulo 3), esta tem sido uma busca altamente produtiva e com resultados em alguns dos estudos mais importantes em toda a sociologia.

Um dos estudos mais famosos é descrito no livro *Sociedade de Esquina*, aqui já citado, do grande sociólogo americano William Foote Whyte. Ao longo de vários anos, na década de 1930, Whyte viveu entre predominantemente ítalo-americanos residentes de um bairro central de Boston. O seu cuidadoso estudo demonstra muitos aspectos complexos sobre a vida naquele lugar naquele momento:

- A tensão entre os "garotos da esquina" voltados para o bairro e os "garotos universitários" e suas mobilidades ascendentes.
- A política local, com eleitos e candidatos para os cargos trabalhando para ganhar a aliança de indivíduos e famílias importantes.
- O predomínio do crime organizado (e desorganizado), com os gangsteres inseridos dentro do tecido social do bairro.

O aspecto mais memorável e comovente em *Sociedade de Esquina* é a descrição de Whyte sobre as relações complexas entre uma gangue de "garotos de esquina"; ele capturou a maneira em que eles tinham de equilibrar suas amizades pessoais e relações com forças sociais complexas. Durante os anos de observação de Whyte, vários garotos ascenderam e caíram na vida, e os que estavam em posições de liderança enfrentavam escolhas difíceis sobre como usar suas influências com seus semelhantes.

Livros como o de Whyte — e, para esclarecer, existem muito mais estudos excelentes na mesma linha — demonstram a natureza complexa da vida urbana, até mesmo nas comunidades que parecem desesperadas e desorganizadas. Muitos residentes de Boston consideravam o bairro no nordeste onde Whyte morou e trabalhou uma "favela," mas o livro ilustra uma figura complexa, que nem sempre é bonita, mas mostra as teias fortes da organização social presentes no bairro.

Sociedade de Esquina também foi pioneiro pelo fato de Whyte usar um método de pesquisa conhecido como "observação participante," no qual o pesquisador entra em um grupo social e participa das atividades junto com seus membros (veja o Capítulo 4). O método tem suas desvantagens — pode ser difícil analisar objetivamente um grupo do qual você faça parte, o que é algo que você sabe se já tentou entender a sua própria família —, mas é difícil imaginar que Whyte teria sido capaz de ilustrar uma imagem tão rica se tivesse estado distante das pessoas que ele esperava compreender.

Mudando os Bairros

As cidades não são estáticas — elas estão sempre mudando. Se você já viveu em um bairro até mesmo por um ano, já o viu mudar; e se você viveu lá por mais tempo, terá notado que ele mudou ainda mais. Os sociólogos interessam-se há muito tempo em como e por que os bairros mudam de característica (e de personagens.) Nesta seção, explico como os sociólogos pensam em relação à transformação urbana.

São 10 da noite. Você sabe quem são seus vizinhos?

Você conhece seus vizinhos? Você poderia sair de casa e apontar para todas as casas ou prédios e dizer quem mora lá? Quando você anda pela rua, sabe o nome das pessoas por quem você passa?

Baseado em estudos sociológicos de bairros, vou supor que provavelmente você não sabe — e que deve se sentir um pouco mal em relação a isso. Programas de TV, campanhas políticas e as pinturas de pistas de patinação de gelo de Currier & Ives sugerem que o seu bairro é muito importante e que seus vizinhos são seus amigos íntimos. Os seus pais devem falar sobre como, quando eles eram jovens, todos se conheciam e confiavam uns nos outros no quarteirão; assim, se você se comportasse mal na frente de uma senhora vizinha, ela o puniria da mesma forma que sua mãe faria.

Existem realmente muitas comunidades que são bem próximas, mas há ainda mais as que não são. A maioria das pessoas hoje não identifica os seus bairros como algo importante para suas identidades; é apenas o local onde elas por um acaso moram. Provavelmente conhecem algumas pessoas em quem se esbarram ou a quem pediram um pouco de manteiga emprestado, mas não veem suas ruas como sendo *suas* ruas.

Os "bons velhos tempos" não deveriam ser romantizados: as pessoas sempre foram móveis, e sempre houve uma variedade de tipos de bairros que compartilharam. Em alguns cantos, várias famílias podem ter morado no mesmo quarteirão por décadas, até mesmo gerações, mas esse tipo de estabilidade nunca foi universal, ou até mesmo a norma — especialmente nos bairros urbanos, ao contrário das comunidades rurais.

Alguns aspectos da vida urbana, no entanto, têm de fato mudado ao longos das últimas décadas:

- A tecnologia de comunicação e de transporte permite que as pessoas tenham interações muito mais frequentes e significativas do que no passado, e, apesar de em geral isso suplementar em vez de substituir a interação com as pessoas que veem pessoalmente, é de fato verdadeiro que se sentar na varanda e ver o mundo passar não continua tão atraente quanto era há 50 ou 100 anos.

- As famílias imediatas são menores e mais independentes do que já foram.

- O aumento da riqueza e dos padrões de vida em todo o mundo significa menos compartilhamento de recursos da comunidade — incluindo a moradia. Já foi comum que as famílias recebessem inquilinos não relacionados em suas casas particulares, prática muito menos vista atualmente.

- Das compras ao entretenimento, mais atividades são feitas em centros urbanos ou suburbanos e menos nos pequenos estabelecimentos do bairro. Isso é mais eficiente e poupa mais dinheiro para todos.

- Por várias razões (ambos os pais trabalhando, maior participação em programas educativos, preocupações com a segurança), as crianças são muito menos encorajadas a brincar nas áreas diretamente do lado de fora de suas casas — especialmente sem supervisão — do que era o caso antes.

Todos estes fatores, e outros mais, têm contribuído para o declínio da importância dos bairros como centros de atividades. É muito fácil saber quase nada sobre seus vizinhos — ir e vir no seu carro e até mesmo morar em uma casa durante anos sem qualquer interação significativa com as pessoas que moram perto de você.

Dito isso, seria um erro pensar que esta tendência generalizada significa que o seu bairro simplesmente não importa mais!

Existe uma tremenda variedade entre os tipos de bairros e de comunidades. É verdade, muitos bairros são apenas levemente conectados — mas outros são muito próximos, com os vizinhos socializando e apoiando uns aos outros. Isso é verdadeiro por diversas razões em bairros diferentes. Nos bairros relativamente ricos, os residentes podem ter mais recursos para se comunicar entre si, para organizar eventos e se mobilizar em relação a causas como o conserto das calçadas e a segurança pública... Mas, nos bairros menos ricos, os residentes podem ter mais incentivos para se unir e apoiar uns aos outros.

A importância do seu bairro vai além de apenas influência das pessoas com a qual você o compartilha. O bairro onde mora impacta o seu acesso aos transportes, serviços e outros recursos; ele também impacta a sua segurança, assim como as opções educacionais e profissionais; ele pode até mesmo impactar diretamente a sua saúde se a poluição ou a qualidade de moradia são fatores significantes. Essas coisas são, por sua vez, afetadas pelas pessoas que moram à sua volta.

Bairros e os pontos críticos

Você não precisa que um sociólogo lhe diga que os bairros mudam com o tempo. O mais complicado é entender *como* e *por que* eles mudam. Os sociólogos urbanos passaram décadas estudando padrões de mudança nos bairros e criaram algumas teorias interessantes sobre o que anda acontecendo.

O modelo de invasão-sucessão: Abra espaço, abra espaço!

Os sociólogos da — e influenciados pela — Escola de Chicago comparavam os bairros a ecossistemas biológicos. Robert Park, um grande nome nesse grupo, adotou um modelo que ficou conhecido como o *modelo de invasão-sucessão*.

De acordo com ele, um bairro — como uma floresta ou pradaria — recebe um monte de "espécies" que coexistem em harmonia. No meu bairro em Minneapolis, por exemplo, você poderia dizer que há uma "espécie" social de pessoas mais velhas e ricas que são donas de grandes casas. Com mais espaço do que podem usar, elas alugam seus quartos extras ou garagens para membros de uma segunda "espécie" social: jovens adultos e solteiros que são ascendentemente móveis, mas que ainda não têm os meios ou o desejo de comprar a casa própria. Essas duas "espécies" coexistem em harmonia.

Mas, e se uma nova "espécie" se mudasse — digamos, empresários que queiram conduzir seus negócios de casa? Isso pode causar conflitos sobre vagas, trânsito e a característica histórica do bairro. Qualquer uma das seguintes coisas poderia acontecer:

- ✔ O bairro encontrar alguma maneira de acomodar a nova "espécie" de residente.
- ✔ Os atuais residentes se unirem para expulsar os "invasores", e o bairro continuaria como antes.
- ✔ Os "invasores" empresariais agirem para que os antigos residentes se mudem, abrindo mais espaço para novos "invasores" orientados para os negócios que iriam enfim suceder os antigos residentes e criar um novo "ecossistema" local.

Essa maneira de pensar sobre a mudança nos bairros tem sido de grande interesse dos sociólogos que buscam entender as transições na composição racial dos bairros. Se um bairro tem predominantemente residentes de uma raça, então, se residentes de outra raça se mudarem, os já existentes podem se sentir ameaçados e tentar fazer com que os recém-chegados não se sintam bem-vindos; se mais e mais recém-chegados se mudarem, no entanto, o bairro pode chegar a um ponto crítico em que os antigos residentes simplesmente decidem ir embora.

Esse modelo de mudança de bairro parecia fazer muito sentido no início do século XX quando o racismo aberto era comum; de algumas formas, ele ainda é útil hoje em dia, seja para descrever as mudanças nas composições raciais dos bairros (infelizmente, muitos bairros ainda são racialmente segregados, e residentes de uma raça diferente ainda podem não se sentir bem-vindos), seja nas mudanças na ocupação ou nível de renda dos residentes. Os sociólogos hoje, contudo, entendem que a mudança de bairro ocorre por mais razões do que simplesmente porque "invasores" estão mudando a composição demográfica de um bairro.

Para uma visão interessante e controversa sobre a mudança dos bairros hoje em dia, dê uma olhada no livro *The Big Sort: Why the Clustering of Like-Minded America is Tearing Us Apart*, de Bill Bishop. O autor acredita que a tendência das pessoas de mudar para bairros onde os moradores compartilham opiniões políticas e interesses culturais é prejudicial para a comunidade em geral, pois significa que há menos oportunidade para a troca e o diálogo. Outros argumentariam que é positivo as pessoas sentirem que têm muito em comum com seus vizinhos próximos. O que você acha?

A vida e a morte dos bairros

Outra teoria influente sobre as mudanças nos bairros foi a teoria do "ciclo de vida", segundo a qual os bairros são vistos mais como organismos do que ecossistemas.

Os sociólogos que inventaram o modelo de ciclo de vida acreditavam que os bairros passavam por ciclos de mudança repetitivos. Primeiro, um bairro seria desenvolvido e as pessoas começariam a morar. À medida que ele atraía mais residentes e mais desenvolvimento, entraria em seu auge — mas, eventualmente, a infraestrutura do bairro iria decair, a qualidade de vida ali também cairia e os residentes se mudariam em busca de bairros melhores e mais novos. É bem possível que o bairro estivesse em estado muito ruim e precisasse ser revitalizado, reiniciando o ciclo.

Este modelo faz muito sentido: se você pensar na sua própria cidade, provavelmente pode identificar bairros que pareçam estar em cada um desses "níveis" de vida. Existe aquela comunidade suburbana novinha ou o desenvolvimento no centro para onde parece que todo mundo quer mudar; há aquele bairro essencial com os comércios populares e os residentes de longa data; tem aquele bairro decaindo onde as lojas parecem estar fechando todos os dias; e há o bairro perigoso onde o crime é frequente e ninguém vive a não ser que não tenha dinheiro para morar em outro lugar. Nesse último bairro, você provavelmente já ouviu demandas por "renovações" e "revitalização".

Tal maneira de pensar sobre a mudança do bairro reconhece que a vida urbana é mais do que apenas um grande jogo de *War*, onde os "exércitos invasores" de grupos diferentes tentam "conquistar" bairros diferentes. Aliás, muitos dos bairros mais saudáveis e vibrantes possuem "ecossistemas" sociais incrivelmente diversos e podem acomodar com facilidade novos integrantes sem que isso ameace os atuais residentes. O modelo de ciclo de vida também leva em consideração a importância da infraestrutura do bairro: a qualidade das construções, serviços e comodidade locais. É verdade que, quando os prédios, as ruas e outros artefatos construídos pelos humanos atingem certa idade, eles começam a degradar, e muitas pessoas acham mais fácil se mudar do que substituir as coisas velhas.

Ainda assim, os sociólogos entendem que essa maneira de pensar sobre a mudança do bairro também enfrenta suas limitações. Os experimentos fracassados de "revitalização urbana" (veja o box Jogando Fora o Velho e Trazendo o Novo... para o bem ou para o mal) deixaram claro que você não pode apenas apertar o botão de reiniciar em um bairro — a mudança do bairro é um processo complexo que envolve localização, infraestrutura, mudança demográfica, redes sociais e muitos outros fatores.

A ascensão e a queda dos subúrbios

Eu dou aula em uma faculdade em Eagan, Minnesota, um subúrbio de St. Paul. Eagan fica a poucos minutos de distância de carro do centro da cidade; ela é verde e montanhosa, não faltam vagas de estacionamento e uma grande área de compras perto da estrada na qual existem praticamente todas as grandes redes em que você puder pensar. A vida é relativamente tranquila em Eagan, e isso justifica o fato de a maioria dos americanos preferir viver em comunidades muito parecidas com ela.

Desde que as cidades existem, também existe o mercado de imóveis em suas adjacências, acessíveis às atividades comerciais e de entretenimento nos centros das cidades, mas com espaços muito mais em conta. Muito bairros residenciais começaram como áreas suburbanas quando as cidades eram menores, e locais antigos como Londres e Nova York possuem subúrbios centrais com centenas de anos e lindas (e altamente caras) casas históricas.

A maioria dos bairros agora são chamados de "subúrbios," no entanto, derivam do sistema rodoviário, que permite que as pessoas dirijam grandes distâncias em alta velocidade. O sistema de estradas significa que uma pessoa pode viajar para o trabalho em, digamos, St. Paul saindo não só de Eagan, mas também de uma cidade como Hugo — que fica a mais ou menos 32 Km de distância.

Os subúrbios construídos nos Estados Unidos após a Segunda Guerra Mundial pareciam prometer o "sonho americano": com uma renda única (geralmente a do pai), uma família tornava-se proprietária de uma casa independente com seu próprio quintal. Por razões de eficiência e estilo, muitos subúrbios construídos naquele tempo — e desde então — possuem casas muito semelhantes em aparência.

Jogando Fora o Velho e Trazendo o Novo... para o bem ou para o mal

O modelo ciclo de vida de mudança do bairro (ver a seção "A vida e a morte dos bairros" mais cedo neste capítulo) inspirou uma onda de exigências de "revitalização urbana" no meio do século XX. A ideia aí sugerida era a de que os bairros decadentes ou perigosos poderiam ser revigorados com enormes investimentos em desenvolvimento. Às vezes isso funcionava, mas muitas vezes não. No centro de Boston, um exemplo de revitalização urbana bem-sucedida fica ao lado de um exemplo malsucedido.

Começando no início do século XIX, o bairro de Scollay Square, em Boston, era um polo movimentado de comércio e entretenimento — incluindo, especialmente depois de 1940, aquele tipo de "entretenimento" que envolve mulheres usando muitas plumas e paetês e não muito mais por baixo. Já nos anos 1960, o bairro era visto como decadente e estava completamente destruído; em seu lugar entrou o que agora é conhecido como Government Center, uma grande praça que sediava a prefeitura de Boston e outros prédios governamentais. O desenvolvimento tem sido muito criticado por substituir um bairro vibrante por uma extensão fria e ventosa aonde ninguém quer ir.

Do outro lado da rua, entretanto, um velho mercado de peixe ao lado do histórico Faneuil Hall foi transformado em um shopping ao ar livre em 1976; aclamou-se instantaneamente o mercado de Faneuil Hall como um triunfo da revitalização urbana e tem estado cheio de residentes e turistas desde então. As pessoas vêm do mundo todo para passear por lojas de lembranças, artistas de ruas e vendedores de frutos do mar e outras especialidades locais.

Por que o mercado de Faneuil Hall deu tão certo em rejuvenescer um bairro conturbado e o Government Center fracassou? Existem

> muitas respostas, mas uma delas é que ninguém foi deslocado na construção do mercado. Uma lição a se tirar das experiências de Boston é que só porque um bairro parece desagradável para alguns não significa que ele esteja "morrendo" e que, quando um bairro é destruído, você não pode plantar outro de um dia para o outro, não importa quanto dinheiro você gaste.

Os sociólogos sempre foram fascinados pelos subúrbios. Apesar de ser claro que muitas famílias os veem como lugares desejáveis para se viver, os sociólogos muitas vezes têm se incomodado com certos aspectos da vida suburbana:

- Em seu *best-seller A Multidão Solitária*, o sociólogo David Riesman se preocupava com o fato de que a vida suburbana estava ajudando a tornar os americanos pessoas "direcionadas aos outros", as quais faziam o mesmo que os outros em vez do que suas "bússolas internas" lhes apontavam a fazer.

- O sociólogo William H. Whyte levantou um ponto parecido em *Organization Man*, que ilustrava os subúrbios como bairros padronizados onde as pessoas viviam vidas sem graça e intercambiáveis.

- Em *The Levittowners*, um estudo do primeiro novo modelo de subúrbio americano, o sociólogo Herbert J. Gans observou como os subúrbios eram racial e economicamente homogêneos e se perguntou se eles não estariam contribuindo para a segregação social.

Os sociólogos, entretanto, também reconhecem que os residentes de algumas comunidades suburbanas possuem laços sociais muito estreitos — talvez até estreitos *demais*. O estudo de Whyte sobre uma crescente comunidade suburbana em *Organization Man* demonstra como muitos residentes eram mantidos quase que enlouquecedoramente ocupados com acontecimentos relacionados a jogos, reuniões da igreja e outros eventos sociais. Os residentes podiam contar uns com os outros para tudo, desde o cuidado com as crianças, ou um tanto de manteiga, até apoio emocional. Longe de serem solitários, os subúrbios eram intensamente sociais. A homogeneidade relativa neles era tanto a causa quanto o efeito desse aspecto da vida suburbana.

Inicialmente, os sociólogos como Gans estavam preocupados com a "fuga branca" representada pelo crescimento dos subúrbios, com ex-habitantes da cidade relativamente ricos — muitas vezes brancos — abandonando os bairros urbanos pelos subúrbios limpos e seguros. À medida que os subúrbios da metade do século foram envelhecendo, no entanto, eles se tornaram menos desejáveis e mais diversos. Muitas famílias afluentes deixaram antigos subúrbios como Levittown; algumas indo para novos e melhores "ex-urbes", que ficam além dos subúrbios, e outras voltando para a cidade, onde contribuem para o processo de gentrificação (ver a seção "Gentrificação e a nova classe criativa" mais adiante neste capítulo).

Muitos subúrbios americanos do pós-guerra são agora habitados por uma mistura diversa de residentes antigos e novos que não conseguiam mais pagar para morar em seus antigos bairros urbanos. Alguns são lar para grandes grupos de imigrantes de lugares como a África e o Leste Asiático. Apesar de as casas serem padronizadas, seus residentes não são nem um pouco.

A Vida na Cidade: Perigos e Promessas

Como sempre, as cidades são lugares de muita esperança, grandes promessas e — como em qualquer lugar — perigos reais. Algumas pessoas moram em cidades, pois sempre sonharam em estar lá; outras as consideram um pesadelo do qual não conseguem escapar. Nesta seção, abordo os conflitos e as tensões inerentes à vida na cidade.

A classe alta, a classe baixa e a subclasse

Diversidade de todos os tipos está entre as características essenciais da vida na cidade grande, mas nem todos os bairros urbanos são particularmente diversos. Alguns deles são ocupados primeiramente por pessoas ricas que possuem luxuosas casas ou apartamentos; outros são ocupados primeiramente por pessoas da classe trabalhadora que vivem em casas modestas ou alugam apartamentos bons, mas não luxuosos, e outros ainda são completamente decadentes, ocupados por pessoas que gostariam de ter dinheiro para morar em outro lugar.

Como apontei mais cedo na seção "Mudanças nos Bairros", uma perspectiva essencial da sociologia urbana é que o seu bairro não é apenas o lugar onde você vive, mas é um local que *afeta* a sua vida. Os residentes dos bairros caros não têm somente as casas ou apartamentos caros onde vivem; ele também têm tudo o que veem como parte de morar no bairro:

- Boas escolas;
- Espaços públicos e parques bem cuidados;
- Calçadas e ruas bem mantidas;

- Boa proteção policial;
- Uma vibrante comunidade comercial, com várias opções de compras e restaurantes;

Essas coisas tornam mais fácil a vida das pessoas que já vivem com um certo conforto. Em teoria, são coisas que deveriam estar disponíveis para *todos* os residentes de uma cidade — mas, na realidade, os bairros mais pobres tendem a não apresentar essas facilidades. É bem provável que os residentes de um bairro pobre sejam relativamente pobres para começar: além de terem de se virar com dinheiro limitado, eles sofrem as desvantagens de se viver em um bairro pobre:

- Escolas lotadas e com poucos funcionários;
- Espaços públicos e parques que não são tão acessíveis ou tão bem mantidos quanto os das áreas mais ricas das cidades, e que às vezes são locais de atividades perigosas ou criminosas;
- As ruas e as calçadas não são bem conservadas;
- Uma presença policial que pode ser inadequada, hostil ou tão saturada de crimes sérios que não é tão rigorosa às preocupações cotidianas dos residentes;
- Uma comunidade comercial deprimida, com poucas oportunidades de emprego e poucas opções de compras;

Para encontrarem empregos, boas escolas e bens de consumo por preços razoáveis, os residentes de bairros pobres são muitas vezes obrigados a viajar longas distâncias de carro — ou, se não podem comprar um carro, de transporte público. Em casa, eles podem enfrentar perigos físicos ou outros desafios. E mais, provavelmente acham meio difícil fazer as conexões sociais que irão ajudá-los a sair da pobreza.

Para descrever essas circunstâncias excepcionalmente desafiadoras, os sociólogos às vezes usam o termo subclasse. O sociólogo William Julius Wilson, em seu livro de 1987, *The Truly Disadvantaged*, argumentava que os membros da subclasse urbana são aqueles deixados para trás quando as pessoas podiam fugir das cidades para os subúrbios. À medida que os trabalhos industriais diminuíram nos anos 1960, 1970 e 1980, os membros da subclasse urbana estavam especialmente vulneráveis, enfrentando dificuldades em manter um emprego fixo, às vezes se voltando para o crime, o uso de drogas e outras atividades destrutivas.

Apesar de uma parte desproporcional da subclasse ser de minorias, Wilson acredita que os desafios dela têm menos a ver com o racismo do que com a simples realidade econômica. "A fuga branca", diz Wilson, "não era apenas a fuga branca — era a fuga das pessoas de todas as raças que tinham condições de sair dos conturbados centros urbanos." O desaparecimento dos negros de classe média pode, de certa forma, ter criado muito mais desafios para as comunidades urbanas afro-americanas do que o desaparecimento dos brancos de classe média.

Gentrificação e a nova classe criativa

O livro de Elijah Anderson de 1990, *Streetwise*, conta a história de duas comunidades urbanas vizinhas: "Northton", um bairro predominantemente negro devastado pelo alto desemprego, altos índices de crime, pouca saúde e outros problemas, e a "Vila", um bairro diverso que está em ascensão.

Muitos residentes de Northton poderiam ser descritos como membros da subclasse, e Anderson aponta que a comunidade tem cada vez menos exemplos à medida que os "velhos" gurus do bairro morrem, mudam-se ou são simplesmente marginalizados, assim como os jovens da comunidade se veem cada vez mais sob influências não tão construtivas. Em contraste, o bairro da Vila de Anderson está ficando mais rico — e mais branco. O desafio encarado pela Vila é o desafio da *gentrificação*.

"Gentrificação" é derivada da palavra em inglês "gentry", que descreve os ricos proprietários de terra na sociedade europeia tradicional. A gentrificação é o processo pelo qual os bairros se tornam constantemente mais ricos, sobretudo os bairros urbanos centrais que foram por muito tempo acessíveis.

Se você mora em uma cidade, já viu a gentrificação acontecer, mesmo que não conheça tal processo por esse nome. Pense em um bairro na sua cidade para onde os "tipos criativos" estão mudando — os artistas, os profissionais solteiros, as pessoas que gostam de morar onde "tudo está acontecendo". Pode ser um bairro operário, até talvez um bairro "perigoso". Os novos residentes se mudam para lá, pois é acessível e convenientemente localizado, mas, à medida que mais e mais pessoas bem instruídas e com rendas relativamente altas se mudam para o bairro, você começa a ver sinais da gentrificação:

- Bares e cafeterias descoladas;
- Galerias de arte e teatros;
- Novas construções, incluindo renovações e expansões residenciais;

Todas essas coisas servem, com o tempo, para aumentar o valor de atração do bairro — o que torna as casas e os apartamentos mais valiosos, e mais caros para comprar ou alugar. Isso pode criar tensão entre os novos residentes e os antigos, que não só veem a característica do bairro mudar, mas também percebem que podem cada vez menos pagar para morar em suas próprias comunidades.

Os bairros sempre valorizaram e desvalorizaram ao longo do tempo, mas a gentrificação tem sido uma preocupação em particular entre os sociólogos e os planejadores urbanos nas últimas décadas, conforme os bairros urbanos centrais têm se tornado atraentes para aqueles que Richard Florida, um acadêmico da vida urbana, chama de "classe criativa".

De acordo com Florida, os membros da "classe criativa" estão se tornando cada vez mais centrais na vida econômica dos países desenvolvidos. Conforme os empregos nas indústrias se voltam para o exterior, a vida em países como a Alemanha, os Estados Unidos e a Austrália é cada vez mais dominada por pessoas que essencialmente *pensam* para ganhar a vida. Podem ser engenheiros de software, empresários, artistas ou cineastas, mas todas compartilham prosperar em comunidades densas e diversas que lhes ofereçam muitas oportunidades de estímulo intelectual e social. Onde elas encontram essas comunidades? Muitas vezes, nos centros urbanos.

E os centros urbanos estão prontos para a classe criativa? Prontos ou não, aí vão eles.

Ordem e desordem nas ruas

As chances são de que hoje a sua cidade se pareça muito com a minha, Minneapolis.

- ✔ Existe uma cidade central onde ficam as instituições econômicas, políticas e culturais; dentro da cidade, há bairros residenciais caros, descolados e "em ascensão", bairros dominados pela classe trabalhadora e os de classe média, os bairros que abrigam grandes (e crescentes) populações imigrantes, e os "perigosos" onde você não deve passar muito tempo depois que escurece.

- ✔ Existem subúrbios onde a vida é geralmente vista como "boa", mas não tão boa quanto era nos anos 1950, quando eram o lugar para se estar. Eles ainda são *um* lugar para estar, mas não *o* lugar para se estar.

- ✔ Existem os "exúrbios," para onde jovens famílias e aposentados se mudam quando querem o espaço e a segurança confortável que os subúrbios costumavam oferecer. Muitas das novas construções da cidade estão acontecendo aqui.

As pessoas frequentemente se mudam para os exúrbios ou subúrbios, lugares que parecem seguros, e de certa forma o são: apesar de os subúrbios enfrentarem seus próprios problemas, as taxas de criminalidade são geralmente mais baixas neles. Mais importante do que isso, no entanto, os subúrbios dão a *sensação* de mais segurança.

O que faz um bairro transmitir segurança? O que faz uma comunidade parecer com um lugar onde você quer morar, ou não? Por que os crimes são muito mais frequentes em uns bairros do que em outros?

No Capítulo 2, como um exemplo de um estudo sociológico que ajudou legisladores a entenderem o que "realmente importava", cito um estudo de Robert J. Sampson e Stephen Raudenbush o qual surpreendentemente desafiava a ideia de que pequenos sinais de desordem em um bairro — por exemplo, as janelas quebradas nas casas — levavam as pessoas a pensar que aqueles eram lugares sem lei, onde se permitia tudo. É verdade, descobriram Sampson e Raudenbush, que as pessoas são mais propensas a cometer crimes em locais que percebam "desordenados", mas elas julgam a desordem urbana não pela condição das janelas e dos muros, mas sim pelas pessoas que veem ali. Especificamente — e infelizmente —, elas tendem a associar a presença significativa de uma minoria em um bairro com a "desordem" (aliás, isso é verdadeiro até para os observadores que são em si membros de grupos minoritários).

É claro que todas as cidades são desordenadas até certo ponto, o que faz parte da atração. Em seu livro *The Geography of Nowhere*, o crítico social James Howard Kunstler observa que o elemento que torna as cidades excitantes para alguns — e assustadora para outras — é que, ao contrário de uma comunidade suburbana, quando você anda pela rua, não tem ideia de quem vai encontrar. Se você mora na cidade, terá pelo menos interações visuais todos os dias com muitas pessoas bastante diferentes de você, as quais poderá ver somente uma vez na vida.

Como uma cidade deveria ser? Kunstler é um defensor de uma filosofia chamada "Neourbanismo". Ele e outros neourbanistas acreditam que as cidades funcionavam melhor antes de ser divididas tão severamente em zonas comerciais e residenciais, quando as áreas urbanas possuíam uma mistura de usos. Elas tendem a favorecer:

- Residências acessíveis integradas com residências caras e luxuosas;
- Residências integradas com estabelecimentos comerciais — por exemplo, apartamentos em cima de lojas;
- Praças públicas para pedestres;
- Transporte público acessível e com preços acessíveis;

O neourbanismo pode trazer ambientes diversos e vibrantes para a cidade? Em alguns casos funcionou, mas em outros casos — por exemplo, em uma cidade neourbanista patrocinada pela Disney, chamada Celebration — ele fracassou totalmente.

O neourbanismo pode ser uma maneira útil de se pensar sobre os espaços bem-sucedidos da cidade, mas, se os sociólogos da Escola de Chicago estavam ou não 100% corretos em pensar nas cidades como "ecossistemas", o que fica claro é que os bairros bem-sucedidos são como ecossistemas naturais igualmente bem-sucedidos: são difíceis de se construir do zero, tremendamente valiosos e surpreendentemente frágeis.

Parte V
A Sociologia e a Sua Vida

A 5ª Onda
Por Rich Tennant

"Eu estou cansado de deixar todos puxarem minhas cordas."

Nesta Parte...

Agora chega de falar do mundo inteiro — e quanto a *você*? O que a sociologia tem a ver com a *sua* vida? Bem, parece que bastante. Nesta parte, explico como a sua vida é influenciada pela sua sociedade — do nascimento até a morte, e todas as outras fases entre esses dois momentos.

Capítulo 15

Nasça, Arrume um Emprego, Tenha um Filho, Saia daqui: A Família e a Trajetória de Vida

Neste Capítulo

▶ Compreendendo a construção social da idade
▶ Seguindo a trajetória da vida
▶ Cuidando da saúde ao longo do curso de vida
▶ Observando a vida familiar no passado e presente

*E*m uma recente produção da peça de J. B. Priestley, *When We Are Married*, no Guthrie Theater em Minneapolis, os membros da plateia curtiram a história de três casais que se uniram na mesma data, em 1883, encontrando-se para celebrar 25 anos de casamento. Os atores tinham, ou os fizeram parecer ter, seus 60 anos. Ninguém, exceto eu, pareceu achar aquilo peculiar — mas deveriam! Por quê? Porque, em 1883, a idade média para o casamento para as mulheres era antes dos 21. Os atores deveriam estar com 40 e poucos anos!

Assim como com todas as normas sociais, é fácil supor que a maneira como as coisas são na sociedade é a maneira como sempre foram, ou a mesma maneira em todos os lugares. Entretanto, isso é raramente verdadeiro, e especialmente não é verdadeiro em respeito ao *momento* e a progressão dos passos ao longo da trajetória da vida. As pessoas, em tempos e lugares diferentes, têm ideias variadas sobre o que faz uma "boa vida".

Neste capítulo, explico como a trajetória da vida em si é socialmente construída. Primeiro, discuto a construção social da idade (dos dois lados, infância e velhice); em seguida, explico como os demógrafos estudam a trajetória da vida. Finalmente, abordo como os sociólogos estudam o, sempre pertinente, assunto relativo à saúde e como a vida familiar mudou ao longo do tempo.

A Construção Social da Idade

A idade em si não é socialmente construída — o ciclo de vida básico do corpo é o mesmo para todas as pessoas, em qualquer lugar. Dizer que a "idade" é socialmente construída significa afirmar que as ideias das pessoas sobre o que é necessário e adequado para elas, em cada estágio da vida, varia de acordo com a época e lugar. Nesta seção, explico como as ideias sobre a infância e a velhice mudaram e continuam a mudar.

A "invenção" da infância

Um historiador chamado Phillippe Ariés tomou conta dos noticiários (bom, dos noticiários acadêmicos) nos anos 1960 com sua afirmação audaz de que a ideia de infância foi "inventada" na Idade Média. De acordo com Ariés, antes desse momento na história, as pessoas não pensavam nas crianças como tão diferentes dos adultos: elas eram apenas um pouco menores. Assim que possível, as crianças se envolviam na vida econômica e produtiva da sociedade; portanto, não as viam como se precisassem de algum tipo de tratamento especial, pois eram apenas menores em função da idade.

Os historiadores hoje concordam que Ariés exagerou muito na sua afirmação, na medida em que a dinâmica essencial da vida familiar — com os pais amando seus filhos, às vezes os mimando enquanto também os encorajam a determinadas atividades e também a cumprirem tarefas — tem sido basicamente a mesma desde o começo da história. Ainda assim, Ariés tinha uma certa razão: durante a maior parte da história humana, a infância não era nem de perto tão distante da maioridade como é hoje. Pense como as crianças hoje são vistas de modo diferente dos adultos:

- As crianças não podem legalmente votar, assinar contratos, ou assumir responsabilidades independentes por si mesmas — direitos que são garantidos a todos os adultos.
- As crianças não podem trabalhar por salário (exceto os adolescentes, dentro de limites rígidos), e são forçadas a ir à escola.

✔ As crianças são vistas como especialmente vulneráveis e inocentes, necessitando de proteção dos perigos do mundo.

Por muito tempo da história humana, nenhuma dessas coisas era considerada verdadeira. Até recentemente — uns duzentos anos atrás — a maioria das crianças não ia à escola, muito menos chegava ao Ensino Médio. Elas eram necessárias na fazenda dos familiares, para ajudá-los (ou, mais tarde, nas fábricas), e, portanto, as habilidades que aprenderiam na escola (até mesmo a escrita e a leitura) eram encaradas como luxo, e não necessidade. E quanto à sua inocência... muitas pessoas, incluindo os puritanos que se estabeleceram nos Estados Unidos, acreditavam que as crianças eram fundamentalmente pecadoras e precisavam de disciplina rigorosa para se transformarem em adultos responsáveis.

De modo interessante, ao longo do caminho, as crianças adquiriram alguns direitos específicos que antes não possuíam. Hoje, na maioria dos países elas têm direito a buscar proteção legal (ou que lhes busquem proteção) se seus pais ou os responsáveis abusam delas ou as exploram. E mais, está virando cada vez mais a norma nos contextos educacionais e familiares permitir às crianças terem voz sobre o que querem fazer e quando ("Você gostaria de brincar de blocos de madeira ou de arte? Qual livro você quer ler? Aonde você quer ir hoje?"). Essa realidade se diferencia bastante de quando se esperava que as crianças fossem vistas, mas não ouvidas.

Por que a mudança? A sociedade simplesmente ficou mais... iluminada? Bem, sim, mas também é verdade que as mudanças sociais sísmicas que deram luz à sociedade moderna (e à sociologia — ver o Capítulo 3) mudaram o lugar das crianças na sociedade.

Conforme uma sociedade se desenvolve, se industrializa e se urbaniza, ela eventualmente passa pelo que os demógrafos (pessoas que estudam as tendências na população) chamam de "transição demográfica". Neste momento, tanto a mortalidade (índice de mortes) quanto a fertilidade (índices de natalidade) caem drasticamente: menos pessoas nascem, e elas vivem mais. Isso aconteceu nos Estados Unidos e na Europa entre 100 e 200 anos atrás.

Após uma transição demográfica, existem menos crianças, e porque elas vivem em uma sociedade (relativamente) *high-tech* e industrializada, precisam ir à escola durante muitos anos antes que possam ser membros produtivos da sociedade. Desse modo, são sustentadas pelos seus pais por muitos anos — em vez de os ajudarem por meio do trabalho, como ocorria anteriormente. É alguma surpresa, então, que os pais estão tendo menos filhos do que há 200 anos?

Portanto, as crianças que de fato nascem são mais importantes do que eram. Não mais *amadas* do que eram — os pais durante a história sempre amaram seus filhos —, mas tornaram-se foco de mais estudo, mais dinheiro e muito mais atenção. Isso é novo, e constitui a razão principal pela qual a infância hoje é tão diferente da infância há apenas algumas centenas de anos.

As crianças hoje em dia são mimadas? Se ser "mimado" significa ser adorado por pais flexíveis demais, então é uma questão de julgamento. Se ser "mimado", no entanto, significa ter garantidas a educação e a proteção contra o trabalho forçado... então, sim, elas são mimadas demais.

Para entender a profunda diferença entra a infância hoje e a infância há um século, considere que, no fim do século XIX — como a socióloga Viviana Zelizer apontou —, os pais foram convidados a assegurar a vida de seus filhos para compensar a família pela renda que a criança falecida teria ganhado caso tivesse sobrevivido. Hoje, em contraste, o custo de criar e educar uma criança de classe média nos Estados Unidos pode passar de $250 mil. As crianças talvez até representem um "ganho líquido" emocionalmente, mas nunca no aspecto financeiro!

Pai, posso pegar o carro?

Qualquer um que já tenha lido *Orgulho e Preconceito*, de Jane Austen, ou já tenha visto uma adaptação cinematográfica da história, possui uma ideia de como funcionavam os namoros antes do século XX. Os casais se casavam sem nunca exatamente "namorar": eles se conheceriam em contextos públicos e, se o par fosse visto como adequado (pelo menos por suas famílias e idealmente pelos membros do casal também), eles ficariam noivos, e era isso.

O que você fez quando adolescente pode ter surpreendido seus pais, mas teria *horrorizado* seus tataravós. Ainda existem controvérsias sobre se os adolescentes devem ou não fazer sexo, mas quase todo mundo concorda que é apropriado que haja um certo momento durante a vida no qual os jovens se relacionam independentemente com membros do sexo oposto (ou, hoje, de qualquer gênero pelo qual se sintam atraídos), saiam com os amigos, fiquem juntos a sós e pelo menos deem uns beijinhos.

A adolescência moderna nasceu no início do século XX, conforme a presença dos jovens nos antigos cursos colegiais tornava-se mais difundida, e a tecnologia (notavelmente, o automóvel) deu-lhes uma mobilidade independente. Toda essa cultura comercial da adolescência — dos refrigerantes de máquina aos bailes da escola e até a moda juvenil — surgiu por volta desse período.

Desde então, a "adolescência" tem se expandido e preenchido mais e mais espaço na vida. Hoje, crianças de 12 anos agem como se tivessem 16 — saindo por aí a qualquer hora e tendo uma série de namorados e namoradas —, mas as pessoas de 30 também! A principal razão é o aumento

> nas matrículas das universidades, com muita gente demorando até a metade dos 20 ou até os 30 anos para terminar seus estudos e começar uma carreira. É difícil fazer dever de casa quando se tem uma criança correndo pela casa... Pergunte a qualquer pessoa que já tenha tentado!

18 de novo: Os novos idosos

Assim como as fases iniciais da vida têm mudado rapidamente nos últimos anos, as fases mais tardias também mudam.

As pessoas nas últimas décadas da vida sempre foram uma parte importante da sociedade, servindo como líderes e mentores e apoiando os jovens enquanto criam as crianças e assumem posições de liderança. Uma série de mudanças no último século, entretanto, transformou as experiências dos idosos e criou essencialmente um novo estágio de vida.

Para começar, simplesmente há muito mais vida do que havia antes. Minha avó ocasionalmente inclui em seus e-mails e cartas frases do tipo: "Eu já tenho 89!". Ela parece estar quase surpresa de ainda estar viva — e com razão. Afinal, já viveu mais de 30 anos do que a maioria das outras meninas americanas que nasceram em 1919. A bisneta da vovó, no entanto — a minha sobrinha Madeline, nascida em 2007 —, pode razoavelmente esperar que ela e a maioria de seus colegas cheguem facilmente a 80 anos. Além disso, os avanços da medicina melhoraram bastante a qualidade de vida das pessoas mais velhas.

Outras mudanças sociais que mudaram a experiência de se passar da "meia-idade" (seja lá o que for isso) incluem:

- **Mudanças econômicas** que tornaram as coisas mais fáceis, mas também mais difíceis para os cidadãos idosos. Por um lado, os trabalhos que dependem de experiência e conhecimento em vez de capacidade física se tornaram mais abundantes e lucrativos; mas, por outro lado, o tumulto econômico significa que mais e mais idosos se encontram inesperadamente sem trabalho — e talvez enfrentando a discriminação por idade (veja o Capítulo 8) quando tentam novas vagas. Além disso, os *Baby Boomers* atingiram agora o que era considerada a "idade de aposentar", mas muitos se encontram sem os benefícios que seus pais tinham e são forçados a continuar trabalhando, pelo menos meio período.

- **As mudanças na reprodução** significam que as pessoas estão tendo filhos cada vez mais tarde — em alguns casos, até mesmo depois dos 40. Isso significa que com frequência as pessoas chegam aos 60 anos ainda sustentando os filhos na faculdade. Com a predominância da renda dupla nas famílias, os avós também se tornaram cada vez mais essenciais no cuidado cotidiano de seus netos do que seriam há 50 anos.

- **As mudanças nos relacionamentos** — incluindo uma taxa de divórcio de mais ou menos 40 % — e a tecnologia reprodutiva (sim, o Viagra) significam que cada vez mais idosos estão namorando e tendo vidas sexuais ativas.

Tudo isso resulta em uma experiência muito diferente para os idosos hoje do que seus avós e bisavós viveram. O título desta seção — "18 de novo" — é uma brincadeira, mas não uma piada. Os idosos hoje muitas vezes vivem vidas com um pouco de trabalho, responsabilidades familiares, romance e recreação de uma forma que não é tão diferente de um adolescente ou universitário (aliás, um número cada vez mais alto de idosos está voltando para a escola e *tornando-se* universitários). As únicas diferenças? Os idosos dormem mais cedo... e usam mais drogas.

A situação parece divertida, e realmente é: seja morando independentemente, com amigos ou parentes, em lares ou asilos, os idosos hoje levam vidas bastante excitantes e realizadas. Apesar das pessoas de 50 anos não terem crescido com a internet, elas aprenderam rápido e estão alimentando muito do crescimento de sites de redes sociais e outras comunidades online.

Também é verdade, entretanto, que os idosos enfrentam uma série de problemas específicos. Com as famílias pequenas e com os tempos econômicos apertados, eles não podem contar com seus filhos para os sustentar — aliás, eles estão tendo de sustentar seus filhos por longos períodos de tempo, como nunca antes fora pensado. Muitos deles não tiveram empregos para a vida toda, e planos robustos de previdência ou poupanças são cada vez menos disponíveis. Os subsídios do governo ajudam, mas é difícil sobreviver com eles. Desse modo, não só os idosos são *capazes* de ter vidas ativas, mas muitos deles *precisam* ter vidas ativas — eles dependem da renda. Ser capaz de encarar o trabalho toda manhã quando você tem 70 anos é ótimo, mas ser forçado a isso não.

Os cientistas sociais projetam que, ao longo das próximas décadas, o número de pessoas com 65 anos ou mais irá aumentar em três vezes a taxa da população em geral — portanto os idosos serão parte ainda maior da sociedade.

Seguindo a Trajetória de Vida

De uma perspectiva sociológica, compreender a trajetória da vida não significa apenas entender o que acontece ao longo dela; significa entender quando acontece. Nesta seção, explico como os sociólogos, demógrafos e outros cientistas estudam a incidência e o *momento* das transições da trajetória de vida.

Demografia e as transições da vida

A demografia é o estudo dos padrões da população — em outras palavras, o estudo de como as populações de diferentes grupos de pessoas crescem, diminuem e se movem ao longo do tempo.

Se você se interessa por TV, já deve ter ouvido esse termo usado em relação ao Ibope. Os produtores de TV prestam bastante atenção na demografia de seus telespectadores, pois precisam reportar a informação a seus publicitários. Aqui está o tipo de informação que estes querem saber:

- Quantas pessoas assistem a um programa?
- Onde elas moram?
- Quantos anos elas têm?
- São homens ou mulheres?
- Casadas ou solteiras?
- Quanto elas ganham?

Essas informações são importantes para os publicitários, pois eles querem atingir seu público: se você fabrica meia-calça, provavelmente não anunciará seu produto em um programa assistido em sua maioria por homens — a não ser que sejam *drag queens* ou assaltantes de banco.

A informação demográfica também é essencial, no entanto, para muitas outras organizações. Os governos precisam saber quantos representantes nomear para um Estado (o propósito primário para o censo americano), assim como onde colocar bibliotecas, caixas de correio e balanços. As corporações precisam saber onde abrir novas lojas de eletrônicos, padarias e creches, e as organizações sem fins lucrativos precisam saber onde focar seus esforços para sustentar as mães solteiras, ou os idosos luteranos, ou pessoas com HIV. Os dados demográficos também são, é claro, muito importantes para os sociólogos, assim como para outros cientistas sociais.

Demógrafos e sociólogos interessados em demografia tendem a ser particularmente interessados nas *transições de trajetória de vida*, os momentos de transição na vida de uma pessoa de um estágio para outro. Algumas transições (envelhecer, por exemplo) são graduais, mas a maioria é bastante abrupta: mesmo que demorem para acontecer, ocorrem mais ou menos instantaneamente. Transições de trajetória de vida importantes incluem:

- O nascimento;
- Completar estágios educativos (Ensino Fundamental, Médio, faculdade, pós-graduação);
- Começar a participar na força de trabalho (em outras palavras, arrumar um emprego);
- Iniciar namoros e atividade sexual;
- Sair da casa dos pais;
- Ter filhos;
- Coabitar (mudar com um parceiro romântico);
- Casar;
- Divorciar;
- Morrer;

Coletar dados sobre essas coisas pode ser complicado; algumas são assuntos de domínio público, mas outras precisam ser coletadas com enquetes e outras técnicas (veja o box "Contando e recontando"). Mas essas são as transições essenciais da vida, e com elas seguem mudanças enormes nas atividades e nos objetivos das pessoas. Ter dados demográficos apurados é inestimável no que se trata de compreender como as comunidades funcionam — e como mudam com o tempo.

Contando e Recontando

Quando ouve alguém lhe dizer que "a população de Boise é de 205,314", ou "que o homem canadense médio tem a primeira relação sexual aos 16 anos", ou "700 milhões de pessoas assistiram ao Oscar", você já se perguntou como que eles *sabem* isso? Deveria. Os dados demográficos são coletados de uma variedade de maneiras, e nenhuma delas é perfeita.

Pode parecer fácil ligar para alguém e perguntar-lhe quantos anos ele tem, mas na realidade as pesquisas são extremamente caras — e quanto mais bem elaboradas elas forem, mais caras ficam. O censo americano aspira ouvir cada residente americano, mas é impossível atingir esse objetivo. O censo em si estima que não entrevistou mais de *6 milhões* de pessoas no censo de 2000... e isso é uma contagem por alto. Informações demográficas detalhadas vêm na forma do grande formulário do censo, que foi intencionalmente enviado para mais ou menos 16% das residências. Isso não significa que os dados do grande formulário estão incorretos, mas que há muito mais

> margem para erro — e há ainda mais margem para erro nas enquetes menores e administradas privadamente.
>
> Dentre as pesquisas comumente usadas pelos sociólogos, o número de entrevistados varia entre dezenas de milhares no extremo mais alto — amostras maiores revelam-se bastante incomuns, especialmente quando os dados são detalhados — e algumas centenas no extremo menor. Muitos estudos sociológicos derivam de apenas algumas grandes enquetes cujos dados são disponibilizados ao público; poucos sociólogos têm os recursos para fazer uma enquete com milhares de pessoas.
>
> Como explico no Capítulo 4, coletar uma amostra relativamente pequena não significa que os dados sejam imprecisos, desde que o grupo que você conseguiu pesquisar seja realmente representativo da população que queira estudar. Mas isso é mais fácil de falar do que fazer (e como pode ver na última frase, não é nem fácil de falar). Os estatísticos desenvolveram algumas ferramentas impressionantes para análise de dados, mas, quando alguém joga um monte de dados demográficos em você para provar o seu argumento, não é uma má ideia prestar atenção aos detalhes.

Formas diferentes do ciclo da vida

O homem americano médio se forma na escola aos 18 anos, sai da casa dos pais aos 22, casa-se aos 27 e tem seu primeiro filho aos 32 anos. É a descrição de algum americano que você conheça? Pode ser, mas provavelmente não. Essas são médias calculadas por meio de dados de muitos milhares de homens, enquanto cada indivíduo segue o seu próprio caminho.

Então as médias não significam nada? Exatamente. Elas descrevem a trajetória normativa de vida na sociedade americana, o típico trajeto de vida para os homens americanos, e são mais ou menos iguais às médias vistas em países semelhantes. Os americanos sabem quais são essas médias, e os homens sabem que, se passarem por essas transições mais cedo ou mais tarde do que a média — ou nem sequer passar por elas —, eles são incomuns.

É claro, os "homens americanos" são um grupo vasto, composto de mais de cem milhões de pessoas. Ele inclui os homens brancos da classe trabalhadora em Filadélfia, arquitetos latinos em Miami, dentistas negros em Oregon e fazendeiros asiáticos na Califórnia. Cada grupo tem sua própria média, e por vários motivos elas são todas diferentes. Demógrafos e sociólogos interessados na demografia passam muito tempo tentando entender *como* as transições da trajetória de vida são diferentes entre cada grupo de pessoas, assim como o *porquê* dessas diferenças e *quando* acontecem para cada grupo. Isso pode incluir fazer perguntas do tipo:

- Por que as pessoas cujos pais são formados na universidade se tornam financeiramente independentes em uma idade mais avançada do que aquelas cujos pais não são formados?
- Por que as mulheres se casam geralmente mais novas do que os homens?
- Por que os índices de divórcio variam entre raças e etnias?
- Por que as pessoas em alguns Estados se aposentam mais cedo do que em estados?
- Por que as cidades pequenas são geralmente povoadas por pessoas mais velhas do que as cidades grandes?

Já ao começar a pensar sobre quais seriam as respostas a essas perguntas, você pode ver como as transições da trajetória de vida são profundamente ligadas a todos os outros aspectos da sociedade. A idade média, digamos, do casamento está ligada a uma série de coisas, incluindo a educação, namoro, práticas de cortejo, economia e lei. Se ela varia — como acontece — de grupo para grupo, isso ocorre geralmente por uma série de boas razões, e cabe aos sociólogos e outros cientistas sociais descobrir quais são elas.

Como a sequência e o *momento* das transições da vida variam entre grupos sociais, isso significa que ela varia de lugar para lugar, de sociedade para sociedade e de tempo em tempo. Outra tarefa que mantém os sociólogos e os demógrafos ocupados é descobrir o porquê de tais transições variarem com o tempo. Como disse na introdução deste capítulo, as pessoas hoje se casam muitos anos mais tarde do que o faziam em um passado recente... Por quê? Desde 1883, a forma da vida tem mudado... e continuará mudando.

A própria natureza das transições da trajetória de vida muda ao longo do tempo. As transições que parecem momentâneas e universais em um período e em um lugar talvez desapareçam como marcos importantes da vida e outros podem surgir.

A aposentadoria, por exemplo, até pouco tempo atrás era vista como uma transição de vida enorme. Quando um homem ou mulher encerravam suas carreiras, eles paravam de trabalhar e começavam a passar o resto de suas vidas buscando coisas que escolhessem, vivendo da aposentadoria e das economias. Hoje, essa transição da vida está desaparecendo. Mais e mais pessoas continuam trabalhando e mudando de empresas ou até mesmo de carreiras enquanto isso.

O número de pessoas que oficialmente se "aposenta" após várias décadas em uma empresa (ou em uma carreira) está diminuindo, por isso os jovens hoje não esperam se "aposentar" como seus avós fizeram. Um resultado desse pensamento é que eles estão menos propensos, entre outras coisas, a poupar dinheiro para a aposentadoria.

Uma transição de trajetória de vida que está se tornando cada vez mais comum, por outro lado, é a coabitação. Há apenas algumas décadas, um casal que morasse junto antes do casamento era visto como excepcional, e nem sequer se falaria abertamente em "juntar os trapos". Em alguns círculos, esse ainda é o caso; mas, cada vez mais, a coabitação torna-se um passo normal em uma relação que pode ou não levar ao casamento. Em reconhecimento disso, assim como devido à frequência, cada vez maior, de casais que moram junto abertamente, em relações com pessoas do mesmo sexo, nos convites para eventos hoje são mais prováveis os dizeres "parceiros convidados" do que "cônjuges convidados". A coabitação está se tornando uma nova transição comum na trajetória, em constante mudança, da vida.

Cuidando: A Saúde e a Sociedade

Não importa o que de ruim aconteça com os membros de nossa família, a minha avó sempre dava a mesma resposta: "Pelo menos você tem saúde!". Não só para ela, mas também para muitas pessoas, a saúde é *a* preocupação fundamental na vida: sem ela, fica difícil aproveitar qualquer outra coisa. Além disso, é uma preocupação familiar: a saúde pode afetar o emprego, a mobilidade, a expectativa de vida e muitos outros aspectos da vida que têm um profundo impacto na família.

Os sociólogos descobriram, entretanto, que a "saúde" pode significar coisas diferentes para pessoas — e que prover assistência de saúde é uma questão de tomar decisões difíceis, tanto para indivíduos quanto para a sociedade. Nesta seção, explico por que.

Decidindo o que conta como "saudável"

Pode parecer absurdo pensar na saúde como algo construído socialmente. Afinal, um braço quebrado é um braço quebrado, não importa em qual sociedade você viva. Isso é obviamente verdadeiro, mas, se lhe perguntarem se é ou não "saudável", você poderá responder a essa questão de várias maneiras e, ao fazê-lo, você considerará o que é normalmente saudável na sua sociedade.

Mesmo se eu elaborar essa pergunta mais especificamente e perguntar-lhe se precisa de tratamento para algum problema de saúde, a sua resposta irá variar dependendo de quais opções de tratamento estão disponíveis para você e sua família. Pense sobre todos estes diferentes exemplos de pessoas buscando tratamento médico:

- Uma mulher de 69 anos tem câncer no ovário e vai com seu marido para uma clínica onde recebe quimioterapia.

- Um homem de 41 anos marcou uma consulta com um psicólogo para falar sobre problemas emocionais que tem enfrentado desde o fim de um relacionamento.

- Após começar um novo relacionamento, uma mulher de 26 anos visita seu ginecologista para lhe pedir uma receita de pílula anticoncepcional.

- Um menino de 12 anos quebrou a clavícula andando de skate e sua mãe o leva para a emergência a fim de realocar o osso e colocar o gesso.

- Um homem de 52 anos vai ao dentista para fazer um tratamento de canal.

- Uma mulher de 37 anos está com dor nas costas após o parto e recebe acupuntura para aliviá-la.

Todos esses são problemas de saúde legítimos, mas eles seriam tratados bem diferente — ou possivelmente nem sequer tratados — em lugares e tempos diferentes. Por que a definição do que conta como "saudável" muda ao longo do tempo e de um lugar para outro?

Um fator óbvio de mudança é a tecnologia. Conforme a habilidade de tratar problemas de saúde cresce, o padrão do que conta como "saudável" também aumenta. Hoje, os profissionais médicos têm a habilidade de substituir dentes, retirar depósitos de gordura indesejados, fazer um *scan* do corpo todo em busca do câncer e realizar milhares de outros tratamentos impossíveis há algumas décadas. Isso significa que uma série de problemas de saúde que uma pessoa pode ter e ser tratada, em um dado momento, tem crescido significativamente. Isso não significa que qualquer família pode *pagar* para ter todo o tratamento de que necessita ou que *escolheria* tratá-los, mas as possibilidades existem.

Outro aspecto da saúde que varia, no entanto, é a noção de uma sociedade — e de uma família — sobre qual estilo de vida e estado corporal correspondem à ideia de "saúde". Ter gordura visível na barriga e em outras partes já foi visto em muitas sociedades como especialmente saudável; na maioria das sociedades hoje, é considerado mais saudável estar do lado magro do que do lado gordo. Isso é resultado de mudanças em:

- **Conhecimento:** Os profissionais médicos hoje entendem que ser obeso aumenta o risco de doenças cardíacas e outros problemas de saúde.
- **Circunstâncias materiais:** Devido a mudanças na agricultura, no transporte e na tecnologia de processamento de alimentos, hoje é mais caro alimentar-se de uma dieta saudável de verduras e legumes do que comer uma dieta pobre de alimentos ruins. Assim, ser mais magro é um indicativo de maior riqueza.
- **Cultura:** Formadores de opinião proeminentes na mídia e nas redes sociais têm propagado a ideia de que a magreza é atraente.

O TDAH é socialmente construído?

Após décadas de debates, os psicólogos chegaram a uma definição de um distúrbio hoje chamado de transtorno do deficit de atenção com hiperatividade (TDAH), uma condição segundo a qual os indivíduos vivem com a desatenção e/ou assumem um comportamento impulsivo em um nível que interfere no seu cotidiano. Os tratamentos comuns para o TDAH incluem medicamentos como a Ritalina, que ajuda a aumentar a atenção, a concentração e o autocontrole.

O TDAH tem sido diagnosticado cada vez mais frequentemente nos últimos anos, especialmente entre crianças, e tornou-se um assunto de muito debate entre pais e educadores. Alguns acreditam que muitas crianças assim diagnosticadas são apenas anormalmente ativas e que medicá-las para essa condição é o equivalente a drogá-las até a submissão. Outros — tanto crianças quanto adultos — descobriram que tomar o medicamento transformou completamente suas habilidades de conseguir trabalhar e melhorou significativamente suas vidas. Quando o médico de uma amiga receitou Ritalina para ela, ele explicou que alguns de seus pacientes descrevem os efeitos da medicação como colocar um par de óculos: ele traz claridade.

É difícil culpar as pessoas por suspeitarem da instituição médica, que nem sempre trabalhou para o bem no passado (não tão longe atrás, nos anos 1950, os médicos apareciam em propagandas de cigarros para vender suas marcas favoritas). Ainda assim, a maioria das pessoas vê associações como a Associação Americana de Psicologia como em geral confiáveis, e quando decidem — como neste caso — que um distúrbio é "real", então é melhor supor que estão certas.

As definições de saúde e doença sempre mudaram, e sempre continuarão mudando. Os sociólogos (e os médicos) concordam que o atual consenso médico não é de forma alguma a palavra final sobre quais doenças "realmente" existem. Mesmo assim, a não ser que você esteja pronto para eliminar completamente a instituição médica — e alguns estão! —, o melhor que você pode fazer, tanto na medicina como na sociologia, é descobrir os dados mais confiáveis e interpretá-los da melhor forma que puder. Você pode refinar suas opiniões conforme mais dados se tornam disponíveis. Neste exato momento, a melhor evidência sugere que, apesar de não ser para todo mundo, os medicamentos podem ajudar imensamente algumas pessoas que têm TDAH.

A saúde mental é uma área em que as atitudes variam particularmente entre as sociedades. No extremo, os estados mentais como a esquizofrenia, que pode ser vista como perigosa ou não saudável em algumas sociedades, mas como especial ou abençoada em outras. Contudo, as opiniões podem variar imensamente de uma sociedade para outra em relação a se é desejável ou não buscar tratamento para depressão, transtorno de deficit de atenção, distúrbios de aprendizagem ou ansiedade. Mesmo em uma dada sociedade, indivíduos diferentes podem ter opiniões completamente diferentes sobre estes assuntos (veja o box, "O TDAH é socialmente construído?").

Quando as famílias tomam decisões sobre a assistência de saúde, elas são influenciadas pelas atitudes em suas sociedades — e, se tiverem imigrado, na sociedade da qual vieram — conforme decidem buscar a medicina preventiva, emergencial, tradicional ou a medicina holística, ou absolutamente nenhuma.

Os desafios complexos enfrentados pelas famílias ao tomarem decisões sobre a assistência de saúde também são os mesmos enfrentados pelos governos, conforme decidem onde, como e quando alocar recursos para a assistência de saúde de seus cidadãos.

Organizando e distribuindo a assistência de saúde

Como a saúde é fundamental, sempre haverá debates sobre como a assistência médica é organizada e distribuída dentro das sociedades. Todo mundo quer a melhor assistência possível para si e para seus entes queridos, mas a melhor assistência possível é extremamente cara.

Muitos governos e organizações de assistência de saúde aspiram garantir assistência de saúde adequada — idealmente, bem melhor do que somente adequada — para todos os seus cidadãos, mas, se cada pessoa tivesse acesso ilimitado a todos os tratamentos e tecnologias médicas, o custo seria tão alto que uma sociedade mal poderia sustentar outra coisa. Se as suas finanças familiares já se esticaram devido ao custo da assistência médica, você entende os desafios que os líderes de seu governo estão enfrentando.

O que isso significa é que, de uma forma ou de outra, toda sociedade deve de algum jeito determinar como e quando vários tratamentos serão fornecidos — e como serão pagos. Os sociólogos frequentemente estudam o sistema de saúde não só para ajudar a melhorá-lo, mas também porque a instituição médica é fascinante.

A perspectiva geral de um sociólogo sobre a instituição médica dependerá do fato de ele tender mais na direção do funcionalismo Durkheimiano ou do Marxismo (veja o Capítulo 3 para mais sobre estas perspectivas).

- Um **funcionalista** provavelmente irá prestar atenção às normas gerais — formais e informais — que definem quem está "doente" e como a pessoa será tratada. Talcott Parsons acreditava que o "doente" é um papel específico na sociedade, o qual varia entre sociedades de tamanhos diferentes e em estágios diferentes de desenvolvimento. Assim como sempre haverá crime, sempre existirão os doentes; mas, se uma sociedade define muitas pessoas como doentes, o trabalho necessário não será feito e se gastará muito dinheiro com a assistência de saúde. Se uma sociedade define poucas pessoas como doentes e fracassa em atender às necessidades básicas de saúde delas, sofrerá a longo prazo.

- Um **Marxista** enfatizará que diferentes partidos têm interesses materiais diferentes na assistência de saúde. Os provedores e as seguradoras querem oferecer o máximo de assistência possível desde que sejam pagos generosamente por isso, mas os pacientes querem a assistência fornecida a baixo ou nenhum custo. O governo poderia possivelmente adjudicar entre eles, porém é mais provável que esteja no controle dos ricos e assim favoreça seus interesses.

É claro, esta não é apenas uma questão dicotômica: a maioria dos sociólogos hoje não se encaixa em nenhum desses campos, mas revela uma certa preferência pelo de Weber: grupos e indivíduos diferentes possuem necessidades materiais reais, mas os conflitos entre eles ocorrem em um campo em que as regras básicas são estabelecidas pelas normas culturais. Por exemplo, hospitais ou seguradoras se encontram cercados quando negam assistência de saúde para crianças; essa assistência pode ser altamente dispendiosa e as famílias das crianças talvez não tenham condições de arcar com o custo do tratamento, mas existe uma norma social forte que desencoraja qualquer pessoa de permitir que uma criança morra se houver qualquer coisa que possa ser feita para prevenir isso.

Todos os sociólogos concordam que as organizações de assistência de saúde são exatamente isto — *organizações* —, e estão aptas a se comportar como todas as outras organizações complexas. No Capítulo 12, explico que a vida organizacional é muito mais do que apenas "realizar o trabalho", pois implica lidar com as pessoas na organização, assim como manejar a relação da organização com seu ambiente. Isso é tão verdadeiro para os hospitais e as clínicas quanto para as cafeterias, apesar do fato de os interesses serem muito mais altos.

As profissões médicas — especialmente a profissão de médico — são profundamente institucionalizadas: para se tornar um médico ou um enfermeiro, você precisa passar por um longo treinamento que lhe fornece não só a instrução sobre como o corpo humano funciona, mas também sobre como *ser* um médico ou um enfermeiro. Os membros dessa profissão tendem a seguir várias práticas e procedimentos de certas maneiras; assim como com qualquer profissão, algumas práticas tradicionais são sábias e oferecem continuidade e confiabilidade, enquanto outras podem ser apenas maus hábitos que devem ser interrompidos. Considere que, ao treinarem para ser médicos, os residentes (jovens médicos ingressando na profissão) geralmente trabalham turnos de mais de 24 horas. Ao final desse período, eles estão exaustos, e a evidência sugere que mais suscetíveis a cometer erros — mas o atual sistema é uma tradição antiga e tem sido resistente a mudanças.

Os médicos têm um treinamento mais extensivo do que os enfermeiros e tornaram-se tradicionalmente as autoridades nos contextos médicos. Os enfermeiros, no entanto, argumentam que suas experiências no dia a dia com os pacientes (um médico pode ver um certo paciente com muito menos frequência do que os enfermeiros) lhes dão uma perspectiva valiosa que os médicos geralmente negligenciam considerar, apenas porque são "os especialistas".

Os profissionais médicos podem ser tão hesitantes em aceitar evidências que contradizem suas opiniões como todo mundo. Um médico pode diagnosticar um paciente baseado em uma avaliação rápida ou em um palpite, e pode ser lento em perceber ou aceitar as evidências subsequentes de que talvez tenha errado em seu julgamento inicial.

Os profissionais médicos são seres humanos, e as organizações médicas, instituições humanas. Assim sendo, eles estão sujeitos às mesmas forças que tornam, alternadamente, inspirador e frustrante participar de uma organização complexa. Pode parecer assustador pensar que a sua saúde e a da sua família estão nas mãos de uma organização que comete os mesmos erros que a sua empresa ou escola, mas é a verdade — e apenas aceitando isso os sociólogos e outros trabalham para tentar tornar as organizações médicas mais seguras, efetivas e eficientes.

As Famílias Passadas e Presentes

Você já percebeu quantos livros, filmes e programas de TV apresentam temáticas sobre a vida familiar? As famílias estão no centro da vida da maioria das pessoas, e são infinitamente fascinantes para quem tenta entender a condição humana. Nenhum sociólogo (ou autor ou cineasta ou qualquer outra pessoa, por sinal) pode lhe dizer como a sua família funciona, mas a sociologia pode ajudá-lo a entender os padrões sociais que influenciam a família. Nesta seção, primeiro descreverei a história da família e, em seguida, explicarei o que os cientistas sociais sabem sobre as famílias hoje em dia.

Como nunca fomos

A família na série de livros infantis *Dick and Jane*, dos anos 1950, era constituída de um pai de terno (sugerindo que ele era o provedor), uma mãe de avental (sugerindo que ela era dona de casa), um filho, uma filha e um cachorro. Essa virou a imagem automática de "família" que surge na cabeça de muitas pessoas, mas certamente não é representativa de muitas famílias hoje em dia — e havia muitas e muitas famílias as quais eles também não representavam mesmo então.

Os anos 1950, que ainda existem na imaginação das pessoas como uma era da vida familiar idealizada, foram um tempo único na história recente. Muitos homens estavam voltando para casa após lutar na Segunda Guerra Mundial, e começavam a sossegar com suas parceiras para criar famílias no então chamado *Baby Boom*. Foi um tempo de prosperidade relativa, e as normas sociais e políticas governamentais encorajavam a construção de novas casas em contextos suburbanos.

Desde então, houve muitas mudanças evidentes na vida familiar. Mais famílias acumulam duas rendas (em vez de apenas uma pessoa com uma renda para sustentar a família inteira), mais crianças nascem fora do casamento e mais casamentos acabam em divórcio. Essas mudanças são às vezes ilustradas como um declínio nos "valores familiares".

Você tem direito à sua opinião sobre qual seria a melhor estrutura familiar, assim como de defender políticas governamentais que promovam esta estrutura, mas cuidado ao usar frases como "valores familiares". Existem muitos tipos diferentes de famílias, e os seus valores familiares podem não ser os mesmos do seu vizinho.

Como explico no Capítulo 5, a mudança cultural e a estrutural quase sempre andam juntas, e pode ser muito difícil distinguir o que causou o quê. Certamente ocorreram mudanças significativas nos ideais culturais em relação à vida familiar: divórcio, pais solteiros e parceiros não casados são todos mais aceitos do que eram há cinco ou seis décadas. Se você considera ou não a mudança como algo ruim, é importante ficar ciente de que ocorreram algumas mudanças estruturais reais — isto é, mudanças nas condições sociais básicas — desde a era do pós-guerra:

- A economia está mais turbulenta e é cada vez mais desafiador para um indivíduo sozinho manter um emprego que irá sustentar uma família por várias décadas. Aumentou o número de famílias que *precisa* ter renda dupla, diferente do que ocorria nos anos 1950.

- Os desenvolvimentos nas leis e nas políticas corporativas, algumas impulsionadas por casais do mesmo sexo que não podem se unir oficialmente, tornaram mais fácil para quem não é casado aproveitar alguns dos benefícios práticos — cobertura de seguro, guarda compartilhada de crianças — do casamento (ainda assim, é muito mais difícil para os casais não casados do que os casados terem acesso aos benefícios).

- Apesar de os sociólogos de gênero ainda enxergarem um "teto de vidro" (veja o Capítulo 9), a discriminação implícita e a explícita contra as mulheres em contextos educacionais e profissionais têm caído drasticamente, tornando mais fácil que as mulheres sigam carreiras nos mesmos termos que os homens. Quando as mulheres hoje escolhem largar o trabalho para criar seus filhos, pois as mulheres estão ganhando relativamente mais dinheiro hoje, essa escolha provavelmente terá consequências econômicas que, em média, são mais significantes para a família do que teriam sido nos anos 1950.

- Os avanços na tecnologia contraceptiva — mais notoriamente, o aperfeiçoamento e a legalização da pílula anticoncepcional — deram aos homens e às mulheres a opção de serem sexualmente ativos sem ter filhos. Exercer essa opção é uma escolha pessoal, mas, anteriormente, era muito mais provável que a atividade sexual resultasse em gravidez (com o aborto sendo ilegal e perigoso), portanto, as pessoas estavam fazendo escolhas sobre o casamento e a vida familiar em um universo muito diferente de possibilidades.

Desse modo, a mudança na vida familiar realmente aconteceu, por várias razões — mas, dito isso, os anos 1950 não foram uma época idílica como aparentam. Em seu livro best-seller *The Way We Never Were*[1], a historiadora Stephanie Coontz quebrou o que ela chama de "armadilha nostálgica", segundo a qual as pessoas supõem que, devido à vida familiar ser mais homogênea nos anos 1950, as coisas eram melhores naquela época.

Dentre outras coisas, Coontz aponta que as autoridades frequentemente deixavam passar os casos de abuso doméstico e infantil, que não era incomum para os pais trabalhadores gastarem quantias desproporcionais de suas rendas em luxos para si mesmos e as relações entre pessoas do mesmo sexo eram quase que inteiramente um tabu. O índice de divórcio,

---

N.E.[1]: Em português seria algo como: Da Maneira que Nunca Fomos.

apesar de ter aumentado desde os anos 1950 na maioria dos países, estabilizou em mais ou menos 40% e hoje tem se mantido estável por muitos anos. E os casamentos continuam em altos níveis; aliás, hoje em dia é *mais* comum que as mulheres solteiras se casem na meia-idade e as mais velhas eventualmente se casarem (ou, se forem divorciadas, casarem novamente) do que era no passado.

Coontz e outros historiadores da família também apontam que, no panorama geral, os anos 1950 foram uma década bastante incomum — provavelmente por razões que tenham mais a ver com a economia e com a política social no pós-guerra do que devido aos valores pessoais. O índice relativamente baixo de divórcios nos anos 1950 foi apenas uma queda temporária; nos Estados Unidos, os índices de divórcio têm crescido desde os anos 1860. Muitas mudanças na vida familiar — desde a liberdade econômica e social das mulheres até a remoção das crianças da força de trabalho — são muitas vezes vistas como originárias dos anos 1960, mas na verdade começaram um século antes, na Revolução Industrial.

Enfrentando tudo sozinho: Os desafios dos pais solteiros

As pessoas se tornam pais solteiros por muitas razões. Frequentemente, há um divórcio ou morte que deixa um pai com a custódia das crianças; às vezes os avós ou outros parentes ficam com a custódia das crianças cujos pais não são capazes de cuidar; em outros casos, as pessoas escolhem ter filhos enquanto estão solteiras; e então, é claro, existem as gravidezes acidentais.

Tudo isso resulta de situações familiares bem diferentes, mas o que todas têm em comum é que os pais solteiros enfrentam desafios enormes. Essa afirmação não quer dizer que a vida é sempre maravilhosa para os pais que estão juntos, mas os solteiros geralmente dispõem de menos recursos financeiros e pessoais enquanto criam seus filhos. Isso certamente significará que eles têm menos flexibilidade pessoal e profissional do que os pais que estão juntos; e os desafios financeiros que enfrentam significa que os filhos de pais solteiros, que são desproporcionalmente pobres em primeiro lugar, talvez cresçam na pobreza, mais provavelmente do que os filhos de pais juntos, e sofram as consequências desta situação difícil.

Os pais solteiros necessitam de muito apoio de suas famílias e de suas comunidades. Alguns acham uma pena que eles sejam mais aceitos socialmente hoje do que no passado, mas o passado não deve ser romantizado.

A minha avó se tornou mãe solteira quando meu avô morreu de câncer na gravidez dela de seu sexto filho. Em sua pequena cidade rural, a vovó sentia muito mal-estar em relação à sua situação incomum — aliás, ela se sentia um pouco estigmatizada —, e assim finalmente buscou outros pais solteiros, que se uniram em prol do apoio mútuo. Os pais solteiros hoje podem (ou não) sentir menos estigma do que a minha avó, mas eles precisam da mesma ajuda e do mesmo apoio para darem aos seus filhos a vida segura e feliz que merecem.

A vida familiar, como qualquer aspecto da vida social, sempre mudou e continuará mudando. Assim como não existe algo como a "família perfeita", não existe algo como a norma perfeita para a vida familiar. Cada família é diferente, para o bem ou para o mal.

A família hoje

O que é "a família hoje"? Sociologicamente falando, uma família implica qualquer grupo de pessoas que moram junto em um apoio econômico e social mútuo. Geralmente as famílias são ligadas por laços sanguíneos, bem como laços emocionais e financeiros, mas, como diz o ditado, a família é o que a família faz. Nesta seção, abordo alguns dos assuntos mais importantes que as famílias enfrentam hoje.

Trabalho — em casa e fora

A divisão de trabalho nas famílias tem sido um tópico de contestação desde que ela existe; nas décadas mais recentes em particular, o número crescente de famílias com duas carreiras vem enfrentando dificuldades para descobrir uma maneira eficiente e justa de dividir as tarefas que precisam ser feitas na casa e fora dela.

Em seu livro de 1989, *The Second Shift*, a socióloga Arlie Hochschild colocou o dedo no desafio que muitas famílias de duas carreiras enfrentavam: o pai e a mãe trabalham em tempo integral fora de casa, mas, após o trabalho, é a mãe que pega o "segundo turno" de cuidar das crianças e das outras tarefas domésticas. Frustrava especialmente muitas das mulheres com as quais Hochschild conversou que seus maridos aceitavam nominalmente a ideia de que o trabalho doméstico devia ser igualmente dividido... Eles apenas não *faziam* a sua parte.

Felizmente, a evidência sugere que, nos anos após 1989, os homens têm conseguido mudar essa situação, pois as suas contribuições no lar agora chegam perto do trabalho que eles admitem fazer. Hoje um número inédito de pais estão envolvidos em tarefas — desde o banho nas crianças até varrer o chão e cozinhar — que a maioria dos pais e avôs jamais poderiam imaginar serem de sua responsabilidade. Cabe às mulheres ainda a maioria do trabalho doméstico, mas o buraco está se estreitando.

Os homens saírem do sofá modificou um pouco o constante trabalho doméstico que precisa ser realizado em cada vez menos tempo... mas cuidar das coisas em casa é difícil para qualquer família que trabalhe. As que têm condições terceirizam o trabalho doméstico, contratando babás ou faxineiras, muitas das quais viajam de bairros mais pobres (e até mesmo de países distantes) em busca de salários mais altos. Hochschild escreveu também sobre os desafios enfrentados pelas babás que também são mães e estão batalhando para cuidar de seus próprios filhos e dos filhos de outros. Os países ricos estão "exportando o trabalho emocional", diz Hochschild. Isto continuará a ser um desafio nos próximos anos e décadas que virão.

As crianças hoje! Elas crescem tão... devagar?

Os índices de reprodução estão caindo nos países desenvolvidos em todo o mundo, e não é de se admirar! As crianças são caras, e estão ficando cada vez mais caras o tempo todo. Há apenas 200 anos, a maioria das crianças contribuía significativamente no sustento de suas famílias, com frequência ajudando na fazenda da família ou recebendo para trabalhar em outro lugar. Hoje, as crianças têm de frequentar a escola até sua adolescência; muitas terminam o Ensino Médio e muitos vão para a faculdade, e até mesmo cursam pós-graduação antes de começarem suas carreiras de fato.

As crianças em famílias de baixa renda geralmente ainda contribuem de modo significativo em seus domicílios, cuidando de seus irmãos mais novos ou contribuindo para a renda da família. Mas a maioria das crianças em países desenvolvidos trabalha apenas para ganhar experiência e um dinheirinho para gastar. Os pais que podem pagar (incluindo muitos que se apertam para conseguir) geralmente se veem sustentando inteira ou parcialmente seus filhos até os seus vinte e poucos anos.

Como apontei no box "Pai, posso pegar o carro?", o estado semiautônomo associado com a adolescência está cada vez mais se tornando a norma para crianças jovens e mais velhas. Graças às tecnologias como a internet e às mudanças nas normas sociais, os jovens têm mais autonomia social do que jamais tiveram; do outro lado da adolescência, jovens adultos continuam dependentes de seus pais por mais e mais tempo. Essa é uma grande mudança na estrutura familiar, e as famílias ainda estão tentando entender como lidar com tal fato.

Apesar de as leis sobre o trabalho infantil limitarem a natureza e a extensão do trabalho que pode ser realizado por jovens, os adolescentes normalmente buscam algum tipo de emprego — e em tempos econômicos difíceis, eles podem sentir isso muito mais agudamente do que os trabalhadores mais maduros. Não tendo concluído seus estudos, precisam buscar empregos que não requeiram habilidades ou treinamento complexos, e esses empregos são geralmente os primeiros a sumir quando a economia começa a despencar.

Casamento: O que vale um anel?

A instituição do casamento não vai sumir. A grande maioria das pessoas, nas sociedades em todo o mundo, ainda aspira firmar um compromisso eterno e público com um parceiro; muitas pessoas se casam, muitas mais de uma vez.

Dito isso, o significado de casamento está mudando. Primeiramente ele foi um contrato legal; hoje, esse aspecto do casamento é geralmente visto como secundário ao aspecto emocional. Um cônjuge ainda é, de certa forma, um sócio, mas também se espera que ele ou ela seja o amor da vida e o melhor amigo. Esse é um peso enorme para se colocar em uma relação. Ele funciona bem para muitos casais, mas a expectativa emocional crescente colocada sobre o casamento é com certeza um dos fatores que levam ao crescente índice de divórcios no último século.

Como o aspecto legal do casamento é agora secundário, ele é cada vez menos visto como um laço necessário para os casais apaixonados. Os nascimentos fora do casamento têm aumentando muito nos últimos anos, e grande parte deles acontece por conta dos casais comprometidos que constroem famílias sem se preocupar em se casar. Tal situação pode criar desafios legais para os casais que não são casados, mas, por várias razões, as pessoas estão cada vez mais usando sua crescente liberdade de morar juntos e até mesmo de criar filhos juntos sem serem casadas. Entre elas estão milhões de casais gays e lésbicos a quem não é permitido legalmente o casamento.

De novo, entretanto, o casamento não vai sumir. Notavelmente, adultos mais velhos estão se casando cada vez mais, seja pela primeira vez, após divórcio ou após a viuvez. A vida está ficando mais longa, e muitos adultos de meia-idade e idosos encontram novos amores em suas velhices — amor que estão celebrando ao se casarem (ou recasarem, ou "re-recasarem").

De volta à grande família

Dentre os muitos aspectos pouco verossímeis da imagem de família de Dick e Jane, talvez o mais irreal seja a sugestão de que a família nuclear é uma ilha. Pode ou não ser necessário uma vila para se criar uma criança, mas é totalmente verdade que toda família conta com o apoio dos membros da família estendida, incluindo parentes de sangue, por casamento, amigos, colegas de trabalho, vizinhos e outros membros da comunidade. Os pais de Dick e Jane não conseguiriam sozinhos, e nem os meus ou os seus.

A família nuclear de há meio século, em seu próprio lar familiar único, era mais independente do que as famílias antes ou desde então. Ao longo da história, as famílias viviam junto em comunidades, casas ou prédios. Há muito tempo é normal que os pais mais velhos morem com seus filhos, que as irmãs casadas morem com seus irmãos e que outras pessoas sejam

Capítulo 15: Nasça, Arrume um Emprego, Faça um Filho

trazidas para ajudar. A ideia de que um casal deve morar sozinho com seus filhos pequenos, sustentar-se financeiramente e fazer todo o resto é relativamente nova, e já está desmoronando.

Todos os assuntos destacados neste capítulo — a extensão da adolescência, mais escolas, casamentos tardios, menos crianças, vidas longas, apertos econômicos — se adicionam para uma dependência cada vez maior nos membros da família estendida para apoio emocional e logístico. Os avós estão cada vez mais envolvidos no dia a dia de seus netos, os pais estão cada vez mais envolvidos nas vidas de seus filhos já crescidos, os filhos de meia-idade estão cada vez mais envolvidos na vida dos pais que estão envelhecendo e todos estão mandando SMS, e-mails, ligando e falando no Facebook com todo mundo 24 horas por dia, 7 dias por semana.

Tudo fica meio maluco às vezes... Mas, bem, família é isso.

Capítulo 16

O Futuro Passado: Compreendendo a Mudança Social

Neste Capítulo

▶ Compreendendo por que as sociedades mudam
▶ Prevendo o que vem depois
▶ Considerando o futuro da sociologia

Desde o começo (veja o Capítulo 3), os sociólogos querem entender, prever e influenciar a mudança social. Os historiadores podem se contentar em compreender a mudança social em *retrospecto*, mas os sociólogos querem entender os processos fundamentais e universais pelos quais a sociedade muda... Se você os entende, pode ser capaz de prever o que acontecerá no futuro!

Isso não seria bom? Na prática, é claro, é muito difícil prever como as sociedades mudarão, não importa o quanto você as entenda. Pense nos meteorologistas: apesar de séculos de observação científica e com todas as ferramentas tecnológicas mais sofisticadas à disposição, eles não preveem o tempo de maneira mais precisa do que uma certeza aproximada. As forças determinando o clima são simplesmente complexas demais e sujeitas a variações imprevisíveis para que os meteorologistas possam fazer mais do que isso.

E, ainda assim, eles *podem* prever o tempo com uma certa precisão. Se o noticiário das 18h na quarta-feira diz que vai chover na sexta, provavelmente choverá. De modo semelhante, os sociólogos e outros cientistas sociais não afirmam com total precisão quem ganhará as próximas eleições ou quais bairros irão valorizar, mas podem dar palpites que serão muito provavelmente precisos.

Neste capítulo, primeiro explico a visão dos três grandes sociólogos (Marx, Durkheim e Weber, para aqueles que não estão prestando atenção) sobre a mudança social, pois elas estabelecem os termos para todos os futuros debates sociológicos no assunto. Em seguida, exploro alguns cenários prováveis para as sociedades existentes; finalmente, considero o próprio futuro da sociologia.

Por Que As Sociedades Mudam

Assim como a maioria dos outros aspectos da sociologia, o debate sobre a mudança social geralmente retorna às ideias de Marx, Durkheim e Weber — não só porque são Marx, Durkheim e Weber, mas porque, juntos, eles definiram três visões da mudança social que representam três argumentos convincentes, mas muito diferentes, sobre o porquê e como as sociedades evoluem. Entender suas ideias sobre a mudança social é um bom ponto de partida para se compreender como os sociólogos pensam hoje sobre esse assunto.

Veja o Capítulo 3 para mais sobre Marx, Durkheim e Weber, os "três grandes" sociólogos.

Marx: Se não for uma revolução, será outra

Generalizadamente, Karl Marx enfatizava a importância do mundo material e da distribuição de recursos. Marx pensava que as sociedades mudavam conforme grupos sociais diferentes brigavam por coisas como alimentos, terra e poder.

Marx foi o que se conhece por "teórico de estágio": ele pensava que a mudança social ocorria não de modo gradual, mas repentinamente. Uma sociedade pode estar em um estágio durante séculos, e então, ao longo de um curto período, ela pode se reorganizar totalmente e passar para o próximo estágio. Além disso, ele acreditava que a progressão básica de estágios era essencialmente universal e inevitável — assim como os seres humanos vão da infância à adolescência e à idade adulta, Marx acreditava que todas as sociedades precisam passar por certos conflitos no caminho até o último estágio utópico — que, conforme ele acreditava, todas as sociedades eventualmente atingiriam.

Na sociedade ideal de Marx, todos teriam acesso à sua parte (ou, se tivessem necessidades especiais, mais do que suas partes) dos recursos sociais, e todos contribuiriam com a sua parte (ou, se tivessem habilidades especiais, mais do que suas partes) dos recursos para o bem comum.

Como Durkheim e Weber, Marx fez profundas pesquisas históricas. Quando ele observou a história humana, viu uma série de estágios históricos em que havia divisões entre as classes sociais. A natureza dessas classes mudava, pensava Marx, de tempos em tempos — escravos e senhores de escravos, senhores feudais e servos, comerciantes e fazendeiros. Cada período de tempo, segundo ele, tinha o seu próprio "modo de produção", no qual as várias classes se organizavam de uma maneira particular a fim de realizar o trabalho para suprir as necessidades de todos.

Nenhum dos modos de produção, no entanto, foram perfeitos. Em uma sociedade perfeita, todos trabalhariam juntos, feliz e harmoniosamente, para plantar alimentos, construir casas e fazer tudo o que precisava ser feito. Isso só aconteceria, entretanto, dizia Marx, se a divisão dos frutos do trabalho fosse igual — se todo mundo recebesse uma parte justa dos bens criados pelo trabalho coletivo das classes, o que nunca aconteceu.

Para entender a teoria de Marx sobre a mudança histórica, pense em tentar ir a algum lugar de bicicleta e imagine os seus amigos subindo nela. Um deles pode pular nos apoios da roda traseira, outro no guidão e talvez alguém até tente sentar-se na barra da bicicleta. Você até talvez continue pedalando por um tempo — e, para os seus amigos, isso é bom enquanto dura —, mas logo você se cansará e terá de parar, ou até mesmo cair, e nesse caso todos provavelmente se machucariam.

Para Marx, cada modo de produção tem, de uma maneira ou outra, sido assim. A sociedade pode existir por um tempo com uma classe fazendo mais do que a sua parte do trabalho e colhendo menos do que a sua parte das recompensas, mas, depois, a classe irá cultivar ressentimento e raiva — mesmo quando ela for mais e mais crucial para promover o bem-estar de todos. Eventualmente, as pessoas exploradas não aguentam mais e se unem em oposição ao sistema, ou o sabotam. Nesse momento, o sistema é essencialmente quebrado e precisará ser reconstruído. O sistema reconstruído — o próximo modo de produção — será superior ao anterior de algumas maneiras, mas enfrentará os seus próprios problemas que possivelmente o levarão à queda.

Muita atenção (neste livro e em outros lugares) tem sido dada à teoria de Marx sobre o que especificamente acontecerá depois: que o atual modo de produção — o capitalismo — abrirá espaço para o comunismo. Marx acreditava que o proletariado, explorado pelos burgueses, um dia se revoltaria e derrubaria o sistema desigual para substituí-lo por um sistema comunista justo e perfeito, no qual cada pessoa contribuiria com o que pudesse e retiraria aquilo de que precisasse.

Então por que isso não aconteceu? Essa não é uma pergunta fácil para os marxistas responderem. Com todas as suas imperfeições e injustiças, o capitalismo tem na verdade se espalhado pelo mundo desde os tempos de Marx. Algumas sociedades que experimentaram o comunismo (notoriamente, a extinta URSS) retornaram ao capitalismo, e a maior sociedade nominalmente comunista do mundo — a China — está se tornando *de fato* mais capitalista todos os dias. Onde está a revolução?

Existem pelo menos duas respostas. Alguns marxistas acreditam que a revolução ainda está chegando: a desigualdade continua crescendo e a revolução foi apenas impedida por meio de manobras ardilosas da parte dos burgueses (por exemplo, exportando a desigualdade — veja o Capítulo 8). Pensadores como Noam Chomsky e Ralph Nader acreditam que as pessoas no poder estão oprimindo os menos favorecidos tanto quanto sempre fizeram, que o sistema é tão corrupto quanto sempre foi e que a revolução é necessária, talvez inevitável.

Outros marxistas observam que mudanças significativas na organização tecnológica e econômica tornaram a divisão entre os favorecidos e os desfavorecidos menos intensa do que era nos tempos de Marx. O progresso tecnológico elevou o padrão de vida em todo o mundo, portanto, *todos* estão objetivamente vivendo melhor do que no século XIX. Tanto as mudanças tecnológicas quanto as sociais têm criado uma grande classe média que não existia nos tempos de Marx (veja a seção "O crescimento da classe média", mais à frente neste capítulo). Se essa situação persistir, a revolução que Marx antecipava pode nem vir à tona, pois as circunstâncias que ele observou mudaram dramaticamente.

A ideia central é que, para Marx, a mudança social envolve conflitos, ou seja, grupos lutando por recursos e poder. Marx acreditava que, quando uma utopia comunista fosse finalmente alcançada, a história social chegaria talvez ao fim, pois não haveria mais conflitos para impulsionar a mudança social. Vamos ver!

Durkheim: Aumentando a diversidade

Émile Durkheim concordava com Marx sobre a mudança social seguir uma certa progressão previsível, mas ele discordava fortemente sobre a natureza dessa mudança e as razões para ela (veja o Capítulo 3 para mais sobre a vida e a obra de Durkheim).

O aspecto fundamental a se entender sobre a mudança histórica, dizia Durkheim, é que a sociedade está ficando maior e mais complexa, devido a uma série de razões. Conforme a tecnologia se desenvolve, as sociedades são capazes de sustentar populações cada vez maiores de pessoas que viajam e se comunicam em círculos cada vez maiores.

Por milhares de anos da história humana, as pessoas tinham de trabalhar arduamente o tempo todo para adquirir as necessidades básicas como a comida (primeiro por meio da caça e coleta, depois da agricultura) e abrigo (dos elementos e uns dos outros). Todos tinham de ajudar nessas tarefas básicas, deixando pouco espaço para a diversidade real. Em um bando de caçadores-coletores, não era construtivo debater vigorosamente sobre aonde o bando deveria ir em seguida — muito menos sobre quais línguas deveriam ser faladas e o sentido da vida. Todo mundo tinha de fazer a sua parte nas tarefas básicas, e era isso. Se você não gostasse, poderia sair e tentar encontrar outro bando onde você com certeza faria exatamente a mesma coisa.

Conforme a tecnologia se desenvolveu, houve mais necessidade de divisão do trabalho. Uma pequena comunidade rural podia ter especialistas em lavouras, em criação de animais e em facilitação do comércio. Criou-se a necessidade de ferreiros especialmente treinados, construtores e comerciantes. Eventualmente, as sociedades possuíam exércitos de soldados profissionais cujo trabalho era manter os inimigos (reais e figurativos) longe. Começou a haver uma diversidade genuína: a vida de um fazendeiro era totalmente diferente da vida de um comerciante ou de um cavaleiro errante.

Hoje, as pessoas trabalham em uma variedade incrível de ocupações especializadas. O marido da minha prima trabalha em uma fábrica de automóveis, onde há dias em que ele não faz mais nada a não ser acoplar luzes nos tetos de caminhões. A minha irmã trabalha em uma firma que vende serviços de *software* para facilitar a comunicação entre comerciantes e fornecedores. Eu estou escrevendo um livro que pode despertar o interesse de algumas pessoas estudando uma disciplina acadêmica em particular, ainda que poucas delas levem o estudo da disciplina tão longe a ponto de viver dela. A globalização conectou as pessoas em todo o mundo, mas isso significa que as pessoas conectadas incluem um motorista de tuk-tuk no Vietnã, um corretor da bolsa em Manhattan e um artista em Uganda. Todas essas três pessoas existem na mesma sociedade global, mas não poderiam nem falar umas com as outras se você as colocasse juntas na mesma sala.

Durkheim acreditava que todos os aspectos da mudança social estão ligados a essa grande mudança histórica. A diversidade torna a sociedade mais forte — não só no sentido de você conhecer novas pessoas interessantes, mas no sentido de que, quando as pessoas se organizam em uma divisão de trabalho, elas são capazes de realizar mais. Se cada trabalhador em uma fábrica de automóveis recebesse a responsabilidade de construir um carro do começo ao fim, o seu trabalho seria mais interessante, mas eles construiriam menos carros. Se todos na sociedade fizessem o mesmo trabalho, agricultura ou caça, todos retornariam aos tempos pré-históricos — completo, com chãos de pedra confortáveis para dormir e facas rudimentares para se preparar a comida. Apenas a divisão do trabalho justifica termos colchões d'água e facas Ginsu.

Conforme a divisão do trabalho aumenta, mudanças sociais profundas a acompanham. As pessoas precisam aceitar — aliás, *abraçar* — a diversidade, pois seu sustento depende dela. Todos os aspectos da sociedade mudam para acomodar a crescente divisão do trabalho, conforme exemplificado a seguir:

- As leis se tornam menos sobre forçar os cidadãos a fazer certas coisas e mais sobre preveni-los de infringir a prerrogativa de outras pessoas ao fazer coisas diferentes.
- Os governos — e todas as outras organizações sociais — se tornam mais abertos e democráticos ao invés de fechados e hierárquicos.
- A educação formal aumenta na sociedade, a fim de preparar os cidadãos para a entrada na força de trabalho cada vez mais especializada.
- As religiões se tornam mais tolerantes, mais ecumênicas e menos dogmáticas (as relativamente poucas exceções são visíveis, mas o fato de que se destacam prova a regra geral).
- Os status e os papéis sociais se tornam muito mais flexíveis.

Durkheim identificava essa mudança como a transição da "solidariedade mecânica" para a "solidariedade orgânica". Mais sobre esta transição — especificamente no que se aplica à religião — está no Capítulo 10, mas, em termos de mudança social, o aspecto importante de se entender é que Durkheim acreditava que a mudança social é conduzida pelo aumento da diversidade e da *diferenciação funcional*. Diferente de Marx, Durkheim acreditava que o elemento que fundamentalmente leva a uma mudança social são as pessoas cooperando para trazer à tona um mundo melhor, em vez de grupos competindo por uma parte do mundo que já existe.

Parece bom demais para ser verdade? Talvez... Marx certamente diria que sim! Ainda assim, considere o fato de que um grupo internacional de pesquisadores recentemente mostrou que os conflitos globais estão diminuindo ao longo do último meio século, tanto em quantidade quanto em número de fatalidades. Isso significa que há outro grande conflito esperando para explodir (como Marx diria), ou que a paz está chegando (como Durkheim diria)? Só o tempo irá dizer.

Weber: Dentro da jaula de ferro

Max Weber veio após Marx e Durkheim e estava familiarizado com os trabalhos de ambos. Ele também conduziu relevantes pesquisas históricas e tinha suas próprias ideias sobre as forças que trazem à tona a mudança social (veja o Capítulo 3 para mais sobre Weber, que muitos sociólogos hoje consideram o sociólogo mais perspicaz de todos os tempos).

Weber concordava com Marx que a história era frequentemente marcada por conflitos e que os resultados deles poderiam ter consequências profundas em relação à direção que a sociedade tomaria posteriormente. Ele concordava com Durkheim, no entanto, que o conflito sobre coisas materiais não era o fator crucial; que as ideias e valores poderiam ser ainda mais poderosos do que a fome. Quando ele colocou estas duas ideias juntas, o que Weber conseguiu foi uma teoria da história que não tinha a inevitabilidade que as de Marx ou Durkheim tinham.

Para Weber, a história era um pouco como um romance policial que você abre na última página. Você sabe como a história termina, mas desconhece como ela chegou até aquele ponto. O mordomo está morto, mas ele foi assassinado pela herdeira rica, pois sabia demais? Ou foi assassinado pela empregada após ter sido infiel a ela? Ou talvez ele tenha sido morto acidentalmente por uma pessoa que o confundiu com outro? O final parece não fazer qualquer sentido, mas é claro que, se você voltasse e lesse a história desde o início, tudo ficaria esclarecido.

O problema está em, quando se trata de entender a mudança social, "o livro" tem mais de milhares de anos de idade e inclui todas as palavras já escritas. É muita informação para filtrar, mas em *algum lugar* ali há uma explicação para o porquê de a sociedade ser do jeito que é. Isso significa que Weber não tinha uma teoria organizada geral da história, como Marx e Durkheim tinham.

As teorias históricas de Marx e Durkheim às vezes são descritas como *teleológicas* — significando que viam a história como em progressão inevitável em direção a um fim específico. Weber pensava que a mudança histórica acontecia por uma razão, mas que sua finalidade não era predeterminada, sendo que os eventos futuros não poderiam ser preditos, mas apenas cogitados.

As coisas aconteceram dessa forma, dizia Weber, mas *poderiam* ter acontecido de maneira diferente se o jogo complexo de ideias e interesses tomasse um outro rumo. Se Marx ou Durkheim lessem a última página daquele romance, eles diriam que o mordomo obviamente tinha de morrer. Aliás, eles preveriam, se você abrisse qualquer romance policial na biblioteca, que o mordomo estaria morto no final de cada uma delas. Marx poderia adivinhar que foi porque a herdeira o matou, e Durkheim poderia dizer que foi a empregada em todos os casos — mas ambos diriam que o resultado nunca esteve em questão. Weber afirmaria que as coisas poderiam ter sido diferentes, e ele não se surpreenderia em encontrar um personagem diferente morto em cada romance diferente, talvez até mesmo naqueles que começam da mesma forma.

Para ilustrar esse argumento, Weber citou exemplos de países diferentes. A sociedade chinesa é tão velha quanto a alemã, e veja como as coisas aconteceram de modo tão diferente nesses dois países! Se tais países estão ficando cada vez mais parecidos, a causa decorre mais das pressões da globalização, um weberiano poderia dizer, do que do fato de que a história dos dois países precisou convergir. Se eles estivessem em dois planetas diferentes, poderiam ser ainda mais diferentes do que são hoje.

Weber tinha ideias específicas sobre como o mundo Ocidental se encontrou na "jaula de ferro" do capitalismo. De modo geral, ele acreditava que o mundo está preso em um ciclo de "racionalização", onde a tradição, os costumes e a identidade local abrem caminho para a sistematização, a padronização e o planejamento. Isso tem muitas vantagens — torna o mundo mais justo e permite que as coisas sejam realizadas com mais eficácia —, mas também talvez faça com que o mundo pareça mais frio e mais impessoal. Qualquer pessoa cuja cafeteria do bairro foi substituída por um Starbucks, ou que veja livrarias independentes sendo fechadas devido ao poder da Amazon, provavelmente entende um pouco do que Weber queria dizer.

Se tem interesse de ler mais sobre as ideias de Weber, veja o Capítulo 10 para conhecer a visão dele sobre o papel da religião na história, e o Capítulo 12 para suas ideias sobre a burocratização.

O Que Vem Depois?

No início deste capítulo, eu comparei a previsão sociológica com a meteorológica — é impossível prever exatamente o que irá acontecer. Assim como os meteorologistas podem dizer quando uma tempestade está se aproximando, os sociólogos também têm alguma noção de quais são as mudanças mais importantes afetando as sociedades, e são capazes de dar um palpite instruído sobre como as coisas acontecerão. Nesta seção, descrevo os quatro maiores desenvolvimentos que já estão acontecendo e continuarão sendo imensamente importantes em moldar o futuro das sociedades em todo o mundo. Finalmente, menciono o que podemos aprender do passado sobre como olhar para o futuro.

Globalização

Você provavelmente já ouviu falarem que "o mundo está ficando menor". É óbvio que isso não é literalmente verdadeiro. Na verdade, ocorre que os avanços nos transportes e nas comunicações efetivamente nos aproximam das pessoas e dos lugares no mundo. Nesse sentido, o mundo tem "diminuído" desde o começo da história humana. Nas próximas seções, abordo os avanços nos transportes, na comunicação e os efeitos sociais da globalização.

Transporte

Em 1873, quando Júlio Verne publicou seu romance *A Volta ao Mundo em 80 Dias*, parecia quase impossivelmente audacioso viajar pelo mundo em menos de três meses. Hoje, você pode voar pelo mundo em uma minúscula fração desse tempo: apenas alguns dias. Não é barato, mas com certeza você não precisa ser absurdamente rico para conseguir isso, ou seja, você pode viajar pelo preço de um carro de 15 anos.

A prevalência e a relativa acessibilidade da viagem aérea significa que um cidadão de classe média de um país desenvolvido pode confortavelmente conseguir visitar outros continentes pelo menos algumas vezes em sua vida e também voar dentro de seu próprio continente de modo rotineiro.

Em 1873, o jeito mais rápido de se chegar de um lugar ao outro era de trem, ou talvez pelo mar, se os ventos e correntes estivessem favoráveis. Hoje, se você não está voando, pode dirigir de uma cidade até outra em velocidades variando entre 90 e 140 km por hora. Isso significa que não só você pode fazer uma viagem de carro por um continente em alguns dias, mas pode confortavelmente viajar todos os dias de um lado de uma grande metrópole para outro. Por exemplo, aqui em Minnesota, as cidades hoje consideradas subúrbios das Twin Cities[1] eram julgadas distantes quando meu pai era jovem.

Ainda assim, você não cruza o oceano todos os dias, mas *usa* constantemente produtos fabricados do outro lado do mundo. Assim como é bastante importante o aumento da mobilidade humana, também o é o aumento da mobilidade material. No verão passado, eu fui a um "bar de gelo" em Minnesota, onde bebi em copos feitos de gelo. Fiquei surpreso — mas não chocado — que os copos eram feitos na *Nova Zelândia* e enviados para Minnesota em forma congelada. A tecnologia de transporte é tanta agora que representa mais custo eficiente para aquela

---

N.E.[1]: As cidades de Minneapolis e St. Paul são conhecidas como Twin Cities, ou cidades gêmeas.

empresa fabricar todos os copos de gelo em uma instalação central na Nova Zelândia e enviá-los para os bares de gelo em todo o mundo do que congelar os copos em cada bar.

Comunicação

Estou quase acabando de escrever este livro e nem conheci os meus editores. Eles estão em Indiana; eu, em Minnesota, e temos enviado uns aos outros os capítulos por e-mail. Tudo bem, você poderia fazer isso por meio dos correios normais, mas nós nunca conseguiríamos escrever e editar este livro inteiro em seis meses se agíssemos dessa forma! E, se estivéssemos usando o correio normal, certamente importaria o quão longe eu estava; com o e-mail, por sua vez, eu poderia estar sentado em Hong Kong e as coisas seriam feitas tão rápido quanto. O e-mail é tão eficiente, aliás, que os serviços postais em todo o mundo estão tendo dificuldades com o rápido declínio no volume de cartas — especialmente no volume de cartas de negócios. A entrega diária de cartas nas residências medianas talvez logo vire coisa do passado.

O desenvolvimento do serviço estável de internet nas grandes cidades — e, cada vez mais, nas pequenas cidades e zonas rurais — em todo o mundo é um avanço sem precedentes na tecnologia da comunicação. Volumes enormes de informações são ricocheteados em todo o mundo em quase tempo nenhum, e a um custo relativamente baixo.

No entanto, já houve invenções que mudaram o jogo antes: a impressora, o telefone, a transmissão de rádio, a transmissão televisiva. Cada uma delas criou uma mudança sísmica tão importante na maneira de as pessoas viverem que se necessitou de algumas décadas para todos se ajustarem. O volume de informações disponíveis para uma pessoa comum de classe média é tão grande que agora existe uma demanda cada vez maior por "agregadores", ou pessoas cujo trabalho envolve pegar informações disponíveis gratuitamente a qualquer pessoa e filtrá-las para lhe dizer quais são as partes em que *você* deve prestar atenção.

Não existe um substituto para o contato pessoal — e, como falo no Capítulo 7, a maioria da sua comunicação ao telefone e pela internet é talvez com as pessoas que você vê frequentemente — mas o mundo agora está disponível a você tão imediatamente que ia fazer Júlio Verne ficar tonto.

O que significa a globalização

Nas palavras de Marshall McLuhan, eu e você realmente vivemos em uma "vila global". O impacto da globalização já é aparente — afinal, tem acontecido por milhares de anos. Ainda assim, o processo de globalização está acelerando e, quando você chegar à idade que seus pais têm agora (ou teriam), terá visto muito mais mudanças durante a sua vida do que eles.

Uma certeza absoluta é que lugares em todo o mundo ficarão mais parecidos uns com os outros. Viaje agora, se puder, pois qualquer lugar aonde você for nunca mais será tão diferente do que a sua cidade natal quanto agora. Idioma, cultura, costumes, comida — todas essas coisas estão se tornando mais e mais similares em todo o mundo.

Essa situação pode soar deprimente, mas está acontecendo por um motivo, e não necessariamente ruim. Os jornais, tanto em Minneapolis quanto em St. Paul, estão sentindo o aperto financeiro e têm dispensado funcionários de todos os lados, em parte porque cada vez mais as pessoas leem as notícias online, geralmente recorrendo a jornais de fora da cidade, como o *New York Times* ou o *The Guardian,* de Londres. E por que elas não fariam isso? O *New York Times* tem uma equipe sem igual, e é impossível o *Star Tribune,* de Minneapolis, ou o *Pioneer Press,* de St. Paul, competir com ele em termos de qualidade e quantidade de cobertura de assuntos nacionais e internacionais.

Isso implica a perda de algumas vozes locais — assim como a prevalência de filmes de Hollywood significa que as pessoas vão menos aos eventos locais, e assim como o crescimento dos restaurantes de *fast-food* do McDonald's significa que alguns restaurantes do bairro fechem as portas? Uma companhia local de teatro nunca poderia produzir um filme Blockbuster, e um restaurante local nunca poderia produzir comida de forma tão rápida e barata quanto um restaurante do McDonald's, portanto, as pessoas escolhem ir aos supercinemas e comer *fast-food*.

É claro que esta é a perspectiva durkheimiana — que a globalização está cumprindo uma função. Um marxista diria que os enormes e crescentes conglomerados estão sufocando os pequenos empreendimentos, e que nós somos todos pobres (culturalmente e de outras formas) como resultado desse processo. Há verdade nisso também, mas vale observar que a tecnologia está multiplicando as escolhas de *todo mundo*. Quando meu pai estava crescendo, você só podia ler as notícias no *Pioneer Press*. Hoje, você pode ler praticamente qualquer jornal do mundo de graça na internet. Só porque todos temos as mesmas escolhas disponíveis não significa que temos de *fazer* as mesmas escolhas (frequentemente, é claro, nós fazemos... E se você tem lido este livro desde o começo, deve ter várias boas ideias sobre o porquê).

A globalização, contudo, não envolve apenas escolhas culturais: envolve também estrutura, empregos e governos e economias. A tecnologia de transporte tem permitido às pessoas em nações desenvolvidas terem grandes televisões e computadores rápidos por quantias relativamente pequenas, mas isso também significou a perda de milhões e milhões de trabalhos nas indústrias nestes países, conforme o trabalho migra para o exterior.

Enquanto escrevo, os Estados Unidos estão só agora emergindo de uma recessão econômica que afetou o resto do mundo; não tem como não ter sido assim! Hoje, todos os países estão conectados por meio de uma economia global. Não existe um governo mundial, mas a comunicação e a cooperação com *todos* os países estão ficando cada vez mais essenciais para cada governo nacional. A globalização está conectando mais e mais as pessoas na Terra, e este processo vai acelerar ainda mais nos próximos anos. Gostando ou não, estamos todos juntos nesse barco.

Aumentando — e diminuindo — a diversidade

O lugar onde você mora tem ficado cada vez mais diverso todos os anos? Seria muito surpreendente se assim não fosse. Mesmo a globalização tornando os lugares mais parecidos com os outros, ela também os está tornando mais diversos. Talvez há 30 ou 40 anos você tivesse um restaurante único no local, em vez de um McDonald's, mas as pessoas que o frequentavam provavelmente eram muito mais homogêneas do que a galera que você encontra lá agora.

Um dos resultados da globalização tem sido a aceleração do passo da imigração. Sempre houve imigração, é claro, mas há 200 ou até mesmo 100 anos teria sido difícil imaginar as grandes populações de imigrantes da Somália e Laos chegando a Minneapolis e St. Paul em apenas alguns anos, como tem acontecido recentemente, o que mudou de maneira acentuada o panorama social das Twin Cities. Seja à procura de trabalho, de asilo político, seja ainda pela vontade de viajar, as pessoas estão se mudando em todo o mundo em índices nunca antes vistos.

Vale a pena repetir: o mundo *sempre* foi diverso. Imigrantes nos Estados Unidos e Europa hoje estão se mudando por muitas das mesmas razões — e tendo muitas das mesmas experiências que os imigrantes desses lugares há cem anos. Tensão, às vezes produtiva e às vezes destrutiva, entre grupos diferentes vivendo no mesmo lugar sempre marcaram a sociedade humana.

Dito isso, a diversidade social, por muitas medidas, tem aumentado ao longo das últimas centenas de anos e assim continuará no futuro próximo. Enquanto algumas sociedades continuam teimosamente intolerantes, em geral, as sociedades em todo o mundo abraçam a diversidade muito mais do que no passado. A ideia de que nem todo mundo em um bairro se vestirá da mesma maneira ou falará a mesma língua, ou adorará o mesmo deus, ou celebrará os mesmos feriados, é algo que as pessoas hoje estão muito mais propensas a aceitar do que seus pais ou seus avós estariam.

Além disso, a tecnologia de transporte e comunicação tem permitido a formação e a manutenção do que os sociólogos chamam de *comunidades transnacionais*: grupos de pessoas que se identificam e comunicam-se umas com as outras apesar do fato de viverem espalhadas geograficamente pelo mundo.

De sua casa em St. Paul, a minha amiga Júlia mantém um site de notícias e debates sobre assuntos relacionados à comunidade queniana, muito maior do que as pessoas realmente morando no Quênia. No site da Júlia, as pessoas que estão vivendo, que emigraram ou tem família no Quênia, ou que apenas estão interessados em assuntos relacionados ao país, podem todas se conectar e compartilhar suas opiniões. Impossível para essa comunidade global queniana se conectar de maneira tão significativa antes da invenção da internet. Além disso, como muitos emigrantes, a Júlia volta para o Quênia de dois em dois anos. É caro fazer isso, mas seria muito mais caro há 50 ou 100 anos.

A "diversidade" vai além das diversidades nacional, étnica e racial, pois envolve tudo o que as pessoas compartilham ou não. Pense nas pessoas que trabalham no mesmo escritório e no modo como são — ou, pelo menos, é mais provável de serem — mais diversas do que no passado.

- Elas podem ligar seus fones de ouvido e ouvirem, pela internet, arquivos de transmissão de áudio de quase qualquer tipo de música. E não precisam todas ouvir a mesma estação de rádio.
- É mais provável que elas sejam um grupo misturado de homens e mulheres.
- As normas relativas aos trajes têm ficado cada vez mais flexíveis. Foi-se o tempo em que o metrô estava cheio de homens de ternos e chapéus pretos idênticos a caminho do trabalho.
- É mais provável que elas tenham históricos profissionais diferentes.
- É mais provável que tenham morado em lugares diferentes.
- Elas podem ir até o bar após o trabalho, e cada uma escolher entre uma grande variedade de bebidas nacionais e importadas. Você não precisa mais simplesmente ir ao bar e pedir "uma cerveja".

Esses são apenas alguns exemplos de como o mundo está ficando mais diverso. Ao mesmo tempo, como observo mais cedo, de certa forma as pessoas andam se tornando menos diversas. É mais provável que elas venham de lugares diferentes, mas as experiências que vivenciaram nesses lugares são mais parecidas do que seriam no passado. É mais provável que as pessoas tenham opiniões religiosas diferentes, mas, como elas de fato praticam sua fé, é mais parecido do que era no passado. Você pode ir ao cinema e escolher entre dezenas de filmes em vez de apenas um, mas são as mesmas dezenas de filmes que estão passando nos cinemas em todo o país, e, cada vez mais, em todo o mundo.

Portanto, paradoxalmente, as sociedades estão se tornando simultaneamente mais e menos diversas. Talvez seja difícil de entrar na sua cabeça, mas aqui está o ponto essencial: a sua identidade está cada vez menos ligada ao lugar onde você nasceu e à cor da sua pele. As pessoas em todos os locais podem ter, cada vez mais, as mesmas opções de escolha (McDonald's ou Burger King?), mas elas têm, em geral, mais liberdade *para* escolher.

A marcha tecnológica

Você pode ter notado na primeira seção deste capítulo que, apesar das diferenças entre as teorias de mudança histórica de Marx, Durkheim e Weber, os teóricos apresentam algo em comum: todos apreciam a relevância da tecnologia em trazer à tona a mudança social.

Quando mencionei que estava trabalhando neste capítulo, um dos meus amigos me perguntou, meio que de brincadeira: "Por que você não resume simplesmente o *Armas, Germes e Aço*?". Você deve conhecer esse livro do geógrafo Jared Diamond, no qual ele argumenta que a história do mundo tem sido essencialmente moldada pela tecnologia e a geografia. Muitos sociólogos não concordariam com Diamond quanto aos recursos tecnológicos e geográficos terem moldado tão definitivamente a história humana (Marx seria o mais provável a concordar), mas nenhum sociólogo pode negar que a tecnologia e outros recursos materiais desempenham um papel enorme em moldar o mundo social.

O mundo social que existe hoje não teria sido possível sem a tecnologia desenvolvida ao longo do último milênio — mais notavelmente as tecnologias de transporte e comunicação mencionadas antes, mas incluindo também a tecnologia médica, agrícola, de fabricação e, sim, a bélica. Similarmente, nos anos que virão, o mundo social será afetado por desenvolvimentos tecnológicos que são difíceis de prever.

Os geógrafos como Diamond apontam corretamente que um grande número de conflitos humanos trágicos foram causados ou exacerbados pelas escassez de recursos: comida, água, combustível. O aumento da população mundial está finalmente começando a desacelerar — sobretudo no mundo desenvolvido —, mas a Terra ainda sustenta um número enorme de pessoas, bilhões delas vivendo na pobreza. Salvo alguns desenvolvimentos tecnológicos inimagináveis, elas não poderão viver nos padrões atualmente vividos pelos residentes do mundo desenvolvido. Você não precisa ser um marxista estrito para entender que a vasta disparidade em riqueza e conforto está fadada a ser uma fonte de tensão, e até de tensão mortal. No futuro da sociedade global, muito dependerá de como a fome e a doença podem ser combatidas com sucesso usando desenvolvimentos tecnológicos e outros meios.

Além disso, o mundo atual depende altamente de combustíveis, fósseis insubstituíveis como o petróleo e o gás natural, o que é obviamente insustentável. Talvez os combustíveis acabem e muitos dos benefícios tecnológicos que usamos hoje — carros, aquecimento a gás, eletricidade — estarão fora de alcance, a não ser que desenvolvamos outros meios de geração de energia.

Portanto, em uma escala global, as prioridades para o desenvolvimento tecnológico são claras. Mas o que *mais* acontecerá em termos de mudança tecnológica? Como a vida das pessoas será mais afetada pelo avanço tecnológico?

Impossível dizer. Assista a qualquer filme antigo de ficção científica para ver como é difícil adivinhar o mundo do futuro. O que pode se dizer com segurança é que, apesar de o desenvolvimento tecnológico desencadear algumas mudanças desagradáveis, que necessitarão de muitos ajustes, ele também trará mais liberdade para que as pessoas vivam as vidas que querem levar — e, em alguns casos, a liberdade de viver, e pronto.

O crescimento da classe média

Se você perguntar à maioria das pessoas a que classe pertencem, elas afirmarão que são membros da "classe média". Isso é possível?

Bem, tecnicamente, sim — se você considerar que "classe" seja uma hierarquia vertical esticando-se desde a classe mais alta até a mais baixa, então todos no mundo podem apontar alguém da "classe mais alta" e alguém da "classe mais baixa" do que eles. Também, a "classe média" é onde as pessoas querem estar: ela não tem o estigma da "classe baixa", mas também não é tão nariz empinado quanto a "classe alta".

Ser "classe média" é, no entanto, muito mais do que estar apenas confortável e ser despretensioso: a classe média é real e tem papel decisivo na história econômica dos últimos dois séculos. Ela tem crescido ao longo deste período e provavelmente será uma boa coisa se continuar crescendo.

Diferentes sociólogos e economistas têm definições diferentes sobre o que constitui tecnicamente a "classe média", mas as várias definições geralmente incluem todos estes elementos:

- Uma família de classe média é financeiramente estável, mas seus membros ainda precisam trabalhar; pode, aliás, necessitar de duas rendas.
- Uma família de classe média pode confortavelmente pagar alimentos e moradia, bem como luxos modestos: férias, barcos e sistemas de entretenimento domésticos.
- Um emprego de classe média geralmente requer um treinamento ou experiência especializada e pode atuar com autonomia individual significativa e/ou gerenciando outras pessoas.
- Um indivíduo de classe média provavelmente possui uma certa quantia de propriedades (casa, carro, móveis), mas não possui bens suficientes para retirar uma renda significativa de investimentos.

O crescimento da classe média é algo que Marx não previa; ele acreditava que a sociedade capitalista continuaria a polarizar entre os que possuem e os que não possuem. Os marxistas hoje apontam o crescimento da classe média como uma das razões pela qual ainda não houve uma revolução comunista global — e é verdade, pois a maioria dos membros da classe média estão bastante satisfeitos com o capitalismo. Eles podem sentir como se tivessem sido injustamente privados de alguma coisa ou outra em algum momento, mas quase com certeza pensam não ser uma boa ideia mudar fundamentalmente a estrutura da economia (as opiniões políticas das classes baixas e altas não se alinham exatamente, como Marx pôde prever também — mas esta é uma outra questão).

De um ponto de vista econômico, a chave para o crescimento da classe média recai sobre a importância cada vez maior do trabalho especializado. O avanço da tecnologia continua a aumentar a produtividade geral da sociedade, portanto, as vantagens que as famílias de classe média desfrutam estão cada vez mais disponíveis; ao mesmo tempo, ela aumentou constantemente a demanda pelo trabalho especializado. Ao desenvolver algum tipo de habilidade útil, uma pessoa pode se elevar à classe média se (e este é um grande *se*) um emprego adequado estiver disponível.

Os políticos veem a classe média, com razão, como um indicativo: em uma democracia, se a classe média está insatisfeita com as suas políticas, você provavelmente não ficará no comando por muito tempo. A classe média continuará satisfeita e crescendo nos anos futuros? Esta é uma grande, e muito importante, questão.

Por mais de um século, membros da classe média nos países desenvolvidos têm desfrutado padrões de vida em constante crescimento. Por muito tempo, os pais de classe média podem esperar de modo coerente que seus filhos tenham casas maiores, comidas melhores e um estilo de vida em geral mais confortável do que o dos pais. Esse não é necessariamente o caso hoje em dia, em parte *por causa* do crescimento da classe média no mundo todo. Os empregos da classe média requerem mais treinamento e experiência do que nunca, e há mais competição para esses trabalhos.

Alguns países, como a Índia e a China, estão prosperando enquanto outros há muito desenvolvidos estão se recuperando das perdas dos trabalhos nas fábricas, mesmo enquanto desfrutam os muitos benefícios do comércio com países onde os bens e os serviços podem ser fornecidos mais barato. Parece claro que os países desenvolvidos terão de se reinventar para se manter economicamente competitivos na economia global, mas também pode ser que seus residentes tenham de aceitar um declínio significativo em seus padrões de vida.

A classe média é relativamente nova e pode ser mais frágil do que a maioria de seus membros imagina. Os avanços tecnológicos podem melhorar o padrão de vida de todo mundo — como tem ocorrido no último milênio —, mas a tecnologia só pode fazer isso. À medida que os padrões de vida da classe média crescem, os legisladores em todo o mundo terão de fazer algumas escolhas difíceis. Entre elas:

- O comércio e a imigração deveriam ser mais livres? Um país tem mais a ganhar ou a perder ao abrir suas fronteiras para novos trabalhadores e comércios?

- À medida que suas economias mudam, quais proteções os governos deveriam garantir à população? Alimentação? Moradia? Transporte? Educação? Saúde? Se tudo isso for fornecido pelo governo, de onde virá o dinheiro para pagar, e como tais benefícios serão distribuídos entre os necessitados?

- É aceitável que a desigualdade aumente, desde que as pessoas estejam adequadamente bem de vida? Ou o aumento da desigualdade é ruim, independente de qualquer coisa?

Quando escrevi, no começo desta seção, que a classe média é algo que as pessoas querem ser, eu não quis somente afirmar que elas querem dizer que são "classe média"; eu quis dizer que elas realmente querem *ser* classe média.

Todo mundo sonha com uma vida de luxo, mas muito poucas pessoas esperam alcançá-la. O que esperam em geral é uma vida em que estarão fisicamente confortáveis e financeiramente seguras, na qual precisam trabalhar para viver, mas sabendo que existe uma vida a ser vivida para aqueles que trabalham. Elas não esperam ter uma mansão, mas sim uma casa legal. Elas não esperam ter diamantes caindo de seus bolsos, mas sim poder esbanjar em algum item de luxo de vez em quando. Elas não esperam comandar uma grande empresa, mas sim trabalhar em um emprego onde sejam necessárias e respeitadas, onde aprendam habilidades valiosas e as usem para ajudar seus chefes a se destacarem; e esperam ser recompensadas de maneira justa.

Esse é o estilo de vida da classe média. Neste momento, é um estilo de vida razoável de se esperar para a maioria das pessoas no mundo desenvolvido, e para um número cada vez maior de pessoas no mundo em desenvolvimento. Se continuará sendo, ninguém pode dizer.

Uma lição do passado: Trabalhe para a mudança, mas não entre em pânico

As últimas seções podem ter parecido um pouco assustadoras... Mas, no que se trata da especulação sobre o futuro, pode ficar ainda mais assustador!

O desastre ambiental e o econômico são possibilidades, apesar de (e eu escrevo isto com os dedos cruzados) não serem probabilidades. Outras possibilidades assustadoras para o futuro incluem guerras desastrosas, talvez em escala global. Armas realmente perigosas, capazes de destruir cidades, existem no mundo e estão perpetuamente sob risco de cair nas mãos de pessoas que as usarão. Aliás, aqueles que já estão com elas nas mãos *agora* podem muito bem usá-las — já fizeram isso antes. Essa é uma possibilidade verdadeiramente assustadora.

As armas antigas também ainda estão por aí, e infelizmente elas são usadas todos os dias; milhões de pessoas no mundo vivem em lugares devastados pela guerra onde temem, justificadamente, por sua segurança. Uma machete é mais assustadora do que uma ogiva nuclear se for segurada por uma pessoa que esteja te ameaçando ou por alguém que você ame. Qualquer pessoa preocupada com o futuro precisa trabalhar para prevenir os conflitos violentos de todos os tipos.

Felizmente, uma terceira guerra mundial pode não ocorrer; nem mesmo uma catástrofe ambiental ou uma depressão econômica global. Com certeza espero que não, e imagino que você também esteja torcendo pela paz. Existe, entretanto, uma coisa que é garantida sobre o futuro: ao longo de sua vida, você *verá* mudança social de alguma forma. O mundo não continuará o mesmo.

Se você já tem idade suficiente para ler este livro, já viu a mudança social — e talvez você nem tenha lhe dado muita importância.

- ✔ Talvez o seu país elegeu um líder de quem você não gosta, ou decretou uma lei com a qual você discorda.

- ✔ Talvez tenha algo novo que todo mundo parece estar fazendo de repente — vestindo-se de certa maneira, ou falando de certa maneira, ou usando um novo dispositivo.

- ✔ Talvez você tenha visto a sua loja local favorita fechar, ou a sua bebida favorita sair de linha, ou o seu programa de TV favorito sair do ar.

- ✔ Talvez você tenha visto a violência aumentar em um bairro, em uma cidade ou em um país previamente pacífico.

Está perfeitamente justificado que se preocupe com qualquer uma dessas coisas. Às vezes, a situação muda para pior, e qualquer tipo de mudança pode ser estressante ou incômoda. Se você for um cidadão idoso, já viu mudanças dramáticas, totalmente chocantes na sua vida — e as chances são que você ainda verá muito mais. Se você ainda é relativamente jovem, espere para ver o que acontece. Certamente ficará surpreso (e me surpreenderá também).

É verdade que alguns aspectos da mudança social são difíceis de controlar, mas também é verdade que você *tem* o poder de influenciar a mudança social. Seja qual for o mundo que você queira ver no futuro, pode ajudar a torná mais provável que ele se concretize. Seja qual for o poder que você tem para fazer a sua voz ser ouvida, use-os! Os livros de história estão cheios de casos de pessoas que lutaram, às vezes contra todas as expectativas, para trazer à tona a mudança que queriam ver, e foram bem-sucedidas.

Entretanto, também vale a pena prestar atenção nos livros de histórias o fato de eles estarem repletos de pessoas que pensavam que o mundo estava destinado ao inferno. Não é nenhum exagero dizer que, desde o começo da história registrada, houve pessoas pensando que a mudança — afinal, *todos* já viram mudanças, não importa quando ou onde moravam — era exatamente o golpe final, o fim de tudo bom e correto no mundo. Você conhece pessoas assim; aliás, você pode *ser* uma pessoa assim. Se esse for o caso, saiba que tem bastante companhia.

Mas o mundo não acabou. Os bebês ainda estão nascendo, os adolescentes desobedecendo a seus pais, as pessoas ainda estão se apaixonando (e desapaixonando, e apaixonando-se de novo), estão trabalhando duro em empregos dos quais se orgulham, e lutando e rezando e rindo e chorando e, eventualmente, morrendo. Eu não sei quem você é e onde você mora, mas, mesmo que você esteja lendo este livro em 3001, aposto que está vivendo em alguma forma de organização social onde a maioria das pessoas, na maioria do tempo, se importa umas com as outras e trabalha para tornar o mundo um lugar melhor para todos. Você provavelmente está vivendo em um lugar onde a maioria das pessoas está feliz na maior parte do tempo; entretanto, mesmo que você more em um lugar onde coisas horríveis estão acontecendo, provavelmente deposita esperanças no futuro, esperanças de que as coisas vão melhorar. E os sociólogos diriam que você tem muitas e muitas razões para acreditar nisso.

A Sociologia no Futuro

Agora chega de falar sobre a possibilidade da paz mundial ou da catástrofe global...Vamos encarar os fatos. Qual é o futuro da *sociologia*? Nesta seção, abordo a direção que a própria sociologia pode seguir nas décadas que virão.

A Sociologia continuará existindo?

Você pode ficar surpreso com este título em um livro cheio de informações sociológicas úteis: por que a sociologia não continuaria existindo? Claramente, ela foi útil no passado. Por que *não* seria útil no futuro? Eu acho que sim, continuará existindo, e por muito e muito tempo. A questão interessante é se as pessoas ainda a chamarão de "sociologia".

Não há dúvida de que a perspectiva sociológica tem sido cada vez mais comum desde que a sociologia foi fundada no século XIX. A ideia de que seria interessante, produtivo e até mesmo *apropriado* estudar a interação humana cientificamente não era nem um pouco dada como certa nos tempos de Comte ou até de Durkheim (veja o Capítulo 3 para mais sobre os dois pensadores). Ambos os sociólogos passaram muito de seu tempo defendendo as ciências sociais em geral — e a sociologia especificamente — contra as pessoas que acreditavam que as ciências humanas e a ciência natural juntas eram capazes de explicar ao mundo tudo que se quisesse saber sobre a sociedade.

Hoje, pode-se dizer que a premissa básica da sociologia *é* dada como certa. Você consegue imaginar uma universidade que não ofereça um curso em economia, psicologia, ciência política, antropologia, geografia, pedagogia, estudos regionais, estudos femininos ou administração de empresas? Todas essas disciplinas, hoje, são ciências sociais construídas sobre as mesmas premissas que a sociologia: a sociedade pode, e deve, ser estudada cientificamente. Além disso, as disciplinas, desde a história até o direito, e até mesmo a teologia, estão usando cada vez mais as ferramentas das ciências sociais. Enquanto a interação humana for estudada científica e sistematicamente, a sociologia existirá de alguma forma.

Mas com todas estas *outras* disciplinas estudando a sociedade cientificamente, qual o motivo de existir uma disciplina separada chamada "sociologia"? Afinal, não existe uma coisa que os sociólogos estudam que não seja estudado por pessoas que não se consideram sociólogas. Existem os cientistas políticos — qual o propósito dos "sociólogos políticos"? Existem os economistas — qual é o propósito da "sociologia econômica"? Existem os cientistas sociais trabalhando em escolas — qual é o propósito dos "sociólogos da educação"?

Há uma possibilidade real de que a sociologia possa seguir o caminho da Filosofia. Há séculos, a maioria dos acadêmicos era chamada de "filósofos". Os filósofos da Grécia e da Roma antiga estudavam tudo, desde a sociedade e a arte até a medicina e a astronomia. O legado amplo do termo "filosofia" sobrevive até hoje, dado o fato de que o diploma mais alto de qualquer disciplina acadêmica é um PhD — seus titulares são "doutores em filosofia", mesmo que tenham estudado plantas, pessoas ou Platão. Mas quem, hoje, realmente se diz um "filósofo"? Apenas algumas poucas pessoas estudando a história da filosofia e questões teóricas altamente abstratas.

Lá no fim da linha, o mesmo pode acontecer com a sociologia — ela pode se tornar a ciência básica da interação humana em grupos e redes, e com todos os detalhes sobre etnias e governos, lugares e tempos deixados no domínio de acadêmicos de outras disciplinas. Por ora, no entanto, a sociologia continua firme em sua base, que clama a única ciência social que estuda *todos* os aspectos da vida social.

Para mim, a coisa mais excitante na sociologia é ver as conexões entre como as pessoas interagem em um momento e como interagem em outro, como um lugar é inesperadamente parecido com outro. Para ver essas conexões, você tem de estar aberto a estudar situações, lugares e tempos totalmente diversos; você tem de estar aberto a olhar, científica e sistematicamente, a política *e* a educação *e* a economia *e* a família *e* a igreja *e* todo o resto que faça parte da vida humana. É isso que os sociólogos, e somente os sociólogos, fazem. Não é fácil, mas é tremendamente, e às vezes inesperadamente, recompensador.

O paradoxo: Mais dados, menos informação

Os sociólogos observam o mundo social inteiro — e graças aos avanços na tecnologia, há cada vez mais do mundo social a ser visto. Parece uma coisa boa, mas também pode ser um desafio.

Em seu discurso inaugural como presidente da American Sociological Association[2], em 2000, Joe Feagin apontou que os sociólogos estão acostumados a trabalhar apenas com uma pequena amostra do que pode ser possivelmente conhecido sobre o mundo. Como, ele perguntou nos provocando, as coisas seriam diferentes se de repente soubéssemos *tudo*? Isso pode tornar os sociólogos ainda mais necessários do que são hoje.

É claro que os sociólogos ainda não sabem tudo, mas, conforme o mundo está cada vez mais online, eles sabem muito mais do que poderiam imaginar saber antes. Considere estes fatos:

- Não só as redes sociais como o Facebook e o Twitter estão se tornando mais populares, como estão cada vez mais ligadas umas às outras e com outros sites. Enquanto escrevo, você pode usar a sua conta do Facebook para entrar em muitos outros sites — o que significa que a informação sobre o que você faz nesses sites, até certo ponto, existe nos servidores do Facebook. Os administradores do Facebook não sabem tudo sobre o mundo social online, mas eles sabem *muito*... E o que não conhecem, seus colegas no Google ou na Microsoft podem muito bem saber.

- Os bancos têm históricos de transações de cartões de crédito, e várias empresas monitoram o percurso de seus produtos desde a fábrica até o armazém e o vendedor, e possivelmente até cada domicílio individual do consumidor.

- Quando você compra um carro, e depois, quando o leva para o conserto, o número de identificação do veículo é registrado. Isso dá às organizações que estejam dispostas acesso aos registros detalhados da história de um carro.

- Os celulares com GPS podem ser rastreados no mundo todo, e há uma discussão séria sobre implantar microchips rastreáveis sob a pele de crianças (se você acha a ideia assustadora, pense em como você se sentiria se seu filho estivesse desaparecido e houvesse uma tecnologia que pudesse lhe dizer exatamente onde ele está).

N.E.[2]: Associação Americana de Sociologia.

O resultado disso é uma quantidade quase inconcebível de informações sobre a atividade humana sendo — ou potencialmente sendo — coletadas. Essa realidade tem despertado preocupações sobre a privacidade, mas a diversão e a conveniência de se estar interligado parece irresistível para a maioria das pessoas não agarrar. No futuro não tão distante, pode existir um registro de minuto a minuto da vida média de uma pessoa. As ferramentas imprecisas, por exemplo, as pesquisas de opinião, seriam coisa do passado; as enquetes de rede ("por favor, liste todas as pessoas que você conhece") já estão sendo substituídas por dados muito mais superiores disponíveis nos sites de redes sociais.

Portanto, uma vez que o mundo tem todos esses dados, o mistério da vida humana será desvendado? Provavelmente não — sem a ajuda dos sociólogos para retirarem *informações* úteis dessa montanha de dados, esses zilhões de pedaços de dados serão tão úteis quanto uma lista telefônica sem ordem alfabética. No novo mundo dos dados infinitos, a sociologia — uma ferramenta para fazer sentido da vida social em toda a sua diversidade ilimitada — será mais importante do que nunca.

Parte VI
A Parte dos Dez

A 5ª Onda — Por Rich Tennant

FISCAL DE OBRAS EM UM ENCONTRO ÀS ESCURAS

"Hmm... fundação sólida, leve desgaste exterior, nenhum mofo aparente. Espero que a fiação não esteja toda errada."

Nesta Parte...

Sociologia, o que posso fazer com você? Deixe-me contar as maneiras... para ser preciso, 30 delas. As primeiras dez são os livros que você pode ler se estiver em busca de mais uma dose de sociologia, a segunda são as dez maneiras em que você pode usar a perspectiva sociológica na sua vida cotidiana, e os dez finais são os mitos sobre a sociedade quebrados pela sociologia.

Capítulo 17

Dez Livros de Sociologia que Não Parecem Dever de Casa

Neste Capítulo
▶ Encontrando livros que são divertidos e informativos
▶ Chegando a uma compreensão melhor das condições sociais

Se você quer aprender mais sobre a sociologia — e os assuntos estudados pelos sociólogos —, pode sempre pegar um livro ou um dos volumes impenetráveis de Talcott Parsons. Você provavelmente terá uma experiência melhor, entretanto, e possivelmente até aprenderá mais se começar com um dos muitos livros sociológicos divertidos e interessantes de ler.

A sua bibliotecária ou seu vendedor de livros local pode lhe recomendar uns títulos, mas apresento algumas de minhas sugestões pessoais: dez livros que representam uma grande variedade de tópicos sociológicos. Em cada um desses livros, você encontrará observações interessantes e esclarecedoras; muitas delas contando também histórias reais bastante comoventes. A pesquisa qualitativa está particularmente bem representada aqui, pois os estudos qualitativos podem ser mais fáceis de se relacionar — cada um desses livros, entretanto, leva em consideração, e tem informado, estudos quantitativos também (veja o Capítulo 4 para uma descrição da distinção entre as pesquisas qualitativas e quantitativas).

Alguns desses títulos são relativamente obscuros e outros são best-sellers clássicos da sociologia; todos são bem pesquisados e bem escritos, e cada um é uma porta para a vasta e fascinante disciplina da sociologia.

Randall Collins: Perspectiva Sociológica

Randall Collins é um sociólogo preeminente por si só, mas também ajudou a comunicar a teoria sociológica — por mais difícil que seja às vezes — para um público grande de estudantes, pesquisadores e leitores em geral com as publicações *Quatro Tradições Sociológicas* e *Perspectiva Sociológica*.

O livro *Perspectiva Sociológica* é o que me viciou na sociologia. Nele, o objetivo de Collins é compartilhar o que ele chama de perspectivas "não óbvias" da sociologia, a fim de mostrar por que a sociologia é uma maneira única e poderosa de se pensar o mundo social. Os capítulos bastante interessantes variam entre tópicos como o crime, relacionamentos e poder; em cada caso, Collins demonstra por que pensar sobre o tópico de modo sociológico permite a você entendê-lo de uma forma que talvez não conseguisse de outra maneira.

O que o livro *Freakonomics* fez pela economia alguns anos atrás, o *Perspectiva Sociológica* fez pela sociologia em 1982. Como estar em um relacionamento romântico parece com a posse de propriedade? Qual é a verdadeira natureza do poder na sociedade? Por que o crime é inevitável, e talvez até mesmo bom? Você sai do *Perspectiva Sociológica* sentindo-se como se acabasse de descobrir um segredo — que, devido à sociologia, você agora compreende o mundo de uma forma que a maioria das pessoas não compreende. Pode ser um pouco desnorteante, mas é muito divertido também.

William Foote Whyte: Sociedade de Esquina

Este livro de 1943 é um dos mais importantes na sociologia americana. É uma das melhores demonstrações do poder da etnografia — forma de pesquisa qualitativa envolvendo uma grande imersão em uma comunidade. Whyte conduziu a pesquisa para este livro enquanto estava em Harvard; ele passou quatro anos morando na "Little Italy"[1] de Boston

---

N.E.[1]: Bairro constituído predominantemente por imigrantes italianos e ítalo-americanos.

e passou a conhecer a comunidade intimamente. *Sociedade de Esquina* é um retrato detalhado e fascinante dessa comunidade (veja o Capítulo 14 para mais sobre William Foote Whyte e seu lugar na sociologia urbana).

Além de demonstrar o valor da etnografia paciente, *Sociedade de Esquina* documenta as profundas complexidades dos tipos de comunidade comumente vistas como marginalizadas. Antes da sociologia, as pessoas recorriam aos antigos filósofos ou à Roma antiga para buscar modelos de como a sociedade "deveria" funcionar. Os sociólogos disseram, então, vamos olhar como a sociedade *de fato* funciona — e isso significou, e ainda significa, olhar as sociedades que podem não ser consideradas exemplares. Ao escrever sobre a tremenda riqueza e profundidade da sociedade em um bairro que alguns poderiam chamar de "gueto" (e que Whyte chama de "favela"), Whyte provou que a sociedade é tão fascinante quando vista de baixo para cima quanto de cima para baixo.

Ele também é uma história humana comovente, particularmente a parte dos "garotos da esquina", cujo líder luta para encontrar o seu próprio caminho na vida mesmo enquanto resolve conflitos e promove amizades entre membros da gangue. Os garotos da esquina jogam muito boliche, e acontece que os meninos com alta estima também tendem a marcar pontuação mais alta no boliche. As ligas de boliche hoje provavelmente observam esse mesmo fenômeno.

William H. Whyte: O Homem Organizacional

Este livro grosso, porém fácil de ler, de 1955 é mais um ensaio estendido do que um estudo sociológico tradicional, e, em partes por essa razão, ele é mais antiquado do que outros best-sellers sociológicos de seu tempo. Ainda assim, é um retrato fascinante dos Estados Unidos no pós-guerra, onde os subúrbios floresciam e as corporações nacionais expandiam seu alcance com uma força de trabalho grande e bem treinada.

Como outros sociólogos de seu tempo (incluindo David Riesman, autor de *A Multidão Solitária*), William H. Whyte se preocupava com a homogeneidade da sociedade americana nos anos 1950. Ele acreditava que "o homem organizacional", um homem preocupado mais com a conformidade do que com a individualidade empreendedora, estava se tornando o novo modelo de trabalhador americano.

Na seção central do livro, Whyte documenta a vida social em um subúrbio novo e em desenvolvimento; ele vê os subúrbios como polos monótonos de vidas dos novos "homens organizacionais". Quase contra sua própria vontade, no entanto, Whyte documenta a vida social vibrante e animada entre as jovens famílias que habitam entusiasmadamente as residências suburbanas das quais ele é tão suspeito (para mais sobre William H. Whyte e suas visões sobre a vida suburbana, veja o Capítulo 14).

Erving Goffman: A Representação do Eu na Vida Cotidiana

Por mais de meio século, este livro de 1959 tem *definido* a microssociologia. Como um bom romance, ele parece que foi escrito de uma vez só, com ideias e inspirações transbordando de Goffman tão rápido quantos seus dedos digitavam.

A ideia central de Goffman é a de que somos atores em um palco, interpretando os "personagens" que queremos que os outros vejam. Essa ideia é pelo menos tão velha quanto Hamlet, mas o que Goffman traz é um olho sociológico agudo e uma disposição para levar sua premissa o mais longe possível. Se somos atores em um palco, quando e como mudamos de personagem? O que acontece quando o "palco" (o contexto) ou os "figurinos" mudam? Se estamos *sempre* atuando, então o "personagem" do trabalho é aquele "interpretado" pelo personagem que somos em casa? E quem interpreta *esse* personagem? As possibilidades podem fazer a sua cabeça girar e elas, sem dúvida, inspirarão a pesquisa sociológica pelos próximos 50 anos também.

Elijah Anderson: Streetwise

O clássico contemporâneo de Elijah Anderson, publicado em 1992, é, na verdade, dois estudos em um. Anderson escreve sobre dois bairros de Filadélfia: a gentrificada "Village" e a dura e pobre "Northton" (veja o Capítulo 14 para mais sobre esse estudo). Ambos os bairros enfrentam desafios sérios, e Anderson leva o leitor às profundezas de cada bairro, oferecendo maior compreensão, mas não prometendo soluções fáceis... pois não há nenhuma. Muitos dos melhores livros de sociologia centram-se nas comunidades, mas Northton e o Village podem ser mais reconhecíveis para você do que uma favela na era da depressão (*Sociedade de Esquina*) ou um subúrbio dos anos 1950 (O Homem Organizacional).

A seção sobre Northton é bastante comovente e tem sido especialmente controversa. As afirmações de Anderson de que o desaparecimento dos exemplos "mais velhos" contribui muito para o comportamento destrutivo das gerações mais jovens têm sido criticadas por alguns como um argumento para culpar as jovens vítimas da pobreza e do racismo por suas próprias circunstâncias. Decida por si mesmo após ler este livro — você não se arrependerá e não se esquecerá.

Arlie Hochschild: The Second Shift[2]

Você definitivamente se reconhecerá, ou seus pais ou outras pessoas que conhece, nas histórias de Hochschild sobre casais lidando com suas tarefas domésticas. Vale a pena ler *The Second Shift* — especialmente para os casais — nem que seja só para saber que não é só você que enfrenta desafios na divisão justa de responsabilidades (veja o Capítulo 15 para mais a respeito das observações de Hochschild sobre gênero e trabalho doméstico).

The Second Shift também é notável na sociologia do sexo e gênero como um dos maiores trabalhos a sinalizar que a "revolução sexual" estava longe de ter terminado — nem na publicação inicial em 1989, e nem hoje. O fato de os homens concordarem que as mulheres merecem tratamento igual não significa que eles de fato as tratem igualmente, ou que estão dispostos a tomar as responsabilidades por tradição associadas às mulheres. Essa situação felizmente está começando a mudar, mas, enquanto houver tensão entre o que as pessoas dizem e o que fazem, *The Second Shift* permanecerá relevante.

Viviana Zelizer: Pricing the Priceless Child

Um verdadeiro abridor de olhos. Esqueça tudo o que você julgava saber sobre o que é "melhor" para as crianças: Zelizer mostra o quanto a infância era diferente antes do século XX, e como ela mudou rapidamente em apenas algumas décadas conforme os índices de natalidade (e também de mortalidade infantil) caíram com rapidez e as crianças foram arrancadas da força de trabalho e das ruas. Uma das muitas histórias fascinantes que Zelizer conta se relaciona à transição do seguro de vida das crianças, o valor uma vez calculado ao descobrir a quantidade de renda que os pais

---

N.E.[2]: Em tradução livre, O Segundo Turno.

estariam perdendo com a morte de uma criança. Uma vez que as crianças não eram mais economicamente valiosas, tornaram-se emocionalmente "sem preço" (para mais sobre essa ideia, veja o Capítulo 15).

Pricing the Priceless Child é também um excelente exemplo da sociologia histórica, um método no qual registros históricos servem como evidência para se responder a uma questão sociológica. Zelizer conta com várias fontes: algumas delas chocantes, algumas impressionantes e todas interessantes.

Michael Schwalbe: Unlocking the Iron Cage

Apesar de *The Second Shift* mostrar que até mesmo os "homens sensíveis" podem ser tremendamente insensíveis, *Unlocking the Iron Cage* mostra que é possível mesmo os homens "machos" serem surpreendentemente sensíveis. O estudo fascinante de Schwalbe leva o leitor para dentro do "movimento masculino", um movimento no qual os homens se uniam para explorar assuntos de gênero e poder. As reportagens nas mídias de saunas e de batidas de tambor fizeram parecer que os participantes fossem machistas inseguros, mas Schwalbe descobriu que a maioria deles eram na verdade feministas comprometidos que desejava se sentir tão orgulhosos de seu gênero quanto suas esposas, mães e filhas se sentiam do delas.

A metodologia de Schwalbe foi a observação participante — ele de fato sentou nesses círculos e se espremeu nas saunas junto com seus objetos de estudo — e ele é honesto em relação às amizades que fez com os homens que conheceu. Como os sociólogos evitam ser tendenciosos em relação aos seus sentimentos pessoais por seus temas? Sugira *Unlocking the Iron Cage* no seu clube do livro; você desejará debatê-lo com alguém quando terminar de ler.

Richard Peterson: Creating Country Music

Além de ser um grande sociólogo da cultura, Richard Peterson é um grande fã de música — e isso transparece nesse divertido livro sobre a história da música country, muitas vezes referida como a música "real", uma música que de alguma forma bate no coração dos Estados Unidos. No livro, Peterson mostra que o que significa "real" (ou "autêntico") tem mudado com o tempo, desde os primórdios caipiras da música até o presente, onde os músicos de Country "reais" usam chapéu de caubói.

Creating Country Music é um olhar fascinante por trás dos bastidores da música Country, mostrando que o que é "autêntico" é na verdade, de certa forma, bastante artificial. Após ler esse livro, você passará menos tempo se preocupando com o fato de um restaurante francês, uma companhia de dança ou qualquer coisa ser "autêntica". O que conta como "autêntico", demonstra Peterson, é o que as pessoas decidem que seja em um dado momento.

Katherine Newman: No Shame in My Game

Katherine Newman é uma socióloga qualitativa preeminente — não que ela seja preguiçosa no departamento quantitativo. No livro, ela conta as histórias dos trabalhadores pobres: as pessoas que às vezes trabalham em empregos árduos e mesmo assim têm dificuldades de se dar bem. Sentar atrás do balcão no McDonald's e conversar com as pessoas que trabalham lá pode não parecer uma coisa tão difícil para você — a não ser que já tenha feito isso, ou que você já tenha lido o livro de Newman. Como Whyte fez em *Sociedade de Esquina*, Newman revela um mundo complexo de orgulho, preconceito, batalhas e sucessos entre um grupo de pessoas muitas vezes ignoradas ou dispensadas por aqueles que se beneficiam de seus trabalhos.

Cada um desses livros ensinará a você coisas diferentes sobre pessoas de diferentes caminhos de vida, mas eu lhe darei uma dica sobre uma das principais lições a ser tirada de cada um destes livros: *não suponha que você entende alguém sem antes viver na pele o que eles vivem*. Ao ficar próximo e íntimo (ou, em alguns casos, pegar no batente) de seus objetos, os sociólogos descobrem repetidamente que as escolhas (por exemplo, trabalhar ou não no McDonald's) que parecem difíceis de entender, na realidade, fazem bastante sentido para as pessoas que as realizam.

Capítulo 18

Dez Maneiras de Usar a Perspectiva Sociológica no Dia a Dia

Neste Capítulo
▶ Usando a sociologia para ganhar uma nova perspectiva da sua própria vida
▶ Compreendendo como a sociologia afeta a sua vida cotidiana

Qual é o motivo para se estudar a sociologia? Com certeza, para passar nas provas de sociologia. Para criar políticas sociais também. Mas e para a sua vida, quando você não está na aula de sociologia ou formulando leis? Pode ter certeza que também é muito importante!

A sociologia é útil, pois ela pode mudar o modo como você pensa em relação ao mundo. Quando entende como os sociólogos pensam sobre o mundo social e o que descobriram, pode acabar percebendo que a sociologia lhe fornece uma nova maneira de entender as pessoas e as situações à sua volta.

Neste capítulo, listo dez modos por meio dos quais você pode usar a perspectiva sociológica para influenciar a sua vida. De algumas maneiras, a sociologia pode ajudá-lo a realizar tarefas e a alcançar seus objetivos. De outras, ela pode ajudá-lo a saber com o que se preocupar ou não. E, é claro, ela é capaz de simplesmente ajudá-lo a compreender algumas situações confusas. Quanto mais você sabe sobre a sociologia, mais sabe sobre si mesmo e o mundo à sua volta.

Às vezes, entender essas situações por meio de lentes sociológicas é como se uma lâmpada se acendesse: você de repente vê tudo sob uma nova perspectiva. Em outros casos, pode se sentir inspirado para ler mais sobre um certo tópico — ou talvez até mesmo conduzir a sua própria pesquisa sociológica nesse tema! Existem muitas bibliotecas sociológicas e materiais online, mas, com um assunto tão complexo quanto a sociedade, sempre há espaço para mais.

Pense Criticamente Sobre Afirmações de que a "Pesquisa Prova" uma coisa ou outra

É quase impossível ligar a TV ou ler os jornais sem se deparar com uma afirmação de que a "pesquisa prova" que um certo produto é melhor que outro, ou que ingerir certas bebidas ou comer certos alimentos é bom para você. Na maioria do tempo, tais afirmações possuem um fundo de verdade, mas em geral é enganoso afirmar que exista uma pesquisa que de fato "prove" alguma coisa de modo incontestável — *especialmente* quando se trata de afirmações sobre a sociedade.

Para esclarecer, os sociólogos definitivamente apreciam o valor da pesquisa. Um bom sociólogo insistirá na verificação empírica de qualquer fato sobre o mundo social e, após ter essa verificação, examinará criticamente a fim de analisar quais são os pontos fortes e as limitações.

É precisamente *porque* os sociólogos valorizam tanto a pesquisa de alta qualidade que desejam vê-la realizada tão bem quanto for possível. Um estudo de pesquisa pode ser bastante caro e demorado e, se houver um erro metodológico ou se os resultados forem interpretados de modo incorreto, todo esse esforço terá sido desperdiçado.

Tendo visto e conduzido muitos estudos sociológicos, os sociólogos sabem o quanto é difícil conduzir uma pesquisa convincente. Vale muito a pena prestar atenção ao significado estatístico do resultado de um estudo, mas você também deve perguntar como eles foram alcançados. Quando alguém lhe diz que a "pesquisa prova" alguma coisa, não tenha medo de perguntar qual é essa pesquisa e como ela foi conduzida.

Cuidado com as Afirmações Improváveis Sobre a Sociedade

Se os estudos de pesquisa são falhos, eles podem ser aprimorados com pesquisas melhores... mas existem tantas afirmações a respeito da sociedade que é totalmente impossível prová-las. Uma afirmação é *improvável* se não houver informação que possa ser coletada para sustentá-la ou rebatê-la. Os tipos de afirmações improváveis sobre a sociedade que você em geral escuta são aquelas tão vagas que é quase impossível imaginar como alguém poderia verificar se isso está ou não correto. Por exemplo:

- **"A Vida era mais simples."** Simples como? A tecnologia era menos avançada e havia menos opções de carreira, mas isso significa que a vida das pessoas era realmente menos complicada? Se você fosse conduzir um estudo medindo o quão simples era a vida, quais informações coletaria?

- **"Meninos serão meninos."** O que significa "ser um menino"? Os meninos possuem os cromossomos Y, sim, mas é isso mesmo que essa afirmação significa? Ou será que ela quer dizer que existe um tipo particular de comportamento associado com ser menino, o qual os meninos sempre fazem e sempre fizeram? Que comportamento é esse? Você pode prová-lo?

- **"O governo não deveria se meter."** Por quê? O que o governo deveria fazer e o que ele não deveria fazer? O papel adequado do governo é uma questão incrivelmente complexa e pessoas apresentam opiniões diferentes sobre isso. Os dados podem ajudar a determinar o que funciona ou não, mas não há uma resposta clara para a função que uma dada instituição social (governo, educação, família) "deve" ou "não deve" fazer.

Quando você escuta esses tipos de afirmações, pense em que tipo de informação ajudaria a responder a essa questão. Existe uma maneira objetiva de responder à questão com provas? Se não, é apenas algo que deve (ou não) ser encarado como fé.

Às vezes, "uma questão de fé" é na verdade uma questão teológica em relação a Deus ou ao mundo sobrenatural, mas "ter fé" pode simplesmente significar confiar em alguém ou ter uma esperança. Nesse sentido, todo mundo tem fé em alguma coisa: você pode ter fé nos seus amigos ou ter fé de que as coisas irão melhorar no seu relacionamento romântico. Ter fé é importante, assim como também o é entender a diferença entre uma questão de fé e uma questão de fato.

Entender as Barreiras da Comunicação Efetiva

Você já pode ter ouvido dizer que todo mundo é humano e que, no fundo, todas as pessoas são iguais. É certamente verdadeiro que há um território comum a ser encontrado até mesmo entre pessoas de contextos completamente diferentes de vida, mas também é verdadeiro que há muitas línguas e costumes diferentes na Terra e, desse modo, não é possível considerar que uma palavra ou um gesto, com um significado para você, significará a mesma coisa para a pessoa ao seu lado.

Isso não se aplica somente ao tipo de diferenças interculturais que você encontraria entre, digamos, alguém do centro de Londres e alguém do deserto australiano. Cada residência possui sua própria pequena cultura e pode ser frustrante tentar se comunicar com alguém que mora na mesma rua.

Como é possível transcender essas barreiras? A sociologia não possui nenhuma resposta fácil, mas ela pode ao menos fazer com que você se conscientize das barreiras. Quanto mais você aprende sobre as sociedades e tradições que não as suas, mais respeito tem por essas diferenças e mais entende que, por mais difícil que seja alcançar uma compreensão entre pessoas de situações sociais muito diferentes, é criticamente importante.

Os Capítulos 5 e 6 têm muito mais informações sobre a cultura e a comunicação interpessoal.

Saiba a Diferença Entre a Identidade que Escolhe e a Identidade que Outros Escolhem para Você

Os sociólogos fazem uma distinção clara entre *raça*, algo que alguém olha e decide associar com você, e *etnia*, algo que você escolhe para si mesmo. O mesmo princípio se aplica a todos os outros aspectos da identidade: As pessoas o olharão, ou descobrirão coisas sobre você e farão suposições — algumas razoáveis, algumas não — sobre quem você é (veja o Capítulo 6 para mais sobre Erving Goffman e sua teoria de que você é um "ator" em um "palco" social).

Os sociólogos enfatizam que "quem você é" é moldado pela sua sociedade e pelo seu lugar nela, então não significa que você possa ou deva ignorar o seu contexto social. A sua maneira de se vestir, o que você diz, onde mora, com que se associa — essas coisas *de fato* afetam a forma como as outras pessoas pensam sobre você, e, assim, a maneira como você pensa sobre si mesmo. Além disso, os significados dessas coisas podem mudar de acordo com o lugar e o tempo. Usar um tênis em um jogo de basquete e usar tênis em um casamento são coisas muito diferentes, e, por mais que você prefira não ser julgado pelo que veste, as roupas — junto com outras escolhas de estilo de vida — são símbolos e, assim, as pessoas pensarão diferentemente em relação a você dependendo de sua aparência.

Mas isso não quer dizer que você não tem escolhas na sociedade! Você pode — e faz isso todos os dias — moldar a sua identidade por meio das mensagens que manda e das ações que toma.

Muitos sociólogos acreditam que não existe o "você" em qualquer sentido significativo fora do seu contexto social — isto é, que você e todos à sua volta pensam sobre você em termos de sua sociedade —, portanto não é necessariamente se vender quando se levam as expectativas sociais em consideração ao realizar escolhas em sua vida. Isso não significa, no entanto, que você sempre tem de atingir tais expectativas! Você não escolheu a sociedade na qual nasceu, mas pode escolher como navegará por ela.

Compreendendo a Arte: Se Parece Confuso, é Exatamente Esse o Intuito

As pessoas têm sentimentos intensos em relação à pintura, à música, ao teatro — em relação a todas as artes. Todo mundo sabe do que gosta e, em geral, do que não gosta, mas nunca pensa muito sobre o *porquê*. A sociologia provavelmente não será muito útil em explicar com precisão por que uma música o faz chorar e outra faz com que se irrite, mas os sociólogos da cultura passam muito tempo estudando como os variados tipos de arte têm sido usados de maneiras diferentes em tempos diferentes. A beleza pode estar nos olhos de quem vê, mas a arte é uma instituição social — e, como todas as instituições sociais, ela faz muito mais sentido quando você a considera em seu contexto social.

Você já olhou para um quadro ou uma escultura que os "especialistas" dizem ser maravilhosa, e não conseguiu entender absolutamente nada e nem realmente gostou? Talvez existam obras de arte, ou músicas, que até o ofendam — e provavelmente, você não está sozinho em se sentir ofendido por essas coisas. O que você pode não perceber é que o artista talvez *saiba* que irá ofendê-lo ou confundi-lo, assim como as pessoas como você, e isso pode ser parte do porquê o artista resolveu fazê-la. Se você olha para um quadro e sente raiva ou fica confuso, pode não ser por não entender ou não ser inteligente ou instruído o suficiente: fazer você sentir raiva e ficar confuso enquanto outras pessoas se maravilham pode ser exatamente o que o artista pretendia. Isso não significa que você está errado em se sentir da maneira que sente.

A arte sempre pertence a seu lugar e seu tempo. Algumas obras de arte podem ser ressonantes para as pessoas por centenas e até milhares de anos, enquanto outras talvez pareçam antiquadas em alguns meses. Se um crítico gosta de algo — bem, eles vêm de um certo contexto social, e, se você não compartilha desse contexto social, apenas faz sentindo que não se interesse pelas mesmas coisas em função das mesmas razões. Não significa que você está "errado" em dizer que não gosta de uma obra de arte ou de uma certa música.

A arte não precisa combinar com o sofá — é mais importante que ela combine com o seu próprio sentido em relação ao que é bonito e interessante.

Seja Esperto nas Relações

"O negócio é quem você conhece" soa como uma daquelas afirmações improváveis, mas os sociólogos compreendem cada vez mais a sua sabedoria. Se este livro fosse escrito há 20 ou 30 anos, ele talvez não tivesse um capítulo inteiro sobre as redes sociais; mas hoje, os sociólogos entendem que as redes estão no coração de quase todos os processos sociais. Se você mora no Brasil, então, sim, de certa forma, o Brasil é a "sua sociedade". Mas, baseado no dia a dia, as pessoas que você realmente conhece e com as quais interage são a "sua verdadeira sociedade". Eu mal conheço a mulher que mora na minha frente, mas ligo ou mando e-mail para minha amiga Whitney do outro lado do país várias vezes por semana. O meu laço social com a Whitney a torna muito mais influente na minha vida do que a maioria das pessoas na cidade onde moro (veja o Capítulo 7 para mais sobre as redes sociais).

O que isso significa para você? Que é uma boa ideia deliberar sobre fazer e manter conexões sociais. Pense sobre de quais redes sociais você quer fazer parte e chegue até elas por meio de conexões profissionais e pessoais. Quanto mais pessoas você conhece, melhor é a sua informação e mais poder você possui no contexto social delas.

Isto não significa que você deve passar o seu tempo todo tentando fazer amizade com pessoas com as quais não se associaria em outro caso — mas significa que, se você quer atingir um certo objetivo na sociedade, compensa fazer conexões com pessoas que estão conectadas àquele emprego que você quer ou ao lugar que você queira estar. Seja sincero sobre a construção das relações, mas também seja assertivo em relação a fazer e manter laços sociais valiosos. É altamente provável que compense.

Os sociólogos de rede concordam que é bom exercer algum esforço para conhecer pessoas e manter as conexões sociais que você fez, mas não é necessariamente produtivo parecer um "networker" muito agressivo. Ninguém gosta de se sentir usado por alguém que só deseja informações e a influência dos outros. Os seus laços sociais mais úteis são com aquelas pessoas com quem você tem algo em comum.

Mudando a Sociedade: Seja Otimista, Mas Mantenha Suas Expectativas Realistas

Então você tem alguns problemas com o mundo? Sim, claro, quem não? Quer mudar o mundo? Siga em frente! Você consegue; pelo menos, você pode mudar *alguma coisa*.

Ainda assim, entenda que a sua sociedade é da maneira que é por muitas razões complexas. Das coisas que você mais odeia sobre a sociedade até aquelas que mais ama, houve um longo caminho que o levou ao seu tempo e lugar. Quando uma mudança social dramática acontece com rapidez, é geralmente devido a circunstâncias muito incomuns (e possivelmente dolorosas). Os sociólogos históricos têm passado décadas e décadas tentando entender a trajetória fascinante e misteriosa da história social.

Como A leva à B, que leva à C? Não é sempre óbvio, mas os sociólogos acreditam que, de alguma forma, isso faz sentido... e, se *faz* sentido, significa que você pode descobrir como mudar isso (veja a próxima seção para mais sobre os movimentos sociais).

Uma frase comum sugere que você "pensa globalmente, age localmente". Isto pode parecer meio bobo, mas faz sentido sociologicamente — você pode causar um grande impacto nas pessoas e nos lugares próximos a você. Fazer mudanças na sua vida cotidiana pode impactar o tempo, você e as pessoas ao seu redor.

Aprender Como Mobilizar um Movimento Social

Os sociólogos estudando os movimentos sociais têm muitas histórias sobre indivíduos e pequenos grupos que trouxeram, com sucesso, enormes mudanças nas leis, nas políticas e nos costumes. O Movimento dos Direitos Civis, o movimento para acabar com o trabalho infantil, o movimento pró--reciclagem — todos eles tiveram batalhas difíceis inicialmente, mas por fim se tornaram sucessos espetaculares.

É claro, eles também possuem várias histórias sobre movimentos sociais que *não* deram tão certo. Em meados do século XX, havia um grande movimento para fazer os Estados Unidos se converterem para o sistema métrico (quilômetros em vez de milhas, Celsius em vez de Fahrenheit) — este não deu tão certo, apesar do fato de milhões de crianças terem memorizado o sistema métrico e aprendido a converter as unidades "padrão" em unidades métricas. Uma vez que terminaram a quarta série, elas decidiram que não estavam mais a fim.

Nos movimentos sociais, assim como no pôquer, é bom lembrar do conselho do cantor Kenny Rogers: *"You gotta know when to hold'em, know when to fold'em; know when to walk away, know when to run"*[1].

Se você está interessado em fazer a mudança social acontecer, leia o Capítulo 13 deste livro (se ainda não leu) e então considere ler mais sobre a sociologia dos movimentos sociais. Você aprenderá algo sobre quais estratégias funcionam e quais não. Compensa tentar convencer as pessoas de que você está certo, mas apelar apenas para suas cabeças provavelmente não funcionará: você também deve apelar para seus corações e corpos. Considere todas as maneiras diferentes por meio das quais você pode se conectar com elas e interessá-las por sua causa. Com persistência e um pouquinho de sorte, você consegue até mudar o mundo... mas tenha paciência, pois isso não vai acontecer da noite para o dia.

Conduzir sua Empresa Efetivamente

No Capítulo 12, explico o argumento do sociólogo Richard Scott de que as organizações se comportam como "sistemas racionais", como "sistemas

---

N.E.[1]: Da música "The Gambler", do álbum de mesmo nome, lançado em 1978. Em tradução livre: "Você tem que saber quando pegá-los, saber quando dobrá-los, saber quando ir embora, saber quando correr."

naturais" *e* como "sistemas abertos". Se Scott está correto — e muitos sociólogos organizacionais acreditam que sim, que, pelo menos em termos gerais, ele está —, a sua empresa é uma máquina, sim, mas uma máquina composta de seres humanos e uma máquina que faz o seu trabalho ao interagir com outras. Para conduzir a sua empresa de modo efetivo, é necessário entender:

- **A sua organização corporativa.** A sua empresa foi desenvolvida para cumprir seu papel da maneira mais eficiente possível? A informação flui correta e rapidamente de uma parte da empresa para outra? Há algum desperdício óbvio? Todo mundo sabe quais são suas funções?

- **A sua cultura corporativa.** Como as pessoas se sentem trabalhando na sua empresa? Elas gostam de seus colegas de trabalho? Elas sentem que seus trabalhos são partes saudáveis e satisfatórias de suas vidas em geral — ou elas estão apenas batendo o cartão?

- **O seu ambiente corporativo.** O que está acontecendo entre as empresas com as quais você lida, como fornecedores, clientes e competidores? Quais são as leis e políticas que afetam o seu negócio e como elas mudam?

Entender um — ou até mesmo dois — desses aspectos da vida corporativa não será suficiente: Você deve entender todas essas dimensões da vida corporativa. De muitas formas, a perspectiva sociológica pode ajudá-lo a entender como a sua empresa funciona e (mesmo que você não seja o dono) como ser mais efetivo em seu trabalho.

Entender Como Podemos Ser tão Diferentes e Ainda Assim tão Iguais

Esse é um dos muitos paradoxos da sociologia. Por um lado, os sociólogos estudam as sociedades humanas em toda a sua grande diversidade, portanto, entendem como as sociedades podem ser tão diferentes. Os sociólogos adoram questionar as suposições dadas como certas; alguns de seus mais profundos valores, opiniões e costumes são provavelmente únicos à sua sociedade em particular. Mesmo que pareça "bom senso" ou a "natureza humana" que as normas e os valores (veja o Capítulo 2) sejam da maneira que são na sua sociedade, esse geralmente não é o caso.

E, mesmo assim, os sociólogos sabem que *existem* semelhanças entre todas as pessoas, em todos os lugares, em todos os tempos. É por isso que os interessados na vida corporativa em Nova York no século XXI podem ler livros e artigos sobre as redes sociais em Paris no século XVIII ou sobre a propagação de uma certa moda no sudeste asiático no século XIX. Em geral — se não em particular — as pessoas são pessoas e a sociologia demonstra as semelhanças assim como as diferenças entre as pessoas em diferentes sociedades.

A sociologia pode surpreendê-lo ao demonstrar como é possível as pessoas serem diferentes de algumas formas, mas também pode — e tão interessante quanto — surpreendê-lo ao revelar as conexões inesperadas entre pessoas que moram em lugares muito diferentes e em tempos muito diferentes.

Capítulo 19

Dez Mitos Sobre a Sociedade Quebrados pela Sociologia

Neste Capítulo
▶ Descobrindo a verdade por trás dos mitos comuns sobre a sociedade
▶ Usando a sociologia para questionar suposições errôneas

*V*ocê já deve ter visto o programa de TV *Os Caçadores de Mitos*, no qual cientistas e engenheiros testam os mitos sobre o mundo para verificar se existe realmente qualquer possibilidade de as afirmações serem verdadeiras. Você pode de fato sobreviver ao cair de uma grande altura dentro de uma lixeira cheia? É possível fazer uma bala se curvar ao virar o seu pulso ao atirar com uma arma? É muito interessante — e os cientistas sociais podem fazer isso também!

Assim como muitas pessoas estão convencidas, apesar de todas as evidências, de que bater na latinha de refrigerante antes de abrir vai impedi-la de transbordar quando aberta, muitas outras têm certezas sobre algumas coisas da sociedade não totalmente verdadeiras. Neste capítulo, falo sobre dez mitos sobre a sociedade, os quais os sociólogos demonstraram pelo menos parcialmente serem falsos; em alguns casos, entretanto, eles eram totalmente equivocados.

Esses mitos variam em relação à disciplina inteira da sociologia — portanto, se você está lendo este livro desde o início, logo reconhecerá alguns desses mitos. Há *alguma* verdade em alguns deles, mas nenhum é tão completa e inequivocamente verdadeiro como várias pessoas estão convencidas de que sejam. Dois séculos de pesquisa sociológica demonstraram que suposições enraizadas sobre o mundo social podem, na verdade, desmoronar muito rápido quando postas sob a luz da pesquisa científica.

E esses são apenas alguns exemplos. Espero que este livro o inspire a questionar se todas as coisas nas quais você acredita sobre a sociedade são realmente verdades ou apenas suposições falsas que você não procurou testar ou pesquisar. Elas até podem ser verdade, mas a sociologia pode ajudá-lo a pensar sobre como é possível colocá-las em teste.

Aqui estão algumas que não passaram.

Por meio do Trabalho Árduo e da Determinação, Qualquer um Pode Conseguir o que Merece

Este pode ser o mito que mais incomoda os sociólogos. Especialmente nas sociedades capitalistas estabelecidas, como os Estados Unidos e a Europa, há uma grande aceitação generalizada de que as pessoas recebem o que "merecem" — isto é, que em geral, a riqueza, a renda e a liberdade pessoal correspondem ao quão arduamente uma pessoa tentou se dar bem na vida. Seria bom se isso fosse verdade porque significaria que, se você precisasse de dinheiro, tudo o que deveria fazer é se esforçar um pouquinho mais; e, se você tentasse o máximo possível, seria incrivelmente rico.

É verdade que, na maioria dos casos, um pouco de esforço, dedicação e sacrifício são *necessários* para se alcançar o conforto material. Não há dúvida de que a maioria das pessoas que vive confortavelmente (ou mais do que isso) trabalhou muito duro para chegar onde estão. Dizer que "qualquer um pode se dar bem" é um mito, não é para querer diminuir as conquistas das pessoas que de fato trabalham duro todos os dias para ganhar o que ganham, independente de quanto for.

O que torna isso um mito é não existir um campo equilibrado. Por várias razões, algumas pessoas enfrentam desafios que outras não. Há o racismo e os problemas de saúde, existem amigos e familiares que precisam ser cuidados e também há o puro e simples azar. Acontece. Além disso, o que pode ser difícil de entender — pois poucas pessoas estiveram nos dois extremos do espectro da riqueza — é que as desvantagens da pobreza são multiplicativas, enquanto, na riqueza, multiplicam-se as vantagens dela. Quanto mais pobre você for, mais difícil será sair da pobreza, independente do quão duro você trabalhe; e quanto mais rico você for, mais difícil será sair dessa situação, não importa o quão preguiçoso você seja.

É importante tomar decisões inteligentes e prudentes independente de sua situação financeira; além disso, para se dar bem, você em geral precisa de fato trabalhar duro. Mesmo assim, a ideia de que as pessoas com mais dinheiro devem de alguma forma trabalhar mais pesado ou são mais merecedoras do que as pessoas com menos dinheiro é um completo e absoluto mito.

Nossas Ações Refletem Nossos Valores

Eu gostaria de acreditar que sei quem sou e o que valorizo, que há algo consistente e inabalável dentro de mim e que todas as minhas ações fluem dali com naturalidade. Infelizmente, isto não é completamente verdadeiro.

Não só os sociólogos, mas todos que examinam o comportamento humano de perto e sistematicamente — psicólogos, economistas, cientistas políticos —, descobriram que isso é pelo menos parcialmente um mito. Seria muito conveniente para os cientistas sociais se não fosse um mito, pois significaria que é possível avaliar alguém baseado em suas atitudes e opiniões e, então, supor com segurança que você sabe o que ele fará. Aliás, por várias vezes os cientistas sociais observaram que uma pessoa pode, aparentemente com toda sinceridade, lhe dizer uma coisa, e depois virar e fazer outra completamente diferente. Além disso, as pessoas se esquecem do que fizeram no passado, mudando as suas ações passadas para serem consistentes com seus valores presentes — que provavelmente mudarão no futuro. Isso com certeza torna a vida interessante para os escritores e poetas, mas é um pesadelo total para a ciência social.

Por que as pessoas não agem de acordo com aquilo em que parecem acreditar? Bem, às vezes elas fazem; aliás, *geralmente* fazem. Mas existem muitas influências nas ações das pessoas, e suas crenças essenciais são apenas uma dessas influências. Há a pressão do grupo, existe a conveniência, o hábito...e, vamos encarar, você é um ser humano *complicado*. Você não veio com um manual de instruções; você o escreve todos os dias. O essencial é que não é possível olhar as ações de uma pessoa e supor que sabe "quem elas são"; e vice-versa, saber tudo sobre as opiniões e os valores de uma pessoa só lhe diz quais ações elas tomarão no futuro.

Estamos Sofrendo Lavagem Cerebral pela Mídia

A ubiquidade da mídia em massa na sociedade contemporânea pode ser assustadora. Com dezenas ou até mesmo centenas de milhões de espectadores ou ouvintes, talvez pareça que os apresentadores de TV, as personalidades do rádio e as estrelas do pop tenham uma influência enorme. Essas pessoas podem às vezes ser muito extremas, e é possível que pareça que estão tomando conta da moda, da política, das atitudes e dos comportamentos. Aliás, muitas pessoas acreditam que essas figuras carismáticas são tão influentes que todos sofrem essencialmente lavagem cerebral devido a elas, que elas têm o poder de fazer as pessoas realizarem basicamente o que quiserem.

Isto é um mito. Certamente, as celebridades da grande mídia possuem bastante influência em certos aspectos: elas podem começar tendências e influenciar atitudes sociais. Mas há pouca evidência sociológica para sugerir que os programas de TV, programas de rádio ou sites podem influenciar as pessoas em números significativos a ponto de se comportarem completamente fora de característica.

O sociólogo Stanley Lieberson descobriu que os nomes de bebês se tornavam populares devido ao crescimento da fama de celebridades com aqueles nomes. E o *Show de Cosby* é creditado por ajudar a quebrar os estereótipos disseminados sobre as famílias afro-americanas.

Particularmente nos dias atuais, quando as pessoas possuem um número de opções nunca antes vistas, elas geralmente escolhem assistir, ouvir ou ler a mídia que seja consistente com suas opiniões preexistentes; se faz alguma coisa, em primeiro lugar a mídia reforça as opiniões e os hábitos das pessoas. Mais importante, no entanto, é que as pessoas — até as crianças pequenas — são consumidores ativos e inquisitivos da mídia. Você acredita em tudo o que alguém diz na TV? É claro que não...e nem seus vizinhos.

Em vez de se prender a debates sobre se um tipo de mídia ou outro tem um viés político, lembre-se de que não existe algo como uma fonte "objetiva". Isso não é dizer que não exista algo como "a verdade" — mas, sim, que existem formas diferentes de se contar a verdade. Com a mídia em todo o mundo agora disponível por meio de um clique no mouse, você estará se fazendo um favor ao visualizar diferentes fontes de notícias e não se baseando em apenas uma fonte.

Compreender a Sociedade é uma Questão de "Senso Comum"

Dentre todos esses mitos, a inverdade desse deve parecer a mais óbvia para aqueles que leram um pouco deste livro ou ele todo. Vale a pena repetir, entretanto — não só porque, se fosse verdade, todo sociólogo estaria desempregado, mas também porque este é um dos mitos mais perigosos dessa lista.

Houve um tempo em que era "senso comum" algumas raças deverem ser subjugadas à outra. Também era "senso comum" que as mulheres não votassem e, em algumas sociedades, ainda é amplamente visto como "senso comum" que as mulheres não possam escolher seus maridos ou até mesmo seus parceiros sexuais. As pessoas com distúrbios mentais deveriam ser presas em instituições, ou talvez inclusive mortas? Isso, também, já foi "senso comum".

Essas crenças provavelmente — esperamos! — parecem absurdas para você agora, mas não é suficiente ignorar que há muito tempo são disputadas. A sociologia o desafia a questionar as crenças que você vê como senso comum *hoje*. Isso é muito mais difícil, mas, para realmente entender como a sociedade funciona e como ela pode se tornar melhor para todos, você deve estar disposto a questionar até mesmo aquelas opiniões mais íntimas. Isso não significa que você deva descartá-las, mas tem de manter a mente aberta. Senão, não só você estará fechado a novas ideias interessantes, mas também arrisca ser vítima dos mitos destrutivos. Eles ainda estão por aí — por exemplo, veja todas as outras seções neste capítulo!

Por várias boas razões, é fácil se envolver nas suposições e viés de sua própria sociedade — mas é uma certeza que algumas delas são vistas como sem sentido algum em outras sociedades, e algumas opiniões que as pessoas à sua volta dão como certas hoje parecerão ridículas daqui a 500 anos. Você não deve ser um relativista —, isto é, alguém que acredita que não existe algo como a verdade — para entender a importância de questionar até mesmo as suposições que parecem perfeitamente óbvias e normais em sua sociedade em particular.

A Raça Não Importa Mais

Há apenas algumas décadas, os afro-americanos não podiam se sentar em certos lugares em ônibus ou em restaurantes. Em 2008, um afro-americano foi eleito presidente dos Estados Unidos. Isso significa que a raça não importa mais? O sonho de Martin Luther King Jr. se tornou verdade: as pessoas podem ser julgadas pelo conteúdo de seu caráter e não pela cor de suas peles?

Isso não diminui as incríveis conquistas dos ativistas dos direitos civis e o progresso quase que inacreditável que tem sido feito em relação à tolerância social, mas dizer que a ideia de raça "não importa mais" é um mito. Muito mais opções estão disponíveis hoje para as pessoas ao redor do mundo, independente da raça, mas esta continua um grande fator sobre como as pessoas são vistas, como são julgadas e como são tratadas.

O que isso significa para a política social? Não é óbvio, exceto que as políticas "cegas de raça", seja quais forem suas virtudes em situações particulares, não são necessariamente consistentes com a maneira pela qual as pessoas veem o mundo. O que importa para a sociologia é que a raça continua, e continuará no futuro próximo, algo que deve continuar sendo estudado.

Com o Tempo, as Famílias Imigrantes Irão se Assimilar e Adotar uma Nova Cultura

Se o equívoco desse mito não lhe parece óbvio, tudo bem; por um longo tempo, ele também não era para os sociólogos! Durante muito tempo do século XX, os estudos sociológicos da imigração eram dominados pela teoria que, de uma forma ou de outra, com o tempo, as famílias de imigrantes não apenas se mesclariam na grande "caldeira", mas também deixariam suas culturas para trás e adotariam a cultura de suas novas sociedades.

Hoje, no entanto, os sociólogos entendem que existem muitos problemas com essa teoria. O maior deles é a suposição de que existe um caminho entre se sentir "menos assimilado" e "mais assimilado", um caminho por onde todas as famílias de imigrantes podem estar localizadas. É verdade que essas famílias de alguma forma se adaptam às suas novas circunstâncias, mas tal adaptação não é necessariamente linear; elas podem mudar por completo seus comportamentos em alguns aspectos enquanto mantêm o mesmo em outros. Além disso, é problemático supor que exista uma única cultura "recebedora" na qual as famílias possam assimilar — toda cultura é, na verdade, muitas culturas diferentes, e é um erro achar que se tornar "americano", "inglês" ou "japonês" significa uma coisa em particular, um estilo de vida, um conjunto de valores ou até mesmo uma única língua na qual os recém-chegados precisam se assimilar.

Além disso, no entanto, o conceito inteiro de "assimilação" sugere um tipo de absorção que apaga as experiências e os valores que as famílias trazem consigo. Na verdade, o que acontece é que as experiências e os valores dessas famílias são *adicionados* à cultura de suas novas casas. Presumir o contrário pode justificar uma desconsideração cientificamente equivocada e pessoalmente ofensiva pelas contribuições dessas famílias. A integração da cultura não precisa ser um processo de "assimilação" de perdas e ganhos, mas um processo de adição e enriquecimento de ganho-ganho.

A Burocracia é Desumana

Esse mito foi mencionado no Capítulo 12. Como você (imagino), alguns dos sociólogos mais brilhantes da história estiveram preocupados com os efeitos da burocracia na sociedade. Max Weber a chamava de uma "jaula de ferro" que prende as pessoas em seu punho firme.

Esses mesmos sociólogos, entretanto, também apreciam as suas virtudes. Mais obviamente, há o fato de a burocracia permitir às pessoas fazerem mais, com mais eficácia; Marx, Durkheim e Weber entendiam isso e aludiam a isto de uma forma ou de outra. Ao aumentar a produtividade, a adoção em massa da burocracia tem significado um maior padrão de vida para as pessoas no mundo. Se os negócios ainda fossem realizados por meio de entendimentos informais e contatos pessoais, levaria muito mais tempo e seria muito mais caro realizar *qualquer coisa*, e, consequentemente, os preços dos bens e serviços iriam disparar.

Também é verdade, no entanto, que às vezes um pouco de desumanidade pode ser uma coisa boa. Talvez seja frustrante não conseguir falar com um ser humano no telefone, ou não conseguir convencer alguém a lhe quebrar um galho quando você acidentalmente esquece de pagar o cartão de crédito — mas essa propriedade "desumana" da burocracia corporativa também torna mais difícil que essas empresas discriminem ou maltratem as pessoas por razões arbitrárias. A burocracia pode, às vezes, parecer fria e impessoal, mas ela também lhe fornece uma quantidade enorme de liberdade para ser quem você quer e fazer o que quiser, para ser tratado apenas como um número em vez de uma pessoa sobre quem as outras possuem expectativas e a quem estenderão apenas certos privilégios. Dessa forma, a burocracia pode, na verdade, permitir que você seja *mais* humano.

As Pessoas que Fazem Más Escolhas Estão Apenas Captando a Mensagem Errada

Há uma crença persistente de que as pessoas que fazem "más escolhas" — sejam elas escolhas com as quais você apenas discorda, ou que pareçam contradizer ativamente seus valores ou objetivos — estão "captando a mensagem errada", que elas estão de algum jeito sob a influência de pessoas ou publicações que persistentemente as enganam sobre quais são as "escolhas certas". E, às vezes, elas estão mesmo.

A maioria das pessoas, entretanto, na maioria das sociedades, está recebendo *muitas* mensagens de várias fontes, que podem incluir:

- Amigos;
- Familiares;
- Professores;
- Colegas de trabalho;
- Líderes espirituais;
- Médicos ou terapeutas;
- A mídia;

Entre essas mensagens, estão aquelas a que eles prestam atenção e que podem variar de situação em situação, e de um dia para o outro.

O sociólogo David Harding, mencionado no Capítulo 7, mostra que as pessoas que recebem mensagens conflitantes são muitas vezes mais confusas e podem ter comportamentos menos previsíveis do que aquelas que escutam mensagens consistentes; todo mundo, entretanto, tem uma série de fontes diferentes de informação para formar suas opiniões.

Se você tomar más decisões, é provável que isso signifique que está recebendo "a mensagem errada" — mas você provavelmente também está recebendo "as mensagens certas". Com quais mensagens você decide agir é escolha sua.

A Sociedade Nos Impede de Sermos "Nós Mesmos"

Alguns psicólogos acreditam que o processo de crescimento é, pelo menos na sociedade contemporânea, quase universalmente traumático — que conforme as pessoas aprendem a se adaptar às expectativas sociais, elas são forçadas a traírem seu "verdadeiro eu".

Certamente parece isso mesmo, mas a maioria dos sociólogos acredita que nem faz sentido pensar em um "verdadeiro eu" que exista fora da sociedade. O que você é e o que faz é fundamentalmente social; desde o momento em que nasce, é a sua sociedade que dá sentido à sua vida, que dá a linguagem, história, amigos e família. Por toda sua vida, mesmo os seus pensamentos mais íntimos e pessoais estão profundamente envoltos em sua vida social. O seu "verdadeiro eu" *não pode ser separado* da sua sociedade: mesmo que você saia dela, as suas experiências continuarão moldando e fornecendo significado à sua experiência para o resto de sua vida.

Essa pode ser a melhor razão para se estudar sociologia, pois, a não ser que você compreenda a sua sociedade, não pode realmente se entender. E, se você não se entende, como poderá entender qualquer outra coisa?

Existe Algo como uma Sociedade Perfeita

Auguste Comte, o homem que cunhou o termo "sociologia", pensava que um dia nós iríamos entender tudo, que, com esforço e estudo suficiente, alcançaríamos a sociedade perfeita e seria isso. Não é necessário dizer que os sociólogos estariam no comando (veja o Capítulo 3 para mais sobre Comte.).

Os descendentes intelectuais de Comte, sendo os sociólogos de hoje, não acreditam mais nisso. Nunca na história do mundo houve uma sociedade sem desigualdade, conflito, crime e infelicidade. Seja o que for que você considere uma sociedade "perfeita", nós ainda não descobrimos isso e provavelmente nunca descobriremos.

Por quê? Porque nós não somos pessoas perfeitas. As pessoas são egoístas, estúpidas e inconsistentes e cometem erros. Construir uma sociedade perfeita composta de seres humanos é como tentar construir uma catedral de balas de gelatina. Simplesmente não é possível.

Isso não significa, entretanto, que você deva perder as esperanças! Com a ajuda da sociologia e de outras ciências sociais, nós já fomos muito longe desde os tempos de Comte, e você e eu temos total razão de pensar que as condições sociais irão melhorar. As pessoas não são perfeitas, mas também não há razão para pensar que são todas fundamentalmente más ou destrutivas. Trabalhando juntos, e fazendo perguntas difíceis e exigindo as melhores respostas possíveis, nós podemos tornar o mundo um lugar melhor para se viver. Ele nunca será *perfeito*, mas quer saber? Por mim, tudo bem.

Índice

•A•

Abagnale, Frank, 132
aborto, 287–288
a cultura dominante como ponto de referência, 102–103
adolescência, 316, 333
A Elite do Poder (Mills), 61, 277
A Ética Protestante e o Espírito do Capitalismo (Weber), 56
A Família Negra: O Caso para Ação Nacional (Moynihan), 38
afro-americanos
    classe média, 306
    conquistas dos, 163, 181
    direitos de voto, 283, 289
    feriados, 289
    índices de encarceramento, 239
agentes de socialização, 109
agentes imobiliários, 146
"agregadores", 346
altruísmo, 128–129
American Journal of Sociology (periódico), 68
American Sociological Association, 358
American Sociological Review (periódico), 68
amostras representativas, 78, 80
A Multidão Solitária (Riesman), 59, 62, 292
análise de baixo para cima, 148
análise macrossociológica, 147
Anderson, Elijah (sociólogo)
    Streetwise, 366–367
An Inconvenient Squirrel (Scrimshaw), 109
Anjos na América (Kushner), 199
antecipação, 289

antropologia, 99–100
aparência física, discriminação, 183
aposentadoria, 322
A Representação do Eu na Vida Cotidiana (Goffman), 133, 366
A Revolução dos Bichos (Orwell), 159
Ariés, Phillippe (historiador), 314
aristocracia, 186
armadilha nostálgica, 330
armadilhas, métodos de pesquisas, 81–86
arte
    mudanças na, 100–101
    vendendo, 124
artes liberais, 100
Asimov, Isaac, 127
a solidão das multidões, 292–294
As Regras do Método Sociológico (Durkheim), 54
assimilação, 191–193
assistência de saúde, 323–328
assistentes sociais, pesquisa para, 32–33
ativação das redes, 145–146
audiências no Congresso sobre o Taylorismo, 252
Austen, Jane (autora)
    Orgulho e Preconceito, 316
automóveis, vendendo, 124, 238–239
autopreservação, 266
A Volta ao Mundo em 80 Dias (Verne), 345
avós como babás, 318, 335

•B•

Baby Boomers, 194–195, 317
Bacon, Francis (filósofo), 173–174
Bacon, Kevin (ator), 138

bairros, evolução dos, 297–301
Balch, Robert W. (sociólogo), 233–234
bens, 173
Bishop, Bill (sociólogo)
  The Big Sort: Why the Clustering of Like-Minded America is Tearing Us Apart, 300
bissexualidade
  atitudes, evolução da, 197–198
  coabitação, 323
  discriminação, 174, 180
  identidade, 199–200
Black, Duncan (economista), 280
boom das ponto-com, 258
Bourdieu, Pierre (sociólogo), 112, 174
bruxaria, 229–230
buracos estruturais, 145
burocracias
  cultura corporativa como, 255–259
  Weber sobre as, 247–248
Burt, Ronald (sociólogo), 145
buscas literárias, 67–68

•C•

"caldeirão", 191
Calvino, João (clérigo protestante), 56, 207
campos das ciências sociais, 24
campos dominados por homens, níveis de renda, 195–196
campus corporativo do Google, 258
capital cultural, 174–175
capital humano, 173, 279–280
capitalismo
  industrial, 176
  "jaula de ferro" do, 42, 250, 344, 368, 387
  Marx sobre, 51
  Weber sobre, 57–58, 167, 250, 343–344, 387
"capital social", 106
caridades
  altruísmo, 128–129
  religiosas, 210

Carneal, Michael (adolescente envolvido em tiroteios em escolas), 235–237
carreiras
  sugestão de candidatos, 143
carros, concessionárias, 124, 238
Carter, Prudence, 120
casamento
  coabitação comparada ao, 323
  divórcio
    aceitação, 329
    fatos sociais, 116
  fatos sociais, 116–117
  parcerias não matrimoniais, 329
  sobre, 334–335
casta. *Consulte também* desigualdade; movimentos específicos de direitos civis
  sobre, 186–187
castas sacerdotais, 186
Castro, Fidel (político), 62
Celebration (cidade patrocinada pela Disney), 309
Censo americano, 319
Chomsky, Noam (linguista), 340
Christakis, Nicholas (sociólogo), 148
cidade central, 307
Cisneros, Sandra (autora)
  The House on Mango Street, 199
classe
  classe alta, 162, 304–305
  classe baixa, 162, 177, 304–305, 351–353
  "classe mais alta", 17
  classe média, 306
  conflito, 52
  criativa, 304
  definição, 162–163
  desigualdade, 16
  sistemas, 17
  tipos de, 173
classe alta, 162, 304–305
classe baixa, 162–163, 304
classe criativa, 304
"classe mais alta", 17

classe média
    afro-americanos, 306
    mudanças na, 351–353
    sobre, 162, 177
classe social
    classe alta, 162, 304–305
    classe baixa, 162, 304
    "classe mais alta", 17
    classe média, 162, 177, 306, 343
    conflito, 50
    criativa, 304
    definição, 162
    desigualdade, 16
    sistemas, 17
coabitação, 323
Cohen, Michael D. (sociólogo), 267
coletando amostras, 69
Collins, Randall (sociólogo)
    Perspectiva Sociológica, 364–365
    Quatro Tradições Sociológicas, 364–365
    sobre, 34
combustíveis fósseis, 351
competência social, 259
comportamento desviante, crime como, 18
Comte, Auguste (sociólogo), 47–48, 50–51
comunicação
    durante a Revolução Industrial, 46–47
    mudanças na, 341
comunidades de baixa renda, policiamento, 236
comunidades transnacionais, 349
Comunismo, 51–52, 60–61, 162–163
Condorcet, Marie-Jean-Antoine-Nicolas Caritat de (sociólogo)
    Esboço de um Quadro Histórico dos Progressos do Espírito Humano, 49
conexões sociais, 168–169
conexões sociais de múltiplos graus, 138
conflito, cultural, 112–113
conhecidos, valor dos, 141–144
conhecimento especializado, 161
conscientização do público, 282

Constituição Americana
    Décima Nona Emenda, 283
    Décima Terceira Emenda, 98
Constituição, EUA
    Décima nona emenda, 98–99, 283
construção da nação, 273
consultores de gestão, 33, 254
contexto, criminal, 235–236
continuum cultura-estrutura, 96–98
controvérsia, sociológica, 4–5
convites de "parceiros convidados", 323
Cooley, Charles (sociólogo), 109
Coontz, Stephanie (historiadora)
    The Way We Never Were, 330
cor da pele, 174
Correção, criminal, 240
Creating Country Music (Peterson), 368–369
credenciais, 171–172
crescimento da população mundial, 350
crianças
    custo de, 333–334
    direitos das, 314
    gravidez e fertilidade, 315
    infância, 314–315
    nascidas fora do casamento, 329, 334
crianças nascidas fora do casamento, 329, 334
crime
    combatendo, 235–238
    construção social do, 228–232
    criminosos, 224–228
    cumprimento da lei, 32, 228, 228–229
    índices de encarceramento, 239–242
    papel das igrejas no combate ao, 210
    pesquisa sobre, 30–31
    rotulando o comportamento desviante, 233–234
    sobre, 18–19, 222–223
"crimes sem vítimas", 224
crimes sobrenaturais, 229
Cristãos conservadores, 213

Cristianismo
　conservador, 213
　produtos, 214
　sobre, 213
　valores e ética protestantes, 56, 207
cultura
　continuum cultura-estrutura, 96–97
　corporativa
　　como burocracias, 250–254
　　elementos humanos, 255–257
　　para fins lucrativos, 246–247
　　sistemas abertos, 261–266
　　sobre, 19
　　vantagens, 258–260
　　Weber aplicado, 248–250
　costumes étnicos, 191
　cultura dominante, 102–103
　definição, 93–94
　estrutura, 94–96
　estudo da
　　antropologia, 99–100
　　artes liberais, 100
　　estudos culturais, 100–101
　　produção da cultura, 100–101
　　recepção da cultura, 101–102
　　sobre, 98–99
　normas, 118
　sobre, 14
　socialização, 106–110
　valores, 118–119
cultura compartilhada, 106
cultura corporativa
　com fins lucrativos, 246–247
　como burocracias, 250–254
　elementos humanos na, 255–257
　elementos humanos nas, 255–257
　famílias com duas carreiras, 332
　fatos sociais, 116–117
　para fins lucrativos, 246–247
　sistemas abertos
　　desvio de missão nos, 266–267
　　isomorfismo institucional, 263–265

　　limites organizacionais, 261–262
　　redes dentro dos, 263–264
　sistemas abertos, 261–266
　sobre, 19
　vantagens da, 258–260
　vantagens dos, 258–260
　Weber aplicado à, 248–251
　Weber aplicado em, 248–251
cultura de alto status, 174
cultura ideal, 93
cultura real, 93

● D ●

dados
　coletando/analisando, 71–72
　idade dos, 73
　incompatibilidade teórica, 70, 81
　transversais/longitudinais, 75–76
Dahl, Robert (cientista político)
　Who Governs?, 281
Davis, Kingsley (sociólogo), 164–165
Décima Terceira Emenda À Constituição Americana, 98
decisões não financeiras, 123–124
de facto, 231
Deixados para Trás romances, 214
de jure, 231
demográficas, 320–321
Departamento Universitário de Relações Sociais de Harvard, 60
de Rouvroy, Claude Henri (sociólogo), 49
desemprego, adolescentes, 333
desenvolvimento internacional, 176–177
desigualdade
　étnica, 182, 183–184
　racial, 182–183, 185–189
　sexo e gênero, 174, 193–197
　viés e discriminação, 180–181
desigualdade herdada, 162, 166–167
desobediência civil, 282
desvio de missão, 266–267

desvio primário, 241
desvio secundário, 241
Detert, Jim (sociólogo), 260
Dick and Jane, histórias infantis, 329
diferenciação, Durkheim sobre a, 55
diferenciação funcional, 342
DiMaggio, Paul (sociólogo), 264, 265
dinheiro
    Marx sobre, 276
    na estratificação social, 166
"direita religiosa", 213
direitos (bicha) gays
    atitudes, evolução, 197–198
    coabitação, 323
    direitos civis, 197–198
    discriminação, 181
direitos civis e desigualdade
    étnico, 182, 183–184
    racial, 182, 182–183
    sexo e gênero, 174, 193–197
    viés e discriminação, 180–181
direitos de voto, 194
direitos dos transgêneros. *Consulte* direitos gays
direitos gays
    atitudes, evolução das, 197–198
    coabitação, 323
    direitos civis, 197–198
    discriminação, 174
    festivais de orgulho gay, 289
    identidade, 197–198
    identidade com, 197–198
direitos LGBTS. *Consulte* direitos gays
discriminação
    aparência física, 183
    encarceramento como, 239
    etária, 318
    institucionalizada, 17
    nas forças policiais, 231
    raça, 185–189
    sexo, 193–195, 330
    sobre, 180
discriminação consciente, 188
discriminação etária, 175–176. *Consulte também* desigualdade; movimentos específicos de direitos civis
discriminação inconsciente, 188
discriminação institucionalizada, 17
disseminação de informação, por meios das redes, 155
distribuição
    da assistência de saúde, 323–325
    dos bens materiais, 52
distúrbios psicológicos, 128
diversidade
    bairros, 300
    de laços sociais, 144–145
    durante a Revolução Industrial, 46–47
    Escola de Sociologia de Chicago, 58
    intolerância com a, 216
    mudanças na, 340–342, 348–349
    treinamento, 107
    urbana, 20
divórcio
    aceitação do, 329
    fatos sociais, 121
    índices de, 322, 331
Dobbin, Frank (sociólogo), 37
Dobson, James (líder religioso), 213
Dr. Fantástico (Kubrick), 62
Dunkin' Donuts, 266
Durkheim, Émile (sociólogo)
    As Regras do Método Sociológico, 54
    influência de, 42, 58
    O Suicídio, 55
    sobre, 13, 50–51, 53–54
    sobre a religião, 203–206, 209–210, 216
    sobre as mudanças sociais/fatos sociais, 20, 116, 340–342
    sobre a sociedade, 25, 111, 129
    sobre o crime, 18

•E•

economia
- globalização na, 346
- idosos, impacto na, 317
- mudanças na, 95
- na estrutura social, 94

educação
- das mulheres, 193
- na estratificação social, 166
- pesquisas sobre, 33
- religiosa, 211
- tiroteios em escolas, 235–237
- universidades
  - grade curricular, 29

Efeito Hawthorne, 256–257
eficiência, ambiente de trabalho, 251–252
Elwert, Felix (sociólogo), 83
emoção nas decisões, 128
empregos. *Consulte* empregos e trabalho
empregos e trabalho
- com ambiguidades, 261–263
- cultura corporativa
  - como burocracias, 250–254
  - elementos humanos, 255–257
  - famílias de carreira dupla, 330, 332, 333
  - fatos sociais, 116–117
  - fins lucrativos, 246–247
  - sistemas abertos, 261–266
  - sobre, 19
  - Weber aplicado, 248–250
- indicação de candidatos, 143

empresas de cartão de crédito, 126
Engels. *Consulte* empregos e trabalho
Engels, Frederich (filósofo)
- *Manifesto Comunista*, 52

enquetes, 320
Era Revolucionária, 49
Erikson, Kai (sociólogo)
- *Puritanos: Um Estudo do Desvio Social*, 229

erros, pesquisa, 84
Esboço de um Quadro Histórico dos Progressos do Espírito Humano (Condorcet), 49
Escola de Sociologia de Chicago
- estudos etnográficos, 179
- estudos imigratórios, 190–191
- influência da, 13, 58, 60, 299, 309
- membros da, 109, 131, 170
- sobre, 58

escolas
- papel na socialização, 110
- tiroteios, 237–239

escolhas irracionais, 121–122, 126
escravidão, 161, 175
Estados e Revoluções Sociais (Skocpol), 274
estatísticas
- mal uso, 84
- nas enquetes/estudos, 320
- sobre, 77–78

estatísticas sociais, 55
estigma do encarceramento, 239
estilo de vida gay/bicha. *Consulte* direitos gays
estilos de roupa, étnico, 183
estratégias de marketing, 151
estratificação social
- entre culturas, 176–177
- necessidade, 162–164
- sobre, 16, 160
- tipos de, 166–176

estratificação, social, 16
- entre culturas, 174–176
- necessidade da, 162–165
- sobre, 16, 160–161

estrutura
- as leis na, 118
- buracos, preenchendo, 145
- cultura dominante comparada, 102
- definição, 92
- globalização, 346

na prevenção do crime, 240
sobre, 94–96
estrutura do poder
   castas nas, 186
   divisão de poderes, 275–281
estrutura social
   buracos, preenchendo, 145
   cultura dominante comparada com, 102
   definição, 92
   globalização, 345
   na prevenção do crime, 235
   poder, 186
   sobre, 94–96
estudos culturais, 100–101
estudos econômicos
   crime na, 226
   poder na, 279
   teoria da escolha racional, 122, 125
estudos longitudinais, 75–76
Ethnic Options (Waters), 184
éticas/valores protestantes, 58, 207
etnia. *Consulte também* desigualdade; movimentos específicos de direitos civis
   definição, 182
   identidade, 199–200
   indígena, 191
   sobre, 17–18, 183–184
etnografia, 59, 295
exigências coordenadas, 282
"experimentos de ruptura", 108
exploração pela burguesia, 52
ex-urbanas, 20

●F●

Faberman, Harvey A. (sociólogo), 238–239
Facebook
   movimentos sociais no, 284
   nas redes, 147, 152
   sobre, 135, 151, 152, 358
faculdades e universidades
   departamentos acadêmicos, 58–59

falta de dados, 84
famílias
   atualmente, 332–334
   historicamente, 328–330
famílias de carreira dupla, 332
famílias estendidas, 332–333
Faneuil Hall, Mercado, 302
fatores agregados, 117–118
fatos sociais, 117–119, 121
Feagin, Joe (Presidente, American Sociological Association), 358
feminismo
   evolução do, 193–194
   sufrágio das mulheres, 286
Fences (Wilson), 199
ferramentas analíticas, 63, 77–80
ferramentas culturais, 119–121
fertilidade (índices de natalidade), 315
festivais de orgulho gay, 289
festivais do orgulho gay, 289
filósofos, 44, 47
financiamento de campanha, 277
Fitzgerald, F. Scott (autor)
   O Grande Gatsby, 100
Flash, Grandmaster (músico), 100
flexibilidade, étnica, 185–186
Florida, Richard (acadêmico da vida urbana), 307
força. *Consulte* aplicação
forças armadas na estrutura social, 95
Fowler, James (sociólogo), 148
Frank, David John, 198
Friedan, Betty (feminista), 194
"fuga branca", 303
funcionalismo, 60, 61

●G●

Gamson William (sociólogo), 288
gangues, envolvimento em, 225
Gans, Herbert J. (sociólogo), 303
   The Levittowners, 303

Garfinkel, Harold (sociólogo), 108, 111
Gates, Henry Louis, Jr. (corpo docente da Universidade de Harvard), 163
Gemeinschaft und Gesellschaft (Tönnies), 293-295
gênero. *Consulte também* desigualdade; movimentos específicos de direitos civis
    discriminação, 174, 193-197
    homens americanos, 321-322
    identidade, 197-198
    mulheres
        feminismo, evolução do, 193-194
    papéis de gênero, 196
    sobre, 17-18
gentrificação, 304, 306
"gestão científica" (Taylorismo), 255
Gibson, David (sociólogo), 138-139
Giuliani, Rudy (prefeito de Nova York), 38
Gladwell, Malcolm (autor)
    O Ponto da Virada – The Tipping Point, 151
globalização, 177, 345-347
GodTube (site de vídeos cristão), 214
Goffman, Erving (sociólogo)
    A Representação do Eu na Vida Cotidiana, 133, 366-367
    sobre, 15
Government Center, 302
governo. *Consulte também* política
    modelos de conflito, 272-274
    modelos pluralistas, 278-281
    na estrutura social, 94
    papel da igreja no, 210, 211
    pesquisa para, 30-31
    revoluções políticas, 272-274
    sobre, 19-20, 270-271
Grandmaster Flash (músico), 100
Granovetter, Mark (sociólogo), 141, 154
grupo primário, papel do, 92, 109
grupos
    dentro dos movimentos sociais, 275
    redes de, 139

grupos de apoio, LGBTS, 197
grupos étnicos indígenas, 191
grupos que falam espanhol, 192
Grusky, David B. (sociólogo), 176-178
guerra às drogas, 240, 241
Guerra Fria, 62-63
guerras revolucionárias, 272-273
Guggenheim Foundation, 266

•H•

habilidade inata, 168-169
habilidades interpessoais, 257
hábitos de estudos, 149
Harding, David (sociólogo), 149
Hebdige, Dick (sociólogo), 104
Hegel, Georg Wilhelm Friedrich (filósofo), 52
Herrnstein, Richard J. (sociólogo)
    The Bell Curve, 86
Hill-Popper, Marya (socióloga), 124
hipóteses, 67
história
    1800s, 47-50
    Marx/Durkheim/Weber, 50-56
    Marx sobre, 57
    sobre, 13-14, 42-43
    Weber sobre, 57
historiadores, 45, 47
Hochschild, Arlie (socióloga)
    The Second Shift, 332-333, 367
Holocausto, 181
homens americanos, 321-322
homossexualidade
    atitudes, evolução das, 197-198, 328
    coabitação, 323
    direitos gays, 197-198
    discriminação, 174
    festivais de orgulho gay, 289
    identidade, 197-198

•I•

ideias, 102
idiomas
  dos ex-escravos, 98
idosos, 319–321
igrejas. *Consulte também* religião
  papel no governo, 203
  parceria com a polícia, 211
  sobre, 210–212
igualdade. *Consulte* desigualdade; movimentos específicos de direitos civis
ImClone, 145
imigrantes
  atitudes do sistema de saúde, 326–327
  de pele escura, 183–184
  ilegais, 226
  ondas de, 348
  sobre, 191–193
Impressionismo na pintura francesa (estudo), 101
incentivos financeiros (com o Taylorismo), 252
incompatibilidade teórica, 81, 83
índices de encarceramento, 239–240
índices de mortalidade, 315
índices de natalidade, 315
influência
  da religião, 208, 210
  redes, 147
  sobre o governo, 277–278
influência dos pais na motivação, 169
iniciativa, 169
inovação
  dos trabalhadores, 257
interação, humana. *Consulte* aspectos específicos da sociologia
interacionismo simbólico, 59, 130–131
Internet
  como avanço tecnológico, 351
  distribuição, 154–155
  nos movimentos sociais, 288
  redes sociais
    Cristã, 213
    Facebook, 135, 147, 151, 152, 153, 285, 358
    MySpace, 135, 147, 152
    sobre, 152–155
    Twitter, 151, 358
"intocáveis", casta, 186
irracionalidade previsível, 127–128
Islã, 218
isomorfismo, 261–263
isomorfismo coercivo, 265
isomorfismo institucional, 263–265
isomorfismo mimético, 264, 265
isomorfismo normativo, 264, 265

•J•

"jaula de ferro" (capitalismo), 58, 250, 344, 368, 387
Jim Crow leis, 283–284
jornalismo, 32–33
Judaísmo, 218

•K•

Kalev, Alexandra (socióloga), 37
Kaufman, Jason (sociólogo), 37, 105
Kelly, Erin (socióloga), 37
King, Martin Luther, Jr. (líder dos direitos civis), 39, 211, 289
Krens, Thomas (diretor de museu), 266
Kubrick, Stanley (cineasta)
  Dr. Fantástico, 62
Kunstler, James Howard (crítico social)
  The Geography of Nowhere, 308
Kushner, Tony (autor)
  Anjos na América, 199

•L•

laços fortes, 142
laços fracos, força dos, 141–146

laços sociais
   diversidade dos, 153–154
   fortes, 142
   fracos, 141–146
   transitividade, 154
laços, sociais
   diversidade, 153–154
   fortes, 141
   fracos, 141–146
   transitividade, 154
Latinos,. 192
Lee, Ang (autor)
   O Segredo de Brokeback Mountain, 199
legisladores, pesquisa para, 32
leis
   ambiguidade das, 228–229
   aplicação, 32, 228, 231–232
   definição, 223
   direitos autorais, 230
   papel das, 227
   restrições legais
      discriminação, 185
      práticas religiosas, 210
   sobre, 118–119
leis de direitos autorais, 231
leis de trabalho infantil, 333
Lenin, Vladimir (político), 62
Lenski, Gerhard (sociólogo), 164
licença maternal/paternal, 194
líderes carismáticos, 266
literatura avaliada por especialistas, 67
livros (buscas literárias), 68
lobby, 277
"looking-glass self", 109
Lutero, Martinho (reformador Protestante), 207

•M•

Manifesto Comunista (Marx e Engels), 52
marchas, 282
March, James G. (Sociólogo), 267
Marin, Alexandra (socióloga), 144
"marketing viral", 151
Marxismo
   sobre a classe média, 340
   sobre o sistema de saúde, 327
   sobre os movimentos sociais, 285
Marx, Karl (sociólogo)
   como teórico de conflito, 276
   influência de, 42, 59
   Manifesto Comunista, 52
   sobre, 13, 51–53
   sobre a autonomia governamental, 277
   sobre a mudança social, 21, 338–340
   sobre a religião, 112, 202–203, 207, 208, 216
   sobre a sociedade, 52, 162
   Weber comparado à, 57–59
materialismo, 52
materialismo dialético, 52
Mayo, Elton (professor de administração), 256–258
McAdam, Douglas (sociólogo), 284
McLuhan, Marshall (teórico de mídia), 346
Mead, George Herbert (filósofo), 131
mecanismos de buscas, Cristãos, 214
mensagens conflitantes, 149
mercado de trabalho segmentado, 195
Merton, Robert K. (sociólogo), 63
Meyer, John (sociólogo), 264
microculturas, 198
   definição, 115
microssociologia
   análise de rede, 147
   em tiroteios em escolas, 237
   escolhas, 121–129
   fatos sociais, 116–118
   ferramentas culturais, 119–121
   interacionismo simbólico, 130–134
   sobre, 15
mídia, papel na socialização, 92
"Milagre de Boston", 211

Mills, C. Wright (sociólogo)
  A Elite do Poder, 61, 277
  influência de, 61
  sobre, 21
  sobre o governo, 281–282
minoria com alta representatividade na prisão, 232
mito do "modelo de minoria", 189–190
mitos
  ações como reflexões de valores, 383
  burocracia, como elemento desumanizador, 387
  imigração, 386
  lavagem cerebral pela mídia, 384–385
  más escolhas, razões para, 388–389
  raça, 386–387
  recompensas pelo trabalho/determinação, 382–383
  sobre a sociedade, 385–386, 389–390
mobilidade social, 17, 176
"Modelo da Lata de Lixo" de organização, 267
modelo de invasão-sucessão, 299–300
modelos de conflito, 275–277, 340–341
modelos de negócio em desgaste. *Consulte* modelos de negócio enfraquecendo
modelos pluralistas, 278–281
modo de produção, 52, 202–203, 339–340
monarquia, 186
monarquia como um sistema de casta, 186
Moore, Wilbert E. (sociólogo), 164–165
mortalidade (índice de mortalidade), 315
motivação, 169
Movimento de Relações Humanas, 257–258
movimento pró-vida, 287
movimentos sociais, 19–20, 281–287. *Consulte também* movimentos sociais específicos
Moynihan, Daniel Patrick (político)
  A Família Negra: O Caso Para Ação Nacional, 38

mudança social
  classe média, 351–353
  diversidade, 348–349
  Durkheim sobre a, 340–342
  estratégias, 40
  globalização, 345–347
  lições do passado, 354–356
  Marx sobre, 338–340
  sobre, 21
  tecnologia, 350–351
mudança, social
  classe média, 351–353
  diversidade, 348–349
  Durkheim sobre, 340–342
  estratégias para, 32–33
  explicada, 48
  globalização, 345–347
  lições do passado, 354–356
  Marx sobre, 338–340
  mudanças religiosas, 205, 208–209, 210–212
  sobre, 21
  tecnologia, 350–351
  Weber sobre, 343–344
mulheres
  feminismo, evolução, 193–194
  sufrágio feminino, 194, 283
multidões, a solidão das, 292–294
Munson, Ziad (sociólogo), 287
Murray, Charles (sociólogo)
  The Bell Curve, 86
música, fatos sociais, 117
MySpace
  nas redes, 147, 152
  sobre, 135

• *N* •

Nader, Ralph (advogado, ativista), 340
namoros
  adolescência, 316
  idade avançada, 317

natureza adquirida, versus inata 107-108
natureza inata versus adquirida, 107-108
Neo-urbanismo, 308
Newman, Katherine (socióloga)
　No Shame in My Game, 369
　sobre, 236-237
　Violência: As Raízes Sociais dos Tiroteios nas Escolas, 237
New Media and Society (periódico), 68
normas
　aprendendo, 107
　definição, 92
　quebrando, 107
　sobre, 118-119
normas formais, 223-224
normas informais, 222-223
No Shame in My Game (Newman), 369-370

•O•

Obama, Barack (Presidente dos Estados Unidos), 240
obesidade, 148
observação participativa, 59, 296
observando pessoas, 295
O Complexo de Portnoy (Roth), 199
O Grande Gatsby (Fitzgerald), 100
O Homem Organizacional (White), 295, 303, 366
O Julgamento das Bruxas de Salém, 228-229
Olsen, Johan P. (sociólogo), 267
O Mágico de Oz (filme), 106
online
　distribuição, 151
　redes sociais
　　como avanço tecnológico, 351
　　Cristãs, 219
　　Facebook, 135, 147, 151, 152, 153, 285, 358
　　MySpace, 135, 147, 152
　　sobre, 152-155
　　Twitter, 151, 358

"ópio do povo", 112, 202, 203
O Ponto da Virada – The Tipping Point (Gladwell), 151
organizações
　análise, 237
　assistência de saúde, 323-325
　comportamento, 254
　limites, 254
　religiosas, 208-210
　sobre, 43
organizações religiosas
　sobre, 18, 210-212
organizações sem fins lucrativos, 31
Organizações: Sistemas Racionais, Naturais e Aberto 255
organizações sociais
　religiosas, 19
　tipos de, 19
Orgulho e Preconceito (Austen), 316
orientação sexual
　atitudes, evolução, 197-198
　coabitação, 323-324
　direitos civis, 197-198
　discriminação, 174, 185
　festivais de orgulho gay, 289
　identidade, 197-198
Orwell, George (autor)
　A Revolução dos Bichos, 159
O Segredo de Brokeback Mountain (Lee), 199
O Suicídio (Durkheim), 55
Ozzie and Harriet era, 60

•P•

padrões de recompensa, 126
padrões irregulares de recompensa, 126
pais solteiros, 329, 331
papéis
　ambiguidade, 133-134
　gênero, 193-194
papéis de gênero, 193-195

paradoxos, culturais, 111-114
parceria polícia-igreja, 211
parcerias rurais, 98
Park, Robert (sociólogo), 299
Parsons, Talcott (sociólogo)
　destino de, 60
　influência de, 60
　sobre, 42
　sobre a doença, 327
　sobre o governo, 278-279
　Toward a General Theory of Action, 60
patrimônio e riqueza
　definição, 166
pena de morte, 229
perfis, 152
periódicos (buscas literárias), 68
periódicos de campos específicos, 68
perspectivas sociológicas
　afirmações, avaliando, 373-374
　arte, compreensão, 375-376
　auto-identidade, 374-375
　barreiras de comunicação, 374-375
　compreensão da diversidade, 379
　construção das relações, 376
　declarações, pensando criticamente, 372
　gestão organizacional, 378-379
　movimentos sociais, mobilização, 378-379
　mudanças sociais, 377
perspectivas, sociológicas
　afirmações, avaliando, 373-374
　arte, compreensão, 375-376
　auto-identidade, 374-375
　barreiras na comunicação, 374-375
　compreensão da diversidade, 378-379
　construção de relações, 376
　declarações, pensando criticamente sobre, 372
　gestão organizacional, 379
　movimentos sociais, mobilizando os, 378-379
　mudanças sociais, 377

Perspectivas Sociológicas (Collins), 236, 364
pesquisa
　conduzindo, 25-27
　métodos
　　abordagem de Durkheim, 53
　　armadilhas, 81-86
　　escolhas, 73-76
　　ferramentas analíticas, 63, 77-79
　　passos, 66-71
　　sobre, 14-15, 59-60
pesquisa orientada por agendas, 30-31
pesquisa Pew (2009), 215
pesquisa qualitativa, 14, 73, 75-76, 77
pesquisa quantitativa, 14, 73-74, 74
Peterson, Richard (sociólogo)
　Creating Country Music, 368-369
pílulas anticoncepcionais, 324
poder cultural, 279
Podolny, Joel (sociólogo), 124
polícia
　parceria da igreja com a, 211, 236
política. *Consulte também* governo
　lobistas, 146
　partidos políticos, 266
　revoluções, 45-46
políticas
　moldando, 31
　sociais, 39-40
políticas de ação afirmativa, 170
política social, 39-40
política social pós-Segunda Guerra, 329
políticas pró-diversidade, 170
positivismo, 47-48
Powell, Walter W. (Sociólogo) 264, 265
preocupações com a privacidade, 359
prestígio ocupacional
　sobre, 167
prevenção, crime, 235, 239
Pricing the Priceless Child (Zelizer), 367-368
Priestley, J. B. (dramaturgo), 313

prisões
  custo das, 240
  índices de encarceramento, 239-242
probabilidade, estatística, 85
Proclamação de Emancipação de 1863, 97
produção cultural, 100-101
produção de bens materiais, 52
produtores de cinema, 146
profecia auto-realizável, 188
professores, pesquisa, 32
profissões médicas, 327
psicologia, 60, 107-108
publicidade, 282
Putnam, Robert (sociólogo), 106

•Q•

Quatro Tradições Sociológicas (Collins), 364-365
questões
  operacionalizando, 71-72
  perguntado, 66-68
questões empíricas, 26-27
questões morais, 27

•R•

raça. *Consulte também* desigualdade; movimentos específicos de direitos civis
  composição de bairro, 299-301
  discriminação, 174, 182-183, 185-189
  identidade, 197-198
  resolução de violência, 218, 235
  sobre, 17-18, 182-183
racionalidade limitada, 125, 141, 254
racionalização, 57
Raudenbush, Stephen (sociólogo), 38, 236, 308
recepção cultural, 98-99, 101
recessão, 348
recompensar a longo prazo, 126
recompensas a curto prazo, 126

Recording Industry Association of America (RIAA), 232
recursos
  desigualdade, 160, 353
  mobilização, 284-285
redes
  de relações, 139-140
  egocêntricas, 136-138
  jogadores poderosos, 279
  na cultura corporativa, 260
  sobre, 16
redes egocêntricas, 136-138
redes sociais online
  Cristã, 213
  Facebook
    identidade no, 152
    movimentos sociais no, 281
    nas redes, 147, 152
    sobre, 135, 153, 358
  MySpace
    nas redes, 147
    sobre, 135
  sobre, 152-155
  Twitter
    nas redes, 151
    sobre, 358
relacionamentos entre o mesmo sexo. *Consulte* direitos gays
relacionamentos lésbicos
  atitudes em relação aos, 197-198
  coabitação, 323
  direitos civis, 197-198
  discriminação, 174, 181
  festivais de orgulho gay, 289
  identidade, 197-198
relações
  mudanças nas, 318
  redes de, 139-141
religião
  Cristianismo
    conservador, 213
    ética/valores protestantes, 58, 207

produtos, 214
sobre, 218
Durkheim sobre, 203–206, 208, 216
igrejas
    papel na socialização, 110
    papel no governo, 206
    sobre, 210–212
Islã, 218
Judaísmo, 218
liberdade, 213–218
Marx sobre, 202–203, 207, 209, 216
mudanças na, 98
Vodu haitiano, 218
Weber sobre, 57, 206–207, 209, 217
Reskin, Barbara (Socióloga), 65
respostas, generalizando, 28–29
respostas, movimentos sociais, 286
restrições legais
    discriminação, 185
    práticas religiosas, 208
resultados, interpretando, 71–72
revista Time, 59
revitalização urbana, 301
Revolução Americana, 45–46
Revolução Francesa, 45, 49
Revolução Industrial, 46–47
revoluções europeias, 272
RIAA (Recording Industry Association of America), 232
Riesman, David (sociólogo)
    A Multidão Solitária, 59, 62, 303
rigidez, social, 176
Ritalina, 325
Rokeach, Milton (sociólogo), 101
Roth, Philip (autor)
    O Complexo de Portnoy, 199
Roth, Wendy (socióloga), 192

●**S**●

Sadler, Joseph (Grandmaster Flash), 100
Saint-Simon, Comte de (sociólogo), 49

Sampson, Robert J. (sociólogo), 38, 236, 308
Schwalbe, Michael (sociólogo)
    Unlocking the Iron Cage, 368
Scollay Square, bairro, 302
Scott, Richard W. (sociólogo), 19
Scrimshaw, Joseph (autor)
    In An Inconvenient Squirrel, 109
segurança, bairros, 307
"Seis Graus de Kevin Bacon", 138
sexo. *Consulte também* desigualdade; movimentos específicos de direitos civis
    discriminação, 174, 185, 193–197
    identidade, 197–198
    idosos, 318
    sobre, 17
símbolos, 104, 184
Simmel, Georg (sociólogo), 150
Simon, Herbert (consultor de gestão), 254
Sinclair, Upton (autor), 252
sistema judiciário, 228–229
sistemas racionais, 19, 250–252
Skocpol, Theda (sociólogo)
    Estados e Revoluções Sociais, 274
socialização
    definição, 92–93
    sobre, 106–110
socialização com semelhantes, 106
sociedade
    a solidão da, 292–294
    definição, 3
    Durkheim sobre, 53, 54, 129
    estrutura da, 94
    Marx sobre, 57, 112
    mudança de estratégias, 40
    sobre, 25–26
    Weber sobre, 57
sociedade de esquina, 294–296
Sociedade de Esquina (Whyte), 294–295, 296, 364–365
sociologia. *Consulte também* história
    campos dentro da, 14–16

definição, 3, 24
departamentos acadêmicos, 50
diferenças entre grupos, 16–18
enquetes/estudos, 320
futuro da, 356–358
métodos de pesquisa, 14
microssociologia
    análise de rede, 147
    definição, 115
    escolhas, 121–129
    fatos sociais, 116–118
    ferramentas culturais, 119–121
    interacionismo simbólico, 130–134
    nos tiroteios escolares, 237
    sobre, 15
organização social, 19
sobre, 24–25
urbana, 20
sociologia política
    divisão de poderes, 275–281
    governo, 270–274
    movimentos sociais, 281–288
    sobre, 19–20
sociologia urbana
    a solidão das multidões, 292–293
    bairros, 297–301
    sobre, 20
    sociedade de esquina, 294–296
    subúrbios, 301–303
Sociology of Education (periódico), 68
solidariedade
    entre minorias, 181
    o papel do policiamento na, 227
    religião, 204
solidariedade mecânica, 204, 342
solidariedade orgânica, 205–206, 342
Spearhead (grupo musical), 232
Starbucks, 246, 247, 262, 266
status
    mudança, 131
    na estrutura social, 94

status adquirido
    etnia como, 183
    raça/sexo/casta/idade como, 174, 180–181, 182, 186–187
status quo
    Davis e Moore sobre o, 165
    mantendo o, 203
    Marx sobre o, 112, 203
    Parsons sobre o, 61–62
Steinem, Gloria (feminista), 194
Stewart, Martha (apresentadora de TV), 145
"straight-edge", movimento no punk rock, 104
Streetwise (Anderson), 306, 366–367
subculturas, 103–104
subúrbios, 20, 307–308
subúrbios aproximados, 301, 307
sufrágio, 194, 283, 286
suicídio, 55
suicídios altruísticos, 55
suicídios egocêntricos, 55
Summers, Larry (presidente da Universidade de Harvard), 259
suposições, 79
Swidler, Ann (socióloga), 119

•T•

Taylor, Frederick (especialista em eficiência), 262–263
TDAH (transtorno de déficit de atenção com hiperatividade), 325
tecnologia
    conexões sociais, 106
    mudanças, 95, 350–351
    na estrutura social, 94
tecnologia contraceptiva, 330
temas dos antigos sociólogos, 48–49
tensões na gestão do trabalho, 252
teólogos, 44
teoria de escolha racional, 121–123, 128
teoria de privação relativa, 283–284
teoria do ciclo de vida, 300–302

teoria do eleitor mediano, 280
Teoria Geral da Ação (Parsons), 60
teóricos de estágios, 338
"teóricos do sistema-mundo", 178
terapia, 200, 240
terceirização, 178
teto de vidro, 330
The Bell Curve (Herrnstein e Murray), 86
The Big Sort: Why the Clustering of Like-Minded America is Tearing Us Apart (Bishop), 300
The Family That Preys (Perry), 199
The Geography of Nowhere (Kunstler), 308
The House on Mango Street (Cisneros), 199
The Levittowners (Gans), 303
The Second Shift (Hochschild), 332, 367
The Social Life of Small Urban Spaces (White), 295
The Truly Disadvantaged (Wilson), 305
think tanks, 30–31
Thomas, William I. (sociólogo), 170, 188, 233
tomada de decisões, 15, 253
Tönnies, Ferdinand (sociólogo)
  Gemeinschaft und Gesellschaft, 293–295
trabalho. *Consulte* empregos e trabalho
trabalho, divisão, 332, 340–342
trabalho especializado, 352
trajetória de vida
  adolescência, 316
  assistência de saúde, 323–328
  diferenças nas, 321–323
  idosos, 319–321
  infância 314–315
  transições, 319–320
transições demográficas, 319
transições, vida, 319–320
transitividade dos laços sociais, 154
transporte
  durante a Revolução Industrial, 46
  mudanças, 345
transtorno de déficit de atenção com hiperatividade (TDAH), 325

troca de inhame, 130
Tsé-Tung, Mao (político), 62
Tubman, Harriet (abolicionista), 225
Tudo em Família (seriado de TV), 101
Twitter
  nas redes, 151
  sobre, 358

•U•

Underground Railroad, 225
Universidade de Chicago, departamento de sociologia,. *Consulte também* Escola de Sociologia de Chicago
Unlocking the Iron Cage (Schwalbe), 368
uso de drogas
  "crimes sem vítimas", 224
  guerra ao, 240, 241
  influência das redes, 149
usos comerciais, 33
usos em consultoria, 33

•V•

valores
  aprendendo, 107
  definição, 93
  religiosos, 18
  sobre, 116
valores familiares, 329–330
valores Protestantes Calvinistas, 58
Vampiros de Almas (filme), 100
Verne, Jules (autor)
  A Volta ao Mundo em 80 Dias, 345
Viagra, 318
vidas sexuais
  adolescência, 317–318
Vidmar, Neil (sociólogo), 101
viés, 180
violência
  religiosa, 218, 219
Violência: As Raízes Sociais dos Tiroteios nas Escolas (Newman), 237

visão soma-zero de poder, 275
"Você já foi bem longe, baby", 193–195
vodu, haitiano, 218
Vodu haitiano, 218

•W•

Waksal, Sam (CEO da ImClone), 145
Wallerstein, Immanuel (sociólogo), 178
Washington, George (político), 225
Waters, Mary (socióloga), 183–184
   Ethnic Options, 184
Weber, Max (sociólogo)
   A Ética Protestante e o Espírito do Capitalismo, 56
   cultura corporativa, influência, 248–251
   influência de, 42
   sobre, 13, 57–58
   sobre a mudança social, 21, 343–344
   sobre a religião, 206–207, 208–209, 217
   sobre a saúde, 327
   sobre o capitalismo, 167
Web sites
   como avanço tecnológico, 351
   distribuição online, 152
   redes sociais
      Cristãs, 213
      Facebook, 135, 147, 151, 152, 153, 285, 358
      MySpace, 135, 147, 152
      sobre, 152–155
      Twitter, 151
West, Cornel (corpo docente da Universidade de Harvard), 259
When We Are Married (Priestley), 313
White, Cynthia (socióloga), 101
Who Governs? (Dahl), 281
Whyte, William Foote (sociólogo)
   Sociedade de Esquina, 294, 295, 296, 369
Whyte, William H. (sociólogo)
   O Homem Organizacional, 62, 295, 303, 365–366
   The Social Life of Small Urban Spaces, 295
Wilson, August (autor)
   Fences, 199
Wilson, William Julius (sociólogo)
   The Truly Disadvantaged, 305
Winship, Christopher (sociólogo), 211, 236

•Z•

Zelizer, Viviana (socióloga)
   Pricing the Priceless Child, 367–368
   sobre, 316

Notas

Este livro foi impresso nas oficinas gráficas da Editora Vozes Ltda.,
Rua Frei Luís, 100 – Petrópolis, RJ.